1988–2008: 20 anos da Constituição Cidadã

GOVERNO DO ESTADO DE SÃO PAULO

Governador José Serra

imprensaoficial — IMPRENSA OFICIAL DO ESTADO DE SÃO PAULO

Diretor-presidente Hubert Alquéres

Diretor Industrial Teiji Tomioka
Diretor Financeiro Clodoaldo Pelissioni
Diretora de Gestão de Negócios Lucia Maria Dal Medico

André Ramos Tavares | organizador

1988–2008:
20 anos da Constituição Cidadã

imprensaoficial

O presidente da Câmara dos Deputados e da Assembléia Nacional Constituinte, Ulysses Guimarães, com exemplar da Constituição de 1988
Nas páginas 8-9, vista do plenário da Câmara dos Deputados

CONSTITUIÇÃO

Nós, representantes do povo brasileiro, reunidos em Assembléia Constituinte para instituir um Estado Democrático, destinado a assegurar o exercício dos direitos sociais e individuais, a liberdade, a segurança, o bem-estar, o desenvolvimento, a igualdade e a justiça como valores supremos de uma sociedade fraterna, pluralista e sem preconceitos, fundada na harmonia social e comprometida, na ordem interna e internacional, com a solução pacífica das controvérsias, promulgamos, sob a proteção de Deus, a seguinte CONSTITUIÇÃO DA REPÚBLICA FEDERATIVA DO BRASIL.

Sumário

20 Anos da Constituição Cidadã

José Serra
Governador do Estado de São Paulo; deputado constituinte em 1988

Esse é o grande destino do homem: remover os escombros criados pelo ódio e partir de novo, no vento da Liberdade (...)

Vinícius de Moraes

Ao longo da sua existência como nação soberana, nosso país foi regido por sete constituições, nem todas, porém, derivadas da legítima representação popular. Assim, duas delas foram outorgadas pelos que então detinham o poder. Uma, a de 1824, pelo imperador Pedro I, após a dissolução da Assembléia Constituinte convocada para elaborá-la. Outra, a de 1937, por Getúlio Vargas, que com ela inaugurou a ditadura do Estado Novo. Isso para não falarmos de uma oitava carta, resultante de emenda constitucional promulgada pelos ministros militares, em 1969.

De todas, esta foi, talvez, a mais restritiva. Em compensação, ela seria sucedida pela mais democrática: a Constituição de 1988, que desde então rege o País, sendo chamada, não sem razão, de "Constituição Cidadã".

Essa designação deriva de várias causas. Uma delas foi a possibilidade da apresentação de emendas populares, durante o trabalho constituinte. Cerca de 120 emendas foram apresentadas, apoiadas em mais de 12 milhões de assinaturas.

Causa ainda mais forte, para a denominação que lhe deu Ulysses Guimarães, encontra-se no próprio conteúdo da Lei Magna. Ali, logo no artigo 1º, o Brasil é definido como um Estado Democrático de Direito, que tem na cidadania e na dignidade da pessoa humana dois dos seus fundamentos.

Cidadania e dignidade se confundem, portanto, com a própria República, com a sua razão de ser. O Estado deixa de ser um fim em si, para ser o principal agente do fortalecimento do cidadão e da promoção de uma sociedade livre, justa, solidária e desenvolvida. É em função desses objetivos que ele passa a se organizar.

A preeminência dada aos princípios fundamentais do Estado, já mencionados, é reiterada por um dado bastante simbólico. É que – enquanto, na Constituição de 1946, a discriminação dos direitos e garantias individuais, bem como a declaração de que todos são iguais perante a lei, é feita apenas no artigo 141 –, na Constituição Cidadã, eles são encontrados logo no artigo 5º. E com uma particularidade: aí, o que antes era definido, genericamente, como "igualdade de todos" passa a ser assegurado como "igualdade do homem e da mulher". Ou seja, incorporou-se, à norma constitucional, a diferença de gêneros, para afirmar a sua igualdade, quanto ao exercício de direitos e obrigações – o que, certamente, é um reflexo das lutas feministas do final do século XX.

A nova Constituição decorreu de um intenso processo de mobilização popular, que teve seu ápice na campanha pelas *Diretas Já*. Desse caminhar, fez parte não só o clamor pelo pleno exercício dos direitos políticos, mas também a forte conscientização da sociedade sobre seus direitos, os direitos das minorias, o respeito ao meio ambiente, entre outras causas. Daí porque a Constituição contém numerosos avanços, além de ter incorporado conquistas ocorridas nos anos imediatamente anteriores à sua promulgação – como o direito de voto aos analfabetos e aos maiores de 16 anos, e a eleição direta para todos os cargos políticos eletivos, ressalvada a de Presidente da República, que só seria retomada na Carta em vigor.

Como constituinte, tive a honra de participar intensamente desse processo. E de, juntamente, com homens públicos da maior grandeza, discutir rumos, apresentar e votar propostas, tendo em vista o desenvolvimento do Brasil e dos brasileiros.

Passados vinte anos, a Constituição de 1988 tem demonstrado, entre outros méritos, uma enorme eficiência na defesa da democracia brasileira, possibilitando inclusive a superação de dificuldades, sem ameaças à estabilidade política e às instituições – o que já é um bom motivo para celebrá-la.

Por tudo isso, já removidos os escombros do passado, que a Constituição Cidadã continue a guiar os brasileiros no caminho do novo e da liberdade.

Plenário da Câmara dos Deputados

Nas páginas 12-13, o Congresso Nacional visto do Supremo Tribunal Federal

Nas páginas 16-17, Ulysses Guimarães discursa na promulgação da Constituição

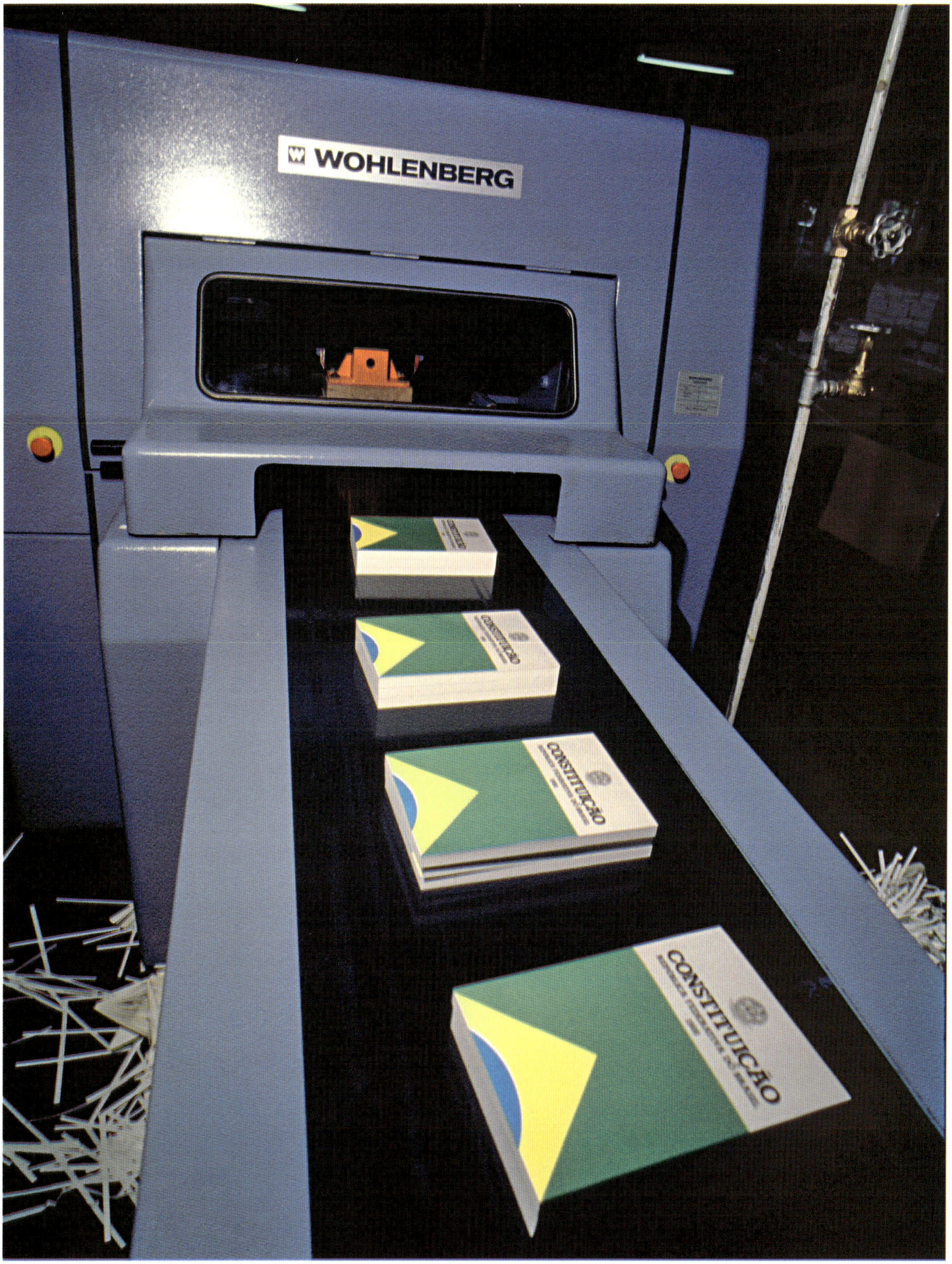

Primeiros exemplares da Constituição de 1988 impressas pela gráfica do Senado

Apresentação

André Ramos Tavares
Professor dos programas de doutorado e mestrado em Direito da PUC/SP; professor da Universidade Presbiteriana Mackenzie, SP; livre-docente em Direito Constitucional pela USP; diretor do Instituto Brasileiro de Estudos Constitucionais

A idéia de realizar uma obra comemorativa dos 20 anos de vida da Constituição brasileira não é, certamente, uma idéia exclusiva. Mas será apressado, contudo, considerar essa proposição como realização simplista do óbvio.

As multipresença e recorrência constitucionais no Brasil de hoje é recente e deve-se, basicamente, ao ambiente fortemente democrático instaurado há pouco em nossa história.

As constituições, lembrando expressão proposta por Nélson Carneiro no início da década de 1950, "são flores exóticas nos regimes absolutos"; não podem florescer em regimes ditatoriais. E foi apenas num passado muito próximo que o País conseguiu se livrar da maior e pior parte do entulho autoritário, tendo ingressado no sistema de governo civil e democrático, cuja Constituição pretende ser seu símbolo máximo. Mas logo nos deparamos com a necessidade de afastar um presidente, e conseguimos fazê-lo sem atentar contra a Constituição ou implodir instituições democráticas. E mesmo com o pior dos pesadelos econômicos e com a estratosférica inflação, o País manteve-se no rumo constitucional, buscando alternativas não-atentatórias à democracia.

A estabilidade econômica, tão cara às nações e ao desenvolvimento pleno do ser humano, pôde ser alcançada dentro desse ambiente. Posteriormente, presenciamos uma histórica passagem do "poder" para um partido situado mais à esquerda, transferência de direção essa que foi realizada num ambiente de paz, de pleno respeito recíproco e subordinação às regras democráticas. Esses registros realçam o prestígio e o avançado estágio alcançado pelas instituições constitucionais no seio da sociedade civil e dos partidos políticos.

A relação entre o desenvolvimento de um Estado e a democracia tem sido sublinhada por inúmeros estudiosos e não será uma novidade invocá-la também aqui. O que merece ser destacado, contudo, é que não se trata, pois, de um discurso meramente retórico-abstrato.

O grau de desenvolvimento que se constata no campo literário é também um forte indício da maturidade constitucional que a sociedade, em pouco tempo, foi capaz de incorporar, ombreando-se com países de larga tradição democrático-constitucional. Assistiu-se, com a promulgação do vigente Texto Constitucional, a uma consistente elevação dos estudos em torno desse documento, bem como à revalorização da própria norma de natureza suprema. A legística e a jurisprudência foram igualmente fortificadas e consolidadas.

Vale recordar que a Constituição de um povo, como verdadeira e própria Constituição, não é um documento meramente normativo, nem direcionado apenas para o normativo; não se trata de uma entidade que surge do nada, de uma ausência, de não-sociedade. Ela é a vivência, é a experimentação diuturna de uma comunidade, é a realidade conhecida e pressuposta. Para roubar uma expressão do pensador alemão Peter Häberle, a teoria da Constituição é também a ciência de uma cultura; os textos da Constituição devem ser cultivados e contextualizados.

Embora tenha sido enormemente explorada em suas possibilidades, a Constituição brasileira ainda se ressente, para muitos (provavelmente para todos), do mistério próprio do sagrado; suas margens estão além daquelas que podem ser alcançadas pelo povo e, dentre os especialistas, algumas áreas do saber constitucional têm sido nitidamente preteridas em favor de outras, mais próprias de um discurso ainda carregado pelo tradicional.

O objetivo desta obra é não apenas o de prestar uma homenagem à nossa recente, porém, intensa, tradição constitucional. Mas, também, a tentativa de valorizar a específica e profícua multidimensionalidade material de nossa Constituição, quer dizer, o trato de temas menos conhecidos da literatura constitucional tradicional, embora encetados na Constituição-texto e vivenciados pela sociedade diariamente.

Ao lado desses assuntos, ainda carentes de maior atenção, mas também a eles imanente, não se poderia descurar da mais alta função que o Direito Constitucional brasileiro tem desempenhado, qual seja, a defesa intransigente dos direitos fundamentais. Esse é, fora de dúvida, o tema mais candente na atualidade mundial. Como observa Luiz Carlos dos Santos Gonçalves, "se há um coração na Constituição Brasileira de 1988, ele é o conjunto de direitos fundamentais" – e não poderia ser diferente.

Houve, não se pode negar, forte revalorização dos direitos fundamentais, alocados logo no pórtico da nova Constituição, com a expressiva e expressa contemplação de diversos direitos até então não presentes nas constituições pretéritas. Também foi inserida a referência inequívoca à incidência imediata (aplicação já!) desses direitos, combatendo teorias, em voga no Brasil, que reduziam ou mutilavam a imperatividade constitucional, traduzindo a supremacia em falsa promessa, em eterno compromisso, jamais cumprido (um constitucionalismo que floresce, nesses termos, como um sistema de sinceridade, de "não-mentirás", para usar, aqui, em sentido inverso, expressões conhecidas de José Roberto Dromi). É um campo do qual a própria Constituição só sai vitoriosa após uma batalha diária e incessante de conscientização da sociedade e controle de seus representantes e magistrados, deixando para trás a idéia de um constitucionalismo como "fruto exótico" de que falava Carlos Santiago Nino.

Daí se dever afirmar que a Constituição é, nas palavras de José Eduardo Cardozo, a um só tempo, uma "fotografia-roteiro" e, como roteiro, a "carta de navegação do País", para roubar a expressão de Alberdi, há de ser seguida plenamente, para não se tornar um rascunho constantemente reescrito ao sabor das vontades momentâneas e egoísticas dos que exercem temporariamente o poder, descambando para um desgoverno. Para tanto, é preciso, como lembra Gilberto Bercovici, uma "hermenêutica leal à Constituição".

Em suma, para usar a célebre indagação constitucional atribuída ao presidente Dutra, "O que é que diz o livrinho?", certamente nela não se deve pretender encontrar um punhado de conselhos, mas um conjunto consistente e coerente de um projeto de futuro democrático e humano para o País.

Nesse tom, constata-se que a centralidade da dignidade humana na estrutura do Estado encontra-se proclamada solenemente no primeiro dos artigos constitucionais. Como inovações, o direito ao meio ambiente sadio, à tutela do consumidor (com a aprovação do Código de Defesa do Consumidor), o *habeas data* (devidamente regulamentado pelo Congresso Nacional com a Lei nº 9.507/97), o mandado de injunção, a ampliação da ação popular e a proteção da propriedade privada submetida à necessária função social. Ademais, a Constituição de 1988 foi pródiga com os direitos em geral. Posteriormente incluídos, somaram-se aos demais o direito à moradia e o direito à duração razoável do processo. Outros direitos de grande alcance numa democracia, como a liberdade de imprensa (tratada por Leonardo Martins), puderam ser consolidados na prática constitucional brasileira. A insistência num elevado rol de direitos como categoria aberta (não-taxativos) é mais um ponto alto da Constituição, reforçado pela EC 45/04, que veio combater certo posicionamento restritivo assumido pelo Supremo Tribunal Federal.

Tendo como finalidade primacial a busca da realização desses direitos, há uma pletora de permissivos constitucionais direcionados ao Estado para a obtenção de recursos (impostos, taxas e diversas espécies de contribuições, além de outras fontes secundárias). Mas também nesse aspecto a Constituição não descurou de um rol de direitos dos contribuintes, impedindo uma exação tributária arbitrária que fosse despreocupada com a cidadania.

No levantamento de suas múltiplas dimensões, percebe-se, pois, que a Constituição centralizou a figura do cidadão de direitos; esse receberá sempre, seja qual for a relação na qual figure, um influxo de salvaguardas constitucionais, estará imerso num espaço de proteção criado e tutelado diretamente pela Constituição do Brasil.

Todo esse segmento recebeu, via de regra, amplo desenvolvimento por parte das instâncias do Poder Judiciário, que não se intimidou em assumir um papel essencial na vida do País. A bem da verdade, essa postura normativa arrojada da Constituição de 1988 poderia ter sucumbido em face de um Judiciário retrógrado, inerte ou inadvertidamente, reticente e mal informado.

A esse propósito, realizou-se em 1988 mudança estrutural do Poder Judiciário, incluindo nela as competências do STF. Extinguiu-se o Tribunal Federal de Recursos e instituiu-se o Superior Tribunal de Justiça, de caráter nacional, para desafogar o STF, em parte, das questões infraconstitucionais. Em 2004, nova reforma do Judiciário teve como um de seus escopos (e desafios) solucionar a crise numérica do STF, resultante de uma prática recursal insaciável. Na tentativa de harmonização (mas ainda não uma pacificação) jurídico-judicial-administrativa das diversas instâncias e órgãos existentes, o efeito vinculante e a súmula vinculante foram criados, recriados e experimentados de maneira consistente com essa premissa, sendo igualmente regulamentados (Leis nos. 9.868/99 e 11.417/06). Apesar da legitimidade performática assumida pelo Judiciário, para usar aqui a perfeita expressão cunhada por Walter Claudius Rothenburg, o Congresso Nacional entendeu necessário criar o Conselho Nacional de Justiça, com a função de sentinela do Poder Judiciário em assuntos administrativos, financeiros e de cumprimento dos deveres funcionais pelos juízes.

Do ponto de vista da organização territorial, a valorização dos municípios foi constitucionalmente reforçada (para além de um estrutura tradicionalmente binária), numa busca pela maior proximidade entre cidadão e governo. A possibilidade de redigirem sua própria Lei Orgânica, contra a competência estadual para fazê-lo no sistema constitucional pretérito, alçou os municípios a um novo patamar de autonomia real. A prática, contudo, esteve muito longe dos modelos ideais. Tanto assim, que Congresso Nacional e STF entenderam que deveriam intervir para reduzir, em determinados segmentos, a ampla (talvez excessiva) autonomia municipal (caso do número máximo de vereadores por município – STF – e dos limites com despesas em geral – EC 25/00).

Por sua vez, os Estados membros, com suas constituições próprias (e nesse ponto Zeno Veloso nos narra uma bela experiência constituinte estadual), foram contemplados com a possibilidade de desenvolverem uma jurisdição constitucional estadual (que havia tido duração efêmera entre 1965 e 1967), reforçando o constitucionalismo no âmbito estadual; mas isso ainda aguarda um auto-reconhecimento desse espaço pelos próprios Estados (pela advocacia e pelos Tribunais de Justiça). Esse atraso é indício de mentalidade ainda altamente centralizada (e de subordinação) dentro de uma (tipicamente assimétrica) federação.

No âmbito administrativo, houve preocupação muito intensa da Constituição com as despesas e a aplicação de porcentuais mínimos em determinados setores, como na educação e na saúde, assim como com a tutela da moralidade administrativa (a aprovação da Lei de Improbidade e da Lei de Responsabilidade Fiscal constitui verdadeiro marco integrativo da vontade constitucional nessa seara, embora a última deva ser recebida com certas reservas, como bem indica Luís Fernando Massonetto). Nesse aspecto e em muitos outros o Ministério Público é um capítulo importante dessas cruzadas.

Em conclusão à referida dimensão temática, muitas e profundas foram as inovações introduzidas pela Constituição de 1988. Houve, a partir de então, uma verdadeira "revolução suave" no Direito brasileiro, que, por meio de suas instituições, teve de se adaptar ao novo cenário constitucional, reformulando conceitos, substituindo institutos e implementando o novo regime constitucional.

O balanço, se houver de ser feito um, é extremamente positivo, porque constatamos inegável e impressionante salto em termos de avanços e conquistas nestes 20 anos. Mas o ponto ao qual se chegou pode ser considerado como um excelente início para a busca de um modelo mais bem calibrado e prontamente compreendido e praticado em sua plenitude significativa. As conquistas alcançadas – na exata expressão de Gilmar Mendes – estimulam sua contínua expansão.

Os textos a seguir pretendem oferecer um panorama muito breve de alguns desses motivos e movimentos constitucionais. A interdisciplinaridade intrínseca a qualquer constituição inspirou a busca de leituras também "externamente" atentas à Constituição. Agradeço profundamente a todos os autores que puderam, com sua experiência e reflexão, tornar possível a realização desta obra dedicada à democracia e cidadania brasileiras.

Amanhã vai

er outro dia!

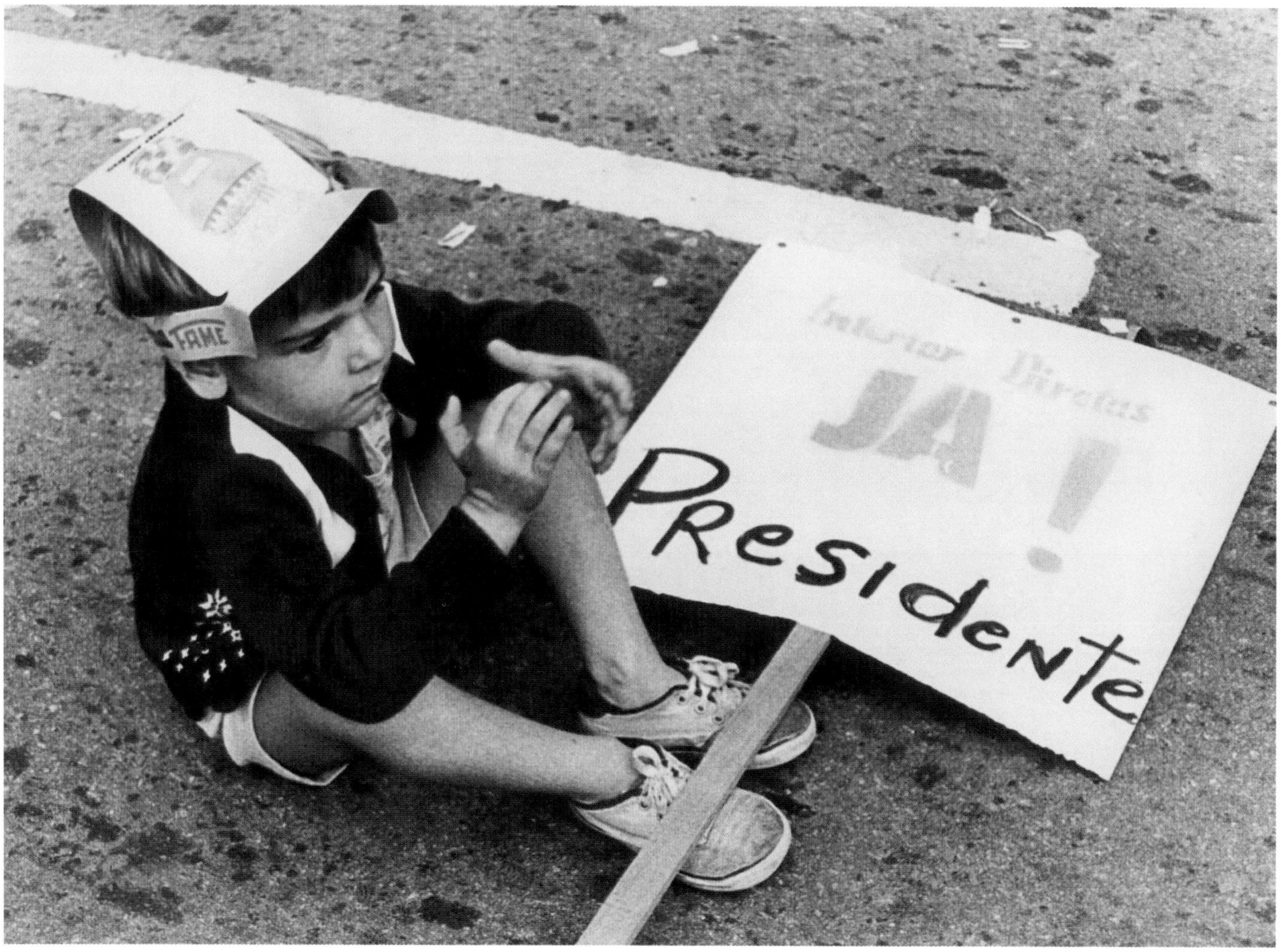

Crianca participa de manifestação pelas "Diretas Já". 16/04/1984

Na página anterior, jovens manifestantes nas ruas de São Paulo durante a campanha das "Diretas Já"

Mario Covas e Ulysses Guimarães, tendo ao fundo o "placar das Diretas"

Manifestação pró-diretas no Vale do Anhangabaú, em São Paulo, em 1984 (direita)

Na página seguinte, manifestação das "Diretas Já", que reuniu cerca de 1 milhão de pessoas na Praça da Sé, em 25 de janeiro de 1984

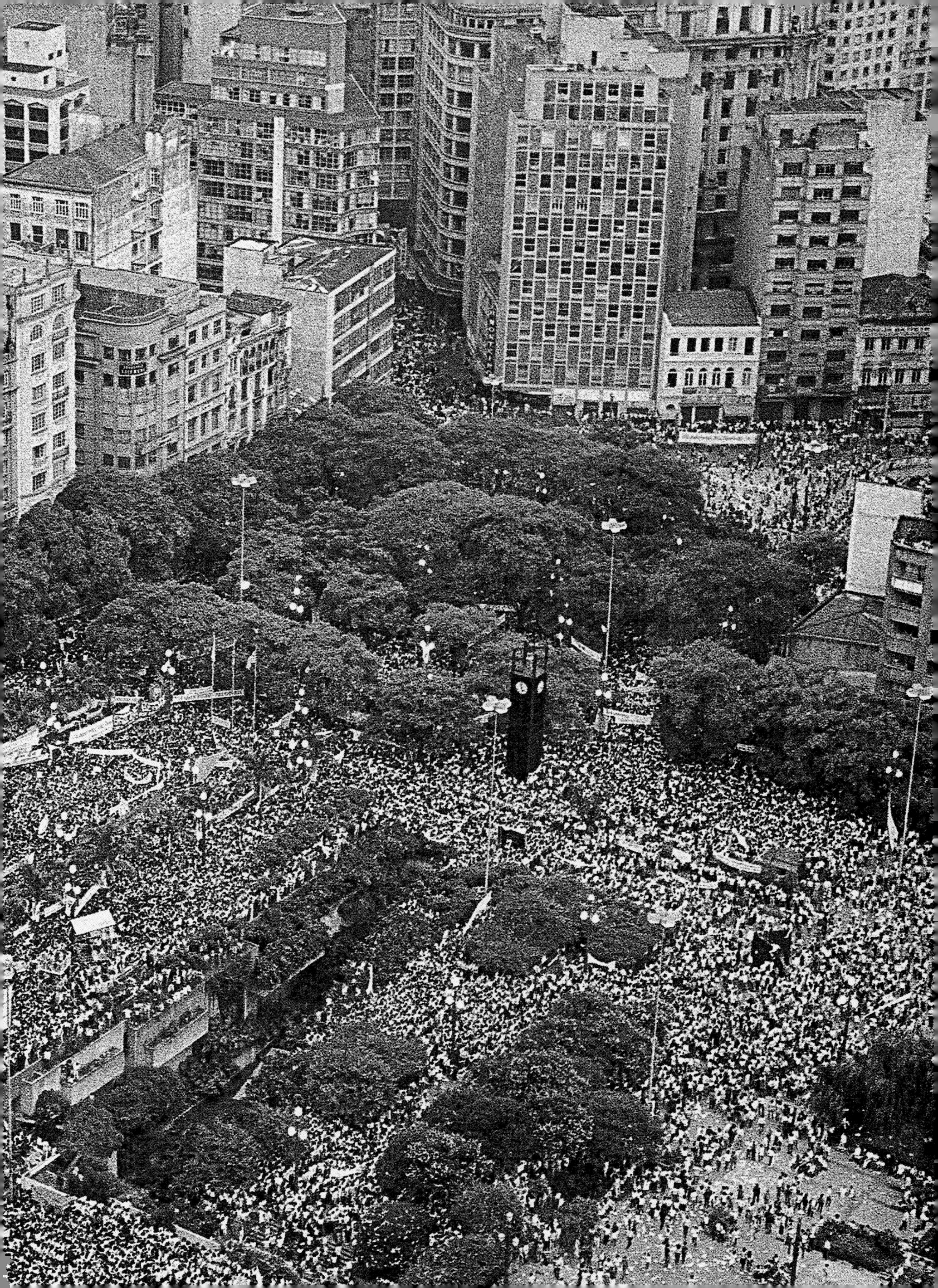

quero
pra

GERSON PERES
GIOVANNI QUEIROZ
MARIO CHERMONT
MARIO MARTINS
PAULO TITAN
AMAZONAS
ATILA LINS
BETH AZIZE
JOAO THOME
COSTA FERREIRA
EDUARDO MATIAS
FRANCISCO COELHO
NAN SOUZA
SARNEY FILHO
CEARA
AECIO DE BORBA
ANTONIO DOS SANTOS
ARIOSTO HOLANDA
CARLOS BENEVIDES
ALUIZIO ALVES
JOAO FAUSTINO
NEY LOPES
PARAIBA
EFRAIM MORAIS
ZUCA MOREIRA

JOSE THOMAZ NONO
SERGIPE
JERONIMO REIS
JOSE TELES
PEDRO VALADARES
BAHIA
ANGELO MAGALHAES
AROLDO CEDRAZ
BERALDO BOAVENTURA
CLOVIS ASSIS

JUSTIÇA ELEITORAL
NÃO RASGUE

PREVIDÊNCIA
APLUB
APLUB
ASSOCIAÇÃO DOS PROFISSIONAIS LIBERAIS UNIVERSITÁRIOS DO BRASIL
JUSTIÇA ELEITORAL
CABINA
DE

Fernando Collor de Mello foi o primeiro presidente eleito pelo voto direto na Nova República. Em 1992, ele sofreu o *impeachment* por parte do Congresso.

Ao lado, manifestação dos estudantes "caras-pintadas" em favor de sua deposição.

CAI F R!
COL
IMPEACH

Posse do presidente Fernando Henrique Cardoso e do vice-presidente Marco Maciel, em 1995
Na página seguinte, posse do presidente Luis Inácio "Lula" da Silva, em 2003

PCdoB

1.

Breve histórico da Carta Cidadã

Mauro Benevides

Deputado federal;
foi vice-presidente
da Assembléia Nacional
Constituinte

É preciso realçar o transcurso, no dia 5 de outubro vindouro, dos 20 anos de promulgação da Lei Maior do País, da qual é primeiro signatário o extraordinário homem público Ulysses Guimarães, a quem se considera, por seus méritos incontáveis a luta indormida que empreendeu, o autêntico reconstrutor do Estado Democrático de Direito.

Como primeiro vice-presidente da Assembléia Nacional Constituinte, gostaria de recordar alguns acontecimentos relevantes nos dois anos de permanente atividade.

O primeiro deles foi o movimento denominado Centrão, que exigia imediata reformulação regimental, ensejando inevitável flexibilização das normas vigentes, sem o que os trabalhos não prosseguiriam, conforme acentuava o líder Roberto Cardoso Alves, em nome de ponderável corrente de legisladores.

Destaco que foi momento crucial para os rumos da Assembléia porque, se não contássemos com uma corrente parlamentar numericamente ponderável, com figuras da maior expressão no cenário político brasileiro, teríamos dificuldades insuperáveis em completar a ingente tarefa que nos fora imposta em função de conjuntura política incerta depois de tantos anos de cerceamento das liberdades públicas, de prisões injustas, de processos iníquos com a instituição de regime mancado pelo autoritarismo perdurante por 21 anos. Teríamos que mudar o Regimento Interno da Casa, elaborado, nos primeiros momentos da Assembléia, pelo então senador Fernando Henrique Cardoso, que formatara um texto o qual haveria de orientar os trabalhos na estruturação das Comissões Temáticas e de Sistematização, enfim, no trâmite daquelas emendas a serem submetidas ao crivo do plenário soberano.

E digo soberano porque fomos investidos do poder originário que nos conferia maior autenticidade possível. O poder originário a que me reporto é o decorrente da emanação da vontade popular expressa no *veredictum* das urnas. Foi em função desse poder originário que funcionamos aqui, no objetivo de elaborar a Carta Cidadã, assim cognominada pelo grande Ulysses Guimarães, certamente, porque todos os segmentos da cidadania tinham suas pretensões acolhidas no texto que então elaborávamos e foi promulgado na tarde memorável de 5 de outubro de 1988.

Representam-se, explicitamente, na Carta, os direitos da criança, do adolescente, do idoso, do deficiente, do índio, do negro, da mulher. Esses diversificados segmentos sociais tiveram as reivindicações inseridas no texto da Carta. Certamente por isso, essa interpretação tornou-se implícita na manifestação do presidente Ulysses Guimarães, quando exibiu um exemplar da Carta diante de milhões de telespectadores, denominando-a de Carta Cidadã, num instante em que ficou sinalizado, precisamente, o reencontro com o Estado Democrático de Direito.

Portanto, impusera-nos o Centrão uma reforma regimental, e Ulysses Guimarães entendeu de confiar-me, modesto senador pelo Ceará, mas 1º vice-presidente da Constituinte, a tarefa de reformular o Regimento fazendo aquelas concessões, sem as quais o Centrão não permaneceria no plenário, não ofereceria o quórum indispensável à realização das discussões e das votações, que transformariam cada emenda em um dispositivo a ser integrante da Lei Maior brasileira.

Foi um trabalho ingente, com vistas a conciliar interesses conflitantes que reclamavam clarividência para entender a conjuntura emergente que se situava diante de todos nós. Afinal, elaboramos esse Regimento, que, com a participação daquela corrente, exigia que qualquer matéria somente fosse aprovada com 280 votos do plenário, somados senadores e deputados constituintes.

Sem isso não teríamos votado, como o fizemos, a Carta que passou a vigorar a partir de 5 de Outubro de 1988.

Ainda destaco a conclamação patética que sensibilizou não apenas nós, Constituintes, mas sobretudo milhões de brasileiros que escutaram as palavras de Ulysses Guimarães. Ele dizia clara e peremptoriamente que a Constituição jamais poderia ser afrontada, deveria ser respeitada e obedecida porque iria direcionar a vida política, econômica, social e cultural do Brasil.

Outro incidente, senhor presidente, que me permito relembrar neste instante, é o que houve por força das inserções constantes, de iniciativas parlamentares, das emendas que eram apreciadas nas Comissões Temáticas e depois submetidas ao crivo da Comissão de Sistematização.

Houve em meio a tudo isso a manifestação do então presidente da República, José Sarney, que teve um desempenho magnífico, sobre a estrutura da governabilidade. Entendia S. Exa. que ela seria inviabilizada diante da inclusão de conquistas sociais capazes de onerar sensivelmente o erário. Eram conquistas como a licença-maternidade, a licença-paternidade e outros direitos assegurados aos trabalhadores.

A esse respeito, gostaria de lembrar que fui autor de uma emenda garantindo aos trabalhadores o salário mínimo unificado.

Se V. Exa. compulsar a Constituição, identificará no art. 7º um item preceituando que o trabalhador terá direito a um salário mínimo, entre vírgulas, "nacionalmente unificado", conseqüência de emenda de minha autoria, garantindo, portanto, a perenidade, no texto constitucional, daquilo que eu já obtivera por meio de lei ordinária aprovada ao tempo em que exercia o mandato de senador da República – justiça se faça à história–, lei sancionada pelo general João Baptista de Figueiredo, que entendeu a justeza da citada proposição, porque não teria sentido o País permanecer subdividido em quatro regiões, sendo a última delas o Nordeste brasileiro, fazendo com que os trabalhadores do Ceará, de Pernambuco, do Rio Grande do Norte e da Paraíba se deslocassem até São Paulo atraídos por um salário mínimo maior, no grande Estado bandeirante.

Portanto, a Constituição trouxe essa inovação, garantiu a unificação salarial, por cuja defesa penso haver-me credenciado diante das classes obreiras do País.

E quando José Sarney exteriorizou por meio da televisão visível apreensão diante dos desdobramentos decorrentes do cumprimento da letra constitucional, Ulysses, sob os aplausos de todos nós, ocupou também uma cadeia de televisão a fim de defender a soberania do Poder Constituinte, afirmando que havíamos sido incumbidos de preparar uma Carta e que haveríamos de fazê-la com extrema responsabilidade, sem conduzir o País a um estágio de ingovernabilidade, o que efetivamente não ocorreu, porque, a partir daquele momento, o cumprimento da Carta foi sendo processado no governo Sarney, que então substituía o saudoso Tancredo Neves.

Não me dispensaria, neste momento, de fazer essa referência e também prestar homenagem de saudade ao grande Tancredo Neves, com quem convivi tão de perto e desapareceu exatamente no 21 de abril, dia de Tiradentes, data da Inconfidência. Anualmente, reúnem-se na cidade de Ouro Preto, Minas Gerais, autoridades sempre galardoadas com a grande Comenda da Inconfidência, por parte dos governadores que têm dirigido a portentosa unidade federada.

Há um fato significativo que me permito ainda lembrar: a Carta que nós começáramos a elaborar tinha conotação parlamentarista. Era essa a tendência predominante no plenário e foi para tal sistema que se direcionavam os trabalhos procedidos na ocasião. Mas, em determinada fase, defrontamo-nos com outro contexto emergente, trabalhado habilmente pelo presidente do Senado, o saudoso Humberto Lucena, o qual, louvando-se em duas consultas plebiscitárias, que apontavam o presidencialismo como a melhor forma de governo para o País, fez um esforço ingente para alterar o rumo das articulações. A Carta, então, direcionada ao parlamentarismo, adotou outra direção doutrinária, passando, portanto, a ser uma Carta presidencialista, embora contendo alguns institutos reconhecidamente parlamentaristas, a exemplo da medida provisória.

A medida provisória, com o atravancamento da pauta da Ordem do Dia, tem, aliás, sido um obstáculo permanente ao trâmite de matérias de interesse parlamentar, mas, felizmente, graças ao empenho do presidente Arlindo Chinaglia, com o endosso de Garibaldi Alves Filho, a questão acha-se virtualmente superada, chancelada, igualmente, pelas lideranças partidárias.

Graças ao empenho do dirigente máximo do Congresso Nacional, bem assim, às enfáticas manifestações do titular do Senado e, sobretudo, à compreensão das agremiações políticas, mantivemos o instituto, sim, mas dentro de parâmetros regimentais menos drásticos, que já não obstaculizarão, insuperavelmente, os trabalhos levados a efeito no plenário da Câmara dos Deputados e, a seguir, na outra casa do Parlamento.

No nosso entender, esses três incidentes são os que, acentuadamente, merecem o registro dessa tribuna, quando estamos, neste ano, a comemorar os 20 anos da Carta Cidadã, que ainda possui dispositivos passíveis de regulamentação que lhes ofereçam eficácia e aplicabilidade. Hoje, os legisladores ordinários são acusados porque não procederam ao exame desses dispositivos, nem durante o processo revisional, previsto para 1993, cinco anos depois da promulgação da Carta.

Nessa época, na condição de líder do PMDB no Congresso Nacional e tendo na relatoria o então deputado e hoje ministro Nelson Jobim, nós deveríamos processar a revisão da Carta, a fim de escoimá-la daquilo que pudesse ser algum equívoco, alguma inserção perfeitamente dispensável ou equivocada. Com isso, daríamos uma feição de perfeccionismo àquilo que se elaborara durante 1987 e 1988, quando se realizou, ali, no mesmo plenário, a Assembléia Nacional Constituinte, instalada no dia 1º de fevereiro de 1987 pelo então dirigente máximo do Supremo Tribunal Federal, ministro Moreira Alves.

Eu destacaria, em palavras finais, que quando a Carta Cidadã completava 15 anos o Senado entendeu de realizar um seminário com a presença de preclaros juristas, um dos quais o ministro e ex-senador Paulo Brossard de Souza Pinto, que pontificou uma intervenção lúcida e abalizada naquele magno evento.

O seminário realizou-se no Auditório Petrônio Portela. Talvez o único fato inusitado haja sido a circunstância de o presidente do Senado haver convidado a mim — não na condição de ex-presidente do Congresso, mas de 1º vice da Assembléia

Nacional Constituinte — para dirigir os trabalhos do Seminário, que teve afluência inusitada, com a participação dos universitários de Brasília, que fizeram questão de interpretar aquele marco como algo de significação histórica na tradição jurídico-constituicional brasileira, que era a comemoração do 15º aniversário da Carta Cidadã, promulgada em 5 de outubro de 1988.

Se nos 15 anos da Lei Maior já tivemos, de forma esplendorosa, a rememoração de algo excepcional, as atuais duas décadas terão que ter maior importância, que sirva para conscientizar a comunidade brasileira de sua respectiva relevância, obrigando-nos a cumpri-la e respeitá-la, não podendo ser afrontada, como lapidarmente destacou Ulysses Guimarães, um vulto notável que não me canso de exaltar e proclamar, já que foi, sem dúvida, o grande batalhador em prol do Estado Democrático entre nós.

Não se pode olvidar a homenagem reiterada à Carta de 5 de Outubro de 1988, a qual defenderemos, preservando-a e tornando-a respeitada por todos os segmentos da opinião pública brasileira, porque ela é um instrumento que, basilarmente, orienta a vida do próprio País, das suas unidades federadas, dos seus municípios, de todos os cidadãos. E a Constituição teve o grande mérito de arraigar, entranhadamente, a consciência de cidadania no seio dos nossos compatrícios.

2.

20 anos da Constituição de 1988: entre a comemoração e a reflexão

Garibaldi Alves Filho

Senador e jornalista; presidente do Congresso Nacional e do Senado; governador do Rio Grande do Norte (1995–1999 e 1999–2003) e prefeito de Natal (1986–1988)

O aniversário de 20 anos da Constituição Federal de 5 de outubro de 1988 merece, sem dúvida, ser muito celebrado, mas não pode deixar de provocar a reflexão sobre o projeto de País que inspirou os constituintes e as eventuais ameaças ao pacto social formulado naquela oportunidade.

Essa reflexão do futuro nos impõe uma avaliação dos fatos passados, porque sobre eles foram construídos o nosso presente, as nossas instituições.

A Constituição de 1988 surge como um grande clamor social. Essa é a figura simbólica da Carta Política vigente, e assim o foi porque sua promulgação se deu, justamente, após longo ciclo de um regime de exceção, época em que a abertura democrática tomou as praças públicas. O povo passou a discutir abertamente temas como anistia, eleições diretas para todos os cargos públicos, enfim, temas relacionados à retomada do regime democrático, movimentos de todos nós conhecidos.

Vencida a tese das diretas, formou-se a aliança democrática, que viabilizou a eleição de Tancredo Neves, tendo como vice o senador José Sarney. Quis o destino que o presidente Tancredo não assumisse a Presidência da República, sucedendo a posse do presidente Sarney, inicialmente como vice-presidente e, posteriormente, como presidente da República.

Sarney, justiça seja feita, foi um dos principais artífices da redemocratização. Assegurou a normalidade institucional e passou a governar com o desenho institucional então formulado por Tancredo.

Esse artigo, com adaptações, foi pronunciado como discurso de abertura do Seminário 20 anos da Constituição Cidadã, promovido pelo Senado e pela Câmara dos Deputados, nos dias 10 e 11 de junho de 2008, em Brasília.

Em respeito ao compromisso com a redemocratização, o presidente Sarney encaminhou ao Congresso a Mensagem 48, de 28 de junho de 1985, que se converteu na Proposta de Emenda à Constituição 43/85. Como resultado, tivemos a EC 26, que convocou a Assembléia Nacional Constituinte a instalar-se no dia 1º de fevereiro de 1987.

Naqueles dias, assumiriam a condição de constituintes os parlamentares federais eleitos em 1986 e os senadores eleitos em 1982, mas cujos mandatos só terminariam em 1991.

Não podemos esquecer que por meio daquela emenda constitucional foram anistiados os servidores públicos civis da administração direta e indireta e militares, antes punidos por atos de exceção.

Foi no parlamento que assistimos a um verdadeiro espetáculo democrático, com a instalação da Assembléia Nacional Constituinte.

A abertura à participação popular, mediante sugestões e inclusive emendas e a contínua comunicação institucional da evolução dos trabalhos, enfim, uma troca entre a Assembléia e o povo que lhe constituía, além do expressivo e inédito, entre nós, rol de direitos e garantias que a nova Carta acolheu, levaram o doutor Ulisses Guimarães, no ato da promulgação da Carta, a denominá-la Constituição Cidadã.

Uma norma jurídica, uma Constituição, objetos socioculturais, por excelência, são construções humanas fortemente influenciadas pelo contexto e pela história, e sabemos que o texto da Carta Política de 1988, justamente pelo seu contexto e momento vivido à época, quis explicitar e detalhar ao máximo a garantia de direitos.

Essa prática foi ampliada e chegou mesmo a incluir no texto constitucional temas que poderiam estar nas leis ordinárias. É provável que essa cautela do constituinte, muito bem-posta naquele período, careça de novos horizontes nos dias atuais.

Isso porque a estabilidade de uma Constituição não está calcada no volume de dispositivos que contém. Não se asseguram direitos, não se alocam recursos para áreas prioritárias simplesmente com a redação de artigos, parágrafos, incisos e alíneas na Constituição.

Essa inflação normativa constitucional amesquinha a Carta Política e, para comprovar o que afirmo, basta ver o grande número de emendas constitucionais ao nosso texto: 62 emendas, incluídas as de revisão. Em média, portanto, o texto constitucional é alterado mais de três vezes por ano, o que revela certa instabilidade das regras nele estampadas.

Por isso mesmo, talvez, uma Constituição menos prolixa, mais concisa, abra espaços para a atuação do legislador ordinário, fortalecendo o próprio Congresso Nacional.

O risco da inflação normativa constitucional potencializa ainda mais o risco de, cada vez mais, nos depararmos com normas gentilmente chamadas de programáticas.

Mudanças em direção à clareza e à simplificação constitucional são necessárias. Isso porque, por melhor que seja a nossa Constituição, não podemos ter, diante dela, uma posição estática, de reverente imobilidade em face do que nela escreveram os constituintes de 1988.

Muitos direitos estão previstos na Constituição e não chegam de verdade ao homem comum, como o direito à saúde, à educação, à segurança pública e tantos outros. O próprio Estado descumpre a Constituição, quando, por exemplo, deixa de honrar compromissos financeiros decorrentes de sentenças transitadas em julgado.

E onde podem ser resolvidos esses impasses?

Numa peça legislativa que, no Brasil, ainda não é levada muito a sério: a lei orçamentária. É na tramitação da lei de orçamento no qual se discutem as grandes opções da sociedade. Lá é decidido, com a participação dos parlamentares, se o Estado irá direcionar recursos para hospitais e escolas ou para o superávit primário.

Hoje, temos uma lei orçamentária cujos recursos são restringidos, pasme-se, por meio de decreto presidencial. Além disso, temos um orçamento "paralelo", que é aberto por meio de medidas provisórias. Graças às medidas provisórias, foram autorizados gastos orçamentários de R$ 16 bilhões apenas neste ano de 2008.

São problemas, sem dúvidas, de índole constitucional. Como mencionei antes, o exame do passado é relevante porque nos leva aos indícios de como as coisas foram pensadas e construídas.

As medidas provisórias, por incrível que pareça, foram incorporadas ao texto constitucional, justamente, para reduzir o poder imperial que o presidente da República detinha no regime de exceção que se encerrara.

Imaginava-se, com certeza, àquela altura, que o sistema parlamentar, então predominante, seria suficiente para mitigar qualquer perspectiva de abuso por parte do chefe de governo, que se sujeitaria a voto de desconfiança, caso não se articulasse com o Congresso antes de baixar o ato excepcional, com força de lei.

Desse modo, a adoção de medida provisória pressupunha, em sua concepção originária, o convencimento prévio do Congresso sobre os pressupostos de urgência e relevância. Não foi o que se viu, todavia.

Além de não negociar previamente com o Congresso Nacional a edição de medidas provisórias, passou-se imediatamente a adotar a reedição desses atos com força de lei, e não se trata de uma peculiaridade do governo "x" ou "y". Aliás, é bom que se registre, o abuso na edição de medidas provisórias foi verificado em todos os governos.

Não estamos aqui promovendo uma competição para ver quem editou mais ou menos medidas provisórias. Essa discussão não cabe, pois é uma disputa em que o único derrotado é o regime democrático.

O Legislativo perde muito com a edição demasiada de medidas provisórias. Em 2007, por exemplo, mais de 70% das deliberações de plenário do Senado estiveram suspensas por causa das MPs.

Enfim, o que importa é a constatação de que, refugindo ao espírito da Constituição promulgada, observou-se, na prática, uma hipertrofia do Poder Executivo, pelo abuso desse instrumento que se supunha, na origem, democrático.

E o Congresso Nacional, não podemos esquecer, com a promulgação da EC nº 32, em 2001, a pretexto de solucionar a questão, acabou por agravá-la, pois quando adotou o sistema de trancamento de pauta os problemas se ampliaram.

Temos hoje, infelizmente, uma situação contraditória, moldada na Constituição, em que as casas do Congresso perderam a prerrogativa de definir as prioridades legislativas, competência constitucional que lhe foi delegada pelo povo brasileiro, por meio da mesma Carta Cidadã. É obrigação nossa, inadiável, urgente, diria até tardia, solucionar esse problema.

O Supremo Tribunal Federal, guardião da Constituição da República, recentemente, em decisão de que foi relator o ministro Gilmar Mendes, presidente daquela Corte, declarou a inconstitucionalidade da utilização de medidas provisórias em matéria orçamentária, fora das estreitas balizas do § 3º do artigo 167 da Constituição.

Essa decisão revela a atualidade do modelo de freios e contrapesos concebido por Montesquieu e adotado por todas as constituições democráticas. Cabe, todavia, ao Congresso, assumir o protagonismo da solução definitiva do problema, pois nos compete, exclusivamente, nos termos da Constituição, essa tarefa.

Na Presidência do Senado e do Congresso Nacional, ao lado do presidente da Câmara, deputado Arlindo Chinaglia, tenho me ocupado continuamente para superar esse impasse. Sabemos que o Poder Executivo, claro, não pretende abrir mão do atual modelo.

No entanto, creio que as incansáveis manifestações do Legislativo, somadas às recentes decisões do STF, criam, a cada instante, condições políticas para aperfeiçoarmos as regras das medidas provisórias.

Enfim, em que pese a necessidade de aperfeiçoamento constitucional, manter o princípio democrático que norteou a elaboração da Carta é dever de todos: congressistas, agentes políticos, acadêmicos, enfim, é dever do povo.

3.

A política da Constituinte e o retorno à democracia

Cícero Araújo
Professor de Teoria Política do Departamento de Ciência Política, FFLCH/USP

O que chamamos aqui de "Política da Constituinte" não se refere apenas ao período em que o Congresso Nacional se concentrou na elaboração de nossa Carta Magna. Recuando um pouco mais, devemos remontar ao tempo de sua articulação e convocação e apontar suas relações com o lusco-fusco da transição à democracia.

De saída, nos deparamos com o debate: o que torna uma Assembléia Constituinte uma Constituinte de fato? A discussão, de feições abstratas, na verdade envolvia uma disputa maior entre diferentes tendências da própria transição, que então se dispunham num eixo que ia da continuidade à descontinuidade em relação ao regime anterior. Num extremo, estava a corrente que se empenhava em conter a transição dentro de limites favoráveis ao resiliente *establishment* civil-militar e, embora não pudesse mais manter intacta a velha ordem, sua ênfase era a continuidade. No outro extremo, os que pretendiam estender a transição para além daqueles limites, com vistas a uma ordem político-jurídica o mais livre possível das estruturas institucionais criadas pela ditadura militar – sua ênfase sendo claramente a descontinuidade. E, no meio do caminho, a tendência que se considerava guardiã do equilíbrio entre a continuidade e a descontinuidade. Disso resultavam visões divergentes quanto ao que esperar da nova Constituição. Da primeira tendência brotava a proposta de uma Assembléia Nacional que, consistente com o fato de ser convocada por uma emenda à Constituição em vigor (a de 1967), se encarregaria apenas de uma reforma constitucional que recolocasse o País nos trilhos de um Estado de Direito. Dispunha-se a uma mudança, sem dúvida, mas na sombra da estrutura jurídica anterior. Da outra tendência, entretanto, vinha a idéia de uma rejeição veemente dessa estrutura, consubstanciada na proposta de uma Assembléia Nacional "livre e soberana". Isto é, convocada exclusivamente para elaborar a nova Constituição, sem as atribuições legislativas normais dos então deputados e senadores. Bastante ansiosa por não arriscar uma transição prudente, a tendência moderada procurava administrar as pressões opostas da ruptura e da continuidade, preferindo uma solução a mais neutra possível.

De fato, quanto ao resultado imediato da disputa, foi essa a visão que prevaleceu, porém vestida numa proposta de Assembléia Nacional que parecia conceder muito à tendência continuísta: assim, a Assembléia seria o próprio Congresso Nacional com "poderes constituintes", composto, portanto, de deputados e senadores – parte desses últimos ainda cumprindo mandato anterior (com a agravante, para alguns, do mandato "biônico" conferido pelos militares) – acumulando as atribuições legislativas normais. Naquele ano de 1985, a vitória dessa tendência refletia-se no predomínio momentâneo da estratégia conciliatória que levara Tancredo Neves à Presidência da República, no próprio Colégio Eleitoral forjado pela ditadura militar. Contudo, essa estratégia já havia sofrido um duro golpe, com a morte súbita do presidente eleito um pouco antes de sua posse, obrigando o vice José Sarney a assumir a função. Vindo das fileiras do partido da ditadura, embora de um grupo dissidente, o exercício de seu mandato viu-se cercado de muitas desconfianças, mas em especial do lado rupturista, que evidentemente reagiu mal à proposta de convocação por ele patrocinada. Por conta disso, a visão moderada corria o sério risco de ver-se confundida com a tendência continuísta. Assim, o preço de sua vitória nesse primeiro confronto da política da Constituinte foi estreitar as suas margens de manobra no futuro imediato, ainda mais porque naquela disputa se delinearam os dois campos polares de todos os confrontos subseqüentes relativos ao conteúdo da nova Constituição. Sem sua figura de maior legitimidade (Tancredo Neves), ela gradativamente perdia também a capacidade de iniciativa perante um interlocutor que se mostrava cada vez mais decisivo, conforme avançava a transição: a opinião pública.

Impossível examinar aqui as etapas e inflexões posteriores desse jogo até o seu final. Caberia, porém, nos deter nesse dado interessante da política da Constituinte: seu resultado um tanto inesperado, vale dizer, a nova Carta, com um conteúdo inapelavelmente inovador, democrático e igualitário. Inesperado porque se pode constatar, ao longo dessa história, uma silenciosa subversão das expectativas dos atores em conflito. Pois não é curioso que precisamente a corrente que menos esperava, em termos de renovação democrática, de um Congresso improvisado em Assembléia Constituinte, tornou-se, logo após a sua promulgação, a mais ardente defensora da nova Carta? E, também, a tendência que teve sucesso na estratégia inicial de conter o jogo em limites estreitos passou a ser, depois, a mais contundente crítica dessa mesma Carta? Afinal, o que possibilitou essa inversão?

Poderíamos arrolar um número de fatores que foram se acumulando ao longo do caminho. Contudo, o que talvez devesse nos chamar mais a atenção é a própria onda democratizante que o País vivia em quase todos os campos da vida social e que, de alguma forma, acabou batendo nas portas do Congresso, quando esse se desincumbia de suas tarefas constituintes. Desencadeada durante o processo de transição, mas não em seu início, essa onda foi também um subproduto inesperado. Assim, aquilo que deveria ter sido apenas uma abertura controlada do regime, "lenta, gradual e segura", como se dizia, acabou se convertendo depois numa tentativa de metamorfose política, mas ainda controlada, até finalmente tornar-se uma autêntica vaga democratizante, a qual nenhum ator ou campo de atores controlava inequivocamente.

Olhando pelo retrovisor, hoje podemos identificar a inflexão decisiva dessa história, isto é, aquela em que a ditadura militar perdeu as rédeas do processo de transição. É difícil determiná-la exatamente no tempo, mas não erraríamos muito se o corte fosse feito ao redor das eleições parlamentares e de governadores de 1982, quando a oposição obteve claro triunfo. Vitórias eleitorais haviam ocorrido antes, mas dessa vez a oposição reuniu forças suficientes – tendo chegado ao governo dos Estados mais importantes – para tomar a iniciativa política, com uma campanha popular pelas eleições diretas à Presidência da República. Mas, ao tomar esse tipo de iniciativa, a oposição fazia um ousado deslocamento do espaço onde a transição deveria prosseguir: do sistema político forjado pela ditadura, com suas opacidades, para o campo aberto das ruas. E é aí que aquele novo protaganista, a opinião pública, passara a ocupar um lugar destacado no palco dos acontecimentos.

A frustração, em 1984, da tentativa de fazer o Congresso aprovar a emenda constitucional que restituiria as eleições presidenciais diretas, resultou numa perda temporária do ímpeto desse novo ator. Provavelmente, no período da política da Constituinte que descrevemos, essa perda de ímpeto deve ter entrado nos cálculos e previsões das agências de representação política que se preparavam para elaborar a nova Constituição, rebaixando ou elevando as expectativas de seus protagonistas, dependendo do campo em que se posicionassem. Contudo, entre a convocação da Constituinte e a promulgação da nova Carta, ocorrerá o dado surpreendente, que inverterá aquelas expectativas: uma nova vaga mobilizadora da opinião pública, que havia algum tempo se preparava, com certa discrição, para interferir na disputa dos constituintes, canalizando, das ruas para o Congresso – em padrão parecido, embora menos massivo, ao que havia ocorrido na luta das diretas –, os anseios democráticos acumulados. Tais anseios, ao entrarem em contato com a linguagem política em voga, fortemente marcada pelo jurídico, pouco a pouco se transformaram numa agenda de direitos, civis, políticos e sociais, apta a ser absorvida por uma Constituição genuinamente democrática. Eis como o País, à sua maneira peculiar e sem as devidas formalidades, pôde viver sob um "poder constituinte".

4.

Breve nota sobre a interpretação da Constituição – Constituição formal e Constituição material

Eros Roberto Grau
Professor titular da Faculdade de Direito da USP; ministro do Supremo Tribunal Federal; professor convidado da Université Paris I (Panthéon-Sorbonne) (2003-2004)

1. Escrevendo em outra ocasião[1] sobre a interpretação/aplicação do Direito, observei que o significado válido dos textos normativos é variável no tempo e no espaço, histórica e culturalmente. A interpretação do Direito não é mera dedução, mas um processo de contínua adaptação de seus textos à realidade e seus conflitos; tem caráter constitutivo – não simplesmente declaratório –, consiste na produção, pelo intérprete, a partir de textos normativos e dos fatos atinentes a um determinado caso, de normas jurídicas a serem ponderadas para a solução desse caso, mediante a definição de uma norma de decisão. Interpretar/aplicar é dar concreção [= concretizar] ao direito. Nesse sentido, a interpretação/aplicação opera a inserção do direito na realidade; opera a mediação entre o caráter geral do texto normativo e sua aplicação particular; em outros termos, ainda: opera a sua inserção na vida. A interpretação/aplicação vai do universal ao particular, do transcendente ao contingente; opera a inserção das leis [= do direito] no mundo do ser [= mundo da vida]. Como ela se dá no quadro de uma situação determinada, expõe o enunciado semântico no contexto histórico presente, não no contexto da própria redação.

Assim, opera-se também, em linhas gerais, a interpretação da Constituição. Exige compreendermos, ao interpretá-la, além dos seus textos, a realidade. Eis o ponto que desejo enfatizar: a interpretação da Constituição não é exclusivamente do texto da *Constituição formal*.

1. *Ensaio e discurso sobre a interpretação/aplicação do direito*, 4ª edição, Malheiros Editores, São Paulo, 2006, pp. 59-60.

2. Se por um momento suspendermos a concepção de Constituição em *sentido formal*, substituindo-a por outra, *realista*, ela será entendida como manifestação de uma estrutura político-social concreta; escapará, então, ao plano do *dever ser*, de sorte a passar a expressar o ser político do Estado; nesse sentido ela é a *constituição política do Estado*. A *Constituição* de cada povo depende da natureza e da consciência desse povo, no qual – diz Hegel no § 274 de *Princípios da filosofia do direito*[2] – reside a liberdade subjetiva do Estado e, portanto, a *realidade da Constituição*.

A oposição entre o *dever ser* constitucional [= concepção formal] e o ser constitucional [= concepção material] dá lugar à instalada entre a *Constituição formal* e a *Constituição material*. Ferdinand Lassalle[3] diz que a Constituição é a expressão escrita da soma dos *fatores reais* do poder que regem uma nação; incorporados a um papel, já não são simples *fatores reais* do poder, mas *fatores jurídicos*; são instituição jurídica. A *Constituição escrita* será boa e duradoura enquanto corresponder à *constituição material* e encontrar suas raízes nos *fatores reais do poder* hegemônicos no País onde a *Constituição escrita* já não corresponder à *Constituição material* instalar-se-á um conflito no qual a primeira sucumbirá.[4] Lembre-se o que Marx ensina no conhecido trecho do Prólogo da *Contribuição à crítica da economia política*:[5] "Em determinado estado do seu desenvolvimento, as forças materiais produtivas da sociedade entram em contradição com as relações de produção existentes ou — o que não constitui senão uma expressão jurídica delas — com as relações de propriedade no seio das quais vinham se movendo até então. De formas de desenvolvimento das forças produtivas que eram, essas relações se tornam entraves delas. Inicia-se, então, uma época de revolução social. A transformação da base econômica altera mais ou menos rapidamente toda a enorme superestrutura." Cada povo, diz ainda Hegel, tem a Constituição que lhe convém e lhe seja adequada.[6]

3. A distinção entre *Constituição escrita* e *Constituição material* não é assumida pelo pensamento liberal, dado que a passagem de um para o outro plano importaria insuportável invasão da esfera de liberdade dos indivíduos – a Constituição serve para impedir que a liberdade individual seja violada: não pode, ela mesma, comprometê-la. Essa a razão pela qual a distinção foi relegada a segundo plano. A Constituição, consubstanciando o mais conspícuo testemunho do liberalismo e do pensamento liberal, não há de exceder o plano do

2. *Principes de la philosophie du droit*, trad. Jean-François Kervégan, PUF, Paris, 2003, p. 371.
3. *A essência da Constituição*, tradução original de Walter Stönner, Editora Liber Juris, Rio de Janeiro, 1985, pág. 19; a conferência *Über die Verfassung* foi também editada, em tradução de Walter Stönner, pela Kairós Livraria Editora (2ª edição em 1985), sob o título *O que é uma Constituição*; a tradução, na edição de que me utilizo, é mais aprimorada.
4. LASSALLE, *op.cit.*, p. 41.

5. Confrontei, para a tradução ao português, as seguintes edições: *Zur critik der politischen okonomie*, Erstes Heft, Berlin, Dietz Verlag, 1987, pp. 12-13; *A contribution to the critique of political economy*, 5ª ed., trad. de S. W. Ryazanskaya, Moscou, Progress Publishers; *Contribuition à la critique de l'économie politique*, Paris, 1977, pp. 2-3; e *Contribución a la crítica de la economia política*, 2ª ed., trad. de Léon Mames, México, Siglo Veintiuno, 1986, essa veiculando injustificável erro do tradutor.
6. § 274 de *Princípios da filosofia do direito*.

dever ser. O pensamento liberal, predominante na instância da Dogmática Jurídica, conhece apenas a positividade da *Constituição formal*, colocando-se inteiramente à margem, de modo a ignorá-la, da *Constituição material*.

4. O que contudo ora desejo observar é a circunstância de a Constituição – como o Direito, no seu todo –, demandar permanente atualização, sem a qual não obterá efetividade. O discurso do *texto normativo* está parcialmente aberto à inovação, mesmo porque o que lhe confere contemporaneidade é a sua transformação em *discurso normativo*, isto é, em norma [transformação do *texto* em *norma*]. Daí que ela há de ser atualizada pelos chamados *intérpretes autênticos*, os juízes, para que se apresente dotada de força normativa.

Por isso, a interpretação não é apenas do texto da *Constituição formal*, mas também da *Constituição real*, hegelianamente considerada. O intérprete da Constituição não se limita a compreender textos que participam do mundo do *dever ser*; há de interpretar também a realidade, os movimentos dos *fatores reais do poder*, compreender o momento histórico no qual as normas da Constituição são produzidas, vale dizer, momento da passagem da *dimensão textual para a dimensão normativa*.

O fato é que, como observou percuciente e incisivamente o general Charles de Gaulle,[7] *a Constituição é um envelope*. O que está contido dentro dele surge *no* e *do* dinamismo da vida político-social. O intérprete há de ser capaz de apreender esse dinamismo. E de modo tal que, ainda que não tenha consciência disso, o movimento das coisas o conduzirá a essa apreensão.

5. A breve nota que assim aporto ao tema da interpretação da Constituição pode ser sintetizada na afirmação de que o seu intérprete não se movimenta no mundo das abstrações, freqüentando intimamente a *constituição* do povo ao qual ela corresponde.[8] É assim que a práxis da interpretação constitucional praticada pelo Poder Judiciário acontece no plano da realidade político-social, no qual a separação entre a *dimensão textual* e a *dimensão normativa* da Constituição desafia a generalidade das exposições hermenêutico-jurídicas ancoradas na teoria da subsunção. Ainda que afirmá-lo desafie a doutrina e escandalize nossos constitucionalistas mais bem-comportados, o fato é que a *Constituição formal* está sendo, enquanto *norma*, cotidianamente reelaborada, reproduzida. Adquire força normativa apenas na medida em que isso se dê.

7. *Discours et messages – Pour l'effort* (Août 1962 – Décembre 1965), Plon. Paris, 1970, p. 453.

8. Ainda que o faça sem plena consciência disso.

5.

Constituição cultural, cultura constitucional

Walter Claudius Rothenburg
Doutor em Direito pela UFPR; pós-graduado em Direito Constitucional pela Universidade de Paris II; procurador regional da República

Costuma-se aludir aos diversos assuntos tratados sistematicamente ou agrupados pela Constituição como "Constituições" parciais e temáticas. Assim, haveria a "Constituição Econômica", a "Constituição Trabalhista", a "Constituição Tributária", a "Constituição Ambiental"... Não é muito apropriada essa apresentação, porque não corresponde à idéia de unidade (afinal, trata-se de uma única Constituição, com rubricas próprias) e acentua uma autonomia e sistematicidade que nem sempre se verificam. Ademais, segundo Häberle (2000: 31-32), é tão "amplo, múltiplo e aberto" o conceito de cultura, que o Direito Constitucional consegue apreender apenas "fragmentos". Assim, "Constituição cultural" pode significar, na Constituição brasileira de 1988, o tópico "Da Cultura": art. 215 e 216 (Tavares, 2006: 756).

A proposta deste texto é "ricochete": mencionar que a Constituição trata da cultura, mas sobretudo a cultura que a Constituição produz ou, menos pretensiosamente, a cultura que a tem por objeto. Há algo parecido na doutrina, chamado de "a Constituição como ciência da cultura" (Häberle, 2000; Lucas Verdú, 1997). "A cultura – afirma Häberle (2000: 26) – ... forma o contexto de todo texto legal e de toda ação relevante juridicamente significativa dentro do Estado constitucional."

As Constituições são símbolos importantes, que podem gerar funções "benéficas" – representação de valores legítimos, "confirmação simbólica de pretensões normativas" (Blankenburg, *in* Neves, 2007:34), consagração de expectativas que adquirem, então, maior possibilidade de realização – e "maléficas" (a consagração da opressão ou senão a representação enganosa de valores legítimos, como aparente afirmação de expectativas que, na verdade, se pretende neutralizar). De todo modo, gera-se um totem a partir da Constituição.

A "cultura constitucional" é expressa em lugares, datas, textos literários, desenhos, cinema, até formas declamadas (como o cordel) e música. É possível aludir, com Lucas Verdú (1997: 63–64), a uma "arqueologia constitucional, como museu de antiguidades e curiosidades constitucionais"; sendo que "o museu para os romanos era a casa, o lugar consagrado às musas, deusas da poesia, das ciências, da arte e dos estudos".

No México, Santiago do Chile, Espanha e em outros locais, temos a "Plaza de la Constitución". O metrô de Buenos Aires (Argentina), um dos mais antigos do mundo, tem a estação "Constitución". No Brasil, em São Paulo, existe a Rua 25 de Março (data da promulgação da primeira Constituição brasileira, a imperial, de 1824), provavelmente o maior espaço de comércio popular do País. No Estado de São Paulo, o município de Piracicaba foi denominado Vila Nova da Constituição (ou simplesmente Constituição) entre 1821 e 1877. Expressão pós-moderna da instalação do símbolo "Constituição" é o grande número de páginas eletrônicas e outros sítios a ela dedicados na Internet.

"El dia de la Constitución" (5 de fevereiro) é feriado no México, na República Dominicana (6 de novembro) e na Espanha (6 de dezembro), nessa com a seguinte curiosidade: a Constituição espanhola foi finalmente ratificada em 29 de dezembro de 1978 e "[e]ra para ser dia 28, mas como esse é dia das Bromas (piadas) eles não quiseram" (http://madridbybeltrao.blogspot.com/2007/12/da-de-la-constitucin.html). O Dia Nacional da Noruega é comemorado em decorrência da promulgação da Constituição, em 17 de maio de 1814. No Brasil, há quem considere como "Dia da Constituição" a data de 25 de março, e há quem considere 24 de fevereiro, por causa da primeira Constituição da República, de 1891, embora não seja feriado; bem que merecíamos um feriado cívico e "ecumênico" no dia 5 de outubro! Aliás, há um projeto de lei estadual para instituir como data comemorativa o "Dia da Constituição do Estado de Mato Grosso" (promulgada em 5 de outubro de 1989).

"Os textos literários atuam como 'fermento', são a matéria com que o Direito e os juristas da sociedade aberta podem obter, a curto, médio e longo prazo, grande quantidade de estímulos e de material, bem como valores que os orientem", assevera Häberle (2000: 58), para incluir "as manifestações dos cidadãos que não são juristas profissionais".

No romance *A carteira de meu tio*, de 1855, Joaquim Manuel de Macedo (1820-1882) narra a história de um jovem a quem seu rico tio incumbe de viajar pelo interior do país, a fim de que conheça a realidade e prepare-se para a vida política. Diz o tio que o sobrinho deve estudar no "livro da tua terra", para o que lhe dará "uma intérprete, que te ensinará a compreendê-lo: A mais bela e respeitável senhora!" "[S]uponhamos que eu me apaixone...", arrisca o jovem, para que o tio acrescente: "Estimarei muito, e que lhe sejas *fiel*." Para completar: "Porque serias o primeiro que lhe conservasse *fidelidade*."

Curioso, o sobrinho pergunta "onde mora essa beleza", ao que responde o tio, surpreendentemente: "Num túmulo."; e que está morta, que nunca viveu. Narra o jovem: "Acompanhando meu tio, entrei com ele no seu jardim, e ... descobri, por entre alguns pés de perpétuas-roxas, um túmulo extremamente pequeno, que teria, quando muito, um palmo de comprido, quatro polegadas de largo. (...) Li o epitáfio, continha apenas cinco palavras. Era o seguinte: 'Aqui jaz quem nunca viveu.'" Descreve então: "Abri o túmulo, e encontrei primeiro um caixãozinho de ouro; abri também esse, encontrei outro caixãozinho de prata; abri ainda esse, e encontrei um terceiro de chumbo, e dentro desse, finalmente, envolvido em uma espécie de mortalha de veludo verde-e-amarelo, vi um pequeno livro, em cuja primeira página li o seguinte título: *Constituição do Império do Brasil – 25 de março de 1824*. Typographia de Seignot-Plancher." O tio, emocionado, toma a palavra: "Eis aí, pois, a santa mártir, meu sobrinho: quando ela nasceu, um povo inteiro saudou-a, como a fonte inesgotável de toda a sua felicidade, como o elemento poderoso de sua grandeza futura; saudou-a com o entusiasmo e a fé com que os hebreus receberam as 12 Tábuas da Lei: pobre mártir! Não a deixaram nunca fazer o bem que pode: apunhalaram-na, apunhalam-na ainda hoje todos os dias, e entretanto cobrem-se com o seu nome e fingem amá-la os mesmos sacrílegos que a desrespeitam, que a ferem, que a pisam aos pés!..."

O notável cartunista português Raphael Bordallo-Pinheiro (1846-1905), no desenho *Os atiradores políticos*, de 1879, apresenta uma mulher com cara de homem, identificada como a Constituição, sendo alvo de um atirador que lhe aponta um rifle de costas, numa posição que expressa desdém, enquanto conversa com outro homem. Diz o primeiro: "Vês como lhe atiro e não lhe faço mal?", e retruca o segundo: "Pois sim! No meu tempo também fiz o mesmo, mas não lhe atirava de costas... atirava-lhe do telhado." (http://semiramis.weblog.com.pt/arquivo/bordalo_pinheiro/).

Um programa humorístico da televisão brasileira no final dos anos 1980 (à época, portanto, da promulgação da Constituição), o *TV Pirata*, exibiu quatro esquetes sobre a Constituição. Um apresentador de telejornal anunciava: "A nova Constituição do Brasil é um marco histórico para o desenvolvimento do País, mas muitos brasileiros não sabem como usá-la." Em seguida, aparecia uma cena de refeição familiar, com as pessoas sentadas à mesa, que balançava em desequilíbrio. O suposto pai levanta-se, pega um livro grande e volumoso, de capa preta, com o título "Constituição brasileira", e coloca-o na base da mesa, como um calço, para firmá-la. O episódio é encerrado com a frase "A nova Constituição vai garantir a estabilidade da família brasileira." Cena dois: um vento muito forte impede que a dona de casa feche a porta de entrada da casa. Ela pega, então, aquele grande e volumoso exemplar da Constituição e coloca-o contra a porta, conseguindo assim fechá-la. Segue-se a frase "A nova Constituição garante a integridade da propriedade privada." No terceiro episódio, um anão tenta diversas vezes alcançar o telefone público, mas não consegue, por causa da pouca altura. Ele vai buscar o exemplar da Constituição brasileira, coloca-o no chão, sobe nele e alcança, assim, o telefone. Uma voz conclui: "A nova Constituição também não esqueceu as minorias." Por último, uma moça que escuta música pega um disco de vinil, que está muito torto. Ela coloca-o sobre uma superfície plana, toma o pesado exemplar da Constituição brasileira e o põe sobre o disco, para aplainá-lo. A frase final é "A nova Constituição vai resolver definitivamente o problema da cultura." Para encerrar, volta o apresentador do telejornal e anuncia: "Com a nova Constituição, o povo brasileiro finalmente recuperou a sua cidadania, que havia perdido num táxi."

Perceba-se que, nas imagens, se utiliza uma representação *física* (documental) da Constituição. Um dado dessa representação aparece no próprio texto, no art. 64 do Ato das Disposições Constitucionais Transitórias, que determina à Imprensa Oficial e a todas as demais gráficas do poder público, tanto da administração direta quanto indireta, que promovam uma "edição popular do texto integral da Constituição, que será posto à disposição das escolas e dos cartórios, dos sindicatos, dos quartéis, das igrejas e de outras instituições representativas da comunidade, gratuitamente, de modo que cada cidadão brasileiro possa receber do Estado um exemplar da Constituição do Brasil". Esse dispositivo, de difícil aplicação e que deve implicar o dever de fornecer versões acessíveis a índios e outras diversidades culturais, a cegos, a analfabetos (a propósito, a Câmara dos Deputados lançou, em 5 de dezembro de 2006, uma versão da Constituição em áudio, em comemoração ao Dia da Acessibilidade), a estrangeiros etc., ficou superado, mas também potencializado pela difusão em meio eletrônico via Internet.

A mais avançada tentativa contemporânea de constitucionalização, o Tratado de Roma para uma Constituição da Europa (2004), prevê, no artigo I-8, os símbolos da União Européia, dentre os quais: "O hino da União é extraído da *Ode à alegria*, da Nona Sinfonia de Ludwig van Beethoven" (Silveira, 2008: 51; Duhamel, 2005: 142). Significativamente, para Duhamel, essa simbologia "permite identificar e festejar a União Européia".

A existência e a persistência de uma cultura constitucional dependem de conhecer a Constituição, respeitá-la e, quem sabe, dela gostar. Não basta *ter* Constituição: é preciso *estar* nela, na sugestiva expressão de Lucas Verdú (1997: 44). Esse autor espanhol enfatiza uma dimensão "emocional, afetiva" (1985: 10), que ele traduz como *sentimento constitucional*. Interessante que uma perspectiva semelhante é traduzida por um autor alemão, Hesse (1991: 19), em termos mais racionalizantes: fala ele em *vontade de Constituição*.

"Os atiradores políticos" (1879), de Bordallo-Pinheiro

"[A] arte, a literatura e os meios de comunicação têm um papel relevante" na tarefa de "educar a sensibilidade do cidadão, a fim de que acabe por desterrar a ignorância e o medo em relação aos que são diferentes", assevera Saavedra López (2004: 154), preocupado com as minorias. Tais formas de expressão oferecem "a narração, a exposição, a aproximação daquilo que, sem elas, ficaria distante e alheio".

A função dessa cultura constitucional deve ser orientada para o "bem". Não deve mistificar a realidade nem ocultar as contradições, complexidades e opressões. "Uma constituição viva o é, em grande parte, porque é sentida pelo povo e aparece como símbolo político que tem sentido por sua função integradora." – aponta Lucas Verdú (1985: 7), no sentido da doutrina clássica (Smend, 1985 [1928]), com o que serve como fator de identidade.

Referências bibliográficas

DUHAMEL, Olivier. *Pour l'Europe. La Constitution européenne expliquée et commentée.* Paris : Éditions du Seuil, 2005.

ELIAS Netto, Cecílio. *Almanaque 2000: Memorial de Piracicaba – Século XX.* Piracicaba: Instituto Histórico e Geográfico de Piracicaba; Jornal de Piracicaba; Universidade Metodista de Piracicaba - Unimep, 2000.

HÄBERLE, Peter. *Teoría de la Constitución como ciencia de la cultura.* Madrid: Tecnos, 2000.

HESSE, Konrad. *A força normativa da Constituição.* Porto Alegre: Sergio Antonio Fabris, 1991.

LUCAS VERDÚ, Pablo. *Teoría de la constitución como ciencia cultural.* Madrid: Dykinson, 1997.

__________. *El sentimento constitucional (aproximación al estudio del sentir constitucional como modo de integración política).* Madrid: Reus, 1985.

MACEDO, Joaquim Manuel de. *A carteira de meu tio.* Rio de Janeiro: Record, 2001.

NABAIS, José Casalta. *Introdução ao direito do património cultural.* Coimbra: Almedina, 2004.

NEVES, Marcelo. *A constitucionalização simbólica.* São Paulo: WMF Martins Fontes, 2007.

ROTHENBURG, Walter Claudius. "Cultura e Constituição: promoção e proteção jurídica". *Revista do Instituto de Pesquisas e Estudos (divisão jurídica),* Bauru: Instituição Toledo de Ensino, nº 41, pp. 39-63, set./dez. 2004.

__________. Constituição (definição). *In*: DIMOULIS, Dimitri (Coord.). *Dicionário brasileiro de direito constitucional.* São Paulo: Saraiva, 2007, p. 78-81.

SAAVEDRA LÓPEZ, Modesto. "La Constitución como objeto y como límite de la cultura". *In*: BALAGUER CALLEJÓN, Francisco (Coord.). *Derecho constitucional y cultura.* Estudios en homaje a Peter Häberle. Madrid: Tecnos, 2004, pp. 149-154.

SILVA, José Afonso da. *Ordenação constitucional da cultura.* São Paulo: Malheiros, 2001.

SILVEIRA, Alessandra. "Beethoven e o Tratado de Lisboa (A propósito do actual estádio da integração europeia)". *Revista Brasileira de Estudos Constitucionais,* Belo Horizonte: Fórum, nº 5, pp. 51-66, jan./mar. 2008.

SMEND, Rudolf. *Constitución y derecho constitucional.* Madrid: Centro de Estudios Constitucionales, 1985[].

TAVARES, André Ramos. *Curso de direito constitucional.* 3ª ed. São Paulo: Saraiva, 2006.

TV PIRATA. Direção de Guel Arraes. São Paulo: Globo, 2006. 1 DVD (225 min): son., color.

6.

Uma Constituição popular

Leo Jaime
Cantor e compositor

Há uma constelação de brasileiros hábeis nas lidas jurídicas aptos a uma análise crítica e substancial de nossa Constituição. Gente com conhecimento profundo e domínio da linguagem. Esses devem ter contribuição efetiva muito mais expressiva em uma análise sobre o texto da Carta, observado com 20 anos de perspectiva. A mim cabe, porém, o importante papel de notificar meu solitário e sincero ponto de vista. Isso há de contar positivamente, espero, uma vez que sou o destinatário da tal Carta: um cidadão brasileiro comum.

A primeira coisa que ocorre quando reflito sobre a nossa Constituição não é um julgamento de valor. Não cabe dizer se é boa ou má, se é bem ou mal escrita, se é atual ou ultrapassada, se é clara e sucinta ou cheia de vãos interpretativos: a primeira coisa a ser dita é que ela é praticamente uma desconhecida. Não há para o cidadão comum, ou mesmo para o mais letrado, o momento em que a Constituição lhe é apresentada. Aliás, isso geralmente só acontece quando o homem do povo se vê às voltas com a possibilidade de ser punido e, jamais, quando poderia ser beneficiado. Esse me parece ser o maior problema.

Lembro-me de, ainda naquilo que hoje chamamos de ensino fundamental, ter minhas aulas de Educação Moral e Cívica, que depois passaram a ter o nome de Organização Social e Política Brasileira. Estávamos sob a ditadura e boa parte do currículo dessas matérias justifica o golpe militar e a ausência da democracia ou, por outra, explica como a democracia era mantida graças ao governo intervencionista dos militares. Era patético, mas era um momento em que o pequeno brasileiro se via diante da realidade do próprio país, tentando entender como ele funcionava. Seria muito mais produtivo se lhe apresentassem as leis de sua sociedade, antes de lhe cobrarem os direitos. Seria bom que lhe apresentassem com clareza e na íntegra quais são seus direitos e deveres. Repito: os deveres sempre há quem lembre; os direitos, não.

Quem a conhece diz que a Constituição brasileira é um verdadeiro tesouro para o cidadão comum. Desconhecê-la, entretanto, não é o único problema. O Brasil guarda esta característica peculiar e arraigada: leis são como modas, podem "pegar" ou não. Por mais absurdo que se possa julgar, esta é uma verdade histórica: tem lei que não "pega". Imagino que vários direitos comuns aos cidadãos sejam, além de quase um segredo, difíceis de se transformarem em benefício real. O que aponta para um mal profundo que é a instituição da marginalidade, da corrupção, do sentimento comum de que tapear o governo ou o Estado não seria prejudicar o próximo ou a si mesmo.

De certa forma, e é possível dizer isto, a Constituição não é um bem do qual o povo tenha tomado posse. Assim como o povo não entende que o estádio de futebol e o telefone público, os bens comuns, sejam sua propriedade e os servidores públicos seus empregados. A Constituição é de fato, ainda que não de direito, uma propriedade do governo.

Curiosamente, por ter sido escrita ainda nos estertores da ditadura, a nossa carta guarda uma li-

beralidade evidente, como a demonstrar uma grande preocupação em proteger o cidadão, mesmo o criminoso, de possíveis manobras ideológicas. O rapaz que completaria 18 anos depois de amanhã pode matar uma família inteira que será considerado uma criança aos olhos da lei e receberá uma punição excessivamente branda para a grandeza de sua falta.

Esse mesmo rapaz já terá tido, dois anos antes, a oportunidade de eleger um presidente da República. E como a parcela de eleitores adolescentes costuma ser grande num país de população jovem, não é um absurdo pensar que esse voto juvenil pode e deve ser decisivo. Mas como entender que ele seja a um só tempo adulto na hora de escolher os destinos do País e criança na hora de cometer crimes?

Fazendo analogia com o teatro, podemos dizer que um bom texto não garante um bom espetáculo. Uma coisa é o que está escrito. Outra muito diferente é a clareza com que isso é mostrado e a habilidade com que essas palavras são traduzidas em atos. Uma boa Constituição não é nada se não for levada a sério por todos e exercida com fidelidade e integridade, ainda que caibam aqui e ali modificações, interpretações etc. Tem que estar claro para todos assim como um sinal de trânsito: o que é vermelho, o que é amarelo e o que é verde. O que se deve e o que é permitido fazer, assim como o que não se deve e o que não se pode fazer.

O Brasil cobra impostos iguais aos países conhecidos como *welfare states*, países esses em que há margem muito mais estreita entre o cidadão mais rico e o mais pobre e não o abismo social intransponível que temos aqui. Os serviços públicos fundamentais saúde, segurança e educação são realmente acessíveis e procuram ter grau máximo em excelência. No entanto, não dá para imaginar que a escola pública brasileira algum dia atinja o mesmo nível da norueguesa ou finlandesa. Pagamos o mesmo preço, mas nem sonhamos em ter o mesmo serviço. Há que se pensar e modificar tanto a questão dos impostos como também rever a organização desse gestor perdulário e incompetente, independentemente de qualquer reflexão ideológica. A máquina é mal planejada.

Cultura e lazer são uma necessidade social fundamental. É preciso cultura para se decidir sobre quais rumos devem tomar a educação, a saúde e a segurança. Não estou falando em artes ou espetáculos, mas na cultura como um bem maior, como o guardião da alma e da personalidade de cada povo. O saber, a reflexão, a capacidade crítica estão para o cidadão comum, em uma sociedade democrática, assim como o direito de votar e de fazer as escolhas profissionais e pessoais. De que adianta ter um carro sem saber dirigir? De que adianta ter como ir e não saber para onde? Quando vejo a forma com que se trata a questão da cultura, e isso inclui educação, mas não está contido nela, penso que não damos o devido valor ao que é realmente o bem maior que um povo pode ter. Petróleo acaba, safras podem se perder; conhecimento distingue e enobrece deixando um legado eterno.

Recentemente o mundo editorial brasileiro recebeu um grande incentivo: acabaram-se os impostos, ou quase todos, embutidos no preço do livro. Esse foi um passo significativo no sentido de tornar a leitura acessível e popular. Devemos fazer o mesmo em relação à música para que o mercado musical brasileiro possa ser tão grande e sólido quanto a produção musical do País. A música brasileira faz e sempre fez muito pelo Brasil, mas o que o País faz por ela? Se imaginarmos o quanto o cinema de Hollywood ajudou a vender o *american way of life* e, com ele, seus produtos, talvez tenhamos a noção de que devemos subsidiar e não taxar absurdamente esse tipo de produção.

Outra coisa que me parece errada é a forma como se pensam e se legislam questões pessoais. O Estado, ou a Constituição, não devem tentar proteger o cidadão de si próprio. Isto é invasivo e inócuo. A Constituição pode me garantir o direito de ser feliz e de ter uma vida boa, de ter condições de ser um bom cidadão e de levar uma vida saudável. Porém, ela não deveria me impedir de ser o contrário de tudo o que parece desejável e admirável. Se escolho fumar, o Estado pode me pedir que não fume perto dos outros, jamais querer determinar quantos cigarros devo fumar ou me proibir de fumar justificando que não é bom para a minha saúde. Pode embutir no preço do cigarro os valores que custearão os tratamentos que um dia farei, mas não pode me impedir de lutar com insólita e obstinada determinação por uma saúde débil.

O Estado não pode me impedir de ser infeliz! Ainda que isto seja difícil de compreender, nesse ponto está o cerne da questão: a Constituição deve dizer como conviver na sociedade e não o que devo fazer da minha vida. Ser desonesto é uma coisa, ser mau-caráter, viciado, incompetente, tudo isso dentro dos limites da lei, são direitos de um cidadão comum que devem ser garantidos por lei. Ética é uma coisa, moral é outra. A Constituição deve regular seres humanos, e esses são imperfeitos e mutantes e nem sempre sabem como conduzir de boa forma a própria vida. A liberdade está longe de ser bonita. Mas é a essência do que deve ser defendido a qualquer custo.

7.

Sacralidade e Constituição

Fabio Nadal
Mestre em Direito do Estado pela PUC/SP; professor de Direito Constitucional na PUCCamp; professor de Direito do Estado na Fadipa de Jundiaí/SP; professor de Direito do Estado na Unip

O ser humano está submetido/envolvido por dois ambientes: um físico e um simbólico (cultural), que é, em verdade, o ambiente determinante da condição humana. O ser humano, portanto, vivencia, simultaneamente, dois "mundos" distintos: o *mundo da natureza* (ordem do *ser*) e o *mundo da cultura* (ordem do *dever ser*). Esse arregimenta os participantes numa unidade.

Especificamente, o *mundo da cultura* (*rectius*, a cultura) comporta dois conceitos distintos: um *pessoal* ou *subjetivo* e outro *social* ou *objetivo*. O primeiro refere-se ao aperfeiçoamento da sensibilidade e do intelecto do indivíduo. O segundo corresponde ao acervo de bens materiais e espirituais acumulados pela espécie humana através do tempo, mediante um processo intencional ou não de realização de valores (toda cultura pressupõe a realização de valores).

Na dinâmica do processo cultural o ser humano necessita das instituições como base a um consenso sobre o certo ou o errado, sobre o justo e o injusto, sobre o que vale e não vale, garantindo, assim, a segurança nas relações entre os homens, ao mesmo tempo em que permitem a cada homem encontrar-se e definir-se num contexto ou universo significativo.

Assim, para se evitar o arbítrio nas interações/relações sociais que, indissociavelmente, decomporia a sociedade, estatuem-se as instituições, que são o fundamento profundo da ordem existente numa dada sociedade e que a distingue de uma mera justaposição de indivíduos.

O Estado (moderno), numa visão imanente (realidade objetivada de determinada sociedade) e estrutural, constitui uma instituição política e jurídica. Como tal, inserido num contexto histórico-social, deve realizar diversas funções. A primeira, uma *função simbólica*, preservando e garantindo a sobrevivência da sociedade. Como instituição, o Estado (síntese dos valores e ideais da sociedade) deve proclamar a defesa da identidade social de que é depositário. A segunda, uma *função de dominação*, atuando como garante da ordem social existente (com o exercício dessa função numa estrutura social estável, tem-se por "institucionalizado o poder", à medida que quem comanda pode esperar ser obedecido, recorrendo, se for o caso, ao uso da sanção). A terceira, uma *função de regulação*, consistente na eliminação/solução dos conflitos sociais.

O Estado (instituição), por meio da ideologia e da coerção, afirma e mantém a estabilidade e integração do grupo social. Essa dinâmica de institucionalização do Estado, numa visão atemporal, desenvolve-se em quatro momentos básicos evidenciando a inter-relação entre suas funções (implantação, regulação, simbólica e representação).

O momento de *implantação*, numa ótica weberiana, evidencia-se quando o governante passa a ter controle do uso da força dentro da sociedade, ou seja, passa a ter o "monopólio da violência física legítima". O Estado, então, juridiciza esse poder de coerção por meio de um sistema de sanções. Para manejar seu poder de coerção, destinado à manutenção da paz social e ao provimento das necessidades públicas (atividades próprias do Estado), procede sua *diferenciação* com a esfera privada, com a utilização de organismos especializados, que passam a ter uma estruturação/sistematização específica (autonomização da esfera pública) e distinta das demais atividades sociais (nem todos os aspectos da vida social são *institucionalizados*, pois tão-somente aqueles setores considerados como de valor estratégico, para uma dada sociedade, é que costumam ser submetidos a normas e princípios institucionais). Alcançados seus objetivos imanentes, vai-se para o momento de *unificação*, no qual os membros do Estado passam a constituir uma unidade de aspirações (uma nação) e esse passa a ser síntese de seus membros (figura simbólica). Essa superestrutura racional promove uma abstração do poder sob o qual se inserem os governantes (*representação*).

1955

A institucionalização do Estado não prescinde do Direito, ainda que seja realizada com rompimento da ordem anterior, por exemplo, pela via revolucionária. A institucionalização, nesse aspecto, equivale a conferir ao Estado uma Constituição – para implementar a ordem jurídica destinada a exercer as funções de dominação (conjunto sistêmico de sanção) e regulação (atividades destinadas ao suprimento das necessidades públicas).

Com a secularização e laicização do Estado, a visão/função simbólica da Constituição (como vínculo solene e total, sacramentalmente estruturante do Estado) foi relegada ao "segundo plano", pois equivocadamente associada à idéia da *lex aeterna* dos períodos despóticos e absolutistas.

Porém, esse equivocado antagonismo entre crença e racionalidade (*mithos* e *logos*) não se sustenta, pois é a racionalidade que deve orientar a criação de estruturas (lógicas, sistêmicas etc.) para realizar as funções de dominação e regulação estatal, não estiolando a importância e relevância de sua função simbólica (o de avocar para si a encarnação do "espírito comum"), a cargo da crença. Trata-se de dois planos distintos e não-antagônicos que se completam num todo destinado a regular e preservar a vida em sociedade.

A crença na Constituição tem o relevante papel de garantir e preservar a unidade do grupo social. É pela crença numa verdade transcendente e igualmente significativa que a sociedade não se encaminha para o "caos anômico".

Portanto, é a força coercitiva mítica da Constituição (visão simbólica que fundamenta a sua própria imperatividade), que baseia o sentimento de sua supremacia e de seu valor absoluto, que não se explica unicamente pela racionalidade (lógico-normativa) de seu texto.

8.

Concretizações positivistas da Constituição do Brasil de 1988

Dimitri Dimoulis

Doutor e pós-doutor em Direito pela Universidade do Sarre (Alemanha); professor da Direito GV; presidente do Instituto Brasileiro de Estudos Constitucionais

Significado do positivismo jurídico

Para entender se a aplicação da Constituição foi ou não positivista precisamos determinar o conceito de positivismo jurídico. Os positivistas se baseiam em duas teses (detalhes em: Dimitri Dimoulis, *O positivismo jurídico*, São Paulo, ed. Método, 2006).

Primeiro, consideram que o direito é criado pela instituição que exerce o poder político em cada país e momento. Para reconhecer as normas juridicamente válidas, não interessa a conformidade com valores de justiça e de moral. O direito pode ter qualquer conteúdo dizia Hans Kelsen. Basta que tenha sido criado pelos detentores do poder político, de acordo com as previsões legais. O direito válido no Brasil é criado pelas autoridades estatais que exercem o poder político no território nacional. O direito brasileiro possui estrutura hierárquica, tendo no seu ápice a Constituição de 1988, que estabelece as regras básicas de organização do Estado e das relações entre o Estado e os indivíduos (direitos fundamentais).

Segundo, os positivistas consideram que o direito deve ser aplicado de maneira igual para todos e fiel às normas vigentes. O aplicador não pode decidir com base em juízos de valor e crenças sobre o certo e o justo, pois esses são valores subjetivos que mudam de julgador para julgador. Por outro lado, isso não significa que o aplicador atua como "máquina". As normas jurídicas costumam ser vagas e abertas, deixando amplo espaço discricionário para o aplicador. Essa liberdade de decisão pode ser maior ou menor, dependendo da natureza mais ou menos "aberta" das normas aplicáveis. Quando a Constituição diz que o Estado deve cuidar dos idosos,

as autoridades possuem grande liberdade para determinar as políticas públicas que atendem a esse objetivo. Quando a mesma Constituição estabelece certa idade para a aposentadoria dos idosos, a liberdade do aplicador é muito menor.

O debate nacional sobre o caráter antipositivista da aplicação da Constituição de 1988

Muitos trabalhos doutrinários publicados na última década no Brasil sustentam que os aplicadores da Constituição de 1988 seguem caminhos contrários ao positivismo. Essa afirmação é baseada em dois argumentos.

Primeiro: a aplicação da Constituição de 1988 não foi positivista, já que a principal característica da experiência constitucional pós-88 foi a forte atuação do Poder Judiciário. Esse órgão concretiza a Constituição pela sua aplicação direta em casos concretos, segundo aquilo que os Tribunais interpretem como conteúdo dos princípios constitucionais. Logo, temos a predominância do Poder Judiciário que muitas vezes atua e decide independentemente da atuação (ou omissão) do legislador.

Segundo: a Constituição de 1988 está repleta de princípios, valores e normas programáticas: "moralidade", "justiça social", "dignidade humana", "desenvolvimento", "bem-estar" são alguns dos termos usados pela Constituição. Para concretizar tais termos são necessários métodos de interpretação abertos, flexíveis, evolutivos. A Constituição principiológica impõe tomar decisões relativas a cada caso para satisfazer as necessidades humanas, captando o espírito dos princípios.

A linha que defende a aplicação dos princípios diretamente pelo juiz, independentemente da lei, com a finalidade de preservar o espírito da Constituição, é denominada "pós-positivismo", "neoconstitucionalismo" ou "leitura moral" da Constituição. Tais termos são considerados indícios de uma nova forma de compreender, aplicar e "viver" a Constituição sob o signo da moralidade e da justiça, de forma contrária à ideologia do positivismo jurídico.

A regra positivista e a exceção antipositivista na aplicação da Constituição de 1988

Em nossa opinião, essa descrição está equivocada. Parece-nos que a experiência de 20 anos de aplicação da Constituição seguiu quase exclusivamente o modelo positivista. Para responder com certeza deveríamos reunir e avaliar todas as decisões tomadas nesse período (ou pelo menos uma boa amostra). Não podemos fazer esse hercúleo trabalho, devendo nos basear em informações e impressões pessoais.

No que diz respeito à *validade*, a supremacia da Constituição de 1988 foi reconhecida de maneira unânime. Não houve nesse período texto normativo ou ordenamento que disputasse a supremacia. Mesmo autores seduzidos pelas promessas do Direito Internacional ou pelo potencial progressista de um direito "popular" e "alternativo" não questionam a Constituição. Tampouco houve movimento político para afastar a Constituição de 1988 ou modificá-la de maneira anômala. Propostas para convocar uma nova Constituinte ou para fazer uma "maxirreforma" fora dos moldes estabelecidos pela própria Constituição não passaram de artifícios políticos momentâneos. Finalmente, desconhecemos casos em que autoridades estatais tenham deixado de reconhecer a supremacia constitucional seguindo idéias de "direito natural". Por essas razões, a experiência constitucional pós-88 confirmou em absoluto a visão positivista sobre a validade: só o direito criado pelo Estado vigora no País, havendo uma hierarquia de normas jurídicas, tendo como supremo o texto constitucional.

No que diz respeito à *interpretação*, partimos do pressuposto de que a Constituição contém dois tipos de normas. Por um lado, normas concretas, precisas, taxativas que a doutrina denomina de "alta densidade". Fazem parte dessa categoria normas que estabelecem prazos, datas, procedimentos, direitos com contornos claramente definidos e competências das autoridades do Estado. Quando aplicam tais normas, os órgãos estatais raramente se afastam do significado literal da norma na Constituição. Caso ocorra descumprimento, há a possibilidade (e o dever) de controle de constitucionalidade, podendo o Judiciário afastar concretizações inconstitucionais. Onde a Constituição quis ser clara e concreta, os aplicadores do Direito seguiram, nesses 20 anos, seus mandamentos, não se afastando da leitura positivista.

Mas a Constituição inclui também uma longa lista de normas vagas e abstratas, como ocorre com os princípios que enumeramos no início desse texto. Em tais casos, os positivistas reconhecem a liberdade do aplicador que pode escolher entre as opções que o constituinte deixou "em aberto". O problema está na *delimitação das competências* entre o legislador e o julgador. Quando o legislador concretiza de certa forma um direito fundamental ou define uma política pública, pode o Judiciário modificar essa decisão, alegando que o legislador foi omisso em seus deveres constitucionais (por exemplo, deixou de satisfazer as necessidades dos titulares de um direito social) ou excedeu-se (por exemplo, limitou um direito fundamental além do necessário)?

Os positivistas acreditam que o Judiciário só pode censurar decisões do Legislativo se comprovar, de maneira *clara e fundamentada*, que a ação ou omissão do legislador violou a Constituição. Se essa comprovação não for possível, o juiz que censura o legislador excede suas competências e ofende o princípio democrático que designa o legislador como representante do povo e, portanto, como primeiro concretizador da Constituição.

Há casos nos quais o legislador é claramente omisso, por exemplo, quando deixa de regulamentar o direito de greve dos funcionários públicos, descumprindo obrigação constitucional. Em tais situações, a intervenção do Judiciário é salutar. Mas em outros casos a opção do legisladcr, ainda que não seja politicamente a melhor, não chega a ser inconstitucional, pois faltam parâmetros objetivos para fundamentar isso. Se o Judiciário censurar ou mesmo substituir o Legislativo, ultrapassa suas competências, desrespeita a hierarquia das fontes do Direito e se afasta da visão positivista sobre as tarefas do aplicador.

Sabemos que nos últimos anos aumenta o número de decisões do Judiciário que atendem a pedidos de cidadãos, de organizações da sociedade civil ou do Ministério Público e determinam uma política social mais generosa e divergente daquela decidida pelo Legislativo e implementada pelo Executivo. Muitos são os casos em que os juízes determinam a entrega de remédios não-autorizados pelas autoridades competentes, a internação de pacientes ou a matrícula de alunos, apesar da falta de vagas, ou reconhecem benefícios previdenciários não previstos em lei.

Tais iniciativas expressam as boas intenções e a conscientização do Judiciário perante as gritantes desigualdades do País. Mas, por mais que seja politicamente louvável, essa atuação não deixa de ser constitucionalmente injustificada. Quando a Constituição não determina o número de vagas ou os remédios necessários e atribui essa competência aos legisladores, o Judiciário não deve comprometer o equilíbrio institucional desejado pelos Constituintes e se tornar legislador.

Se insistir na opção do protagonismo-ativismo sem fundamento constitucional, o Judiciário estará se afastando da visão positivista sobre a aplicação da Constituição que predominou nos últimos 20 anos e entrando nas arriscadas veredas do subjetivismo jurídico.

Sukita
Brahma
diet
Brahma
Tônica
diet

9.

A efetividade dos direitos fundamentais sociais

Ingo Wolfgang Sarlet
Doutor em Direito pela Universidade de Munique; pós-doutorado pela Universidade de Munique e Instituto Max-Planck de Direito Social Estrangeiro e Internacional; professor titular da Faculdade de Direito e do Mestrado e Doutorado em Direito da PUCRS; juiz de Direito no RS

Embora não se possa endossar integralmente a conhecida e multicitada advertência de Norberto Bobbio, contida no seu famoso livro *A era dos direitos*, no sentido de que o grande desafio que se coloca nos tempos atuais não é mais o de justificar (fundamentar) os direitos humanos, mas sim o de promover a sua efetividade, visto que a discussão sobre a fundamentação e mesmo legitimação dos direitos longe está de poder ser tida como superada (bastaria aqui, dentre inúmeros aspectos de relevo, apontar para o impacto de fenômenos como a globalização, o neoliberalismo, o multiculturalismo e a própria evolução no plano constitucional ocorrida especialmente após o declínio da União Soviética), é sem dúvida correto afirmar que o principal desafio seja mesmo o de transformar as promessas insculpidas já na Declaração da ONU (de 1948) – posteriormente ampliadas e incorporadas a um número impressionante de documentos internacionais e constituições – em realidade concreta para pelo menos a maior parte das pessoas que habitam a assim designada aldeia global.

Tal desafio, de resto, se revela ainda mais importante para os assim designados países periféricos ou em desenvolvimento, assim como para países que, embora tenham atingido uma posição respeitável no *ranking* da economia mundial (como é o caso do Brasil), seguem marcados por profundas desigualdades sociais e econômicas e ostentam índices alarmantes no que diz respeito à efetividade dos direitos fundamentais em geral, visto que aquilo que já designamos em outra oportunidade como representando uma crise de efetividade dos direitos não constitui uma espécie de "prerrogativa" dos assim designados direitos sociais. É precisamente sobre o problema da efetividade (melhor seria dizer da falta de efetividade!) dos direitos sociais que buscaremos tecer algumas sumárias considerações. Desde logo, vale resgistrar que a nossa análise se insere no marco jurídico-constitucional brasileiro, ainda que não se possa prescindir de importantes elementos oriundos do Direito Comparado e Internacional, da mesma forma como não é possível pretender escamotear a relevância do panorama econômico internacional sobre o problema da efetividade dos direitos sociais entre nós.

Avaliando o papel da Constituição Federal de 1988 para os direitos fundamentais sociais e sua efetividade, nunca é demais relembrar que foi apenas na atual Constituição que a expressão "direitos e garantias fundamentais" foi integrada ao discurso constitucional e utilizada como abrangendo as diversas categorias de direitos, no que nos importa, incluindo os direitos sociais (que no caso brasileiro abarcam os direitos dos trabalhadores) no rol dos direitos fundamentais, embora mantida e ampliada significativamente o elenco de dispositivos contidos nos títulos da ordem constitucional econômica e social. Aliás, a despeito do expressivo número de direitos previstos no Título II (Dos Direitos Fundamentais) e por força da interpretação atribuída pela doutrina e jurisprudência majoritárias (embora com alguma resistência) à cláusula de abertura material consagrada pelo art. 5º, § 2º, da CF, também dispositivos situados em outras partes do texto constitucional têm sido considerados como assegurando – expressa ou implicitamente – direitos sociais, como dão conta os exemplos do direito à saúde (art. 196), direito à educação (notadamente, para mencionar apenas alguns exemplos, no que diz com a liberdade de ensino e pesquisa, art. 206, e o direito subjetivo ao ensino fundamental e gratuito e, mais recentemente, o direito a uma vaga em creches mantidas pelo poder público para as crianças com idade até 6 anos, ambos previstos no art. 208). Mesmo o assim designado direito e garantia de um mínimo existencial encontra sua justificação constitucional reforçada pela expressa previsão de que o objetivo precípuo da ordem econômica é assegurar a todos uma existência digna (art. 170). De outra parte, a trajetória dos direitos sociais como direitos fundamentais ao longo da vigência da nossa atual Constituição foi enriquecida pelos aportes oriundos de uma produção doutrinária renovada e comprometida com uma elaboração dogmática significativamente comprometida com a construção de categorias constitucionais destinadas a justificar a eficácia jurídico-normativa dos direitos sociais e, com isso, contribuir também para a busca de sua efetivação. Com efeito, de acordo com a posição atualmente dominante, os direitos sociais, na sua condição de direitos fundamentais, comungam, pelo menos em termos gerais, do regime da fundamentalidade formal e material dos direitos fundamentais, especialmente para efeitos da incidência, no campo dos direitos sociais, da norma contida no art. 5º, § 1º, da CF, de acordo com a qual as normas de direitos fundamentais possuem aplicabilidade imediata, refutando, de tal sorte, uma dimensão meramente programática de tais direitos. Além disso, igualmente dominante, a despeito de importantes variações a respeito da amplitude e intensidade da proteção, a tese de que os direitos sociais encontram uma tutela no âmbito de uma proibição de retrocesso (ou regressividade, como preferido na esfera do Direito Internacional), ademais da sua função como limites materiais ao poder de reforma constitucional.

Soma-se a tudo isso a circunstância de que os direitos sociais têm sido objeto de uma judicialização possivelmente sem paralelo no contexto atual, considerando-se os registros a respeito de outras ordens constitucionais. O simples fato de, tomando-se apenas o caso do direito à saúde, contarmos com centenas de milhares de ações tramitando nas diversas esferas judiciárias brasileiras, demandas propostas por indivíduos, Ministério Público, entidades da sociedade civil, Defensoria Pública, entre outros, por si só revela que a busca pela efetividade dos direitos sociais, viabilizada pelo prévio e necessário reconhecimento de sua eficácia jurídica e aplicabilidade, mobiliza hoje Estado e sociedade, o que não significa desconsiderar que tal processo não deixa de apresentar os seus efeitos coletarais. Precisamente na hipótese do direito à saúde (melhor seria falar de um direito à proteção e promoção da saúde) é que o debate em torno da efetividade dos direitos sociais, de modo especial no que diz com as possibilidades e limites de que tal efetivação possa ocorrer também por intermédio do Poder Judiciário e não ficar restrita às esferas legislativa e administrativa, assumiu os contornos mais angustiantes. Ainda mais que, após uma fase de contenção judicial, quando os tribunais superiores ainda se louvavam no caráter programático do direito à saúde, hoje o problema que se coloca em pauta é precisamente o de avaliar melhor se não está havendo exageros insustentáveis no tocante ao reconhecimento, na esfera judicial, de direitos subjetivos a prestações estatais. De tal sorte que, no lugar do forte entusiasmo inicial com a "solução judiciária", enrobustece-se a ala dos "céticos" e mesmo dos manifestamente contrários e a tendência que ora se avizinha talvez resulte numa possível e saudável síntese.

Um dos aspectos positivos que mais se evidencia no contexto desse acirramento do debate a respeito da efetivação dos direitos sociais, a partir do marco jurídico-constitucional e na esfera do acesso ao sistema judiciário, é, precisamente, a incorporação gradativa ao debate e, portanto, sua submissão ao crivo do contraditório, na esfera pública, de leituras de caráter interdisciplinar, buscando aplicar categorias da análise econômica do Direito, das Ciências Sociais, da Filosofia e da Política, embora muitas vezes com o – no nosso sentir ilegítimo – intuito de justificar precisamente a impossibilidade da efetivação de direitos sociais pela via judicial e mesmo a sua desconstitucionalização. Pelo contrário, o manejo adequado de tais conhecimentos poderá reverter para um aprimoramento da teoria e prática da efetividade dos direitos sociais, auxiliando na superação de incongruências e fornecendo critérios racionais e robustos a guiarem o processo decisório, seja na esfera administrativa e legislativa, seja no âmbito do processo judicial. Por exemplo, a aposta no recurso a indicadores técnico-científicos confiáveis e já universalizados, bem como na adesão a padrões normativos internacionais, certamente atuaria como ferramental potente para uma melhoria dos índices de efetividade dos direitos sociais.

Por outo lado, a constatação de que nem a constitucionalização de direitos sociais, mesmo guindados à condição de direitos fundamentais, nem mesmo a construção de um regime jurídico reforçado para tais direitos, por si só nunca teve e nunca terá o condão de promover a sua realização concreta para a vida das pessoas, não deve conduzir, em confronto, ao abandono do investimento feito até agora nessa seara. Pelo contrário, a evolução brasileira desde a promulgação da atual Constituição demonstra que o comprometimento com a eficácia e efetividade dos direitos sociais no marco dos direitos e deveres fundamentais tem resultado, pelo menos parcial, na superação de uma concepção meramente simbólica ou mesmo retórica dos direitos. Ainda que se considere todas as objeções esgrimidas pela melhor doutrina e mesmo que não se menospreze os já referidos efeitos possivelmente nefastos, o processo de *judicialização* tem contribuído significativamente como elemento de indução de políticas públicas mais eficazes e na sua fiscalização, ainda mais se considerando que também nessa seara o amplo (embora as deficiências ainda existentes) acesso à Justiça assegurado – igualmente sem precedentes na evolução nacional – pela nossa Constituição acaba, inclusive, por conferir uma importante dimensão democrático-participativa ao direito do cidadão, via ação judicial ou mesmo mediante outros instrumentos (basta citar aqui o inquérito civil promovido pelo Ministério Público), cobrar permanentemente dos seus representantes eleitos o cumprimento das promessas muitas vezes transitórias assumidas por ocasião das eleições e, acima de tudo, exigir que sejam levadas a sério as promessas constitucionais. O que se espera, no transcurso dos 60 anos desde a Declaração da ONU – no qual os direitos sociais e sua relação com a dignidade e o progresso humano –, bem como por ocasião das comemorações dos 20 anos da nossa Constituição Federal de 1988, é que o desafio da efetividade dos direitos fundamentais em geral e dos direitos sociais em particular continue sendo objeto de responsável e competente dedicação por todos os que se sentem tocados pelo desafio de concretizar a meta de uma existência digna para todos. A natureza desse ensaio e os seus limites materiais (espaciais!) fizeram com que optássemos, neste trabalho, em dispensar uma análise dogmática a respeito da efetividade dos direitos sociais, fadada a ser incompleta e, ainda por cima, fatalmente carente de maior densidade.

10.

O Rio São Francisco sob a Constituição de 1988

Dom frei Luiz Flávio Cappio, OFM
Bispo diocesano de Barra-BA

Um plano de desenvolvimento apto a corrigir os graves problemas do semi-árido deve ser *qualitativo* e eficiente, deve priorizar o humano e a natureza. Elaborado e processado sobre as bases da democracia transparente e participativa, nesta nossa sociedade pluralista, deve ser amplo e perene, justo e isonômico e expressar ótima responsabilidade fiscal, deve ser inequívoco na promoção de níveis de dignidade total exigível na conjuntura enfrentada, é dizer, de *patamares de dignidade para além do ganho efetivo do "mínimo existencial"* predestinados à expansão evolutiva, compensando-se o histórico e dilatado déficit estatal. Assim, um plano em que haja de fato promovido "um processo de mobilidade social contínuo e intermitente [...] um salto, de uma estrutura social para outra, acompanhado de elevação do nível econômico e do nível cultural e intelectual comunitário" (Eros Roberto Grau) e para o qual se destinem menores recursos possíveis para maiores resultados possíveis.

Nós dispomos do *parâmetro* superior jurídico para a implementação desse desenvolvimento que é a CF/88. O Deus da sua oração preambular é o *Deus vivo* entre nós que quer verdadeira *dignidade para todos* e *não utópica*, como ensinou Jesus de Nazaré.

A CF comanda *ultra-rendimento* (ou efetividade máxima) aos direitos fundamentais na direção da vida plena e vindica uma realidade compatível com um *Estado Constitucional-Democrático de Direito*, que *conforma* e *controla* com mais austeridade as ações dos poderes, jungindo-os à realização de um objetivo nodal em tempos de *globalização econô-*

mica que é o desenvolvimento solidário (que deve ser, antes, o do ser humano, em harmonia com o meio ambiente). Esse Estado exige a prática de um novo (e operacional) conceito de normas constitucionais programáticas, para que "elas sejam, mais do que tudo, *o nervo* e *a carne* das programações orçamentárias, das concretas políticas públicas e dos atos, acordos e tratados internacionais" (Carlos Ayres Britto) e, também, sujeita as ações de governabilidade (inclusive as discricionárias) a um mais rígido e eficaz *controle social e judicial*. Na CF, o conteúdo substantivo dos arts. 1º ao 3º, de aplicação automática, desdobra-se com eficácia diretiva e impositiva em vários dispositivos, destacando-se os que impõem ao Estado o dever de planejar e executar sob controle políticas públicas obedientes a tais valores e princípios pétreos.

Mas vi estruturas de poder (inclusive a grande mídia) de joelhos e integradas no orquestrado gerenciamento de alienação, de contenção e de dissipação da pressão social, um dos braços estratégicos de mantença do modelo econômico que aí está, distorcido, que explora e exclui, selando um futuro certo de catástrofes socioambientais e de ruína humana que a maioria não quer e que, mais cedo ou mais tarde, a própria minoria egoísta também não vai querer, quando já poderá ser tarde para o São Francisco.

Chega de conivência com interesses do momento. Chega de pensar e agir com o bolso e pelo poder, sem a consciência da fraternidade pelo bem-estar coletivo, interesse público por excelência. Isso vai contra a CF, contra a nossa dignidade e sobrevivência e contra o Projeto de Deus. A CF quer, ao contrário, outro tipo de gerenciamento, o do capitalismo predatório, que não respeita o homem nem a natureza, o do lucro desmedido acima de tudo e de todos, para que justamente não soçobrem os direitos fundamentais.

A CF/88, com sua textura aberta, pelo conteúdo da ordem que fundou e ordenou, teve autoridade e aptidão para ajudar o Brasil, nesses 20 anos, na difícil travessia das sociedades periféricas para o fechado círculo dos Estados centrais que, aliás, deveriam ser assim considerados mais pela competência de organizar, agregar e realizar com prioridade valores supremos da humanidade, como a preservação do meio ambiente.

Porém, a sociedade brasileira não soube caminhar muito bem com as potencialidades do *constitucionalismo democrático* inaugurado com a CF/88, deixando de se desenvolver o quanto poderia (e deveria). O que se viu mais foi apenas um aumento no crescimento econômico (desenvolvimento quantitativo), nutrido ainda de assistencialismos (cultura do favor e do ócio), que nivela o progresso e a inserção social por baixo (Plínio de Arruda Sampaio).

Preferiu-se, não poucas vezes, deixar a CF de lado, optando-se por fazer valer uma espécie de ordem (in)constitucional paralela.

As águas superficiais dos rios, assim como as subterrâneas nos aqüíferos, são do domínio público (CF, 20, III, e 26, I). A água (já chamada de *ouro azul*) não é um *bem econômico, é bem fora do comércio*, cujo uso ecologicamente sustentável, com primazia para o uso humano e a dessedentação animal, figura em inegável direito fundamental bem trabalhado e garantido pela Constituição.

Nenhum *real desenvolvimento* virá para o Nordeste transpor água já escassa (com morte avizinhada) para onde ela continuará escassa e ainda inacessível à maioria em necessidade (toda a população difusa do semi-árido, cuja *minoria* (sobre)vive nos Estados receptores das águas transpostas), mantendo ainda o Rio e a Bacia do São Francisco devastados.

Esse paradigma de ineficiência administrativa que é a transposição não se "constitucionaliza" pela afirmação vazia de que serve apenas à *segurança hídrica* dos Estados receptores, uma vez que o governo, *sem que apresente critério razoável objetivo para a discriminação operada*, não intervém igualmente nos demais Estados do semi-árido, em maior número e onde também (sobre)vive a maioria (população difusa, especialmente) que *se ressente da mesma alardeada insegurança hídrica e das mesmas necessidades e soluções comuns de mesmo grau de urgência*. Inobstante, sob o prisma orçamentário e da efetivação dos direitos fundamentais, com redobrada obstinação, o governo federal neles devesse (e pudesse) intervir, com maiores razões.

Salta aos olhos o fato de que a revitalização do Velho (e doente) Chico e a inserção qualitativa econômico-social da população difusa de todo o semi-árido são *maioria em necessidade* e, portanto, devem ser elas a maioria em prioridade para o Estado na definição, elaboração e implementação de políticas e prestações públicas de desenvolvimento ou de sustentabilidade hídrica. Manda a CF que, com prioridade sobre outras intervenções, se recupere a Bacia do São Francisco e se implementem projetos de convivência com todo o semi-árido e de abastecimento hídrico, que alcançe inclusive o norte de Minas Gerais, esses, sim, reais meios de desenvolvimento regional e possuem orçamento bem menor do que o comprometido com os canais e túneis da transposição. Essa sobredita população continua sedenta não só de água para matar a sede, mas para, a partir do seu uso ecologicamente sustentável e eqüitativo, desenvolver-se em vários flancos, resgatando dignidade.

Já era tempo, assim, da verdade e do respeito, nem que para vê-los na prática política e social fosse preciso *agir radicalmente*, ameaçar entregar *uma vida pela vida*: quando a razão se extingue a loucura é o caminho!

A devastação do São Francisco e a penúria do povo do semi-árido são questões também éticas e pastorais e, portanto, por tudo imbricadas na Igreja. Minha luta *foi*, é e *será* pelo sagrado direito dos nordestinos terem acesso eqüitativo à água boa e à vida digna e em abundância. Meu jejum e oração não foi "greve de fome", não sou suicida. Uma das mais profícuas tradições bíblicas e cristãs é o jejum com oração, necessário para expulsar certos demônios (Mateus, 17, 21). Movimento profundo da história tem sido a "não-violência ativa e firmeza permanente", da tradição de um Gandhi.

Inválida é a transposição *arbitrária* que não expressa responsabilidade fiscal e prioriza os usos econômicos da água, mantendo no *patamar de in-*

dignidade o povo mais necessitado do semi-árido, com larga ofensa ao princípio da igualdade, fomentando ainda divisão no semi-árido, que, lembre-se, está disperso em região abrangente de vários Estados federados. Não por acaso, o São Francisco é chamado de rio de *integração* nacional. Ilumina Paulo Bonavides: entende-se por *arbítrio* "todo tratamento diferenciado, sem bastante fundamento objetivo e sem orientar-se suficientemente pela idéia de justiça (...) o princípio da igualdade veda (...) a criação de desigualdades carentes de justificação em fundamentos reais, plausíveis e racionais".

Inválida é a transposição *autoritária* por negar, desde a sua idealização, ampla e efetiva participação da sociedade civil organizada e dos setores impactados (*v.g.*, ribeirinhos, índios e comunidades quilombolas).

À vista da violação a *preceitos fundamentais* estruturantes da ordem constitucional, ainda que por manifestações revestidas (ou travestidas?) da natureza de atos políticos discricionários, cumpre ao Judiciário tê-las não mais políticas, mas jurídicas, suscetíveis de serem contrastadas com a CF, demovendo-as dos templos públicos de legitimação originária que falharam em sua missão constitucional, para serem agora julgadas com os indispensáveis métodos e consistência, restabelecendo-se o curso da deliberação soberana a respeito. Assim agindo, não estará o Judiciário a usurpar funções dos demais poderes, como vem se pontuando aqui e ali, querendo-o impotente ou excluído da defesa da CF em toda a sua dimensão e força, mas investindo-se, na integridade, em seu espaço e identidade constitucional de guardião supremo da Constituição e das Instituições Democráticas.

Afinal, a CF, vinculada de forma permanente e "transgeracional", em última instância, mais do que tudo à vontade do bem-estar comum da atemporal nação brasileira, soberana e popular (Ayres Britto), quer, *sem ressalvas*, declarados inválidos, pelo Judiciário, *atos de governo ou executivos* (vinculados ou discricionários), quando não informados pela justiça, pelos princípios ético-morais, princípios fundamentais constitucionais, e assim quando imorais, ilegais, desviados de sua finalidade pública ou ineficientes, como quer, sobretudo, implementado o *desenvolvimento equilibrado* qualitativo *intra-regiões*, para a redução eqüitativa das desigualdades, conforme os ditames da justiça social, o que, no Nordeste, repito, significa priorizar a convivência com o semi-árido da população difusa e revitalizar o Rio São Francisco. Cabe sempre ter em mente que a CF, desde a sua abertura, não faz só desejar boa sorte ao povo do semi-árido e à saúde do amado São Francisco.

Portanto, o Poder Judiciário deve ser, sim, contramajoritário para fazer efetivos princípios e direitos fundamentais, quando a soberania popular representativa estiver manipulada ou comprometida, com a releitura do princípio da separação de poderes (conformando suas funções às novas demandas) e um ativismo judicial apto e inequívoco a suplantar objeções que impliquem redução da *efetividade substantiva* da CF, otimizando ao máximo a razão pública e impondo a superação da crise do

Direito (que não anda outorgando justiça e segurança), da crise política representativa, da crise da ética, da crise da água, enfim, da *crise de um povo*, fortalecendo-se a própria Constituição e a democracia, colocando-as a salvo de atentarem contra si mesmas. Como desenvolve de forma refinada e ao mesmo tempo gentil e acessível Carlos Ayres Britto: "uma coisa é governar (que o Judiciário não pode fazer). Outra coisa é impedir o desgoverno (que o Judiciário pode e tem que fazer) (...) O que interessa ao povo, à economia, à nação e ao Poder Judiciário é essa governabilidade constitucional. Governabilidade que, tornada uma práxis, corresponderá ao clímax do humanismo", humanismo, enquanto categoria jurídica constitucional, cuja tutela e plena eficácia encontram-se confiados em última análise ao Poder Judiciário.

Concluindo, tenho que a triste realidade constatada ainda hoje no Nordeste deve ser tributada à ausência de eficientes políticas públicas genuinamente desenvolvimentistas na região, ou seja, à inexistência de *vontade política* de cumprir fielmente a CF e, portanto, não deve ser atribuída à Constituição de 1988, que não somente concorreu ao aperfeiçoamento teórico do Direito, instituindo terreno fértil para isso, mas também comandou desenvolvimento para que houvesse "a eliminação da miséria e a elevação do nível de vida de todos a patamares de dignidade" (André Ramos Tavares).

Aguardo com fé e esperança o desfecho do embate entre, de um lado, a supremacia e a força superlativa da CF/88, que impõe amplo controle judicial das *policies* (de Dworkin), e, de outro, com o perdão da franqueza, a "incompetência" (para dizer o mínimo) do governo federal em se impor às forças políticas e econômicas contrárias aos interesses da Nação e em pensar e executar um verdadeiro plano de desenvolvimento regional obediente à ordem constitucional substantiva vigente.

Mas *ainda temos juízes* capazes de operarem o "novo humanismo", o *humanismo transubstanciado* na nova democracia ("de três vértices"), magistrados que homenageiam "mais o Direito que a sociedade fez para o Estado do que o Direito que o Estado fez (e faz) para a sociedade" (Ayres Britto), os quais, do alto soberano de uma Justiça constitucional (André Ramos Tavares) deste limiar de século, guindada a elemento garantidor do próprio Estado e da Nação, farão triunfar o melhor da CF/88 amplificada, para o Rio e para o povo, sob a proteção de Deus. Do contrário, como profetizou Paulo Bonavides ao ensejo ainda do nascimento da CF/88: "*sem Deus, sem Justiça e sem Ética, prevalecerá unicamente neste país a sociedade do crime*; jamais a República do Direito, a Federação da Fraternidade, a Democracia da Libertação".

A propósito dessa merecida homenagem, cabe pensar e agir na direção mais certa para se fazer do sonho de todos a realidade não só (e sempre) de poucos, na redenção já tardia do semi-árido e do Rio, penhor de vida e de união, não nos esquecendo de que "*todas as realidades de hoje foram utopias de ontem*" (Pablo Lucas Verdú) (*apud* Dirley da Cunha Júnior). Paz e bem (e para todos)!

11.

A família na era dos direitos da mulher

Maria Lygia Quartim de Moraes
Professora titular de Sociologia da Unicamp e pesquisadora do CNPq

Em apenas oito parágrafos, o artigo 226 da Constituição Federal de 1988[1] desmonta toda a armadura legal de um sistema de desigualdades entre homens e mulheres, consagrado pelos preconceitos seculares do Código Civil de 1916 que, por sua vez, apoiava-se inteiramente no Direito canônico que fez do casamento o único meio de se constituir uma família. Nesse sentido, o Código de 1916 estabelecia caber ao marido a "chefia", vale dizer, administração dos bens, manutenção material da família, direito de fixar residência, enquanto à mulher é outorgada a função de ser a "companheira, consorte e colaboradora" do chefe da família, "cumprindo-lhe velar pela direção material e moral desta" (art. 233 e 240).

A família que aparece na CF 1988 fundamenta-se no princípio da igualdade entre homens e mulheres e é descrita como "base da sociedade" a quem o Estado garante proteção. Nessa nova família, ambos os cônjuges exercem igualmente "os direitos e os deveres referentes à entidade familiar", prevalece o princípio constitucional da igualdade jurídica entre todos os filhos, nascidos ou não no casamento, naturais ou adotados, e a redução dos prazos e das exigências para o divórcio. Finalmente, o preceito legal de família passa a incluir "a comunidade formada por qualquer dos pais e seus descendentes", reconhecendo a existência de muitas possibilidades de arranjos familiares.

1. Seguido das leis especiais subseqüentes em matéria de família (8.971/94 e 9.278/96, sobre união estável; 8.069/98, sobre a proteção das crianças e adolescentes; 8.560/92, sobre reconhecimento de filhos fora do casamento) e, especialmente, do novo Código Civil, que passou a vigorar em 11 de janeiro de 2003.

Que fatos podem explicar mudanças tão radicais, que afetam toda a concepção patriarcal de família da Igreja católica e da moral ibérica? Ora, o direito é expressão das normas e valores sociais, como ensina Émile Durkheim, fundador da Sociologia. Vale dizer, as leis institucionalizam as normas sociais, que, por sua vez, dizem respeito às regras de convivência social existentes na prática, especialmente relacionadas entre as classes, entre os sexos e entre adultos e crianças.

Transformações na economia e na sociedade brasileiras

As profundas transformações socioeconômicas que marcam a passagem do Brasil agrário-exportador da Velha República para o Brasil industrial e "desenvolvimentista" dos anos 1950 se fez sentir também na esfera familiar, especialmente com o processo de incorporação do trabalho feminino às novas atividades criadas pela matriz industrial-urbano. O binômio "trabalho assalariado & anticoncepcionais" sintetiza as duas conquistas contemporâneas que viabilizaram a igualdade da mulher ao homem no plano do cotidiano. Das novas condições de vida emergiram demandas e questionamentos com respeito aos deveres e direitos dos dois sexos.

A rapidez das transformações econômicas e o impacto que tiveram sobre o antigo modelo familiar, baseado na complementaridade de papéis, com o pai provedor exclusivo e a mãe dedicando-se aos trabalhos domésticos e às crianças, levaram à redefinição dos papéis familiares.

O movimento de mulheres e a conquista da democracia

Uma das dimensões mais relevantes do movimento de mulheres no Brasil, na década de 1970, foi ter contribuído para a construção de uma nova experiência de cidadania, forjada na prática da reivindicação na arena pública. Sem jamais abdicar de suas "questões específicas" – aborto, direitos da maternidade, igualdade salarial –, o movimento de mulheres foi o primeiro a levantar a bandeira da anistia política, atuando com as demais forças e movimentos sociais que compunham a oposição à ditadura militar brasileira. Mais do que isso, foi uma das forças que inovaram o campo das lutas sociais e renovaram as práticas políticas. O Ano Internacional da Mulher, em 1975, constitui ponto de referência fundamental para a compreensão do movimento de mulheres no Brasil de hoje. A iniciativa da ONU foi particularmente importante para as mulheres brasileiras, por ter propiciado um espaço legal de discussão e organização, no contexto da ditadura militar.

O processo de redemocratização fortaleceu os grupos ativistas dos direitos sociais e políticos e promoveu algumas vitórias sensíveis com respeito aos direitos da mulher. Campanhas nacionais denunciando a morte de mulheres por crimes "de honra"; a denúncia do sexismo nos livros escolares e as campanhas contra o assédio sexual são algumas das conquistas que marcaram o final da Década da Mulher (1975/85). Por ocasião das primeiras eleições livres, em 1982, a oposição ganhou o governo do Estado de São Paulo e, pela

primeira vez, foi criado o Conselho da Condição Feminina que teve importante atuação na luta pelos direitos da mulher. Em 1985 foi criada, na cidade de São Paulo, a primeira Delegacia Especializada da Mulher.

Os novos direitos civis: a defesa dos direitos da mulher e da criança na família

As sementes plantadas pelas feministas deitaram outras raízes, como se observa tanto no tocante à ampliação da oferta de creches quanto nas importantes mudanças da legislação, incorporadas à Constituição de 1988, uma das mais avançadas do mundo. As mulheres passaram a ter os mesmos direitos que os homens no interior da família: igualdade jurídica dos cônjuges conforme artigo 226, §5º; houve o reconhecimento legal das uniões conjugais de fato e dos direitos da companheira ou do companheiro, com o instituto jurídico da união estável.

Essas conquistas legais indicam como o lugar da mulher na família, no limiar dos anos 1990, difere radicalmente da subordinação da mulher ao homem estipulada pelas leis anteriores. Além de equiparar a mulher ao homem, com respeito ao poder familiar, as alterações legais foram de ordem a proteger ainda mais a maternidade, dando à mulher a responsabilidade da declaração do nome do pai. Tais conquistas, na verdade, têm um sentido social dos mais amplos ao garantir, antes de mais nada, os direitos das crianças, tal como estabelece a Constituição de 1988, no seu artigo 227.

O grande marco da questão no Brasil é a promulgação do Estatuto da Criança e do Adolescente (ECA), pela Lei nº 8.069, em 13 de julho de 1990. O ECA confirma a tese de que o aprofundamento da democracia se dá pela extensão dos direitos a categorias especiais de cidadãos. A importância desse diploma legal consiste em estabelecer parâmetros, assentado em dois pressupostos: a) as experiências da criança nos primeiros anos de vida são decisivas para seu desenvolvimento futuro; b) a criança não "conquista" seus direitos da mesma maneira que o adulto, pela simples razão de que depende do adulto (instituições ou família) para tanto.

No entanto, o grande dilema brasileiro continua sendo a dissociação entre normas bem-intencionadas e a carência de medidas que as efetivem. De um lado, ergue-se o direito, formalmente garantido, de as crianças e os adolescentes viverem em condições adequadas de crescimento e desenvolvimento. De outro, a falta de recursos e o modelo de gestão inibem a garantia efetiva desses direitos a todas as crianças e adolescentes.

Levando em conta que mais de um terço das famílias brasileiras são chefiadas por mulheres – via de regra, famílias muito pobres, com maior número de crianças pequenas –, vemos a imperiosa necessidade da presença do Estado oferecendo creches de boa qualidade, escolas em tempo integral e serviço de saúde domiciliar.

2. A emancipação feminina no Brasil

Nelly Martins Ferreira Candeias

Professora titular da USP; faculty associate da Universidade do Texas e research associate da Universidade da Carolina do Norte; presidente do Instituto Histórico e Geográfico de São Paulo

No início do século 19, prevalecia no Brasil a idéia de que a mulher deveria ser educada para assumir o papel de esposa e mãe, justificando-se o baixo nível da educação feminina por valores morais e sociais ligados à preservação da família. Às mulheres atribuía-se a incapacidade intelectual inata e aos homens a inteligência e o poder de decisão. Condições injustas bloqueavam o acesso das mulheres ao ensino superior, particularmente aos cobiçados cursos de medicina e de Direito, criados pelo príncipe regente dom João e por dom Pedro I.

Nas últimas décadas do século 18, rupturas em cascata começaram a ocorrer na Europa ocidental. Em 1788, Condorcet reivindicou direitos de educação, emprego e participação política para mulheres. Um ano depois, os ideólogos da Revolução Francesa deram os primeiros passos jurídicos na identidade dos direitos humanos ao incluir nos mesmos a igualdade dos dois sexos.

Precursora do abolicionismo, da República e da igualdade de gênero, Nísia Floresta Brasileira Augusta foi a primeira mulher a defender a educação feminina no Brasil, em 1832, ao relacionar o desenvolvimento intelectual da mulher à qualidade da sua educação. À Nísia deve-se a divulgação do ideário das reivindicações francesas, com ênfase no acesso à instrução, a cargos públicos e à inclusão na vida política da Nação.

Mulheres de elite, cuja educação se prendia aos papéis de esposas e mães, absorveram as idéias revolucionárias que Nísia trouxera da França, onde residiu durante 28 anos, e passaram a in-

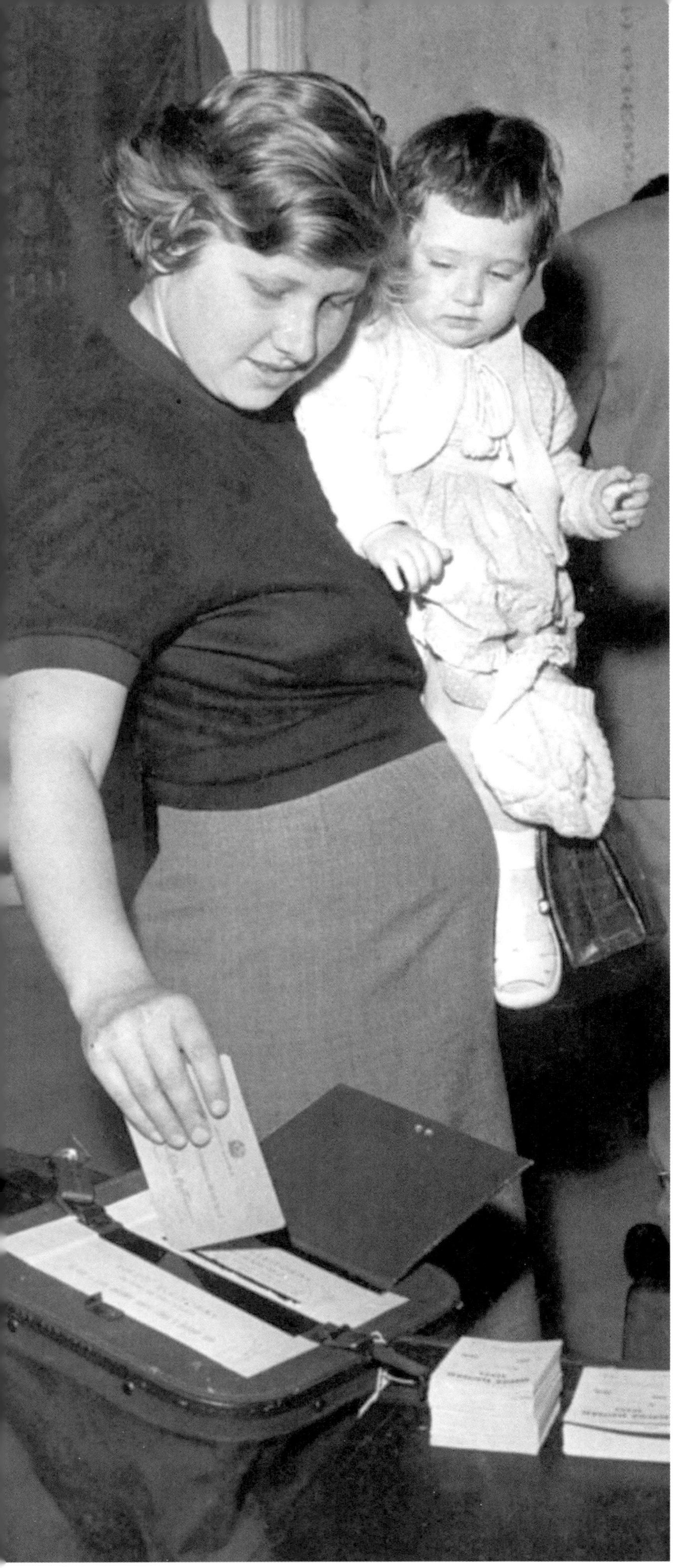

terpretar os textos de Olympe de Gouges (1791) e de Mary Wollstonecraft (1792), ideólogas da igualdade de gênero na Europa.

As constituições republicanas

Em meados do século 19, a injustiça a que as mulheres eram submetidas e a rápida disseminação de novas idéias deram origem à imprensa feminina no Brasil, cujas colaboradoras viram no regime republicano a mudança redentora de suas injustas condições. A reivindicação feminista concentrou-se no direito de voto, já pressupondo a elegibilidade das candidatas. Porém, na Assembléia Constituinte, reunida para elaborar a primeira constituição republicana do Brasil, em 1891, os homens debateram o sufrágio feminino, mas não concederam voto às mulheres e a exclusão continuou sendo o principal instrumento de dominação.

Em 1932, Getúlio Vargas promulgou o Código Eleitoral brasileiro, garantindo o direito de voto às mulheres, embora com restrições. A conquista deveu-se à liderança de Carlota Pereira de Queirós, professora e médica, a primeira constituinte e deputada federal do Brasil, e à Bertha Lutz, bióloga, advogada e líder feminista. A Carta promulgada teve curta duração. Em 1935 Vargas suspendeu suas garantias e, em 1937, por golpe de Estado, extinguiu o legislativo por quase dez anos.

A ruptura democrática fortaleceu o movimento feminista no sentido de que o princípio de igualdade jurídica entre os sexos deixara de ser uma idéia nova e estava em franca ascensão no Brasil.

A emancipação feminina como tema global

O conceito de direitos humanos tem sido apoiado por convenções, tratados e ratificações. Em 1948, a Declaração Universal dos Direitos Humanos, proclamada pela Assembléia Geral da ONU e assinada pelo Brasil na mesma data, ainda sob o impacto das atrocidades cometidas durante a 2ª Guerra Mundial, comprometeu-se a promover os direitos humanos sem distinção de raça, sexo, língua ou religião. Esse documento foi traduzido em 360 idiomas.

Um vento de reformas profundas soprou na Europa e as concepções de cidadania, abordando os direitos civis, políticos e sociais, não tardou a atingir outros continentes. Com o passar dos anos, tornou-se evidente que a Declaração Universal dos Direitos Humanos não fora suficiente para garantir a prática de direitos específicos.

Cinco importantes fóruns deram continuidade à busca de igualdade de gênero: a Convenção dos Direitos Políticos das Mulheres, em 1952 e 1956; a Convenção para a Eliminação de Todas as Formas de Discriminação contra a Mulher, de 1979; a Conferência de Nairobi, em 1985; e a Quarta Conferência Mundial da Mulher, realizada em Beijing, em 1995. Nessa, um dos postulados prioritários foi a participação da mulher na vida política, em condições de igualdade, nos níveis de decisão econômica e nas formulações de políticas financeiras. No Brasil, o Decreto 4.377, referente à Convenção de 1979, adotada pela Resolução 34/180 da Assembléia Geral da ONU, nesse ano, foi assinado em 1981 e ratificado em 1984.

O estudo de assimetrias entre os dois gêneros justificou o protagonismo ecumênico da sociedade civil internacional. Vale destacar o Programa das Nações Unidas para o Desenvolvimento (PNUD/IDH), disponibilizando dados comparativos entre os países, e a Organização Internacional dos Parlamentos (IPU) estabelecendo conexões virtuais entre mulheres de 148 parlamentos nacionais em seis grupos geopolíticos do mundo.

A Constituição de 1988 e a participação no poder

Com o retorno do regime parlamentar e a inserção dos princípios democráticos no País, surgiu uma relação de convergência entre a Política e a Moral. A Constituição de 1988 tornou-se o marco da cidadania feminina ao reconhecer a igualdade entre os sexos como direito fundamental. A partir dessa data, as mulheres passaram a sentir-se cidadãs com livre acesso à educação, à participação na vida política e ao emprego.

A plenitude do civismo e da cidadania feminina surgiu com a promulgação da Constituição de 1988, 200 anos após a reivindicação revolucionária de Condorcet, 156 anos após a primeira denúncia feminista de Nísia Floresta Brasileira Augusta, 55 anos após a eleição da primeira deputada brasileira e 40 anos após o Brasil ter assinado a Declaração dos Direitos Humanos.

Jamais as feministas das primeiras décadas do século 20 poderiam imaginar que tal evolução ocorreria na segunda metade desse mesmo período.

O Brasil 2008

Apesar de mais da metade da população brasileira ser feminina, a representatividade das mulheres nos quadros dos poderes públicos e nas instâncias decisórias está longe de corresponder a essa porcentagem. Porém, as condições femininas, expressas em estatísticas de procedência séria, mostram notáveis resultados da luta pela igualdade de gênero no País. De acordo com dados divulgados pelo Censo da Educação Básica do Instituto Nacional de Estudos e Pesquisas Educacionais (Inep), as mulheres são maioria na educação superior em todas as regiões do Brasil. A taxa de participação delas nas Instituições de Educação Superior (IES) é maior do que no conjunto da população brasileira. Mais de 60% dos concluintes na educação superior são do sexo feminino. Essa conquista levará as mulheres a ocupar mais e mais cargos na política executiva e na administração pública no Brasil. É apenas uma questão de tempo.

O efeito borboleta e a dimensão mundial

Pode explicar-se a luta pela da cidadania feminina no Brasil a partir de dois ângulos distintos. Segundo Einstein, a teoria só encontra aquilo que procura. O que não procura, não reconhece ou não vê. Por isso é fundamental mudar o ponto de vista, rever a teoria e explorar novos horizontes.

Cálculos na Teoria do Caos, utilizados para entender fenômenos meteorológicos, crescimento de populações, variações no mercado financeiro e outros, têm como uma de suas mais conhecidas bases o chamado *efeito borboleta*, teorizado pelo matemático Edward Lorentz, em 1963. Segundo ele, o bater asas de uma borboleta pode causar um tufão em outra parte do mundo, porque tudo se encontra interligado e qualquer pequena ação pode ter enormes conseqüências.

Isso ocorreu na Revolução Francesa ao reconhecer-se a discriminação entre os dois sexos. O tênue bater asas de uma borboleta provocou o declínio do poder masculino e fortaleceu a emancipação feminina ao incluir, pela igualdade jurídica, a outra metade do gênero humano na sociedade civil contemporânea.

Nas admiráveis palavras de Bobbio, foi um dos sinais mais seguros e encorajadores da marcha da história humana no sentido da equalização dos desiguais.

13.

O Direito Civil sob a Constituição de 1988

Luiz Edson Fachin
Professor titular de Direito Civil da Faculdade de Direito da Universidade Federal do Paraná (UFPR) e da Pontifícia Universidade Católica do Paraná (PUC-PR); membro do IDCC (Instituto de Direito Constitucional e Cidadania) e da Academia Brasileira de Direito Constitucional; colaborador do Senado na elaboração do novo Código Civil brasileiro

O tripé que forma a base do governo jurídico das relações interprivadas recebeu da Constituição de 1988 um expressivo conjunto de possibilidades hermenêuticas. As titularidades, o trânsito jurídico e o projeto parental hauriram, no âmbito dos significantes que compõem o discurso normativo, doutrinário e jurisprudencial, novos significados na teoria e na práxis. O presente texto trata, por conseguinte, da Constituição e o Direito Civil 20 anos depois.

Em 20 anos de Estado Democrático de Direito, a dimensão prospectiva e substancial da Constituição, não enjaulada no dogmatismo positivista e reprodutor de saberes e conceitos, apresentou uma nova tábua de valores na propriedade, no contrato e na família.

A *repersonalização* das relações jurídicas imprimiu às titularidades um valor instrumental. Emergiu daí a tutela jurídica de um *patrimônio mínimo*, essencial à existência digna, bem como a funcionalização da propriedade, da posse e da empresa. A primazia da raiz antropocêntrica conferiu à apreciação dos bens um sentido diverso dos poderes ilimitados, absolutos e perenes. Cláusulas gerais como a boa-fé inspiraram construções jurisprudenciais, a exemplo da Súmula 84 do Superior Tribunal de Justiça.

Ademais, a superação formal do trânsito jurídico chancelou a *transpersonalização* contratual, cujo reconhecimento jurídico hoje tem, no Brasil, previsão expressa no contrato por pessoa a nomear, e restou acolhido, na Alemanha, em recente reforma do BGB, no item 3 do parágrafo 311. Presentemente, a função social dos contratos é um preceito de ordem pública. Inválido, por isso, pode ser considerado qualquer negócio ou ato jurídico que contrariar essa disposição, hoje inserida no direito brasileiro pelo art. 2.035, parágrafo único, do novo Código Civil (Lei 10.406, em vigor a partir de 11 de janeiro de 2003).

Esse princípio legal é aplicável a todas as espécies de contratos, tanto de direito privado quanto de direito público. Pois no campo jurídico contemporâneo não há mais espaço para a separação absoluta entre o público e o privado.

Por conseguinte, aos contratos em geral se impõem os limites da função social, que passa a ser o sentido orientador da liberdade de contratar, pilar e espelho da sociedade brasileira contemporânea.

Tomemos como exemplo o julgamento do Recurso Extraordinário nº 466.343. Esse processo promoveu mudança no entendimento do STF sobre a prisão civil em caso de alienação fiduciária e conformou-se uma nova maioria no STF, a qual considera que os tratados internacionais de direitos humanos encontram-se acima da legislação interna, ainda que abaixo da Constituição. Na sessão já levada a efeito, colhem-se as palavras do ministro Gilmar Mendes: "O *status* normativo supralegal dos tratados internacionais de direitos humanos subscritos pelo Brasil, dessa forma, torna inaplicável a legislação infraconstitucional com ele conflitante, seja ela anterior ou posterior ao ato de ratificação. Assim ocorreu com o art. 1.287 do Código Civil de 1916 e com o Decreto-Lei nº 911/1969, assim como em relação ao art. 652 do novo Código Civil (Lei nº 10.406/2002)."

Novos tempos traduzem outro modo de apreender tradicionais institutos jurídicos. Não se trata de aniquilar a autonomia privada, mas sim de superar o ciclo histórico do individualismo exacerbado, substituindo-o pela coexistencialidade. Quem contrata não mais contrata apenas com *quem* contrata, eis aí o móvel que sinaliza, sob uma ética contratual contemporânea, para a solidariedade social.

De outra parte, as relações jurídicas deixam de ser negócios jurídicos insulares e se tornam processos de direito material. Probidade e boa-fé são princípios obrigatórios nas propostas e negociações preliminares, na conclusão do contrato, assim em sua execução, e mesmo depois do término exclusivamente formal dos pactos. Ainda mais: quem contrata não mais contrata tão só o *que* contrata, via que adota e oferta um novo modo de ver a relação entre contrato e ordem pública, não reduzindo os pactos à formalidade de seus instrumentos.

O adimplemento substancial e a redução da eficácia sem afetar a validade constituem exemplos desse novo olhar sobre contratos e obrigações informados por uma principiologia axiológica de índole constitucional.

No campo da família, a regulação jurídica constitucional emprestou clara superação das quatro características tradicionais; a família era exclusivamente matrimonializada, transpessoal, hierarquizada e fundada na lei da desigualdade entre os filhos. Sob o influxo constitucional, há pluralidade de formas familiares com igual dignidade jurídica e as relações são marcadas por uma explicitação eudemonista, abolindo-se as supremacias e as discriminações grosseiras e injustas.

Um novo desenho jurídico do projeto parental se mostra nitidamente no valor jurídico do afeto, na ausência de exclusões e na conjugação entre liberdade e responsabilidade.

Nada obstante, o próprio texto constitucional que abriu possibilidades trouxe em si limites. Basta ver, para tanto, exemplificativamente, os direitos relacionados no *caput* do art. 5º do texto constitucional, o alcance da desapropriação de imóvel rural para fins de reforma agrária, os óbices à união estável e assim por diante. Há, também, sístoles e diástoles na jurisprudência, do que é exemplo o criticável resultado no julgamento do Recurso Extraordinário nº 407.688, por meio do qual o Supremo Tribunal Federal, em maioria, selou a penhorabilidade do único bem de família do fiador.

Por isso mesmo, a Constituição de 1988 se revelou portadora de uma identidade ambivalente: de um lado, descortinou horizontes construtivos e emancipatórios e, de outro, simultaneamente, deixou no caminho entre as duas margens do rio, entre o pretérito e o contemporâneo, uma ponta inacabada. No Direito Civil brasileiro, a doutrina, a legislação infraconstitucional e a jurisprudência, em duas décadas, perseguem esse obstinado fim, tendo em mira os objetivos fundamentais da República: *construir uma sociedade livre, justa e solidária, erradicar a pobreza e a marginalização, reduzir as desigualdades sociais e regionais, garantir o desenvolvimento, promover o bem de todos, sem preconceitos de origem, raça, sexo, cor, idade ou quaisquer outras formas de discriminação.*

Em verdade, quiçá ainda estejamos *nel mezzo del camin di nostra vita*. A travessia a percorrer dará o testemunho da efetividade das promessas constitucionais.

14.

Progressos e dificuldades para a efetivação dos direitos constitucionais dos índios

O caso simbólico da demarcação da terra indígena Raposa Serra do Sol

Márcio Thomaz Bastos
Advogado; foi ministro da Justiça (2003/2007)

Luiz Armando Badin
Doutor em Direito pela USP e pós-graduado em Direito Público pela Universidade de Paris (Panthéon-Sorbonne). Foi secretário de Assuntos Legislativos e consultor jurídico do Ministério da Justiça (2003/2006)

Em 15 de abril de 2005, o presidente da República editou um decreto cujos efeitos serão sentidos sobretudo pelas próximas gerações de brasileiros. Ao concluir o processo administrativo de demarcação da terra indígena Raposa Serra do Sol, em Roraima, pretendeu pôr um ponto final em 20 anos de conflito e assegurou a realização do direito constitucional de cerca de 19 mil índios que habitam um dos lugares mais belos do País. A decisão também levou em consideração outros interesses públicos nacionais relevantes. A homologação presidencial abriu nova etapa no desenvolvimento da região, eliminando incertezas jurídicas sobre a situação fundiária, e afirmou a soberania do povo brasileiro sobre porção estratégica de nosso território, que passou a ser formalmente reconhecida como bem público de propriedade da União, destinado ao usufruto dos índios.

O momento em que lembramos os 20 anos de vigência da Constituição parece oportuno para refletir sobre avanços e retrocessos que marcaram o processo de demarcação. O caso pode ser tomado como exemplo das dificuldades práticas para afirmação da cultura constitucional entre nós, por um arco de razões que vão do comportamento predatório de grupos de interesse econômico, politicamente respaldados, à sobrevivência anacrônica, nessa prolongada transição para a democracia, da mentalidade que dominou o País anteriormente a 1988 e reverbera até hoje.

A Constituição assegura aos índios direitos originários sobre as terras que tradicionalmente ocupam. O art. 231 é construção jurídica das mais originais, que escapa às definições ordinárias do Direito Civil. É a grande bacia na qual desaguaram várias tendências de nossa melhor tradição jurídica. Para ela confluíram, por exemplo: a) a teoria do indigenato, sustentada por João Mendes Jr. nas conferências de 1902; b) a noção de que a terra indígena é o hábitat de um povo, segundo a fórmula célebre de julgamento do Supremo Tribunal Federal, em que Victor Nunes Leal deu mostras não só de apuro técnico ao interpretar a Constituição, mas, sobretudo, de sua refinada sensibilidade ética; c) a afirmação do direito à diferença cultural, cujas bases filosóficas remontam aos corajosos argumentos de Francisco de Vitória, que no século 16 se notabilizara pela defesa dos índios contra o ímpeto do colonizador; d) a indignação de Clóvis Beviláqua, que, em estudo do início do século 20, denunciava como a voracidade dos não-índios havia reduzido e confinado a população nativa aos rincões do País; e) a influência determinante dos próprios índios, que, na Constituinte, souberam não se deixar aniquilar por interesses historicamente a eles nocivos.

Todos aqueles que participaram da luta pelo rigoroso cumprimento da Constituição em Raposa Serra do Sol sabem como foi duro o caminho percorrido. A decisão do presidente é hoje reconhecida como um dos pontos culminantes da política indigenista nacional. É comparável em importância, talvez, à criação do Parque Indígena do Xingu, que também enfrentou resistência obstinada de certo tipo de fazendeiros – detentores de títulos de propriedade no mínimo duvidosos – em associação com políticos. Dar sentindo concreto à Constituição, honrando aquela nobre tradição jurídica cristalizada no enunciado do art. 231, não é tarefa fácil, até mesmo porque há outras normas constitucionais a fazer cumprir e respeitar.

Boa parte das dificuldades, contudo, se deve ao fato de que Raposa Serra do Sol sintetiza, de maneira exemplar, as contradições da sociedade brasileira. Falamos de uma área de 1,7 milhão de hectares, em que vivem, na fronteira com Guiana e Venezuela, cinco etnias diferentes. Joaquim Nabuco, em sua célebre defesa na Questão da Guiana, referiu-se à presença dos macuxis para sustentar a posse brasileira sobre o território disputado.

A maioria dos índios conserva língua, usos e costumes tradicionais. Ao longo do tempo, foi estimulada a formação de pequenas colônias e de enclaves, cujo crescimento previsivelmente tenderá a exacerbar os conflitos fundiários, colocando em risco a própria sobrevivência física e cultural das comunidades tradicionais, com a destruição de seu hábitat. A opção política crucial, então, era: demarcar a terra em ilhas, como queria a oligarquia local, ou manter a integridade do conjunto, evitando seu estilhaçamento.

O desafio sempre foi tratado como uma verdadeira questão de Estado. A Raposa Serra do Sol situa-se na faixa de fronteira e tem importância estratégica para a defesa do território brasileiro. Ali também está localizado o Parque Nacional do

Monte Roraima. Há, portanto, uma sobreposição de regimes jurídicos especiais, todos constitucionalmente protegidos – defesa do território, direitos dos índios, conservação ambiental, autonomia do ente federativo e respeito à sua legítima aspiração ao desenvolvimento.

Para alcançar uma solução justa e equilibrada foram feitas visitas *in loco* e executados rigorosos estudos técnicos. Todas as partes envolvidas foram consultadas. O Supremo Tribunal Federal, oportunamente chamado a se manifestar, decidiu favoravelmente à edição do decreto homologatório, removendo obstáculos jurídicos que até então impediam a resolução definitiva do conflito social por quem dispunha, no caso, de competência, instrumentos e meios para fazê-lo: o Poder Executivo. Foram tomados todos os cuidados para dar consistência jurídica e política à decisão do presidente – que, não obstante, continua, por razões de mérito menos jurídicas do que políticas, sendo contestada. Espera-se que o Supremo não retroceda em relação às decisões anteriores, que tornaram possível a edição do decreto homologatório.

A solução adotada procurou harmonizar vários interesses públicos nacionais e deu máxima eficácia a um feixe de normas da Constituição. O ente federativo foi beneficiado por medidas compensatórias, com um plano de desenvolvimento social e econômico. A maioria dos ocupantes não-índios que, de boa-fé, ainda permaneciam na área, foi pacificamente reassentada. Assegurou-se plena liberdade de atuação às Forças Armadas e à Polícia Federal. A presença soberana e incontrastável do Estado brasileiro foi conciliada com a proteção do meio ambiente e da diversidade étnica e cultural, bens valiosos que a Constituição, generosamente, reconhece.

Falta apenas finalizar a execução do decreto presidencial, concluindo o processo de extrusão da minoria remanescente de pessoas que esbulharam a área para colonizá-la, quando já estava em curso o processo administrativo de identificação e delimitação da terra indígena. Elas já tiveram mais de três anos para deixar o bem público invadido. Não é momento de retroceder.

É hora de sedimentar progressos históricos alcançados ao longo de duas décadas, graças ao esforço daqueles que se envolveram na construção dessa bela obra jurídica e política. Nossos filhos e netos saberão reconhecer sua fundamental importância para a formação da idéia que fazemos de Nação.

Ao equacionar a questão indígena, cumprindo escrupulosamente o que determina a Constituição, o Brasil pode oferecer ao mundo uma fórmula política e jurídica profundamente original para facilitar a convivência pacífica e harmônica entre comunidades e etnias diferentes, dentro de um mesmo território. Nossa diversidade étnica e cultural é um bem valioso. O projeto constitucional a compreende. O desenvolvimento do País há de saber preservá-la, pois a pressupõe – ao menos formalmente, desde 5 de outubro de 1988, data que, com essas breves reflexões, pretendemos relembrar.

15.

Os índios e a Nação

Demétrio Magnoli
Sociólogo e doutor em geografia humana pela USP

"Morrer se preciso for; matar, nunca" – esse era o lema de Cândido Mariano Rondon e dos pioneiros do Serviço de Proteção ao Índio, antes da degeneração da agência numa ponta de lança da espoliação dos índios. Rondon personificou o espírito de um tempo moldado pelo projeto de consolidação da unidade nacional. As suas idéias e ações adquirem significado sobre um pano de fundo formado por eventos como a Guerra do Paraguai, a incorporação do Acre, a delimitação final das fronteiras amazônicas e a elaboração dos planos ferroviários de integração nacional. Na visão rondoniana, a proteção estatal dos índios representava uma etapa na trajetória que conduziria até a sua integração à nação única. Quando se discute o impasse sobre a reserva Raposa Serra do Sol, o que está em jogo é o legado de Rondon.

Os indigenistas da tradição inaugurada por Rondon não indagavam se os índios seriam integrados à sociedade nacional, mas apenas como esse processo ocorreria – e dedicaram sua vida à tentativa de evitar que se integrassem como peões semi-escravizados nas fazendas ou miseráveis relegados às fímbrias da economia urbana. Nenhum deles imaginava que, no outono do século 20, emergisse triunfante uma doutrina empenhada na produção política de um país multinacional. Mas é disso que se trata quando se discute Roraima.

No debate sobre as terras indígenas de Roraima contrapuseram-se as propostas de delimitação fragmentária e contínua das reservas. A

primeira, inscrita no projeto da nação única, admitia a interação entre os índios e os não-índios que habitam a região e tinha como horizonte a idéia de integração. A segunda, que acabou por se impor, deriva da lógica multiculturalista da separação e tem como horizonte a criação de nações indígenas autônomas nas faixas limítrofes do Estado brasileiro. Hoje, ela demanda a expulsão dos não-índios estabelecidos na região e desenha os contornos da primeira guerra étnica no Brasil do século 21.

Por vias inesperadas, transversas, os índios se incorporam a uma "sociedade mundial" antes de se integrarem à sociedade nacional. As notícias que chegam de Roraima dão conta da divisão dos indígenas em "índios católicos", defensores da expulsão, e "índios evangélicos", defensores da permanência dos colonos. No cipoal de organizações globalizadas e missões religiosas que atuam em Roraima existem entidades e figuras abnegadas, que contribuíram para amenizar a tragédia sanitária à qual, em virtude da ausência do Estado, encontravam-se entregues os índios ianomâmi nos anos 1980 e 1990. Mas, sobretudo, destacam-se os arautos da criação de nações indígenas separadas, que enxergam os índios como objetos da engenharia internacional das etnias e como pretextos na conquista de fontes de financiamento para as ONGs multiculturalistas.

Quando se discute a questão indígena, o tema verdadeiro é a viabilidade do conceito de nação. Roraima não começa nem acaba em Roraima. Na Bolívia de Evo Morales, o governo escreveu uma constituição multiculturalista que nega a existência legítima da nação e demarca uma estrada jurídica para a emergência de diversas "nações ancestrais". Como fruto desse passo, os mineiros do estanho preparam-se para abdicar de sua dupla identidade histórica de bolivianos e trabalhadores, substituindo-a pela identidade "original" de indígenas. Os líderes da operação identitária já reivindicam a transferência da propriedade dos recursos do subsolo às novas nações "ancestrais", o que lhes permitiria vender as minas a empresas de mineração. O saque das riquezas nacionais está na dobra da esquina da renúncia à nação.

A proposta de um "arquipélago" de terras indígenas exprimia uma concepção sobre a fronteira entre os índios e a sociedade nacional. Aquele traço de limite deveria ser relativamente poroso, de modo a propiciar intercâmbio vigiado pelo Estado. A delimitação contínua do "continente" indígena, por seu turno, pretendeu estabelecer um território circundado por sólidas muralhas. Do lado de fora ficariam os não-índios e o Estado; do lado de dentro, os índios, as ONGs e os missionários. Esse tipo de fronteira só poderá ser traçado pelo recurso à violência.

Há "nações indígenas" distintas da nação brasileira? A pergunta carece de sentido, pois nações não existem na natureza, como rios e montanhas, mas são inventadas na esfera política. Os índios "originais" não podem ser restaurados, mas sempre é possível inventar, debaixo dos escombros da idéia da nação única, "nações indígenas" pós-modernas, financiadas por instituições multilaterais e lideradas por coalizões de ativistas bem conectados e índios globalizados.

Há, no Brasil, uma "nação africana na diáspora" constituída pelos "afrodescendentes"? Eis outra pergunta que não tem resposta objetiva, pois, nas palavras de Ernest Renan, "a nação é um plebiscito cotidiano". Um projeto multiculturalista em curso almeja fabricar essa nação, por meio de leis raciais, da revisão radical de nossa história e do cancelamento do imaginário nacional da mestiçagem. Nações indígenas autônomas poderia existir ao lado do Brasil. Já a "nação afrodescendente" só pode nascer por meio da substituição da nação brasileira por uma coleção de nações étnicas fundadas sobre a glorificação de supostas ancestralidades de sangue. Brasil, nessa hipótese, seria apenas um espaço geográfico confederal e um tênue pacto de convivência entre povos ciosos de suas diferenças.

Rondon, o marechal mestiço com ancestrais bororo e terenas morreu há 50 anos. Homem de seu tempo, nacionalista e positivista, ele trocou o paradigma da catequese dos índios "por um vago e eventual culto cívico à bandeira" (George Zarur, *A utopia brasileira*, Abaré/Flacso, 2003). Os índios não precisam desse culto, mas precisam menos ainda das bandeiras inventadas pelos novos fundamentalistas da etnicidade.

16.

Avanços e retrocessos na concretização da liberdade de comunicação

Leonardo Martins
Professor de Direito Constitucional da Universidade Federal do Mato Grosso do Sul (UFMS); professor visitante na Humboldt-Universität zu Berlin, Alemanha (2001-2008); diretor do Instituto Brasileiro de Estudos Constitucionais

A liberdade de comunicação social é protegida pela CF em dois títulos bem distintos entre si, os quais revelam a típica dicotomia encontrada em alguns direitos fundamentais individuais. Trata-se, primeiro, do Título II, que outorgou os direitos fundamentais de diversas categorias a diversas classes de pessoas e, segundo, do Título VII, que, entre outras áreas, tratou da comunicação como parte da ordem social. Um balanço dos avanços e retrocessos em torno da concretização dessa complexa liberdade tem que levar em consideração a dicotomia e a relação entre seus dois tomos.

Ao proteger a liberdade de comunicação como direito individual no art. 5º, IX, a CF assegura a prática de todos os comportamentos individuais direcionados à exploração sociopolítica e econômica das atividades de noticiar e defender opiniões pelos meios de comunicação em massa escrito (imprensa) ou eletrônico (radiodifusão e novas "mídias"). Também se vislumbra um direito individual de acesso aos produtos midiáticos contra cerceamentos estatais (liberdade de informação) e, em termos ainda incipientes, uma pretensão de participação de grupos sociais nos meios de comunicação em massa. Fala-se, nesse contexto, de "direito humano à comunicação (social)".

Do outro lado, a CF determinou nos art. 220 e seguintes metas e objetivos sociais da exploração dos meios de comunicação em massa, sendo que o último aspecto acima mencionado do "direito humano" de participação poderia ser aqui mais bem alocado.

Como dicotomia, essa revela duas faces da mesma moeda: O constituinte quis outorgar a liberdade individual ao mesmo tempo em que reconheceu que a liberdade tem uma dimensão objetiva, ou seja, tem certos pressupostos sociopolíticos, os quais devem ser assegurados pelo Estado em face do livre mercado. Pode-se divergir metodologicamente sobre como essas duas partes se relacionam. Por exemplo, se se trata de uma relação de oposição na qual os art. 220 e seguintes seriam limites constitucionais à liberdade individual de comunicação social ou se eles revelariam o próprio conteúdo "objetivo" da liberdade. O fato é que ambas as partes têm que ser concretizadas. Em primeiro lugar, devem sê-lo pelos órgãos estatais. Se não restam dúvidas de que o inciso IX destina-se imediatamente a todos os poderes estatais constituídos que não podem violar a liberdade individual, os arts. 220 e seguintes parecem vincular diretamente os atores midiáticos: pessoas físicas e jurídicas que atuam no setor da comunicação social. Essa impressão é enganosa porque, ao firmar as metas e objetivos da exploração do setor, o constituinte voltou-se em primeira linha ao Estado legislador que tem a responsabilidade de regulá-lo. À Administração e ao Judiciário caberia, então, a aplicação de um modelo de regulação que harmonizasse as duas mencionadas dimensões da liberdade.

Com base em tais parâmetros, pode ser creditada na conta dos raros avanços na área a iniciativa do Ministério da Justiça em regular, pela Portaria 264/07, a classificação indicativa de programas televisivos. Apesar dos protestos infundados das empresas de radiodifusão envolvidas e de sua "retórica da censura", a portaria regulamentadora da lei específica criou um mecanismo eficaz e necessário de informação a responsáveis pela educação de menores sobre os conteúdos a serem apresentados. A proteção da infância e juventude é bem constitucional que serve de fator de legitimação para o cerceamento das liberdades individuais de comunicação social que, constitucionalmente, não são ilimitadas.

Na conta dos retrocessos ou das muitas deficiências ainda observadas, caem ações e omissões de órgãos dos três poderes, entre elas, principalmente:

O legislativo é omisso na medida em que ainda não promulgou uma abrangente lei de radiodifusão que fundamente e unifique as competências de regulação do conteúdo midiático hoje distribuídas pelos Ministérios da Comunicação e da Justiça, em que a Anatel é competente somente para os aspectos técnicos de distribuição de freqüências e congêneres. As aludidas metas e objetivos da comunicação social definidos pelos art. 220 e seguintes da CF devem ser regulamentados por uma tal lei abrangente. Esclareça-se que a regulamentação de conteúdo pelo legislador não pode ser considerada censura. Censura (prévia ou repressiva), em geral, significa o controle estatal preventivo ou repressivo da livre exploração da comunicação social, sem respaldo nos limites constitucionais àquela ou nos seus elementos constitutivos conforme a corrente teórica que se adote. Toda regulamentação deve passar pelo crivo constitucional, não podendo ser excessiva em face dos objetivos perseguidos, respeitando-se assim a dimensão subjetiva ou individual da liberdade. Mas o estado atual da legislação é absolutamente obsoleto. Em plena era de convergência midiática há várias leis tratando cada uma de um aspecto da comunicação social. Assim, por exemplo, a Lei nº 9.472/97 dispõe sobre os serviços de telecomunicações como se esses não tivessem nada a ver com a comunicação social.

Recentemente, a Lei nº 11.652, de 7 de abril de 2008, que converteu a MP 398/07 em lei e criou definitivamente a Empresa Brasil de Comunicação, é um claro exemplo do grau de malogro a que se chegou no País: A CF prevê em seu art. 223, *caput*, o "princípio da complementaridade dos sistemas privado, público e estatal" como medida também para a política de outorga e renovação de concessões, permissões e autorizações para o serviço de radiodifusão. Entretanto, a partir de uma análise perfunctória dessa lei, percebe-se que ela não assegura o cumprimento da missão do sistema público de radiodifusão de garantir o alcance das metas do art. 221 da CF pelo mecanismo da complementação aos dois outros sistemas privado e estatal. Além de repetir os princípios firmados constitucionalmente, a lei passa ao largo da natureza de uma TV pública ao atribuir ao presidente da República a competência de nomear ou designar os membros dos Conselhos de Administração (art. 13), Fiscal (art. 14) e, principalmente, Curador (art. 15), sendo garantida em todos eles a presença de vários órgãos executivos e legislativos. Isso se choca frontalmente contra a missão de qualquer órgão de radiodifusão que mereça a alcunha de público. A TV pública pressupõe autonomia e pluralismo interno que só se conseguem efetivamente se dos órgãos gestores participarem amplos setores da sociedade civil.

A TV Pública poderia ser a locomotiva a levar todo o complexo sistema tripartite de radiodifusão brasileiro a cumprir a Constituição, ao dar mais vazão, por exemplo, a conteúdos educativos, artísticos, culturais e informativos (art. 221, I, CF) para contrabalancear o excesso de entretenimento desde sempre oferecido pelo sistema privado. Observando-se a experiência estrangeira, notadamente a européia, conhece-se o caminho composto por elementos como proibição de propriedade cruzada e formação de monopólios no campo da regulação de mercado e fixação de medidas interventoras da livre exploração da programação, como a vedação de *product placement* e a proteção da infância.

Também o Judiciário tem contribuído muito pouco. Nada obstante o caos legislativo, decisões judiciais, que condenam órgãos da imprensa a indenizações exageradas e, ou, infundadas por desconhecer o conteúdo constitucional da liberdade de comunicação do art. 5º, IX, da CF, revelam uma grande e às vezes até absoluta falta de formação constitucional dos juízes brasileiros. Nem mesmo o STF logrou, pelo menos até hoje, criar uma jurisprudência consistente para esse tão importante e estratégico campo do tratamento constitucional da comunicação social.

Portanto, o balanço final é negativo. Urge a criação de uma lei que discipline de modo abrangente, coerente e constitucional o sistema tripartite brasileiro da comunicação social.

Festa-1956
F.N.

17.

A contribuição constitucional para o desenvolvimento

Guilherme Amorim Campos da Silva

Mestre em Direito do Estado pela PUC/SP; diretor do Instituto Brasileiro de Estudos Constitucionais; professor da Faculdade de Direito da FMU/SP

O constituinte de 1988 reconheceu a grande disparidade regional e social que marca o País. E centrou como objetivos fundamentais, dentre outros, o desenvolvimento nacional (art. 3º, II, CF), a erradicação da pobreza, da marginalização e a redução das desigualdades sociais regionais (artigo 3º, III, CF).

O objetivo de garantir o desenvolvimento nacional impõe uma articulação constante das instituições democráticas estabelecidas, notadamente dos três poderes da República, em torno do cumprimento do dever de criar e de manter condições para sua realização.

E mais: a Constituição assegura o direito dos cidadãos tomarem parte no processo de realização dos objetivos fundamentais da República, especialmente na efetividade do desenvolvimento nacional.

Para a Constituição do Brasil, o desenvolvimento nacional não se traduz apenas pela acumulação da produção de riquezas no País, sendo entendido como processo econômico, social, cultural, científico, educacional e político abrangente, visando ao constante incremento do bem-estar da população e à distribuição justa dos benefícios resultantes.

É importante verificar que o conjunto de artigos estabelecidos na Constituição com vistas à realização do desenvolvimento nacional pressupõe a atuação harmonizada dos poderes constituídos da República, em especial o Executivo e o Legislativo, competindo ao Poder Judiciário, ao Supremo Tribunal Federal, a interpretação última da Carta, na eventualidade de se verificar conflito na execução de medidas atinentes ao desenvolvimento nacional ou, quiçá, omissão em face dos seus desideratos.

Aqui reside, talvez, o ponto a merecer maior amadurecimento institucional. Vejamos:

Constatamos que as instituições republicanas ainda têm baixa aderência à idéia de uma atuação compartilhada em torno das responsabilidades pela implementação das cláusulas constitucionais, notadamente aquelas atinentes ao desenvolvimento nacional, na prática.

Espera-se, por equívoco, que o Poder Executivo implemente essa tarefa solitariamente. Contudo, a Constituição é clara ao definir que o Poder Legislativo deve ter atuação decisiva na edição de leis complementares, na aprovação orçamentária e na fiscalização como instrumento verificador da realização do desenvolvimento nacional.

Se não o faz, como efetivamente não tem feito ao longo dos últimos 20 anos, legitima atuação do Poder Executivo que pontua, a despeito dos mandamentos constitucionais, *as prioridades do desenvolvimento*.

A competência normativa que também é atribuída ao Poder Executivo não pode tornar-se exclusiva dele, sob pena de levar ao enfraquecimento da democracia e, o que é pior, ao desrespeito dos cogentes comandos constitucionais atinentes à participação do Poder Legislativo nos planos plurianuais, leis de diretrizes orçamentárias e orçamentária anual, com discussões sobre a aplicação racional dos recursos.

Felizmente, contudo, a nota não é de desesperança. Na evolução do relacionamento entre os poderes da República, o Poder Legislativo está descobrindo sua vocação para determinar os rumos do desenvolvimento nacional. O amadurecimento das instituições democráticas, como cediço, não se verifica da noite para o dia; é preciso que haja a continuidade e a permanência do regime democrático para que o caráter republicano das instituições possa revelar-se na sua totalidade.

A realização do desenvolvimento é tarefa árdua que pressupõe a participação das instituições republicanas estabelecidas. Inegável a contribuição da Constituição do Brasil à causa do desenvolvimento, por ela definida como objetivo fundamental.

Ao instituir a adoção de planos em temas sensíveis como os planos diretores – para a ordenação e a ocupação territorial das cidades –, o plano nacional de reforma agrária, o plano nacional de educação, o plano nacional de cultura e os planos nacionais e regionais de ordenação do território e de desenvolvimento econômico, a Constituição do Brasil dotou as instituições republicanas de um instrumento objetivo de formulação e execução de políticas públicas, de maneira a possibilitar seu acompanhamento, fiscalização e debate.

Em uma perspectiva evolutiva das instituições democráticas brasileiras, a Constituição tem contribuído para a adoção de uma prática do planejamento do desenvolvimento nacional que supere ou possa superar os lapsos temporais dos mandatos dos ocupantes legislativos e executivos de plantão.

Ao prever que leis complementares se ocuparão dos planos nacionais e regionais de desenvolvimento, a Constituição busca perenizar, na medida do possível e de acordo com as necessidades reais, a prática institucional de se planejar as atividades governamentais em conjunto com a sociedade.

O Poder Executivo nacional deve elaborar planos nacionais e regionais de desenvolvimento econômico e social, aprovados pelo Congresso Nacio-

nal (art. 48, CF), com a sanção do presidente da República. Verifica-se que os planos nacionais são aqueles executados pela União (art. 21, IX, CF); e compreendem planos regionais os executados por organismos regionais.

Os planos regionais são instrumentos que integram os planos nacionais e são executados por organismos regionais incumbidos, por lei complementar, da sua execução (art. 43, §1º, II, CF).

Esses planos, por sua vez, devem estar em consonância com o plano plurianual (art. 165, §4º, CF) o qual determina, inclusive, a impossibilidade de aprovação de emendas à Lei de Diretrizes Orçamentárias quando incompatíveis com o plano plurianual (art. 166, §4º, CF).

Os poderes Legislativo, Executivo e Judiciário devem manter (art. 74, I, CF), de forma integrada, mecanismos de avaliação do cumprimento das metas previstas no plano plurianual, na execução dos programas de governo e dos orçamentos da União.

O planejamento do desenvolvimento nacional equilibrado deve incorporar e compatibilizar os planos nacionais e regionais de desenvolvimento.

Toda política pública, com efeito, enquanto programa de ação governamental financiado com recursos públicos, deve concretizar-se nas três modalidades de orçamento previstas na Constituição do Brasil: o plano plurianual, as diretrizes orçamentárias e os orçamentos anuais (art. 165, CF). O primeiro deles, aliás, representa a síntese do conjunto de políticas públicas a cargo de cada unidade da federação.

A partir da Constituição de 1988, o plano plurianual torna-se o principal instrumento de planejamento, estabelecendo, de forma regionalizada, diretrizes, objetivos e metas da administração pública federal para a realização de investimentos e alocação de recursos decorrentes, inclusive para os programas de duração continuada. O primeiro plano plurianual da Constituição do Brasil foi elaborado para o período de 1991 a 1995, encontrando-se em elaboração, atualmente, o plano para o período de 2008 a 2011.

A experiência do plano plurianual revela que o planejamento da atividade econômica e da intervenção do Estado na indução do desenvolvimento nacional e regional pressupõe, necessariamente, o estabelecimento de diretrizes para a organização e execução dos orçamentos anuais, com o objetivo explícito de permitir a continuidade do planejamento governamental e das ações de políticas públicas. Daí porque a vigência de um plano começa no segundo ano de um mandato e termina no primeiro ano do mandato seguinte.

Trata-se, portanto, de um conjunto de normas constitucionais dotadas de *organicidade* e *sistematização* para cumprimento do objetivo fundamental da República de realizar o desenvolvimento nacional.

A institucionalização do planejamento e a elaboração de orçamentos para a execução das tarefas nacionais vêm se consolidando como instrumentos indispensáveis de uma atividade republicana cônscia, objetiva e transparente, na exata medida em que permite maior controle social e jurídico no caminho da realização do desenvolvimento.

18.

Direitos dos trabalhadores

José Francisco Siqueira Neto

Doutor (USP) e mestre (PUC-SP) em Direito; professor titular e coordenador do Programa de Pós-Graduação *Stricto Sensu* em Direito Político e Econômico da Universidade Presbiteriana Mackenzie (UPM) e professor da Escola de Direito de São Paulo (Edesp), da Fundação Getúlio Vargas (FGV)

O Capítulo II (dos Direitos Sociais) do Título II (dos Direitos e Garantias Fundamentais) da Constituição Federal de 1988 é composto por seis artigos (6º/11).

O art. 6º anuncia como direitos sociais a educação, a saúde, o trabalho, a moradia, o lazer, a segurança, a previdência social, a proteção à maternidade e à infância, a assistência aos desamparados na forma da Constituição.

Os outros artigos do capítulo cuidam dos direitos dos trabalhadores urbanos e rurais (art. 7º), da associação sindical (art. 8º), do direito de greve (art. 9º), da participação nos colegiados dos órgãos públicos (art. 10) e da representação dos trabalhadores nas empresas condicionada à negociação coletiva (art. 11). O art. 7º, portanto, trata dos preceitos atinentes às relações individuais do trabalho e às regras gerais de tutela, ao passo que os artigos 8º, 9º, 10 e 11 cuidam das relações coletivas de trabalho e da representação coletiva dos trabalhadores.

Os direitos decorrentes do trabalho subordinado estão dispostos imediatamente após a identificação da abrangência temática dos direitos sociais, e os demais direitos dessa ordem estão descritos nos títulos relativos à Defesa do Estado e das Instituições Democráticas (V) e à Ordem Social (VIII).

O Direito Constitucional do Trabalho, inegavelmente, possui a dimensão internacionalmente atribuída aos Direitos Humanos Fundamentais, inclusive porque consagrado no bojo dos Direitos e Garantias Fundamentais.

Essa circunstância institucional é relevante política e juridicamente. Ao definir os direitos do

trabalho no contexto dos Direitos Sociais, mais que acompanhar uma formatação sistêmica preponderante no segundo pós-guerra, o constituinte promoveu uma substancial modificação jurídica para influenciar a interpretação e a aplicação da Constituição. Assim, o Direito do Trabalho na Constituição de 1988 ganhou relevância pelo conteúdo das suas disposições e pela sua ordenação sistêmica.

As Constituições anteriores que consagraram dispositivos relacionados ao Direito do Trabalho sempre o fizeram como mera referência ao legislador ordinário e, mesmo assim, no título relativo à Ordem Econômica e Social. A Constituição de 1988, porém, modificou radicalmente essa concepção mais assistencialista para reconhecer o Direito do Trabalho como parte dos Direitos Humanos Fundamentais e, com isso, possibilitar a alteração do paradigma jurídico da sua fundamentação e significação histórica.

Não obstante a estrutura e organização interna da Constituição, os artigos constitucionais respectivos merecem destaque, também, pelos seus próprios comandos.

O art. 7º enumera os direitos, mas não impede a existência de outros que visem à melhoria da condição social dos trabalhadores urbanos e rurais. Pelo contrário, a previsão expressa da possibilidade de ampliação reforça a interpretação segundo a qual o rol dos direitos não é exaustivo, mas meramente exemplificativo.

Com isso, o constituinte indicou que o Direito Constitucional do Trabalho é o padrão mínimo trabalhista e, ao mesmo tempo, reconheceu que a dinâmica das relações de trabalho pode e deve ser socorrida por outras normas complementares.

Essa é a regra geral e a referência para a regulamentação futura do trabalho no Brasil pós-Constituição de 1988. O significado concreto é que o Direito do Trabalho brasileiro, que se consolidou por meio da legislação ordinária, a partir de 1988 foi decisivamente incorporado à Constituição, sem, contudo, perder o seu dinamismo ordenador infraconstitucional.

O art. 7º é composto por 34 incisos e um único parágrafo que consagram, do ponto de vista da origem das disposições, três conjuntos de direitos, a saber:

a) *direitos anteriormente conferidos pela legislação ordinária, simplesmente reproduzidos ou pontualmente melhorados na Constituição* (fundo de garantia por tempo de serviço, salário mínimo, décimo terceiro salário, remuneração do trabalho noturno superior ao do diurno, salário família, participação nos lucros e nos resultados desvinculada da remuneração, duração do trabalho, repouso semanal remunerado, remuneração do serviço extraordinário superior ao do normal, férias anuais remuneradas com adicional mínimo de um terço, licença gestante, aviso prévio, redução dos riscos inerentes ao trabalho por meio de normas de saúde, higiene e segurança, adicional de remuneração para atividades insalubres e perigosas, aposentadoria, assistência aos filhos e dependentes em creche e pré-escola do nascimento até os 5 anos, reconhecimento dos acordos e convenções coletivas);

b) *direitos novos* (relação de emprego protegida contra a despedida imotivada, piso salarial, jornada de 6 horas para o trabalho realizado em turnos ininterruptos de revezamento, adicional de remuneração para atividades penosas, licença paternidade);

c) *princípios e normas gerais de tutela reafirmados e atualizados pela Constituição* (irredutibilidade salarial, proteção do mercado de trabalho da mulher, proteção em face da automação, proteção do salário, proibição de diferença de salários, de exercício de funções e de critério de admissão por motivo de sexo, idade, cor ou estado civil, proibição de qualquer discriminação no tocante a salário e critérios de admissão do trabalhador portador de deficiência, proibição de distinção entre trabalho manual, técnico e intelectual ou entre os profissionais respectivos, proibição de trabalho noturno, perigoso ou insalubre a menores de 18 anos e de qualquer trabalho a menores de 16 anos, salvo na condição de aprendiz, a partir de 14 anos, igualdade de direitos entre os trabalhadores com vínculo empregatício permanente e o trabalhador avulso, direitos e proteção remuneratória e previdenciária aos trabalhadores domésticos).

No tocante aos direitos de representação coletiva, o art. 8º regulou o direito sindical por meio de estranha combinação de boa parte dos preceitos do sistema corporativista sindical anterior (unicidade sindical, categorias e base territorial) com importantes aspectos da liberdade sindical (proibição de autorização do Estado para fundação de entidades sindicais, salvo o registro, proibição de interferência e intervenção do Poder Público na organização sindical, representação e substituição sindical nas esferas administrativa e judicial, liberdade de filiação e de desfiliação sindical, participação obrigatória dos sindicatos nas negociações coletivas, proibição de dispensa do trabalhador sindicalizado em cargo de representação). O resultado prático não foi a melhoria ou a democratização do sistema corporativista sindical, mas, sim, o aprofundamento da falta de representatividade sindical, a ineficiência da negociação coletiva e o aumento exponencial de conflitos judiciais relativos à titularidade sindical.

O art. 9º assegurou o amplo direito de greve aos trabalhadores, sem qualquer restrição em relação à oportunidade e aos interesses que devam por meio dele defender. As ressalvas constitucionais não são de exercício, mas de conseqüências, razão pela qual é assegurado o atendimento das necessidades inadiáveis da comunidade por ocasião da greve nos serviços e atividades essenciais definidos em lei, assim como anunciado que os abusos cometidos sujeitam os responsáveis às penas da lei.

A participação dos trabalhadores e empregadores nos colegiados dos órgãos públicos em que seus interesses profissionais e previdenciários sejam objeto de discussão e deliberação está assegurada no art. 10.

Por fim, o art. 11 estabelece que, nas empresas de mais de 200 empregados, é assegurada a eleição de um representante desses com a finalidade exclusiva de promover-lhes o entendimento direto com os empregadores.

A incorporação desses direitos ao texto constitucional como direitos fundamentais trouxe uma série de avanços jurídicos e institucionais na defesa da dignidade dos trabalhadores. Não se trata, aqui, de meros programas ou intenções, mas da garantia de direitos fundamentais e da concretização da valorização do trabalho, um dos fundamentos da República e da ordem econômica e social instituída pela Constituição de 1988 (artigos 1º, IV, e 170, *caput*).

Passados 20 anos da promulgação da Constituição de 1988, o saldo político e institucional dos referidos dispositivos é *altamente positivo* em relação aos direitos dos trabalhadores urbanos e rurais (apesar de ainda não ter sido regulamentada a proteção contra despedida imotivada, a proteção em face da automação e a proteção do mercado de trabalho da mulher), ao direito de greve e de participação nos colegiados dos órgãos públicos, *frustrante e preocupante* em relação ao direito de associação sindical e *inoperante* em relação à representação dos trabalhadores nas empresas condicionada à negociação coletiva.

19.

Direitos e garantias fundamentais do contribuinte

José Carlos Francisco

Doutor em Direito pela USP; professor na Universidade Mackenzie/SP; diretor do Instituto Brasileiro de Estudos Constitucionais (Ibec) e juiz federal na 3ª Região

Ao ser editado em 5 de outubro de 1988, o ordenamento constitucional trouxe avanços na previsão de direitos e garantias fundamentais, pois desde seu preâmbulo (relevante para a hermenêutica, mas sem força normativa), o Constituinte se esmerou na enumeração desses direitos e garantias no texto positivado, sobretudo no Título I, contemplando princípios fundamentais que regem a vida em sociedade e a atuação do Estado (cujos efeitos se irradiam por toda a Constituição), e no seu Título II, com amplo conjunto de situações consideradas indispensáveis à realização da natureza humana e à vida em sociedade.

A positivação dos direitos e garantias fundamentais promovida pelo Constituinte procurou vincular todos os operadores do Direito ao compromisso de concretizar aspectos necessários à construção de um país democrático. A democracia moderna, associada ao Estado Democrático de Direito, tem várias maneiras de se manifestar, incluindo prerrogativas em áreas econômicas e sociais, além das tradicionais preocupações com a matéria política e de liberdades públicas.

No que concerne à tributação, um dos avanços do texto original de 1988 foi assegurar a existência de "direitos e garantias fundamentais dos contribuintes" que limitam a atuação estatal na imposição tributária, conclusão que se chega partindo da idéia de que os princípios fundamentais do Título I se irradiam por toda a Constituição, desdobrando-se em princípios gerais que também se aplicam a todo o ordenamento e se desdobram em princípios específicos ou setoriais (p. ex., a democracia é princípio fundamental contemplado no art. 1º, I e parágrafo único, que se manifesta no princípio geral da legalidade do art. 5º, II, que é particularizado no princípio da reserva legal do art. 150, I, todos do ordenamento de 1988). A certeza da existência de direitos e garantias fundamentais dos contribuintes é reforçada pelo art. 5º, § 2º, da Constituição, ao reconhecer a existência de outros direitos e garantias fundamentais "expressos" ou "implícitos" em todo o restante do ordenamento constitucional ou em tratados internacionais. Muitos desses direitos e deveres dos contribuintes já existiam em ordenamentos constitucionais anteriores, mas o ambiente democrático da Constituição de 1988 vem favorecendo sua contínua afirmação.

O empenho do Constituinte surtiu efeitos, pois a ampla previsão normativa vinculada à justiça social (identificada pelos princípios do Título I da Constituição) proporcionou avanços significativos nos trabalhos dos operadores do Direito. Se olharmos a "foto" de hoje, há muito a ser feito (e sempre haverá, pois a sociedade vive contínua transformação), mas, observando o "filme" desde 1988, temos a sensação de evolução proporcionada pelos esforços individuais e coletivos.

Do início da década de 1980 até meados da década de 1990, os mandos e desmandos em tributação geraram diversos litígios judiciais solucionados com a afirmação de princípios constitucionais tributários, tais como o Finsocial e o art. 56 do ADCT, a imposição da CSLL no ano de 1988 pela Lei nº 7.689/88, a exigência de contribuições previdenciárias sobre pagamentos a autônomos, avulsos e administradores da Lei 7.787/89 e da Lei nº 8.212/91, e a ampliação da base de cálculo do PIS e da Cofins feito pela Lei nº 9.718/98.

A sociedade civil reassumiu seu papel na República, combatendo as arbitrariedades promovidas com base na lei, para tanto contando com a afirmação da democracia extraída da força normativa da Constituição de 1988. Dessa atitude da sociedade decorre a afirmação da reação institucional às arbitrariedades como um dever fundamental dos contribuintes, de modo que a cidadania modela o Estado-Legislador e o Estado-Administrador (Poder Legislativo e Poder Executivo), contando com o apoio do Estado-Juiz (Poder Judiciário).

Outro efeito relevante da postura ativa da sociedade foi o reconhecimento da natureza pétrea desses direitos e garantias fundamentais dos contribuintes, que não podem ser prejudicados por emendas constitucionais, tal como foi declarado pelo Egrégio STF na ADIn 939/DF, rel. min. Sydney Sanches (DJ de 18-3-1994, p. 05165) no tocante à anterioridade tributária (com amparo no art. 5º, § 2º, art. 60, § 4º, IV, e art. 150, III, "b", todos da Constituição), o que também é possível dizer quanto aos princípios da reserva legal e da legalidade, da isonomia, da irretroatividade, da vedação ao tráfego de pessoas ou bens por meios de tributos (decorrente do princípio da liberdade de trânsito) e da vedação à utilização de tributo com efeito de confisco. Com exceção do ato do constituinte originário, nenhum ato normativo (nem mesmo emenda constitucional) pode ser prejudicial aos direitos e garantias fundamentais do contribuinte. A imunidade recíproca do art. 150, VI, "a", da Constituição também é pétrea (art. 60, § 4º, I), mas há divergências quanto às demais imunidades do art. 150, VI, constituírem cláusulas pétreas, sobre o que nossa inclinação é considerá-las como tais em razão de suas importâncias.

As pressões sociais repercutiram também na própria normatização, pois várias emendas constitucionais fortaleceram os direitos e garantias fundamentais dos contribuintes. Como exemplos, lembramos a Emenda 33/2001 delimitando as contribuições sociais e da Cide (art. 149, § 2º), e a Emenda 42/2003 ampliando o tratamento favorecido às micro e pequenas empresas (art. 146, III, "d" e parágrafo único), fortalecendo a tributação como mecanismo para equilibrar a concorrência (art. 146-A), estimulando a redução do IPI na aquisição de bens de capital (art. 153, § 3º, IV) e, especialmente, aperfeiçoando o princípio da anterioridade com a inclusão do período nonagesimal como regra geral conjunta com a anual (art. 150, III, "c" e § 1º). É certo que surgiram novas modalidades tributárias (como o IPMF sucedido pela CPMF) e outras se fortaleceram (como o PIS e a Cofins), mas algumas incidências foram extintas (p. ex., a Emenda 3/1993 eliminou o adicional estadual do IR e o imposto municipal de venda a varejo de combustíveis).

A eficiência dos sistemas de arrecadação (favorecidos pela informática) também serve à justiça tributária, aumentando a receita segundo parâmetros idealizados no ordenamento e possibilitando a redução da tributação de setores produtivos ou de segmentos de baixa renda. Por isso, a seriedade do sistema tributário desejado no Estado Democrático de Direito passa pelo reconhecimento da existência de deveres fundamentais do contribuinte também quanto ao dever de pagar tributos (em favor dos interesses fiscais e extrafiscais que justificam as imposições), reduzindo a ilícita e imoral sonegação verificada em índices elevados nos países subdesenvolvidos em comparação aos países desenvolvidos. Nesse processo evolutivo de afirmação dos direitos e garantias fundamentais dos contribuintes, não é exagero esperar que algumas previsões constantes de tratados e convenções internacionais em matéria de tributação sejam consideradas direitos humanos para fins do art. 5º, § 3º, da Constituição (incluído pela Emenda 45/2004).

Há muito a ser feito, até mesmo com urgência em alguns casos (p. ex., a delimitação dos limites da legítima competência tributária e do necessário sigilo bancário e o reconhecimento da imunidade de livros eletrônicos), sendo também certo que novos problemas surgirão em razão das sistemáticas transformações da sociedade, mas também é certo que as instituições jurídicas democráticas se fortaleceram com a afirmação dos direitos e garantias fundamentais dos contribuintes pelo ordenamento constitucional de 1988.

20.

Constituição de 1988: estímulo à ciência, à tecnologia e à inovação

Lucia Carvalho Pinto de Melo

Presidente do Centro de Gestão e Estudos Estratégicos - CGEE; pesquisadora titular da Fundação Joaquim Nabuco; mestre em Energia e Meio Ambiente pela Universidade da Califórnia

O século 20 presenciou uma reorganização qualitativa das sociedades, com a ciência e a tecnologia assumindo relevante papel para o desenvolvimento. O uso intensivo do conhecimento alterou as formas de produção, assim como a relação entre países, sociedades e empresas. Recursos humanos capacitados e atividades de pesquisa e desenvolvimento realizadas por instituições, públicas ou privadas, de forma interativa e sistêmica, gerando inovações em produtos e serviços, constituem, hoje, a pedra angular das sociedades modernas e da competitividade empresarial.

Com 20 anos de promulgação, a Constituição Brasileira de 1988 constitui marco importante na consolidação e ampliação da base científica e tecnológica nacional. Pela primeira vez, o tema Ciência e Tecnologia – C&T ganha capítulo especial, inserindo-se, apropriadamente, no Título da Ordem Social. A valorização do bem-estar da população, da autonomia tecnológica do País, dos papéis dos Estados da federação e das empresas na construção de uma base de conhecimento diversificada e distribuída, indispensável para o desenvolvimento harmônico do País, confirma essa vocação.

A Sociedade do Conhecimento, com seu patrimônio intangível, constituído primordialmente pelo capital intelectual – magnificado pelo capital social –, exige vultosos investimentos públicos e privados para criar um arcabouço tecnológico inovador. O mercado globalizado, caracterizado por competição acirrada e custos crescentes de processos e produtos, associados à alta complexidade, destaca-se

pela incerteza. Além de investimentos significativos continuados, um aparato institucional adequado torna-se imperioso para lograr os objetivos de um desenvolvimento sustentado baseado no conhecimento. Um diferencial das modernas estratégias de desenvolvimento é a capacidade inovadora das empresas, em geral associada a um ambiente calçado em instrumentos legais e institucionais orientados para esse fim.

No Brasil, os esforços para a criação e manutenção da infra-estrutura científica e tecnológica sempre foram fortemente atrelados ao Estado, em especial ao governo federal, só recentemente contando com adesão mais significativa de parte do setor produtivo privado. As políticas de C&T do País possuíam um viés centralizador, gerador de desenvolvimento desigual, fortemente assimétrico na distribuição do aparato científico e tecnológico no território nacional.

Nos últimos 20 anos, pode-se constatar uma gradual consolidação do Sistema Nacional de Ciência, Tecnologia e Inovação – SNCTI, tendo ocorrido acentuado crescimento da base brasileira de pesquisa e de recursos humanos qualificados. É significativa a evolução da presença da pesquisa brasileira no cenário internacional, evidenciada pelo porcentual de autores de instituições brasileiras em revistas internacionais indexadas pelo Institute of Scientific Index – ISI, que passou de 0,57%, em 1988, para cerca de 2% em 2007, elevando o País para a 15ª posição na classificação mundial. O número de doutores titulados, por ano, passou de cerca de 900, em 1988, para quase 10 mil, em 2007, como reflexo da consolidação da pós-graduação nacional. Hoje, um contingente de mais de 90 mil pesquisadores, com 60 mil doutores, atua principalmente nas universidades e instituições públicas de pesquisa, com pouca presença nas empresas. Essa base de pesquisa apresenta uma expressiva concentração espacial, que, no entanto, vem se reduzindo progressivamente nesta década. Em 2006, mais de 70% dos grupos de pesquisa nacionais atuavam nas regiões Sul e Sudeste, em especial em São Paulo, onde também se situa a maior parte da empresas inovadoras.

Não obstante o esforço por uma política nacional de desenvolvimento científico e tecnológico, cabe ainda ao Brasil, em múltiplas circunstâncias, além da exportação do conhecimento produzido, uma limitada agregação desse conhecimento nos produtos aqui desenvolvidos. Dados da Organização Mundial da Propriedade Intelectual mostram que dentre os 30 países que mais depositaram patentes internacionais em 2005, o Brasil está na 27ª posição, abaixo da Coréia (6 ª), China (10ª) e Índia (20ª). Esse desempenho sofrível está associado ao reduzido dispêndio em P&D (1,02% do PIB, em 2007) com pouca participação empresarial (0,51% do PIB).

No ambiente globalizado, os avanços e a difusão do conhecimento como base da competitividade relacionam-se, entre outros fatores, à descentralização de estratégias dos governos centrais para os regionais ou locais. A heterogeneidade dos agentes do processo de inovação, aliada às desigualdades no desenvolvimento, requer políticas e estratégias que contemplem as especificidades de cada território. Requerem-se instituições adequadas em todos os níveis de governo para maximizar os benefícios do conhecimento em prol do desenvolvimento.

A Carta Magna brasileira de 1988 reafirma a importância da C&T e sua relação com o Estado, o setor produtivo e o mercado, valorizando a pesquisa básica e tecnológica, a empresa e a formação de recursos humanos. No Capítulo IV, delineia-se atribuições e funções inerentes ao Estado como provedor, fomentador e orientador do desenvolvimento nacional com base no conhecimento. Ao orientar, preferencialmente, a pesquisa tecnológica para a solução dos problemas brasileiros e o desenvolvimento do sistema produtivo nacional e regional, a Carta reconhece a importância da C&T para o desenvolvimento e o alcance da cidadania plena baseada no acesso universal aos benefícios do conhecimento. Estabelece, também, condições para ampliação da base científica e tecnológica e sua distribuição no território nacional, ao facultar aos Estados a vinculação de recursos a entidades para fomento às atividades de pesquisa. Esse preceito constitucional alterou a organização e a valorização da pesquisa no âmbito dos Estados, em que pese a heterogeneidade deles em termos de disponibilidade de recursos e capacidade operacional.

A criação de unidades de apoio e fomento à C&T nos Estados teve origem na Constituição Paulista de 1947, que possibilitou a criação da Fapesp. Concretizada em 1962, essa entidade ins-

pirou instituições congêneres em outros Estados. Com base no preceito constitucional estabelecido, o Distrito Federal e 22 Estados facultaram, em suas constituições, a criação e o financiamento de tais entidades, configurando-se assim um aprimoramento do SNCT&I com maior participação das unidades federativas. Atualmente, existem fundações de apoio à pesquisa em 21 das 27 unidades federativas, com agendas comprometidas com prioridades locais, responsáveis por cerca de 20% dos investimentos nacionais em CT&I. Cresce, também, a organização dos municípios para uma atuação similar.

A participação dos Estados nos investimentos nacionais em CT&I certamente ainda não atingiu o patamar desejado. Ainda assim a tendência é de ampliação dessa participação mediante parcerias com órgãos federais e empresas que resultam em desconcentração de recursos e aproveitamento de oportunidades, realçadas pela proximidade dos atores. Registra-se, ainda, crescente presença estadual em fóruns de definição de políticas para o setor, como o Conselho Nacional de Ciência e Tecnologia, presidido pelo presidente da República.

O aparato institucional mais recente para promoção da difusão do conhecimento e da inovação nas empresas, incluindo os fundos setoriais, a Lei da Inovação e a "Lei do Bem", busca consolidar o que já foi alcançado nessa trajetória, visando à construção de uma Sociedade do Conhecimento fundamentada em valores democráticos, inspiradores da Constituição de 1988.

21.

Marcas e patentes em ambiente constitucional

Maitê Cecília Fabbri Moro
Doutora e mestra pela Pontifícia Universidade Católica de São Paulo (PUC/SP); professora e consultora na área de Propriedade Intelectual; diretora-relatora da Associação Brasileira de Propriedade Intelectual (ABPI)

Composta essencialmente por bens imateriais que resultam da criação da mente humana, a propriedade intelectual compreende e tutela um verdadeiro *pool* de direitos e institutos: as patentes de invenção, as patentes de modelo de utilidade, os desenhos industriais, as marcas, os nomes empresariais, as indicações geográficas e os direitos autorais.

Todos esses bens são protegidos pela Constituição; a legislação infraconstitucional estabelece como ocorre essa proteção. Como forma de proteção da grande parte desses bens o Brasil adotou a concessão de um direito de exclusividade temporário. Esse é o sistema adotado na maioria dos países.

Mencionada em praticamente todas as Constituições brasileiras, a propriedade intelectual nunca teve um desenvolvimento tão acentuado como nesses 20 anos da Constituição de 1988.

Limitaremo-nos a comentar a evolução da propriedade industrial, basicamente das "marcas e patentes". Em breve síntese, as marcas constituem sinais distintivos de produtos e serviços, enquanto as patentes protegem soluções técnicas novas e não-óbvias para problemas técnicos existentes.

É certo que contribuíram para essa alavancagem, da propriedade industrial no Brasil, não só aspectos legislativos, mas igualmente aspectos conjunturais de desenvolvimento do País e do mundo.

Nos últimos anos, a globalização e a evolução tecnológica constituíram fatores importantes de transformação da economia mundial. Internamente, o mais significativo dos fatos, que inaugurou a nova fase da propriedade industrial, foi certamente a abertura do mercado brasileiro ao mercado externo, ocorrida no governo Collor. O incremento do comércio internacional teve por conseqüência estabelecer um novo padrão interno de concorrência, muito superior e mais competitivo que o anteriormente observado. Esse é o tipo de mercado competitivo propício para o florescimento concreto da propriedade industrial nacional.

Regulado em nossa Constituição na parte reservada à ordem econômica nacional, o mercado brasileiro deve se pautar, entre outros princípios, na livre-iniciativa e na livre concorrência.

À primeira vista, pode parecer haver um paradoxo entre o "direito de exclusividade" conferido aos bens de propriedade intelectual e a "liberdade de iniciativa e concorrência" a ser seguida no mercado interno. Mas essa contradição é meramente aparente. A rigor, bem interpretada, a exclusividade conferida pelos bens de propriedade intelectual exerce função pró-competitiva. Uma invenção patenteada é um "prêmio" para o investimento e pesquisa realizados em prol do desenvolvimento tecnológico e serve de estímulo a outros concorrentes para também investir, com vistas a oferecer produtos melhores e mais eficientes. Por sua vez a marca, ao identificar de forma clara quem é o concorrente no mercado, igualmente estimula seu titular a manter ou melhorar a qualidade do produto ou serviço assinalado.

Diferentemente do que alguns imaginam, uma legislação avançada de propriedade intelectual estimula a iniciativa privada a investir em pesquisa e desenvolvimento, pois os particulares sabem que esse "gasto" poderá ser revertido no futuro. Se assim não fosse, é razoável admitir que a iniciativa privada não realizaria esse "gasto", sob pena de perder sua capacidade competitiva com seus concorrentes a médio e longo prazos.

Assim, em um mercado que deve ser pautado na livre-iniciativa e na livre concorrência, ainda que sem perder de vista a ligação estreita entre o econômico e o social, regras de propriedade intelectual adequadamente interpretadas reforçam esses princípios constitucionais. A circunstância de estabelecer um "direito" a um determinado concorrente só pode ser vista como forma de estabelecer condições adequadas e evitar distorções na concorrência. A confiança nas regras de proteção à propriedade intelectual dão segurança a quem detém esses direitos e os negocia e, como conseqüência, potencializam as possibilidades de investimento que incrementará o desenvolvimento científico, tecnológico e econômico do País, com nítido aproveitamento social.

Além dos aspectos histórico-fáticos favoráveis, contribuíram para a evolução da matéria as leis editadas após a promulgação da Carta Magna, sendo algumas delas sem precendentes na legislação pátria. Fazemos referência às mais importantes do período.

Em 1996, foi promulgada a Lei de Propriedade Industrial (LPI), a qual substituiu o antigo Código de Propriedade Industrial, vigente desde 1971. A nova lei empreendeu significativas modificações, especialmente no que diz respeito ao caráter protecionista da legislação anterior, adeqüando várias regras aos preceitos constitucionais e às exigências do contexto vivenciado. Destacam-se a inclusão de proteção às patentes farmacêuticas, químicas e de alimentos; a criação das patentes *pipeline* como regra de transição; o aumento do prazo de proteção das patentes de invenção, em adequação às regras internacionais; a expressa inclusão de regras de tratados internacionais que, até 1992, vinham sendo sumariamente ignoradas pelos órgãos brasileiros (no caso de marcas, por exemplo, não se aceitava a proteção às marcas notoriamente conhecidas, proclamadas como proteção mínima pela Convenção da União de Paris, tratado internacional que havia sido ratificado pelo Brasil) e a criação de critérios para cálculo de indenizações em caso de infrações à propriedade industrial.

Um tema que realçou a importância da propriedade intelectual foi a destinação das causas que versassem o tema a varas predeterminadas. O aumento de causas envolvendo propriedade intelectual demonstrou essa necessidade e, em setembro de 2000, assim determinou o Provimento da Justiça Federal da 2ª Região (Rio de Janeiro), onde se situa a sede do INPI. Na prática, isso representou muito para os que trabalham na área e para os titulares desses bens, pois trouxe *expertise* e aprimorou muito as decisões judiciais sobre a matéria.

Sem precedentes na legislação brasileira, promulgou-se no ano de 2004 a Lei nº 10.973/04, denominada "Lei da Inovação", que introduziu incentivos à inovação e pesquisa científica e tecnológica. Essa lei tem por objetivo principal estimular a cooperação entre os setores público e privado, especialmente procurando levar as inovações oriundas dos meios acadêmicos para serem implementadas pelo setor privado produtivo. Pretende-se, igualmente, com essa lei, aumentar a pesquisa e o desenvolvimento científico (atividades que, segundo nossa Constituição, também devem ser promovidas e encorajadas pelo Estado brasileiro – arts. 218 e 219 da CF) e, conseqüentemente, o número de patentes depositadas por brasileiros, elevando assim o grau de desenvolvimento tecnológico do País.

Com a globalização e o expressivo aumento do comércio internacional, debates multilaterais se iniciaram no final dos anos 1980 e culminaram com a criação da Organização Mundial do Comércio (OMC), em 1995. Oriunda do regime do Gatt, que tinha por missão reduzir as barreiras tarifárias ao comércio, a OMC foi além, buscando afastar as barreiras não-tarifárias ao comércio exterior. Dentre os tópicos que reconhecidamente podiam constituir esse tipo de obstáculo, estava a propriedade intelectual. Aprovou-se, então, com a criação da OMC, um tratado para estabelecer exclusivamente regras mínimas de proteção aos bens de propriedade intelectual nos países signatários, o conhecido Trips (*Trade Related Aspects on Intellectual Property Rights*). As regras contidas nesse acordo convergem com as regras da já conhecida Convenção da União de Paris (propriedade industrial) e da Convenção da União de Berna (direitos autorais), dos quais o Brasil é signatário originário. Apesar da fina sintonia entre as regras de todos esses tratados, o Trips avança em alguns aspectos. No Brasil, especificamente, a ratificação do Trips ocorre em um momento de observância das regras internacionais relativas à propriedade intelectual.

Outro acordo internacional que deve ser mencionado, apesar de ainda não assinado, nem ratificado, no Brasil, é o Protocolo de Madri. Esse estabelece um depósito internacional único de marca, sendo gerenciado pela Organização Mundial da Propriedade Intelectual (Ompi). Os debates são públicos e os atos do Instituto Nacional da Propriedade Industrial (INPI), no sentido de modernizar, informatizar e acelerar o registro de marcas no Brasil, demonstram claramente a intenção dos órgãos governamentais em aderir a esse sistema.

A propriedade industrial no ambiente constitucional brasileiro não deve ser vista como um instrumento protecionista que obstaculize a oferta de bens ao mercado, mas deve ser tida como um instrumento de estímulo à inovação e desenvolvimento (em todas suas dimensões) do País.

Alguns passos foram dados, mas ainda podemos melhorar a conscientização de que é necessário proteger os bens intangíveis e de que esses representam um bem extremamente valioso para o País.

Em matéria legislativa, atualmente nossas leis de propriedade intelectual em nada destoam ou deixam a desejar em relação às legislações dos países ditos de primeiro mundo. Resta-nos melhorar a aplicação e a efetividade dessas normas.

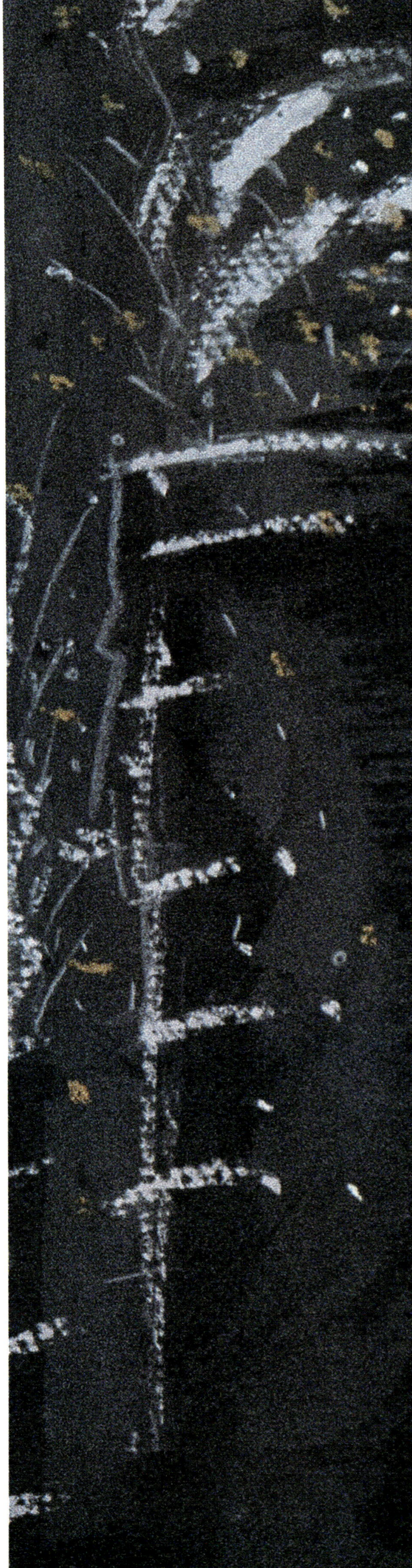

22.

Terceiro setor: cidadania e interação com o Estado

Rubens Naves

Advogado; professor licenciado do Departamento de Teoria Geral do Direito da PUC/SP; conselheiro fundador da Transparência Brasil; foi presidente da Fundação Abrinq pelos Direitos da Criança e do Adolescente

Introdução: o surgimento do terceiro setor brasileiro

Quando avaliamos as formas pelas quais as pessoas se agrupam, hoje, na defesa do que consideram seus direitos, ou simplesmente do que acham "certo", vemos que as entidades do terceiro setor têm origens diversas: algumas são herdeiras do antigo conceito de "filantropia", outras derivam dos movimentos sociais das décadas de 1960 e 1970.

A filantropia – o repasse de recursos privados para fins de interesse público – existe desde tempos imemoriais; já era uma instituição do Direito Romano e a ela recorreu a Igreja católica (vide o exemplo das Santas Casas).

Quanto aos movimentos sociais, para compreendermos suas origens no Brasil é preciso voltar à década de 1960. Com o golpe militar de 1964, a repressão sistemática de todas as formas de contestação política e organização sindical fez com que a vida associativa se deslocasse para as comunidades e seus interesses localizados. É quando se disseminam os movimentos populares e sociais, como as Comunidades Eclesiais de Base (CEBs). Embora tratassem das questões públicas, não eram organizações políticas e mantinham distância da máquina estatal.

No final dos anos 1970, a guerrilha de esquerda que tentou combater o poder militar fora dizimada, mas os descontentes encontraram outras formas de encaminhar seus anseios por justiça. O movimento sindical e as organizações estudantis ganharam força. Paralelamente, surgiram grupos ligados a questões específicas: mulheres, povos indígenas, negros e homossexuais.

O renascimento da participação na vida pública no Brasil foi uma árdua conquista da sociedade civil, que se organizou na luta pelas eleições diretas e pela Constituinte. De volta ao Estado de Direito, após quase 30 anos de regime militar, os movimentos sociais ampliaram seu leque de participantes e passaram a abraçar novos temas, como a ecologia e a defesa dos direitos do consumidor. A expansão das atividades dessas organizações resultou, em meados da década de 1980, na criação de leis, como o Código do Consumidor, e no fortalecimento do Ministério Público como instrumento da sociedade civil para fazer valer suas reivindicações.

A Constituição de 1988

O histórico acima delineado tem na Constituição Federal promulgada em 1988 seu grande marco. O texto constitucional é o fruto maior da crescente participação cidadã da sociedade civil brasileira e, ao mesmo tempo, reflete-se em um ambiente jurídico-institucional propício à expansão da arena pública não-estatal no País.

A Constituição, em diversos de seus dispositivos, deixa clara a sua opção de que a formulação e execução de políticas públicas não é uma tarefa apenas de governos, mas deve incluir a participação da comunidade. Trata-se de um princípio recorrente em todos os capítulos da ordem social da Carta.

Veja-se, por exemplo, o que ocorre no campo da *saúde*, em que o texto constitucional insere a "participação da comunidade" como diretriz do Sistema Único de Saúde (art. 198, III), nele permitindo, expressamente, a participação das "entidades filantrópicas e as sem fins lucrativos" (art. 199, § 1º); da *assistência social*, no qual é assegurado o envolvimento de "entidades beneficentes e de assistência social" na coordenação e execução de programas (art. 204, I), sem falar na garantia de "participação da população, por meio de organizações representativas, na formulação das políticas e no controle das ações em todos os níveis" (art. 204, II); ou da *educação*, em que parte dos recursos públicos pode ser dirigida a "escolas comunitárias, confessionais ou filantrópicas" (art. 213).

A ampliação do espaço público não-estatal ultrapassou os domínios do Poder Executivo. Também em relação ao Poder Legislativo foi explicitada a importância da participação da sociedade, como revela a orientação constitucional para a realização de "audiências públicas com entidades da sociedade civil" (art. 58, § 2º, II). Esse movimento incluiu, de igual forma, o Judiciário, com a possibilidade de que confederações sindicais ou entidades de classe possam mover ações diretas de inconstitucionalidade (art. 103, IX) – regra que seria ampliada, mais tarde, com a previsão legal de que qualquer entidade representativa possa participar do debate constitucional na qualidade de *amicus curiae* (Lei nº 9.868, art. 7º, § 2º).

Se hoje a sociedade civil brasileira ampliou de forma significativa a sua participação na esfera pública, grande parte desse avanço deve ser creditado às bases lançadas pela Constituição Federal.

Formas de atuação do terceiro setor perante o Estado

Fazem parte do campo de atividade das organizações não-governamentais (ONGs) a filantropia, a defesa da cidadania e a responsabilidade social empresarial. Como a máquina estatal não é suficiente para atender às demandas da população, e muitas ações do poder público têm caráter transitório, a interação entre ONGs e Estado consolidou-se em três níveis principais e não-excludentes: trabalho conjunto (parcerias ou prestação de serviços), pressão política e apoio (com sugestões ou exemplos alternativos de ação).

No trabalho conjunto, as ONGs levam vantagem em relação às empresas, aos olhos da administração, porque têm um quadro técnico especializado em temas locais e menor custo, já que não visam ao lucro. A parceria com as ONGs consagrou-se no final da década de 1990, após a publicação de duas importantes leis: a das "organizações sociais – (OS)" (Lei nº 9.637/98) e a das "organizações da sociedade civil de interesse público – (Oscip)" (Lei nº 9.790/99). Ambas criaram novas *qualificações* para as entidades do terceiro setor, fixaram novos e mais adequados instrumentos para regular parcerias com o Estado (o "contrato de gestão" e o "termo de parceria") e possibilitaram o aperfeiçoamento e a profissionalização da gestão dessas organizações ao imporem níveis mais elevados de transparência e controle social.

As organizações do terceiro setor, ao ganharem representatividade, tornaram-se capazes de pressionar o poder instituído. Por meio das ações de *advocacy*, fiscalizam o cumprimento das obrigações devidas pelo Estado aos cidadãos, a execução de determinadas ações, a implementação dos direitos da cidadania e a definição das prioridades orçamentárias.

Além dessas atuações, o terceiro setor tem-se revelado um celeiro de soluções inovadoras, como o "Banco da Mulher" e o "microcrédito" no fomento à inclusão social.

Conclusão

A partir dos anos 1990, assistimos a uma multiplicação das entidades do terceiro setor, resultado não só da democratização do Brasil, mas também do enfraquecimento do Estado pelas políticas neoliberais. Se por um lado a mudança possibilitou que a sociedade civil atue fora da esfera partidária, por outro criou a necessidade de mecanismos mais fortes de controle sobre as ONGs.

Dificilmente haverá volta para o Estado como era concebido, provendo a quase totalidade de serviços e políticas públicas. Isso não significa que o poder público deixe de ser o responsável pela garantia dos direitos elementares da cidadania. Como bem observou o sociólogo alemão Claus Offe,[1] "a diminuição exagerada do Estado pode ser um risco para a democracia", na medida em que o Estado mínimo proposto pelo neoliberalismo está em desigualdade ante o poderio econômico. Para Offe, a democracia funciona bem apenas quando os cidadãos sentem que seu voto é útil, que decide os destinos de sua cidade ou país. Quando o governo é fraco, as pessoas se perguntam "para que serve a democracia se as decisões estão sendo tomadas em arenas em que o cidadão não tem influência?"

Nos próximos anos, o poder público será pressionado a atender à demanda dos direitos sociais, econômicos e culturais. No Estado estratégico, a maneira de fazer isso inclui as parcerias com o terceiro setor. Nesse sentido, é esperado das ONGs que cumpram papel transformador, propondo novas formas de tornar as políticas públicas mais eficientes e capazes de abarcar os direitos de todos os brasileiros.

1. Cf. entrevista publicada na revista *Veja*, edição de 8/4/1998, pág. 11

23.

Turismo (Constitucional?!)

Rui Aurélio de Lacerda Badaró
Presidente do IBCDTur - Instituto Brasileiro de Ciências e Direito do Turismo; professor de Direito Constitucional da Universidade de Sorocaba; doutorando em Direito Internacional pela Universidade Católica de Santa Fé

1. Introdução

O crescimento do turismo é um dos principais fenômenos políticos, culturais, econômicos e sociais do século 20, atingindo uma dimensão mundial de relevância na economia global. É uma atividade tão importante que movimenta, segundo a Organização Mundial do Turismo (OMT), cerca de 3 trilhões de euros anualmente. Essa silenciosa revolução começou no século 19 com o processo de massificação do turismo, graças ao desenvolvimento das tecnologias de transporte da época, facilitando as viagens das pessoas.

O turismo envolve processo migratório, encontros e descobertas. Ele é de modo fundamental terra das liberdades e, enquanto expressão delas, o turismo não pode se desenvolver ou mesmo existir sem elas. A prática do turismo pressupõe a existência das liberdades públicas essenciais, peculiarmente o direito de ir-e-vir. O Estado, exercendo sua soberania, é quem, enquanto vetor, limita as possibilidades de acesso a certas partes de seu território, suprimindo ou limitando *per se*, o desenvolvimento da atividade turística.

O desenvolvimento do turismo está entremeado a outras liberdades, como a de associação e a do comércio e da indústria. O turismo pode, sem dúvida, aparecer simplesmente como excludente do intervencionismo estatal. Sua exclusão desse campo deve ser analisada empiricamente, visto ser o turismo objeto de preocupação singular por parte do Estado, por intermédio dos poderes públicos e órgãos especializados na atividade turística.

Nesse contexto, a regulamentação jurídica do turismo brasileiro é dividida em três períodos. Até 1966, havia uma legislação incipiente. A partir do Decreto-Lei 55 viveu-se uma *fase de construção* (Leis nos. 6.505/77 e 6.513/77), com uma crescente edição de normas regulamentares refletindo-se na política de intervenção e controle das atividades econômicas. A segunda fase, *período da desconstrução*, é marcada pelo Decreto-Lei 2.294/86 e, em seguida, pela Constituição de 1988, que encerram a fase de intervenção e arbítrio, encaminhando o turismo brasileiro ao terceiro período, ou seja, o *das liberdades* (de ação econômica, de concorrência, de ofício, dentre outras).

2. O turismo na Constituição de 1988

A Carta política promulgada em 1988, dentre outras novidades, elevou o turismo ao plano maior do ordenamento jurídico brasileiro, ao prever em seu artigo 180 que *"A União, os Estados, o Distrito Federal e os Municípios promoverão e incentivarão o turismo como fator de desenvolvimento social e econômico."* A escolha política da Assembléia Nacional Constituinte confirmou a vocação turística do País e ensejou um dever estatal de atenção para com a atividade, agora com *status* jurídico constitucional.

Assim, a análise da previsão constitucional do turismo revela a existência de três eixos norteadores para a atividade turística brasileira: a) o turismo enquanto fator de desenvolvimento social e econômico; b) a promoção estatal do turismo; e c) o incentivo estatal ao turismo. Dessa forma, é preciso compreender o significado de cada eixo norteador da atividade, vez que todos eles amarram o tratamento jurídico infraconstitucional do turismo e a atuação dos órgãos oficiais e das pessoas jurídicas de direito privado.

2.1. Fator de desenvolvimento social e econômico

Ao identificar os potenciais e carências do setor turístico, o legislador constituinte tornou o turismo fator de desenvolvimento social e econômico, ou seja, por previsão constitucional, deve obrigatoriamente figurar no universo das escolhas administrativas e legislativas como uma das alternativas para que os entes da federação alcancem o desenvolvimento socioeconômico.

É clara a opção constitucional pela valorização da coexistência harmoniosa entre o trabalho e a livre-iniciativa, elevados à condição de valores sociais pelo art. 1º, IV, da Carta Política de 1988, mesmo que vinculados ao dever de respeito à soberania nacional, à cidadania e à dignidade da pessoa humana.

Obrigam-se, portanto, os administradores públicos e legisladores a observar e utilizar o turismo como alternativa constitucionalmente eleita para o desenvolvimento nacional (Art. 3º, II, CF/88), visto que o setor demanda fartos investimentos em infra-estrutura e estímulos diversos, retribuindo com emprego e altas receitas tributárias. O desenvolvimento social do turismo deve focar a erradicação da pobreza e marginalização, bem como a redução das desigualdades sociais e regionais como instrumentos para se galgar a dignidade da pessoa humana e a cidadania.

2.2. Promoção e incentivo ao turismo

Depreende-se da leitura do artigo 180 da Constituição Federal o oferecimento de duas vias a serem trilhadas pelo administrador público para que o desenvolvimento social e econômico, por meio do turismo, possa ser alcançado: a promoção e o incentivo estatal.

A promoção estatal de atividade econômica insere-se no plano do intervencionismo estatal. No Brasil, a Constituição de 1988 evidenciou o regime das liberdades, onde a liberdade de agir economicamente constitui um dos fundamentos da República e a liberdade de concorrência um dos princípios da ordem econômica. Contudo, a soberania, a cidadania, a dignidade da pessoa humana e o trabalho são também fundamentos da República, bem como são princípios norteadores da ordem econômica a defesa do consumidor, a defesa do meio ambiente, a redução das desigualdades sociais, a busca pelo emprego, dentre outros. Encontram-se, aí, os limites positivos e negativos da intervenção do Estado.

O Estado deve respeitar a livre-iniciativa e a livre concorrência, garantindo-as, cabendo sua intervenção para que haja o efetivo respeito aos demais princípios e fundamentos de mesma hierarquia.

Assim, a promoção estatal do turismo brasileiro não pode cercear a livre-iniciativa ou a livre concorrência, salvo com autorização legal, respeitado os princípios constitucionais, via de regra com o objetivo de corrigir abusos ou distorções ou para a ordenação da exploração, como, por exemplo, as classificações de empreendimentos por sua qualidade.

Por sua vez, o comando *incentivar* o turismo traduz um dever estatal em estimulá-lo por meio de variadas formas. O estímulo de qualidade, atento à preservação do meio ambiente, à proteção do patrimônio histórico, cultural e turístico, agrega valor à prestação dos serviços. Assim, a educação direcionada à capacitação e qualificação, as políticas de conservação do patrimônio natural e cultural com valor turístico e também os incentivos econômicos e financeiros configuram formas do estímulo estatal ao turismo.

3. Considerações finais

O turismo, enquanto instrumento de alavancagem sociopolítico-econômico de um país, cresce de maneira veloz em todo o mundo, garantindo o desenvolvimento econômico, social e cultural das mais diversas regiões e viabilizando a expansão dos mercados de consumo e de trabalho.

Finalmente, ao ser alçado à condição de norma constitucional, o legislador confirmou juridicamente a vocação turística brasileira. Essa elevação tem importância direta para a interpretação jurídica, notadamente se for considerado o fato de que a previsão constitucional do turismo encontra-se no mesmo nível das previsões da livre-iniciativa e da livre concorrência, exigindo-se uma análise atenta, específica e harmonizadora.

24.

O futebol na Constituição

Luiz Felipe Santoro

Advogado formado pela USP; MBA em Football Industries pela Universidade de Liverpool (Inglaterra) e presidente do IBDD – Instituto Brasileiro de Direito Desportivo (2007-2009)

Festivamente comemoramos 20 anos da promulgação da Constituição Federal de 1988, a chamada Constituição Cidadã. Inegável os inúmeros avanços trazidos pela Carta Magna, e no futebol não foi diferente.

O Brasil é um dos poucos países do mundo no qual o esporte recebe tratamento constitucional, em nosso caso no artigo 217 da Constituição Federal, cuja redação ficou a cargo do doutor Álvaro Melo Filho, um dos expoentes do Direito Desportivo brasileiro: "É dever do Estado fomentar práticas desportivas formais e não-formais, como direito de cada um, observados:

> I - a autonomia das entidades desportivas dirigentes e associações, quanto à sua organização e funcionamento;
> II - a destinação de recursos públicos para a promoção prioritária do desporto educacional e, em casos específicos, para a do desporto de alto rendimento;
> III - o tratamento diferenciado para o desporto profissional e o não-profissional;
> IV - a proteção e o incentivo às manifestações desportivas de criação nacional.
> § 1º - O Poder Judiciário só admitirá ações relativas à disciplina e às competições desportivas após esgotarem-se as instâncias da justiça desportiva, regulada em lei.
> § 2º - A justiça desportiva terá o prazo máximo de 60 dias, contados da instauração do processo, para proferir decisão final.

§ 3º - O poder público incentivará o lazer, como forma de promoção social."

Tem-se, portanto, que o fomento do desporto no Brasil é um dever constitucionalmente impingido ao Estado e um direito conferido a cada cidadão, observando-se (I) a autonomia das entidades desportivas (incluindo-se tanto as entidades de administração do desporto, que são as federações e as confederações, como as entidades de prática desportiva, que são os clubes); (II) a prioridade de destinação de recursos públicos ao desporto educacional e, somente em casos específicos, ao desporto de alto rendimento (uma determinação muito apropriada de nosso constituinte, mas infelizmente não-observada em sua plenitude); (III) o tratamento diferenciado para o desporto praticado de modo profissional, no qual o atleta é empregado do clube, daquele praticado de modo não-profissional, no qual não existe uma relação empregatícia, sendo permitido, contudo, o recebimento de incentivos materiais e patrocínio (art. 3º, parágrafo único, da Lei nº 9.615/98, a chamada "Lei Pelé"); e (IV) a proteção e o incentivo a todas às manifestações desportivas de criação nacional, como a capoeira, o futevôlei etc.

Antes de se analisar um aspecto de suma importância positivado em nossa Constituição pelo art. 217, que é a Justiça Desportiva, cumpre ser abordada a questão da autonomia conferida às entidades esportivas quanto à sua organização e funcionamento.

Tal autonomia, evidentemente, não pode ser absoluta, senão estaríamos diante de uma soberania. Assim, quais os limites de tal autonomia?

Juristas de nomeada, como o próprio autor do artigo transcrito, entendem que o objetivo de tal disposição constitucional é afastar a intromissão estatal nas questões internas da administração do desporto, dada a especificidade da atividade esportiva (*specificité de l'activité sportive*). Assim, as questões *interna corporis* das entidades desportivas podem ser por essas livremente decididas, sem nenhuma intervenção estatal.

Como questão *interna corporis* temos, por exemplo, a formatação jurídica de tais entidades. Na redação original da "Lei Pelé" (Lei nº 9.615/98, art. 27), clubes e federações eram obrigados a se transformarem em empresas. Entretanto, como tal obrigatoriedade era inconstitucional à luz do art. 217 da CF, sobreveio a Lei nº 9.981/2000, que alterou o art. 27 da Lei nº 9.615 e restabeleceu a facultatividade da transformação de clubes e federações em sociedades empresárias. Com a promulgação da Lei nº 10.672/03, o art. 27 da "Lei Pelé" foi novamente alterado, prevalecendo a facultatividade da transformação em empresa, mas com uma grande dose de "incentivos", que de tão esdrúxulos não são observados nem mesmo pelos órgãos fiscalizadores. Trata-se dos §§ 9º, 11º e 13º do art. 27 da Lei nº 9.615, com a redação que está em vigor.

Já passou da hora de superarmos essa discussão acerca da obrigatoriedade ou facultatividade do clube-empresa para centrarmos no que realmente importa: a gestão das entidades desportivas. Ou seja, no atual ambiente esportivo em que vivemos, principalmente no tocante ao futebol, ainda que clubes e federações sejam constituídos sob a formatação jurídica de associação, devem ser administrados como se empresas fossem. É inegável que o futebol se tornou um negócio e como tal deve ser gerido e administrado.

Entrando no tema da Justiça Desportiva, o constituinte foi extremamente feliz em conferir competência absoluta à JD para analisar as questões relativas à disciplina e à competição. Ou seja, o Poder Judiciário só pode ser acionado para questões relativas à disciplina e às competições depois de esgotadas as instâncias da Justiça Desportiva.

E o que seriam tais questões relativas à disciplina e às competições? Um cartão vermelho, que impede o atleta de disputar a partida seguinte, por exemplo, é uma questão relativa à disciplina. Assim, como se recordam os mais antigos, após a promulgação da Constituição Federal de 1988 não foi mais possível que um magistrado de primeiro grau concedesse *habeas corpus* para um jogador suspenso atuar numa partida decisiva, a exemplo do que foi feito em ocasiões anteriores.

Exemplo de questão relativa às competições pode ser apontado quando um clube escala atletas irregulares numa partida oficial. Nesse caso, é a Justiça Desportiva, e não o Poder Judiciário, o órgão competente para aplicar a respectiva punição, sempre embasada no CBJD – Código Brasileiro de Justiça Desportiva.

No caso do futebol, cada federação estadual promove o custeio de um Tribunal de Justiça Desportiva, ao passo que a CBF (Confederação Brasileira de Futebol) promove o custeio do Superior Tribunal de Justiça Desportiva do Futebol, de competência originária para as competições promovidas pela CBF e competência recursal para analisar os processos decididos pelos Tribunais de Justiça Desportiva de cada Estado.

Importante mencionar, ainda, que os órgãos integrantes da Justiça Desportiva são autônomos e independentes em relação às entidades de administração do desporto, competindo a essas promoverem o custeio do funcionamento de tais órgãos.

Como se pode observar dessa rápida e sucinta reflexão, o futebol sofreu influência direta e extremamente positiva da Constituição Cidadã. Cabe, agora, aos administradores do negócio-futebol, saberem lidar com essa nova realidade e colocarem o futebol brasileiro, fora das quatro linhas, no mesmo patamar alcançado dentro de campo por nossos craques. Sabemos que o caminho não é fácil, mas com uma mentalidade empresarial, planejamento, competência e transparência na gestão das entidades desportivas, temos tudo para competir de igual para igual com o que há de melhor no exterior. É o que se espera de nossos dirigentes.

25.

Criminalização e Direitos Fundamentais

Luiz Carlos dos Santos Gonçalves
Doutor e mestre em Direito Constitucional pela PUC/SP; procurador regional da República

Se há um coração na Constituição Brasileira de 1988, ele é o conjunto dos direitos fundamentais. Nenhuma outra constituição em nossa história trouxe tantos deles e se preocupou tanto em protegê-los. Vida, liberdade, igualdade, segurança, propriedade... Direitos como esses, ligados à *dignidade da pessoa humana*, são aqueles que devem enviar oxigênio a todas as pessoas e instituições da sociedade, a começar pelo próprio Estado. O constituinte de 1988, conhecendo o mundo real que receberia sua tão generosa obra, procurou antecipar as objeções que poderiam ser feitas à plena efetividade da Constituição. Foi logo dizendo que: *"as normas definidoras de direitos fundamentais têm aplicação imediata"*, art. 5º, § 1º. Desse modo, ainda que alguém pensasse que não é possível aplicar esses direitos, a Constituição pensou coisa diversa. E não há hermenêutica que possa resistir a uma ordem tão direta!

A Constituição tratou de prever a Ação Direta de Inconstitucionalidade por Omissão e o Mandado de Injunção para que os legisladores ordinários não se esquecessem de regulamentar *toda* a Constituição (mas eles esqueceram, mesmo assim) e ainda deu ao Supremo Tribunal Federal a tarefa de julgar a Argüição de Descumprimento de Preceito Fundamental (para a qual ainda há muita esperança).

O artigo 5º da Constituição deveria ser matéria obrigatória nas escolas de ensino médio. É certo que, aqui e ali, um ou outro direito está escrito com palavras difíceis, mas é muito conveniente que os jovens venham a saber que a vida na sociedade brasileira lhes dá, ou deveria ser capaz de dar, muitos direitos.

Entretanto, alguns itens deste mesmo artigo 5º parecem deslocados em uma relação de direitos. Eles dizem que a lei não permitirá certos favores (fiança, graça ou anistia) para os crimes hediondos, o tráfico ilícito de drogas, o terrorismo e a tortura. Falam que os mandantes, executores e omitentes devem responder por esses crimes, que o racismo deverá ser punido com a privação da liberdade e não prescreverá jamais, assim como a ação de grupos armados contra o Estado Democrático.

Parece que há rancor naquele coração, afinal! Como se a Constituição, em meio a disposições tão generosas, resolvesse mostrar os dentes. E ela prossegue: a retenção do salário deverá ser punida; o comportamento destrutivo do meio ambiente, mesmo que praticado por uma pessoa jurídica, deverá receber sanções penais; os abusos praticados contra crianças e adolescentes deverão ser severamente punidos. A lei deverá punir qualquer discriminação atentatória dos direitos e liberdades fundamentais!

Crime, punição, reclusão, severidade, mandantes, omitentes, executores, processo criminal que pode acontecer em qualquer data... Será a mesma Constituição que considerou que os direitos e garantias individuais não podem ser diminuídos nem por emenda constitucional?

Sim, é a mesma.

Então, por que tanta preocupação com crimes? Não seria o caso de deixar esses assuntos lá com o Código Penal?

Embora tudo isso possa parecer uma excrescência feita por constituintes mal informados ou mal-intencionados, essa longa previsão de sanções penais tem uma função muito nobre: proteger direitos fundamentais. São, novamente, os direitos à vida, à liberdade, à igualdade, à propriedade, ao meio ambiente, à contrapartida ao trabalho, à saúde física, mental e sexual das crianças e adolescentes, à democracia, só que agora previstos de forma indireta, criminalizando os comportamentos que lhes ofendem.

A idéia de criminalizar para proteger soa muito estranha. Crimes sujeitam os infratores às penas, entre elas, a privação da liberdade. Vá lá que seja um mal necessário, mas sem lhes reconhecer qualquer relação com direitos fundamentais! Se, entretanto, aceitarmos a interpretação da plena efetividade dos direitos fundamentais, o contrário é que se tornará estranho: como abrir mão de um instrumento tão poderoso para a proteção de direitos como é a punição penal daqueles que os violam? Desde que os processos sejam justos, a ampla defesa seja assegurada e as penas sejam fixadas proporcionalmente, a aplicação de sanções penais é constitucionalmente exigida. E o grau dessa exigência pode ser constatado pelo fato de que a Constituição não deixou a criminalização protetiva daqueles tópicos à escolha do legislador ordinário, determinando que a lei o faça e indicando parâmetros.

São os *mandados de criminalização*. Ordens constitucionais para que o legislador ordinário defina crimes e penas em face de condutas ofensivas dos direitos fundamentais que relaciona.[1] Diante dessa escolha constitucional, velhas idéias sobre o Direito Penal devem ser deixadas de lado. Ele não pode mais ser considerado "um mal em si mesmo." Se pessoas particulares podem ofender direitos fundamentais das outras, cabe ao Estado proteger a essas.

Claro que a Constituição não pode ser aplicada apenas em partes. Aos presos é assegurado o respeito à integridade física e moral. Não haverá penas cruéis. As penas não podem ter caráter perpétuo. Elas deverão ser cumpridas em locais distintos, de acordo com a natureza do delito, a idade e o sexo do apenado. E, em nenhum momento (exceto quando fala do racismo e do abuso contra crianças e adolescentes) a Constituição sinaliza que a pena privativa de liberdade é a única ou é a melhor a ser fixada pelo legislador.

Assim, mesmo os crimes hediondos têm suporte constitucional, desde que não se afastem da proteção dos direitos fundamentais. Até sugerimos que o trabalho escravo e os crimes contra a humanidade sejam considerados hediondos também.

Desde 1988 muitas leis foram feitas, atendendo, em maior ou menor grau, a essas exigências constitucionais. Os crimes hediondos foram previstos em legalmente 1990. O racismo, em 1989. A Lei de Tortura veio em 1997. A proteção especial ao idoso é dada pela Lei nº 10.741, de 2003. O tráfico ilícito de entorpecentes (não, não dá para descriminalizar!) agora está descrito na Lei nº 11.343/06 (sem muita técnica, aliás, porque não se indica exatamente quais condutas são tráfico). Já existe uma lei definindo crimes praticados contra as pessoas portadoras de deficiência, Lei nº 7.853/89. Falta sancionar criminalmente condutas de intolerância a opções sexuais, pois muitas pessoas sofrem violência simplesmente porque são *gays*.

Não se infere que a Constituição de 1988 aprovou – ou queira – que o legislador vá fazendo leis penais sem eira nem beira ou propósito. Liberdade é sempre uma coisa séria. Mas ela se mostrou, também nesse aspecto, avançada, pois legitimou um *Direito Penal protetivo de direitos fundamentais*. É mais um remédio para proteger seu coração.

1. Escrevemos mais sobre isso: *Mandados expressos de criminalização e a proteção de direitos fundamentais na Constituição brasileira de 1988*, Editora Fórum, Belo Horizonte, 2007.

Yougoslavia III O Sangue . v/a 7/30

26.

A defesa do usuário do serviço público na Constituição Federal

Belisário dos Santos Jr.
Advogado; foi secretário da Justiça e da Defesa da Cidadania do Estado de São Paulo, de 1995 a 2000

O oficialismo teve avassaladora importância na formação da nossa sociedade. Segundo essa matriz, o poder emana do alto e vem articulado em forma de leis, de decretos soberanos. Fábio Comparato assinala que o Brasil Colônia foi um raro caso histórico em que o Estado existiu antes da sociedade (*Para viver a democracia*, Brasiliense, 1989, 1ª ed., p.38).

Isso talvez explique porque, até anos recentes, a administração pública tenha se importado tão pouco com o cidadão/usuário do serviço público. O cidadão/eleitor, esse detinha alguma importância, por exercer, ainda que episodicamente, seu direito/dever de votar.

A cidadania ainda se ressente desse modo de pensar. A democracia tem um caráter minimalista para os latino-americanos. A pesquisa da entidade Latinobarómetro (www.latinobarometro.org.br), sobre democracia como cultura, estrutura e processo, anota que, para grande parte dos consultados, à pergunta "O que é democracia?", o conceito em resposta se resumia a: liberdade e eleições regulares, limpas e transparentes. Um conceito defasado em 150 anos ou mais.

Mesmo o cidadão/alvo de políticas públicas, inclusive já nesta quadra democrática que o Brasil vive, teve de ir às ruas, muitas vezes, para manifestar-se e fazer-se ouvir em relação a graves questões relacionadas à habitação, reforma agrária, educação, segurança pública, entre outras.

O cidadão vota, o governo governa. Era a herança do "trabalhador trabalha, estudante estuda" da ditadura militar.

A Constituição de 1988 parece romper com essa lógica, ao prever, de um lado, o princípio da eficiência, explicitamente, a partir da Emenda 19/98 (reforma administrativa), ainda que esse princípio já pudesse ser lido, antes, a partir de outros princípios e normas constitucionais. O agir eficiente da administração, em suas políticas públicas, pressupõe a legalidade e a moralidade da ação, a utilização inteligente dos recursos disponíveis e a qualidade do produto final gerado.

O texto constitucional, desde 1988, prevê o controle da ação eficiente da administração, na forma dos seus artigos 70 e, especialmente, 74, II.

De outro lado, e essa inovação é fundamental, a partir da Emenda Constitucional 19/98 passa-se a prever lei para disciplinar as formas de participação do usuário do serviço público (art. 37, § 3º). Essa participação tem alguns pressupostos delineados no próprio texto constitucional, como a manutenção de serviços de atendimento aos usuários, avaliação periódica, interna e externa, da qualidade dos serviços e acesso a registros públicos e informações sobre atos de governo.

Seguramente a reforma administrativa inspirou-se, nesse ponto, nas experiências anteriores do Código de Defesa do Consumidor (Lei nº 8.078, de 11 de setembro de 1990) e da Lei de Concessões (Lei nº 8.987, de 13 de fevereiro de 1995).

O CDC previu: entre os princípios reitores da política nacional de relações de consumo, a racionalização e melhoria dos serviços públicos; como direito do consumidor: a adequada e eficaz prestação dos serviços públicos em geral e, para os órgãos públicos por si, suas empresas, concessionárias ou permissionárias ou sob qualquer forma de empreendimento, a obrigação de fornecer serviços adequados, eficientes, seguros e contínuos (em relação aos serviços essenciais).

É evidente que a situação de consumidor não se confunde com a de usuário do serviço público. Se na relação de consumo o poder público tem o dever de regular e fiscalizar a relação contratual entre fornecedor e consumidor, na relação de serviço público o Estado tem a obrigação de prestar o serviço, direta ou indiretamente. Ademais disso, há uma teia de cidadania envolvendo Estado e cidadão que não se confunde com mera relação contratual. Mas o CDC, como "lei que pegou", mercê de sua avançada redação e também em função da prática dos órgãos de defesa do consumidor, constitui referência idônea para a defesa do usuário.

De sua parte, a Lei de Concessões tratou do respeito aos direitos dos usuários, entre eles estabelecendo: o direito a um serviço adequado (serviço adequado é o que satisfaz as condições de regularidade, continuidade, eficiência, segurança, atualidade, generalidade, cortesia na sua prestação e modicidade das tarifas); e o direito de receber, do poder concedente e da concessionária, informações para a defesa de interesses individuais ou coletivos. Muito didaticamente, essa lei traz como obrigação/dever de cidadania para o usuário o de informar às autoridades as irregularidades de que tenham conhecimento, referentes ao serviço prestado.

Com essa clara inspiração, o texto constitucional nos remete a um direito à participação do usuário na administração, faceta do direito maior, à democracia participativa.

A lei que o texto constitucional insta a que seja criada seguramente terá como fontes não só os modelos já mencionados, como também a Lei paulista nº 10.294, de 20 de abril e 1999, conhecida como lei de defesa do usuário do serviço público, de iniciativa do Poder Executivo do Estado de São Paulo, após longo trabalho desenvolvido por uma comissão da sociedade civil. Essa lei reconhece os direitos do usuário à informação, a um bom serviço e ao seu controle. Essa fiscalização, como direito, é a grande novidade da lei paulista. Previu-se, para assegurá-lo. uma rede de ouvidorias e de comissões de ética, ademais de um sistema integrado de análise das reclamações oferecidas.

A ouvidoria é o canal para o relacionamento Estado/usuário, exatamente porque o papel do ouvidor é o de assumir internamente a posição do usuário, colocando-se na situação apresentada e (I) verificando como a administração poderia reagir de outro modo e (II) cobrando a adoção de uma nova resposta, se isso se verificar necessário e possível.

Os desafios em resposta ao avanço constitucional serão dois principais. Em primeiro lugar, a edição da lei que o texto exige e que já tarda. Em segundo, montar nacionalmente, Estado a Estado, município a município, sistemas de defesa e participação do usuário, com uso de tecnologia de ponta, com atuação em rede, aceita a representação do usuário por associações, comunidades e outras formas tradicionais e coletivas de conquista de direitos, usando o instrumento da ouvidoria, tudo de forma a possibilitar a criação/recriação de uma *ágora* moderna, sem as características de exclusão que caracterizaram a afirmação da cidadania na Grécia clássica (mulheres, escravos, estrangeiros estavam privados de qualquer tipo de participação política).

Uma das metas principais (e o mais importante dos possíveis resultados) de um sistema que incentive maior participação do cidadão/usuário do serviço público será criar/ampliar a consciência de cidadania, aumentando a percepção e o entendimento do que seja viver em democracia.

O artigo 37, § 3º, da Constituição Federal é uma pista para essa tarefa cidadã.

27.

O controle da administração pública e o combate à improbidade

José Eduardo Cardozo
Professor de Direito da PUC/SP e do Curso Preparatório Marcato; deputado federal

Até hoje devemos nos perguntar: uma Constituição é uma fotografia normativa que retrata a paisagem política existente no momento histórico em que foi produzida, ou um roteiro de uma peça que orienta a ação futura dos atores que estarão submetidos ao seu comando no teatro da vida?

De cada coisa, um pouco. Ninguém pode duvidar que um texto constitucional é sempre o produto normativo da ação das forças políticas vivas da sociedade no momento da sua produção. Por isso, pode ser visto, em parte, como uma "fotografia" que registra a estrutura de poder existente para a sua conservação. O seu elaborador, que em linguagem jurídica corrente costuma ser chamado de "legislador constituinte originário", sempre fotografa, nas normas que integram uma Constituição, o poder e os fatores de poder existentes, os privilégios e as imposições afirmadas entre classes e diferentes grupos sociais, a efetiva relação entre dominantes e dominados, incluídos e excluídos, opressores e oprimidos, os que governam e os que serão governados, enfim, a realidade social que envolve a vida do conjunto de seres de carne e osso que terão suas condutas, bens e interesses regrados pela Lei Maior. Queiram ou não queiram os jusfilósofos, a norma constitucional será sempre a expressão do poder real que a produz. Aliás, não mentem os que dizem que as "normas jurídicas" que não se fundam em um poder real que as sustenta ou as "legitima" não são propriamente "normas jurídicas". São assertivas retóricas. Afinal, direito sem poder não é direito.

Não se deve esquecer, porém, que embora a Constituição seja produzida por um poder que *é* poder e, portanto, se afirma no mundo do *ser*, ela também determina como as coisas *devem ser* nos dias que se seguirão à sua entrada em vigor. Impõe aos atores a que se dirige o que *deve continuar sendo* e o que *ainda não é, mas deverá ser*. Assim, além de "fotografia", não deixa de ser também "roteiro" que tem a pretensão de orientar as cenas da vida que se desdobrarão, sempre sob olhar que se pretende vigilante, vigoroso, do seu grande diretor: *o Estado*.

Por isso, a Constituição de 1988 não pode deixar de ser vista como uma "fotografia-roteiro" do período da história brasileira que se segue ao fim da ditadura militar iniciada em 31 de março de 1964. Cansada do arbítrio ditatorial, das formas de pensar impositivas, das perseguições político-ideológicas, da negação de direitos individuais e coletivos, da castração imposta aos poderes Legislativo e Judiciário, da ausência de limites para o exercício da autoridade estatal, da ausência de liberdade, a sociedade brasileira clamava por uma nova ordem jurídica, onde a democracia e o Estado de Direito fossem acolhidos como princípios intransponíveis. Das cinzas da ditadura militar nasceu o Estado Democrático de Direito em nosso país, afirmado no primeiro artigo da Constituição de 1988. Indiscutivelmente, naquele instante, o legislador constituinte originário fotografou normativamente o grito de liberdade que percorria as gargantas das forças políticas vivas no País. E, ao mesmo tempo, determinou um roteiro aberto de limitações ao exercício da atividade governamental e de toda a administração pública.

Nunca as ações de nossos agentes públicos foram tão limitadas e controladas como a partir de 5 de outubro de 1988. Mantendo o princípio da *legalidade* (*"ninguém será obrigado a fazer ou deixar de fazer alguma coisa senão em virtude de lei"*) e o da *isonomia* (*"todos são iguais perante a lei, sem distinção de qualquer natureza"*) como formadores do núcleo central do nosso sistema administrativo, introduziu novos princípios limitadores da ação do poder público. Afirmou que os atos da administração não poderão ser apenas legais, mas terão que ser dotados da necessária publicidade *(princípio da publicidade)* e adequados à moralidade administrativa *(princípio da moralidade)*, atribuindo ainda aos autores de atos de improbidade a sanção de *perda da função pública*, da *indisponibilidade de seus bens e de suspensão dos seus direitos políticos*. Abriu espaço para a construção interpretativa de princípios os quais garantem que apenas poderão ser aceitos como legítimos os atos administrativos que sejam praticados dentro de padrões de razoabilidade *(princípio da razoabilidade)*, com a plena adequação entre os meios utilizados e os fins almejados *(princípio da proporcionalidade)*, de modo a ser exigida também a necessária explicitação escrita dos seus fundamentos de fato e de direito *(princípio da motivação)*. Assegurou que mesmo na via administrativa ninguém possa vir a sofrer sanção de qualquer natureza sem que seja previamente assegurado o exercício do direito ao contraditório e à ampla defesa *(princípio do contraditório e da ampla defesa)*, garantindo importantes prerrogativas no plano da autonomia funcional ao Ministério Público e aos Tribunais de Contas. Fortaleceu o tratamento igualitário entre administrados, ao ampliar o dever de licitar e de realizar de concursos públicos, tanto para o exercício de cargos e empregos públicos, como para a obtenção da delegação do exercício das atividades notariais e de registro por titulares de serventias extrajudiciais. No plano das finanças públicas, exigiu que todos os entes da federação elaborassem leis dispondo sobre seus *planos plurianuais*, sobre suas *diretrizes orçamentárias* e seus respectivos *orçamentos anuais*, fixando limites para o gasto com pessoal e dando fundamento para o nascimento da denominada *Lei de Responsabilidade Fiscal*.

Essa realidade constitucional, indubitavelmente, marchou no sentido oposto ao da cultura histórica do nosso país. Por causas geradas no processo de colonização e nos regimes autoritários que marcaram a nossa vida no período imperial e republicano, incorporamos à gestão da *res* pública práticas patrimonialistas, clientelistas, autoritárias, onde a indisponibilidade do interesse público sempre foi colocada em cheque pela conveniência pessoal dos que governam. A cidadania real sempre esteve longe da cidadania real. A improbidade assumida à direita, na bandeira do *rouba mas faz*, ou à esquerda, na bandeira de que *os fins justificam os meios*, fincou seu mastro no berço esplêndido em que adormeceram as práticas republicanas. A Constituição de 1988, ao combater o arbítrio, ao estreitar o campo discricionário do agir administrativo, ao criar novos instrumentos de controle da ação dos governantes, semeou o terreno para o enfrentamento institucional dessas realidades. A liberdade de manifestação e de imprensa e as garantias parlamentares, enquanto direitos constitucionalmente assegurados de forma plena, propiciaram maior transparência da vida do Estado e um enfrentamento cotidiano dos desmandos administrativos e governamentais.

Por isso, hoje vivemos uma tensão social e institucional própria dos tempos de mudança. Autoridades e abastados têm freqüentado celas de prisão antes só habitadas por pequenos delinqüentes. Quadrilhas formadas para o desvio de dinheiro público têm ocupado espaço em telejornais. A impunidade dos crimes de colarinho-branco perde, dia-a-dia, espaço para a "fotografia-roteiro" firmada pela Constituição de 1988. E com isso perplexidade e queixas ganham vulto. No mundo governamental e político existem os retrógrados que, saudosos do passado, ou advogando em causa própria, querem eliminar os avanços instituídos pela nossa Lei Maior. Há também os que, legitimamente, denunciando abusos de autoridades policiais, dos Tribunais de Contas, do Ministério Público e do Judiciário querem criar mecanismos de controle social sobre a ação dos *controladores* para aperfeiçoar e legitimar ainda mais a sua atuação.

Seja como for, reconheçamos, 20 anos após a entrada em vigor da nossa Carta, tivemos mais ganhos do que perdas no combate à improbidade e à corrupção. Que se comemore e aplauda, então, a "fotografia-roteiro" conquistada em 5 de outubro de 1988.

28.

Medida Provisória

Michel Temer
Professor de Direito Constitucional na PUC/SP; deputado federal

Preliminares

A medida provisória, na sua origem, podia versar sobre toda e qualquer matéria. É instrumento mais autoritário que o decreto-lei, que só podia tratar de matérias especificadas na Constituição. Diante da prodigalidade material da medida provisória, verificaram-se algumas restrições que, ao se estabelecerem, acabaram gerando processamento paralisador das atividades normais do Legislativo (EC 32/2001). Isso porque, 45 dias após a sua publicação, ficam sobrestadas todas as deliberações legislativas da casa em que a medida provisória estiver tramitando. Assim, se o seu conteúdo material foi restringido, seu processamento, tal como estabelecido, acarretou sérios prejuízos à imagem do Congresso, já que o trancamento passou a impedir a produção dos demais atos normativos.

Processa-se hoje, pela Câmara dos Deputados, projeto de Emenda à Constituição (PEC 511/06) que visa a eliminar o trancamento de pauta (45 dias após sua edição), deixando mais livre a atuação legislativa. Nesse projeto, aprovado em comissão especial (falta a apreciação pelo plenário da Câmara e ainda pelo Senado) elimina-se o trancamento da pauta, mas, no 11º dia de sua edição passa a figurar, obrigatoriamente, como o primeiro item da ordem do dia para discussão e votação no plenário. Essa preferência pode ser derrubada por voto da maioria absoluta, ou seja: deixa de ser o primeiro da lista para dar prioridade ao segundo ou terceiro item da pauta. Votado o projeto priorizado, volta a medida provisória a ocupar o primeiro lugar nas matérias sob exame do plenário.

Até aqui, informações de natureza política. Enquanto não-aprovada essa emenda à Constituição, ficamos apenas no campo das suposições.

O artigo 62 da CF

Importa o exame do Texto Constitucional em vigor, ou seja: o art. 62 da CF. Nele se alude à *relevância* e à *urgência* como pressupostos autorizadores da edição de medida provisória. Sendo pressupostos, comportam exame preliminar antes da apreciação do mérito. São preliminares que, não-superadas, importarão rejeição de medida provisória. Aliás, o art. 62, § 5º, estabelece que *"A deliberação de cada uma das casas do Congresso Nacional sobre o mérito das medidas provisórias dependerá de juízo prévio sobre o atendimento de seus pressupostos constitucionais."* (grifei).

Daí por que é preciso indagar: os critérios de relevância e urgência são aferíveis no Texto Constitucional ou ficam à discrição do presidente da República? Há, na Constituição, fórmulas objetivas do que seja relevante e urgente ou fica tudo à subjetividade do chefe do Poder Executivo federal?

Penso que a Constituição Federal fornece parâmetros para definição desses pressupostos.

Relevância

Vejamos a *relevância*. Diz com a questão da constitucionalidade. A Constituição é uma pauta de valores. Sociais, políticos, econômicos. Somente será relevante a matéria compatível com os valores abrigados pelo constituinte.

Essa consideração óbvia é importante para não deixar transparecer a idéia de que só o Executivo é capaz de tratar de matérias *relevantes*. Como se a lei ou os demais atos do Legislativo pudessem versar sobre matérias irrelevantes. Claro que sempre haverá certa dose de subjetividade. Mas não será fruto da discrição entregue ao presidente da República para editar medida provisória e sim de discrição interpretativa do Texto Constitucional.

Urgência

Vejamos a *urgência*. Ao tempo da Constituição de 1967/69, Celso Antônio Bandeira de Mello salientava que a Constituição indicava claramente o que era urgência. Ao permitir o decreto-lei (de que a medida provisória é sucedâneo) também o autorizava nas hipóteses de urgência.

E urgente, para Celso Antônio, era o prazo de 40 dias, já que aquela Constituição de 1967/69, no art. 51, § 2º, tratando da iniciativa legislativa do presidente da República, preceituava que *"se o presidente da República julgar urgente o projeto, poderá solicitar que sua apreciação seja em sessão conjunta do Congresso Nacional, dentro do prazo de 40 dias"*.

Na Constituição vigente, a regra é a de que o presidente da República poderá solicitar urgência para a apreciação de projetos de sua iniciativa (CF, art. 64, § 1º). Define *urgência*: 45 dias na Câmara e 45 dias no Senado, sob pena de sobrestamento das deliberações legislativas da respectiva casa (CF art.

64, § 2º). Ainda, se houver emendas do Senado ao projeto de lei, a Câmara dos Deputados terá o prazo de 10 dias para o seu exame.

Temos aí, portanto, o prazo de cem dias, se houver regular tramitação do projeto. Como se prevê a hipótese de sobrestamento dos trabalhos legislativos, caso não haja decisão (45 dias em cada Casa) impõe-se utilizar o critério da razoabilidade em materia temporal. Se temos cem dias descritos na tramitação do projeto, o razoável é que a eventual paralisação não ultrapasse o período de 15, 20 dias, o que nos permite dizer que *urgente* para o Texto Constitucional é aquilo que não pode aguardar um prazo de cerca de 120 dias para ganhar eficácia imperativa e aplicabilidade plena.

Esse raciocínio parte da idéia de que *legislar*, no sistema presidencialista, é atividade típica, primeira, primacial do Poder Legislativo. São poderes da União, independentes e harmônicos entre si, o Legislativo, o Executivo e o Judiciário (CF, art. 2º). Assim, toda e qualquer exceção a esse principio terá de ser interpretada restritivamente. Nunca em favor do Executivo (a quem não cabe, principiologicamente, essa atividade), mas em favor do Legislativo (responsável por ela).

E é claro – indo a casos concretos – que basta ler o conteúdo da medida provisória para saber se ela é relevante (critério dos valores constitucionais) e se pode ou não aguardar o prazo constitucionalmente definido como *urgente*. Se puder aguardar, o dever constitucional do presidente da República é remeter o projeto de lei com regime de urgência.

Outras questões

Vamos examinar, agora, as principais questões trazidas no art. 62 da Constituição Federal.

A primeira delas é a fixação de *vedações materiais*. Ou seja: à medida provisória é proibido tratar de certas matérias. Para não repetir o Texto Constitucional, remeto o leitor ao art. 62, § 1º, incisos I e alíneas, II, III e IV.

Dentre essas vedações está a relativa a *"... créditos adicionais e suplementares, ressalvando o previsto no art. 167, § 3º"*. Eis o 167, § 3º: *"a abertura de crédito extraordinário somente será admitida para atender a despesas imprevisíveis e urgentes, como as decorrentes de guerra, comoção interna ou calamidade pública, observado o disposto no art. 62"*.

Como o dispositivo manda observar o art. 62, essa dicção significa a possibilidade de medida provisória sobre essas matérias. O problema está em saber se todo e qualquer crédito extraordinário é para atender a despesas imprevisíveis e urgentes já que a expressão *"...como as decorrentes de guerra, comoção interna ou calamidade pública..."* é meramente exemplificativa.

Apesar de exemplificativa, o constituinte atribuiu conteúdo às expressões *"imprevisíveis e urgentes"* ao mencionar os exemplos. Significou que apenas situações excepcionalíssimas (como as do exemplo) é que autorizariam a quebra do princípio segundo o qual *"legislar cabe fundamentalmente ao Legislativo"*. Portanto, se editada medida provisória nessa matéria que não atenda a esses pressupostos de absoluta excepcionalidade, não se justifica a alegação de urgência. Nesse sentido, o Supremo Tribunal Federal, na medida cautelar da ADIn 4048-1 DF, assim se posicionou.

Outra questão é a matéria relativa à *"organização do Poder Judiciário e do Ministério Público, a carreira e a garantia de seus membros"* (CF, art. 62, § 1º, II). Nada mais lógico, já que o Executivo não tem sequer a iniciativa de leis nessas matérias. A iniciativa é dos Tribunais Superiores e do Ministério Público (CF, art. 96, II, alíneas *a*, *b*, *c* e *d*, e art. 127, § 2º). Ora, se não pode sequer deflagrar o processo legislativo (iniciativa), não pode, por medida provisória, estabelecer normas de eficácia imediata.

Também se lhe veda aquela matéria *"reservada à lei complementar"* (CF, art. 62, § 1º, III). A lei complementar é exigente de maioria absoluta de votos para a sua aprovação. Portanto, uma manifestação especial de vontade qualificada. Vê-se que o constituinte permite medida provisória em matéria de lei ordinária. E só.

Não pode, também, a medida provisória "atropelar" o processo legislativo se ele já chegou até o instante em que se aguarda a sanção ou veto a projeto de lei (CF, art. 62, § 1º, IV). Nessa hipótese também se proíbe medida provisória.

Outro problema é o da edição de medida provisória que implique instituição ou majoração de impostos. O art. 62, § 2º, determina que ela só produzirá efeitos no exercício financeiro seguinte se houver sido convertida em lei até o último dia daquele ano em que foi editada. A pergunta que surge é: Essa medida provisória produz efeitos logo a partir de sua publicação ou só os produzirá no exercício financeiro vindouro? O constituinte, nesse passo, prestou obediência ao princípio da exigência de lei para instituir ou aumentar tributo, tal como estabelecido na Constituição Federal, art. 150, inciso I. E também ao princípio da anualidade. O tributo não pode ser exigido no mesmo exercício financeiro em que haja sido publicada a lei que os instituiu ou aumentou, tal como previsto no mesmo art. 150, inciso III, alínea *b*. Por isso que ao permitir a edição de medida provisória sobre essa matéria no art. 62, § 2º, determinou-se a sua conversão em lei no exercício anterior àquele em que viesse a ser aplicada. Presentes, portanto, os princípios da legalidade e da anualidade. Exceção a essa regra é a instituição dos impostos de importação de produtos estrangeiros, exportação, produtos industrializados, operações de crédito, câmbio, seguro ou relativas a títulos ou valores mobiliários. Tudo porque esses impostos não se submetem ao princípio da anualidade nem ao princípio da noventena (CF, art. 150, § 1º). Essa regra não se aplica ao imposto sobre produtos industrializados, o qual se submete ao prazo de 90 dias para ser exigido.

Edição e reedição

A medida provisória é editada pelo prazo de 60 dias. Se não convertida em lei nesse período poderá ser prorrogada uma única vez por mais 60 dias. Aqui, a indagação: a prorrogação é automática ou depende de nova manifestação de vontade do presidente da República? A resposta está na primeira hipótese. A prorrogação é automática. Essa automaticidade está reiterada na Resolução nº 1/2002, do Congresso Nacional, que disciplina a tramitação das medidas provisórias. Nessa resolução seu art. 10 estabelece que *"se a medida provisória não tiver sua votação encerrada nas duas casas do Congresso Nacional, no prazo de 60 dias de sua publicação no Diário Oficial da União, estará automaticamente prorrogada uma única vez a sua vigência por igual período"*.

A prorrogação, portanto, independe de novo ato do presidente da República. O que podemos dizer é que o prazo de vigência da medida provisória é, na verdade, de 120 dias, dada a obrigação constitucional de sua prorrogação se não aprovada nos 60 dias iniciais.

Se não examinada no prazo de 60 ou 120 dias ou, ainda, se não aprovada, o Congresso Nacional disciplinará por decreto legislativo as relações jurídicas que se consolidaram no período da vigência da medida provisória.

O art. 62, § 10, traz uma regra imperativa, é certo, mas de lógica questionável. Veda a reedição na mesma sessão legislativa de medida provisória que tenha sido rejeitada ou que tenha perdido sua eficácia por decurso de prazo. O primeiro problema é o seguinte: suponhamos medida provisória que tenha sido rejeitada em face da inexistência de urgência, mas que, logo depois, se apresenta situação de urgência inquestionável. Sendo na mesma sessão legislativa o presidente da República estaria impedido de reeditá-la, o que foge à lógica do sistema autorizador desse instrumento normativo, somente admissível em hipóteses de relevância e urgência. O segundo problema é que o dispositivo constitucional alude a *sessão legislativa*. Essa é compreendida entre 2 de fevereiro a 17 de julho e de 1º de agosto a 22 de dezembro. É o que está no art. 57 da Constituição Federal, tanto que no seu § 2º estabelece que a *sessão legislativa* não será interrompida sem a aprovação do projeto de lei de diretrizes orçamentárias. Assim, não há uma coincidência entre a *sessão legislativa* e o *ano calendário*. E, sendo assim, pergunta-se: poderia o presidente da República reeditar medida provisória no período compreendido entre 18 a 31 de julho e de 23 a 31 de dezembro? Ou seja: no ano calendário e não no ano legislativo? Se nos ativermos à letra da Constituição, penso que seja possível reeditar medida provisória no final do ano calendário (23 a 31 de dezembro), uma vez que estando em recesso não se conta o prazo de 60 dias e a matéria só virá a ser examinada na sessão legislativa do próximo ano calendário. Não se poderia reeditá-la entre 18 e 31 de julho, porque o seu exame se daria na mesma sessão legislativa.

Parecer de comissão especial

Antes de ser submetida à Câmara dos Deputados e ao Senado, uma comissão mista de deputados e senadores dará parecer sobre a medida provisória. A nosso ver o parecer será relativo aos pressupostos (relevância e urgência) e mérito. Já a Constituição (art.62, § 9º) não faz a distinção das duas hipóteses. Ainda: esse parecer valerá tanto para o plenário da Câmara como para o do Senado, considerando que a comissão é mista. No caso de medida provisória que institua ou majore impostos, a comissão que dará parecer será a mista de orçamentos (Resolução nº 1/2002, art. 2º, § 6º).

Manutenção de vigência

Finalmente, duas hipóteses de manutenção da vigência da medida provisória após o prazo de 60 ou 120 dias, se houve prorrogação. A primeira delas é que as relações jurídicas constituídas e decorrentes de atos praticados durante sua vigência conservar-se-ão por ela regidas se não-editado o decreto legislativo disciplinador até 60 dias após a sua rejeição ou perda de eficácia; a segunda hipótese é a que mantém a sua vigência até que seja sancionado ou vetado o projeto de lei de conversão que alterou texto original de medida provisória. Se não houve alteração do texto, não há necessidade de cuidar da manutenção dos seus efeitos porque ela não irá a sanção. Será promulgada pelo presidente da mesa do Congresso Nacional. Aqui comporta uma pergunta: Impõe-se decreto legislativo regulamentador dos atos decorrentes da medida provisória convertida em projeto de lei se esse for vetado? Parece-me que não, já que serão considerados válidos tais atos independentemente de qualquer regulamentação.

Registros finais

Suspende-se o prazo de 60 dias e de sua prorrogação nos períodos de recesso do Congresso Nacional. Se, entretanto, houver convocação extraordinária, as medidas provisórias serão obrigatoriamente incluídas na pauta da convocação.

No sistema vigente, a partir da Emenda Constitucional 32/2001, as medidas provisórias podem ser prorrogadas uma única vez, perdendo sua eficácia se não forem aprovadas no prazo inicial ou naquele prorrogado. Antes não havia limite para as reedições. Por isso mesmo a Emenda Constitucional 32 estabeleceu que as medidas provisórias editadas antes da EC 32/2001 continuam em vigor até que outra medida provisória as revogue explicitamente ou até deliberação definitiva do Congresso Nacional. Hoje, portanto, existem inúmeras medidas provisórias que jamais foram apreciadas pelo Congresso, mas em face desse dispositivo continuam tendo eficácia plena.

Para terminar, indaga-se: o que ocorre com a lei anterior que cuidava de matéria que vem a ser veiculada por medida provisória?

No meu livro *Elementos de Direito Constitucional* escrevi: a edição de medida provisória paralisa temporariamente a eficácia da lei que versava a mesma matéria. Se ela for aprovada opera-se a revogação. Se, entretanto, for rejeitada, restaura-se a eficácia da norma anterior. Isso porque, com a rejeição, o Legislativo expediu ato volitivo consistente em repudiar o conteúdo daquela medida provisória, tornando subsistente anterior vontade manifestada de que resultou a lei antes editada.

29.

A Constituição Econômica

Gilberto Bercovici

Professor associado da Faculdade de Direito da USP; professor do Programa de Pós-Graduação em Direito Político e Econômico da Universidade Presbiteriana Mackenzie; doutor em Direito do Estado e livre-docente em Direito Econômico pela USP

Embora as constituições liberais dos séculos 18 e 19 também contivessem preceitos de conteúdo econômico, como a garantia da propriedade ou da liberdade de indústria, o debate sobre a constituição econômica é, sobretudo, um debate do século 20. As constituições do século 20 não representam mais a composição pacífica do que já existe, mas lidam com conteúdos políticos e com a legitimidade, em um processo contínuo de busca de realização de seus conteúdos, de compromisso aberto de renovação democrática. Não há mais constituições monolíticas, homogêneas, mas sínteses de conteúdos concorrentes dentro do quadro de um compromisso deliberadamente pluralista. A Constituição é vista como um projeto que se expande para todas as relações sociais. O conflito é incorporado aos textos constitucionais, que não parecem representar apenas as concepções da classe dominante, pelo contrário, tornam-se um espaço onde ocorre a disputa político-jurídica.

A diferença essencial, que surge a partir do "constitucionalismo social" do século 20, e vai marcar o debate sobre a constituição econômica, é o fato de que as constituições não pretendem mais receber a estrutura econômica existente, mas querem alterá-la. As Constituições positivam tarefas e políticas a serem realizadas no domínio econômico e social para atingir certos objetivos. A ordem econômica dessas constituições é diretiva ou "programática", incorporando conteúdos de política econômica e social. A constituição econômica que conhecemos surge quando a estrutura econômica se revela problemática, acabando a crença na harmonia preestabelecida do mercado. A constituição econômica quer uma nova ordem econômica, quer alterar a ordem econômica existente, rejeitando o mito da auto-regulação do mercado.

A característica essencial das constituições econômicas do século 20 é, portanto, o seu caráter diretivo ou programático. Essa característica é fruto da democracia de massas. A tentativa de incorporação da totalidade do povo no Estado passa a exigir a presença de uma série de dispositivos constitucionais que visam a alterar ou transformar a realidade socioeconômica. A reação a essa incorporação de temas de política econômica e social nos textos constitucionais gera boa parte do debate político-constitucional do século 20. Desse modo, a importância da Constituição Econômica é a possibilidade que ela abre de se analisar a totalidade da formação social, com suas contradições e conflitos. A Constituição Econômica, assim, torna mais clara a ligação da Constituição com a política e com as estruturas sociais e econômicas.

A Constituição de 1988 tem expressamente uma constituição econômica direcionada para a transformação das estruturas sociais. O capítulo da ordem econômica (artigos 170 a 192) tenta sistematizar os dispositivos relativos à configuração jurídica da economia e à atuação do Estado no domínio econômico, embora esses temas não estejam restritos a esse capítulo do texto constitucional. Nesse sentido, concordo com as afirmações de Eros Grau, para quem a "ordem econômica" não é um conceito jurídico. A "ordem econômica" apenas indica, topologicamente, as disposições que, em seu conjunto, institucionalizam as relações econômicas no texto constitucional, ressaltando-se que nem todas essas disposições estão abrigadas sob o capítulo da "ordem econômica", mas espalhadas por todo o texto.

Em sua estrutura, o capítulo da ordem econômica engloba, no artigo 170, os princípios fundamentais da ordem econômica brasileira, fundada na valorização do trabalho humano e na livre iniciativa, tendo por fim assegurar a todos uma existência digna de acordo com a justiça social. Dentre esses princípios, podem ser destacados, por exemplo, a soberania nacional, a função social da propriedade, a livre concorrência, a defesa do consumidor e do meio ambiente, a redução das desigualdades sociais e regionais e a busca do pleno emprego. Os artigos 171 a 181 versam sobre a estruturação da ordem econômica e sobre o papel do Estado no domínio econômico, instituindo, segundo Eros Grau, uma ordem econômica aberta para a construção de uma sociedade de bem-estar. O artigo 171, revogado em 1995, tratava da diferenciação entre empresa brasileira e empresa brasileira de capital nacional e, juntamente com o artigo 172 (exigência de um regime jurídico para o capital estrangeiro de acordo com os interesses nacionais), são corolários da soberania econômica (artigo 170, I), assim como os artigos 176 (propriedade estatal do subsolo e regime da exploração mineral) e 177 (monopólio estatal do petróleo e seus derivados e dos materiais nucleares). Os artigos 173 e 175 disciplinam a atividade econômica do Estado a partir da prestação de atividade econômica em sentido estrito (artigo 173, setor preferencialmente dos agentes privados) e dos serviços públicos (artigo 175, setor de titularidade estatal), bem como o regime jurídico das empresas estatais. O artigo 174 enuncia o Estado como agente regulador, fiscalizador e planejador da economia. Os demais artigos (178 a 181) tratam de setores específicos da atividade econômica, como transportes, turismo e tratamento favorecido às empresas de pequeno e médio portes.

Além desses princípios estruturantes, a ordem econômica da Constituição de 1988 engloba dispositivos que a tratam no espaço e no tempo. Nesse contexto, ela está configurada nas disposições sobre política urbana (artigos 182 e 183) e sobre política agrícola e fundiária e reforma agrária (artigos 184 a 191). Esses artigos versam, essencialmente, sobre a projeção da ordem econômica e seus conflitos no espaço. O artigo 192 é a projeção da ordem econômica no tempo, ao cuidar do crédito e do sistema financeiro. O conflito projeta-se no tempo, diferindo a escassez no tempo, pois se define, pelo crédito, como os recursos serão distribuídos, em suma, quem irá receber recursos no momento presente e quem não irá ou quando outros setores terão (ou não) esses recursos.

A Constituição de 1988 incorpora em seu texto, portanto, o conflito, muitas vezes ignorado pela doutrina jurídica. Essa incorporação do conflito ao texto constitucional, chamando formalmente a atenção sobre essas questões e determinando a necessidade de se encontrar soluções, é particularmente sensível e perceptível no capítulo da ordem econômica. Não é à toa que é nesse título que se travaram os grandes embates políticos e ideológicos nas discussões da Assembléia Nacional Constituinte. Também não por outro motivo que esse capítulo foi o mais desfigurado pelo intenso processo de reformas constitucionais neoliberais levado à cabo desde o governo de Fernando Henrique Cardoso. Será justamente na ordem econômica da constituição que os seus críticos encontrarão as "contradições" e os chamados "compromissos dilatórios", além das célebres "normas programáticas", que são o sinônimo de normas que não têm qualquer valor concreto. Ou seja, toda norma incômoda passa a ser classificada como "programática", bloqueando, na prática, a efetividade da Constituição e, especialmente, da constituição econômica e dos direitos sociais.

A batalha ideológica em torno da Constituição de 1988 é, assim, cada vez mais acirrada. As críticas conservadoras todas podem ser solucionadas, formalmente, por uma hermenêutica constitucional leal à constituição. Mas só isso não basta. Para resistir às críticas e tentativas de enfraquecimento e desfiguração da Constituição de 1988 é necessário sair do instrumentalismo constitucional, ou seja, da crença de que é possível mudar a sociedade, transformar a realidade apenas com os dispositivos constitucionais. Conseqüentemente, o Estado e a política são ignorados, deixados de lado. E é justamente por meio da política e do Estado que a Constituição e seus dispositivos relativos à reestruturação econômica e à transformação das estruturas sociais vão ser concretizados.

30.

O Orçamento Público

Luís Fernando Massonetto
Professor do Departamento de Direito Econômico e Financeiro da Faculdade de Direito da USP; doutor em Direito Econômico e Financeiro pela Faculdade de Direito da USP

O Orçamento Público é um instrumento legal com funções econômicas, políticas e jurídicas. Sua função econômica consiste na gestão racional e planejada dos recursos públicos e na busca da plena eficácia das políticas financeiras do Estado. Sua função política traduz-se no controle parlamentar das atividades fiscais do Executivo e na garantia do equilíbrio entre os poderes. Já a sua função jurídica é decorrente da função política e pode ser compreendida como uma limitação jurídica da administração, na medida em que o orçamento é uma autorização para parte substantiva da atividade financeira do Estado (Ver Antonio Sousa Franco. *Finanças públicas e direito financeiro*, vol. I, 4. ed., Coimbra: Almedina, 2004, pp. 338-341).

A Constituição da República de 1988 consagrou um capítulo exclusivo às finanças públicas, com destaque para as disposições que compõem a Constituição Orçamentária. Repercutindo uma tradição que acompanha todas as nossas constituições, manteve o foco nos princípios orçamentários, destacando, para além desses, a articulação entre orçamento e planejamento de curto, médio e longo prazos, o detalhamento do processo legislativo orçamentário e a prescrição de uma necessidade maior do controle das despesas estatais.

Dentre os princípios orçamentários consagrados na Constituição, destaca-se o princípio da unidade (art. 165, §5º), que prevê a consolidação de múltiplos orçamentos na lei orçamentária anual. Refletindo-se nas reformas institucionais dos anos 1980, a Constituição prevê que a lei orçamentária anual deve

compreender o orçamento fiscal dos poderes da União, seus fundos, órgãos e entidades da administração direta e indireta, inclusive fundações instituídas e mantidas pelo poder público; o orçamento de investimento das empresas em que a União, direta ou indiretamente, detenha a maioria do capital social com direito a voto; e o orçamento da seguridade social, abrangendo todas as entidades e órgãos a ela vinculados, da administração direta ou indireta, bem como os fundos e fundações instituídos e mantidos pelo poder público. Na perspectiva da transparência, determinou a unificação dos orçamentos. E mais: determinou a incorporação do orçamento monetário e do serviço da dívida ao orçamento geral da União, extinguindo-se a chamada conta-movimento do Banco do Brasil e consolidando o papel exclusivo do Banco Central como autoridade monetária.

Nesse sentido, a Constituição buscava garantir o pleno controle das atividades financeiras do Estado, evitando o observado nos períodos anteriores, com destaque à falta de controle das empresas estatais e à falta de transparência do orçamento monetário. Em outras palavras, buscava subordinar toda a atividade financeira do Estado às três funções primordiais do orçamento público. E mais, buscava construir uma racionalidade a serviço do planejamento, com destaque à articulação inédita entre a lei orçamentária anual e instrumentos legais de curto (lei de diretrizes orçamentárias) e longo prazos (plano plurianual).

Desse modo, é inegável que, para o legislador constituinte, o orçamento não era um fim em si mesmo, mas um instrumento democrático dirigido tanto ao controle das atividades financeiras do Estado como à objetivação do planejamento direcionado à efetivação dos direitos previstos na Constituição.

No entanto, passados 20 anos da promulgação do Texto Constitucional, algumas observações devem ser feitas. Se por um lado é inegável que as disposições sobre o orçamento público na Constituição de 1988 representaram importante avanço na perspec-

tiva institucional, aumentando a racionalidade econômica da atividade financeira do Estado, principalmente do arranjo entre o orçamento monetário e o orçamento fiscal, por outro não se pode deixar de observar alguns limites do Texto Constitucional. O principal deles diz respeito à própria falta de articulação entre o orçamento e a ordem econômica e financeira da Constituição, que acabou por isolar a Constituição Orçamentária. E esse isolamento foi crucial para a transformação do orçamento em instrumento formal, apartado dos objetivos da Constituição.

Nesse sentido, no lugar de instrumentalizar o Estado para a efetivação dos direitos assegurados pela Constituição e dos princípios da ordem econômica e financeira – entre eles o princípio da busca do pleno emprego –, o isolamento da Constituição Orçamentária acabou por viabilizar projeto distinto do projeto constitucional, com destaque à subordinação do orçamento fiscal ao orçamento monetário e à dogmatização do princípio do equilíbrio orçamentário, erigido à condição de meta primordial dos orçamentos públicos, principalmente após a edição da Lei de Responsabilidade Fiscal (Lei Complementar nº 101/2000). De modo que o orçamento público, longe de se refletir em um instrumento democrático a serviço dos direitos econômicos e sociais, tornou-se instrumento "técnico" dirigido à sanção da riqueza privada, por meio da subordinação da política fiscal à política monetária.

Assim, o balanço desses 20 anos de Constituição aponta a necessidade de aprofundar os mecanismos democráticos que marcam a evolução dos orçamentos públicos, realçando, na sua função política, a participação popular como princípio orçamentário. Para os próximos 20 anos, o aperfeiçoamento da Constituição Orçamentária tem de passar necessariamente pela articulação entre democracia participativa e planejamento, reaproximando as disposições sobre o orçamento dos demais direitos e garantias assegurados pela Constituição.

31.

A Justiça do Trabalho

Ives Gandra Martins Filho
Ministro do TST; mestre em Direito pela UnB; professor dos cursos de Pós-Graduação do CEU e do IDP

A Justiça do Trabalho, como ramo especializado do Poder Judiciário, se justifica pela *qualidade e quantidade* das demandas relativas à composição dos conflitos individuais e coletivos entre o capital e o trabalho. Por um lado, o *trabalho* sempre ocupou *lugar central* em torno do qual as pessoas organizam sua vida, merecendo tratamento diferenciado; por outro, na atualidade, ingressam anualmente na Justiça do Trabalho do Brasil cerca de *2 milhões de ações*. Assim, a dimensão laboral do ser humano e as estatísticas judiciais trabalhistas falam por si mesmas.

A especialização da Justiça do Trabalho decorreu da própria *especialização do Direito do Trabalho*. Desprendendo-se do Direito Civil, ligado ao contrato de locação de mão-de-obra, o contrato de trabalho mereceu tratamento diferenciado e detalhado (com *princípios hermenêuticos próprios*, como o da proteção, da irrenunciabilidade, da continuidade, da primazia da realidade etc.), ao ponto de exigir uma judicatura especializada na sua interpretação e solução de conflitos. Assim, a evolução da Justiça do Trabalho segue, *pari passu*, a evolução do próprio Direito do Trabalho.

No âmbito internacional, a *normatização* do Direito do Trabalho se desenvolveu em três grandes *fases*:

1ª) Normas Protetivas Mínimas para Mulheres e Menores e Reconhecimento dos Sindicatos – promulgação do Peel´s Act (1802), na Inglaterra, que tratava basicamente de normas protetivas de menores contra a exploração desumana a que eram submetidos, e do *Trade Unios Act* (1871), reconhecendo a legalidade das uniões de trabalhadores em defesa de seus direitos.

2ª) Constitucionalização e Internacionalização do Direito do Trabalho – com o final da 1ª Guerra Mundial e a criação da Organização Internacional do Trabalho (OIT), pelo Tratado de Versalhes (1919), os direitos e garantias dos trabalhadores passam a integrar o rol dos direitos sociais inseridos no bojo das Constituições de diversos países do mundo (movimento denominado *Constitucionalismo Social*). As primeiras são as Constituições do México (1917) e da URSS (1918), ambas calcadas em revoluções de cunho laicista, seguidas por outras de inspiração cristã (*Rerum Novarum*), como as Constituições da República de Weimar (1919), da Yugoslávia (1921) e do Chile (1925). Nesse contexto surge a Carta Del Lavoro, na Itália (1927), que inspirou nosso modelo trabalhista brasileiro.

3ª) Globalização e Crise do Emprego – a partir da década de 70 do século 20, as crises econômicas mundiais (a começar da energia) e a competitividade internacional levam à redução dos postos de trabalho (avanço tecnológico que substitui homens por máquinas), trazendo a lume novas formas laborativas, com terceirização generalizada, chegando-se a colocar em cheque a própria idéia de trabalhador empregado, com o conflito ideológico entre aqueles que pugnam pela manutenção intacta de todo o arsenal normativo de proteção ao trabalhador empregado e aqueles que se colocam como arautos de uma nova ordem que dispensaria a intervenção estatal castrativa da contratação formal e comprometedora da competitividade internacional (debate em torno da maior rigidez ou flexibilidade das normas legais trabalhistas).

No Brasil, não há como se falar em Direito do Trabalho antes da *extinção da escravatura*, em 1888, por meio da *Lei Áurea*. A partir daí, distinguem-se três fases de desenvolvimento:

1ª) Fase Embrionária (1888-1930) – em que surgem as primeiras normas legais disciplinando as relações laborais no segmento agrícola e cafeeiro de São Paulo e no setor de serviços do Rio de Janeiro e São Paulo, com proteção dos menores e reconhecimento do direito a férias.

2ª) Fase da Consolidação (1930-1945 a 1988) – desenvolvimento do modelo trabalhista e sindical brasileiro, a partir da Consolidação das Leis do Trabalho (1943) levada a cabo por *Getúlio Vargas*, e a progressiva edição da legislação extravagante ampliativa dos direitos sociais (repouso semanal remunerado, 13º salário, trabalho doméstico, trabalho rural, vale-transporte etc.).

3ª) Fase da Expansão (1988 até o momento) – marcada pela maior constitucionalização do Direito do Trabalho (quase uma "celetização" da Constituição Federal), na qual a ampliação de direitos (abono de férias, adicional de sobrejornada, estabilidade da gestante, multa rescisória etc.) se fez com a contrapartida da possibilidade de flexibilização dos principais direitos trabalhistas, que são a remuneração e a jornada de trabalho (CF, art. 7º, VI, XIII e XIV).

Na esteira da evolução do Direito do Trabalho no Brasil e no mundo, a Justiça do Trabalho surge como o instrumento de aplicação, defesa e interpretação do ordenamento jurídico trabalhista, de modo a solucionar o conflito capital-trabalho, pacificando a sociedade.

Os primeiros organismos especializados na solução dos conflitos entre patrões e empregados a respeito do contrato de trabalho surgiram na França, em 1806, sendo denominados *Conseils de Prud'hommes*. Caracterizavam-se pela *representação paritária* das categorias profissional e econômica e pela busca prioritária da conciliação.

No Brasil, a Justiça do Trabalho tem sua origem no *Conselho Nacional do Trabalho*, órgão criado em 1923 no âmbito do então Ministério da Agricultura, Indústria e Comércio, com funções consultivas e judicantes em matéria trabalhista e previdenciária.

Com a subida de Getúlio Vargas ao poder pela Revolução de 30, é criado o Ministério do Trabalho e, em 1932, as *Juntas de Conciliação e Julgamento* como órgãos de composição dos conflitos individuais de trabalho.

A Constituição de 1934 previu a Justiça do Trabalho com *caráter administrativo*, sendo estruturada com as JCJs, *Conselhos Regionais do Trabalho* e o CNT como órgão de cúpula do sistema. A Constituição de 1937 manteve essa mesma estrutura, até que a Constituição de 1946 deu *caráter jurisdicional* à Justiça do Trabalho, integrando-a ao Poder Judiciário, transformando os Conselhos em Tribunais (TST e TRTs).

A Justiça do Trabalho, tal como concebida desde a Constituição de 1934, com *representação classista e poder normativo*, manteve-se nas Constituições de 1967 e 1988. A Emenda Constitucional 24/99 *extinguiu a representação classista*, preservando, no entanto, o mandato dos que já haviam sido nomeados juízes classistas. Assim, as Juntas de Conciliação e Julgamento passaram a ser *Varas do Trabalho*, com um juiz do trabalho titular e outro substituto.

Já a Emenda Constitucional 45/04 *reduziu o poder normativo* da Justiça do Trabalho, condicionando seu exercício à vontade de ambas as partes envolvidas no conflito coletivo, ou ao ajuizamento do dissídio coletivo pelo Ministério Público em caso de greve em serviço essencial. Em compensação, a referida emenda *ampliou a competência da Justiça do Trabalho*, verificando-se a seguinte *evolução ampliativa da competência* dessa Justiça Especializada:

a) CF de 1967 (art. 142) — dissídios entre *empregados* e *empregadores* (só as relações de emprego estável);

b) CF de 1988 (art. 114) — dissídios entre *trabalhadores* e *empregadores* (abrangeu os trabalhadores avulsos e alcançou os trabalhadores desempregados);

c) EC 45/04 (CF, art. 114, I) — ações oriundas da *relação de trabalho* (incluindo trabalhadores eventuais, autônomos, temporários, cooperados etc.).

Quando da promulgação da CF de 1988, o STF julgou *inconstitucionais* os dispositivos da Lei nº 8.112/90 que atribuíam à Justiça do Trabalho competência para dirimir os dissídios individuais e coletivos dos *servidores públicos estatutários*, por entender que a relação estatutária não seria de natureza contratual. Daí que, não obstante a EC 45/04 falar de relação de trabalho, inclusive com entes públicos, apenas os que forem contratados por eles para empregos públicos ou prestação de serviços é que poderão ter suas demandas apreciadas pela Justiça do Trabalho, não tendo chegado a tanto a ampliação da competência dessa Justiça Especializada.

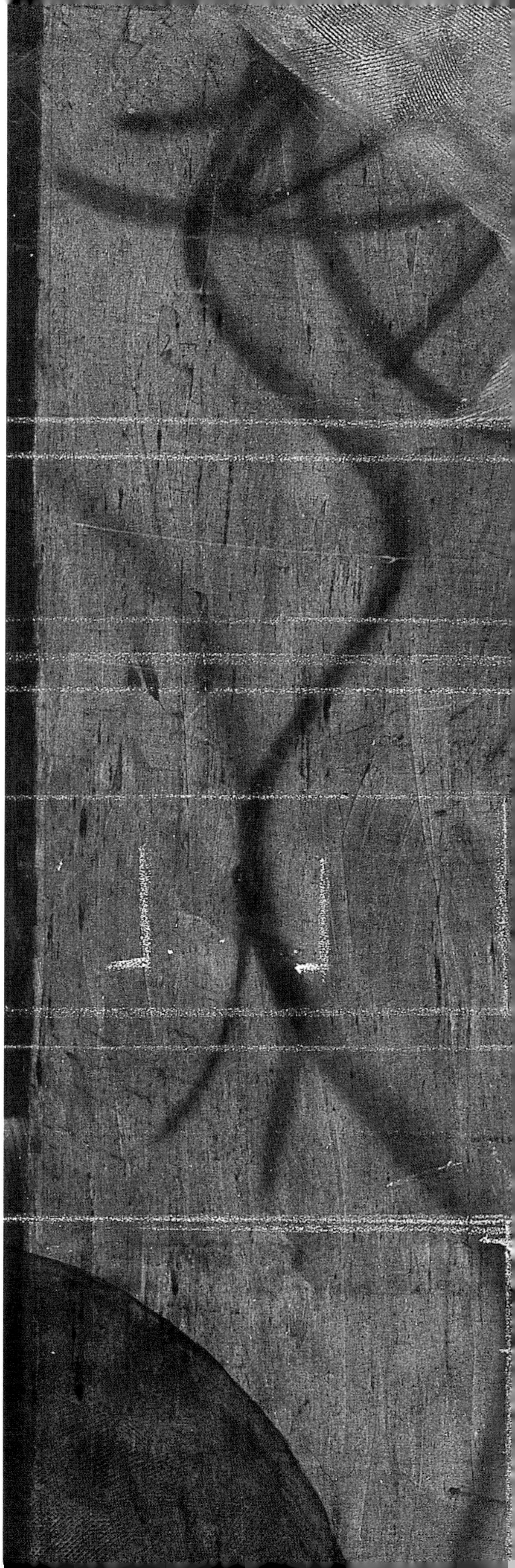

32.

O Ministério Público

Robério Nunes dos Anjos Filho

Doutorando em Direito pela USP; mestre em Direito pela UFBA; procurador regional da República; diretor do IBEC - Instituto Brasileiro de Direito Constitucional

Desde a instalação do Tribunal da Relação da Bahia, em 1609, no qual o procurador dos Feitos da Coroa e Fazenda exercia a função de promotor de justiça, o Ministério Público passou por profundas transformações, deixando para trás o modelo estereotipado de órgão de acusação criminal implacável para afirmar-se como instituição indispensável à democracia.

O primeiro dispositivo que mencionou a expressão *Ministério Público* no Brasil foi o art. 18 do Regimento das Relações do Império, de 1847. A Constituição de 1824, então vigente, apenas fazia referência ao procurador da Coroa e Soberania Nacional, e o Código de Processo Penal do Império, de 1832, disciplinava a escolha e as atribuições dos promotores de justiça. O Decreto nº 848/1890, o qual organizou a Justiça Federal, tratou o Ministério Público Federal como instituição. O procurador-geral da República ganhou *status* constitucional em 1891, texto que não fez maiores referências ao *Parquet*. A Constituição de 1934 criou o *quinto constitucional* como forma de acesso aos tribunais e cuidou do Ministério Público detalhadamente e sob viés institucional, dedicando-lhe capítulo específico, padrão que seguiria até os nossos dias, com exceção da Carta de 1937.

A Constituição Cidadã é um divisor de águas na história do órgão, que pôde alçar vôo rumo a novos e revolucionários horizontes, o que se deve a um tratamento inovador que aprimorou a instituição e a tornou única no mundo, a ponto de o modelo servir de inspiração para outros países. Afirmou que o Ministério Público é instituição permanente, essencial à função jurisdicional do Estado, incumbindo-lhe a defesa da ordem jurídica, do regime democrático e dos interesses sociais e individuais indisponíveis. Para bem cumprir sua missão, acabou com qualquer subordinação do *Parquet* aos poderes do Estado e conferiu-lhe independência, autonomia funcional, administrativa e financeira, iniciativa legislativa para temas do seu interesse e possibilidade de elaborar sua proposta orçamentária. Além disso, condicionou o ingresso na carreira à aprovação em concurso público e garantiu aos seus membros vitaliciedade, inamovibilidade e irredutibilidade de vencimentos (subsídios), impondo-lhes vedações. Previu expressamente os princípios institucionais da unidade, indivisibilidade e independência funcional e, implicitamente, assegurou o princípio do promotor natural.

Consoante a atual arquitetura constitucional, o Ministério Público abrange o Ministério Público dos Estados e o Ministério Público da União, o qual compreende o Ministério Público Federal, o Ministério Público do Trabalho, o Ministério Público Militar e o Ministério Público do Distrito Federal e Territórios. Há ainda o Ministério Público junto ao Tribunal de Contas, órgão específico, porém sem autonomia funcional, administrativa e financeira.

O *status* de instituição independente refletiu-se no tratamento do procurador-geral da República, chefe do Ministério Público da União. O cargo deixou de ser de livre escolha do presidente da República, que deve nomear entre integrantes da carreira, maiores de 35 anos, após a aprovação do nome pela maioria absoluta dos senadores, para mandato de dois anos, permitida a recondução. A exoneração passou a depender de autorização prévia da maioria absoluta do Senado. A independência se fez sentir também na nomeação dos procuradores-gerais de Justiça dos Estados e do Distrito Federal e territórios, escolhidos pelo chefe do Executivo para mandato de dois anos a partir de lista tríplice formada por integrantes da carreira, permitida uma recondução. A destituição dessas autoridades foi vinculada à deliberação da maioria absoluta do Poder Legislativo respectivo. A Constituição, assim, assegurou a independência dos chefes de todos os ramos do Ministério Público.

Quanto às funções institucionais, ao lado de algumas clássicas, como a promoção, agora privativa, da ação penal pública, foram introduzidas outras, como a de zelar pelo efetivo respeito dos poderes públicos e dos serviços de relevância pública aos direitos constitucionais, passando o *Parquet* a exercer papel de *ombudsman*. Também merece destaque a promoção do inquérito civil e da ação civil pública para a proteção do patrimônio público e social, meio ambiente e outros interesses difusos e coletivos, bem como a defesa judicial dos direitos e interesses das populações indígenas. Além disso, a Constituição confiou ao Ministério Público o controle externo da atividade policial e, ao nosso ver, deu-lhe poderes investigatórios.

A criação da Advocacia Geral da União, encarregada da consultoria jurídica e da representação judicial e extrajudicial da União, atribuições que eram do Ministério Público Federal, fez com que esse deixasse de ser instituição híbrida e passasse a se dedicar exclusivamente às funções ministeriais típicas, o que trouxe muitos benefícios.

A Lei nº 8.625/93 e a Lei Complementar nº 75/93, atendendo a determinação constitucional, disciplinaram a organização, as atribuições e o estatuto do Ministério Público dos Estados e do Ministério Público da União. O último diploma previu ainda as funções de procurador federal e de procuradores regionais dos Direitos do Cidadão, bem como as importantes atribuições eleitorais.

Esse quadro normativo foi aprimorado pela EC 45/2004 e proporcionou ao *Parquet* condições de exercer de maneira independente e condigna suas funções, especialmente quanto ao controle abstrato de constitucionalidade; ao combate ao crime organizado, à impunidade e à improbidade administrativa; ao controle externo da atividade policial; à defesa do patrimônio público e social, do meio ambiente, do patrimônio cultural, do consumidor, dos índios e minorias, dos direitos humanos e outros direitos e interesses difusos, coletivos, sociais, individuais homogêneos e individuais indisponíveis.

Dados do Conselho Nacional do Ministério Público, criado pela EC 45/2004 para controlar a atuação administrativa e financeira do Ministério Público e o cumprimento dos deveres funcionais de seus membros, indicam que em 2007 a instituição movimentou 11.520.443 processos judiciais em primeiro grau, dos quais 8.474.039 cíveis, 3.037.260 criminais, 7.903 trabalhistas e 1.241 militares. Nos tribunais de segundo grau houve 542.542 manifestações cíveis, 637.086 penais, 134.546 trabalhistas e 688 militares. A atuação da Procuradoria-Geral da República perante o STF e o STJ resultou em 33.396 intervenções cíveis e 37.010 penais. Sob responsabilidade dos membros do *Parquet* havia 5.244.388 inquéritos policiais, termos circunstanciados e procedimentos de investigação criminal tramitando, 688.720 pessoas foram denunciadas e foram feitas 322.721 promoções de arquivamento e 77.284 de extinção da punibilidade. Foram instaurados 63.004 inquéritos civis públicos e estavam em andamento outros 168.930. Tramitavam 39.038 ações civis públicas, 27.686 foram ajuizadas, 2.305 tiveram julgamento pela procedência e firmaram-se 41.571 termos de ajustamento de conduta. Foram propostas 16 ações diretas de inconstitucionalidade no STF e 378 nos Tribunais de Justiça.

A instituição ainda tem longo caminho a percorrer, devendo atentar para a necessidade permanente de aprimoramento, acompanhando novos desafios que se apresentam a cada dia no mundo complexo de hoje. Nesse sentido, algumas propostas podem ser particularmente importantes, como por exemplo a escolha do procurador-geral da República dentre membros do Ministério Público Federal a partir de lista tríplice elaborada por aquele órgão.

O saldo positivo da sua atuação judicial e extrajudicial, em todas as instâncias jurídicas e políticas, faz com que o Ministério Público seja cada vez mais reconhecido, não só pelos demais órgãos e poderes do Estado, mas especialmente pelo povo brasileiro, como instituição essencial à defesa da democracia e dos direitos fundamentais. Por isso, a força do Ministério Público descansa não só no texto da Constituição, mas principalmente na sua atuação legitimadora.

33.

O sistema tributário na Constituição

Ives Gandra da Silva Martins

Professor emérito da Universidade Mackenzie; foi titular de Direito Econômico e de Direito Constitucional na Universidade Mackenzie; presidente do Centro de Extensão Universitária

A evolução do projeto sobre o sistema tributário na Constituinte

Instalados os trabalhos constituintes e após a discussão do regimento interno, foi o Congresso com tais poderes dividido em 24 subcomissões, das quais uma delas dedicada ao sistema tributário.

A Subcomissão de Tributos estava vinculada à Comissão de Orçamento, Sistema Financeiro e Tributos, tendo como relator o deputado José Serra e presidente o deputado Francisco Dornelles. Os deputados Benito Gama e Fernando Coelho foram, respectivamente, o presidente e o relator da subcomissão.

Durante duas semanas ouviram os constituintes vinculados à comissão, além do meu, o depoimento dos seguintes especialistas: Fernando Rezende, Alcides Jorge Costa, Geraldo Ataliba, Carlos Alberto Longo, Pedro Jorge Viana, Hugo Machado, Orlando Caliman, Edvaldo Brito, Souto Maior Borges, Romero Patury Accioly, Nélson Madalena, Luís Alberto Brasil de Souza, Osíris de Azevedo Lopes Filho e Guilherme Quintanilha, passando a trabalhar, de rigor, com dois anteprojetos articulados que lhe foram levados, a saber: o preparado pelo Ipea da Secretaria de Planejamento e aquele levado por mim em nome do Iasp e da ABDF.

Os dois projetos tinham contextura clássica de um sistema rígido, embora fosse o do Iasp mais conservador e o do Ipea mais federalizado, no pressuposto de que a maior descentralização de receitas corresponderia maior descentralização de atribuições. No projeto do Iasp, a descrença de que os constituintes e o modelo federativo brasileiro voltar-se-iam para a dupla descentralização de receitas fosse mais tímida, visto que o projeto não hospedava matéria pertinente à descentralização de atribuições, como, de resto, também não hospedava o do Ipea.

O texto final da nova Constituição veio a demonstrar que os temores do nosso grupo eram mais fundados do que a profissão de fé apresentada pelo Ipea na dupla descentralização federativa: de receitas e de atribuições.

Do primeiro anteprojeto surgido da subcomissão, portanto, resultou projeto convergencial em que os alicerces fundamentais foram retirados dos dois esforços coletivos, posto que ambos os grupos (Iasp-ABDF e Ipea-Seplan) trabalharam em seu estudo por mais de um ano, servindo tal reflexão acadêmica de valiosa contribuição para os primeiros textos constituintes.

Deve-se notar que o anteprojeto Iasp/ABDF foi mais jurídico e o do Ipea mais econômico-financeiro, embora ambos cuidassem de aspectos jurídicos e econômicos.

O primeiro anteprojeto da Constituinte foi, de longe, o melhor produzido por aquela casa.

A partir das pressões exercidas, quando levado às Comissões de Tributos, Orçamento e Finanças, de Sistematização e, finalmente, ao plenário, sofreu o primeiro arcabouço legislativo notável "contribuição de pioria" dos demais constituintes, preocupados mais em aumentar receitas do que em proteger o direito dos contribuintes, fazer justiça fiscal e promover o desenvolvimento nacional.

Gradativamente foi sendo deformado até ser plasmado, de forma definitiva, nos termos que hoje se encontra na Constituição.

O sistema acarretou elevação considerável do nível da carga tributária para o cidadão, pela criação de novas formas de imposição, transferência acentuada de receitas e não de atribuições — da União, estando, a meu ver, veiculado de forma consideravelmente pior do que aquela que apresentei à Assembléia Constituinte, em nome do Iasp e da ABDF.

O sistema atual

O sistema tributário brasileiro foi plasmado nos artigos 145 a 156 da Constituição Federal.

O capítulo foi dividido em cinco partes, a primeira delas dedicada aos princípios gerais.

De rigor, são três: o princípio das espécies tributárias, as quais foram conformadas em cinco tipos diferentes (impostos, taxas, contribuição de melhoria, contribuições sociais e empréstimos compulsórios), o princípio da lei complementar e o princípio da capacidade contributiva.

Os dois últimos objetivam proteger o contribuinte contra o poder público. O primeiro determina que as normas gerais, os conflitos de competência entre os poderes tributantes e as limitações constitucionais do poder de tributar sejam formatados por lei complementar, que passa a ter caráter de lei nacional.

O outro exige que a imposição tributária não implique efeito de confisco, devendo ser respeitada a capacidade econômica dos contribuintes, sendo os impostos pessoais ou reais (diretos ou indiretos).

A secção segunda do capítulo do sistema faz menção às limitações constitucionais ao poder de tributar, assegurando seis princípios básicos, a saber: da legalidade, da equivalência, da irretroatividade, da anterioridade, da não-limitação de tráfego, da não-confiscatoriedade e das imunidades fiscais.

Tais princípios já estão, em parte, explicitados pelo Código Tributário Nacional, que ainda vige no que diz respeito às normas gerais.

As três últimas partes do capítulo são dedicadas aos impostos federais, estaduais e municipais.

No início, passou a União a ter competência impositiva sobre sete impostos (importação, exportação, renda, propriedade territorial rural, operações financeiras, produtos industrializados e grandes fortunas).

Com a EC 3, foi acrescido o IPMF (imposto provisório sobre operações financeiras), transformado depois em CPMF e extinto, após sucessivas prorrogações, em 31/12/2007. Como nunca entrou em vigor o imposto sobre grandes fortunas, arrecada a União seis impostos, lembrando, todavia, que repassa quase metade de seus ingressos concernentes ao IPI e ao Imposto de Renda para Estados e municípios.

Os Estados tiveram, em 1988, a outorga de quatro impostos (transmissões imobiliárias não-onerosas, operações relativas à circulação de mercadorias, adicional de Imposto de Renda e veículos automotores). A EC 3/93 retirou-lhes o adicional do Imposto de Renda, estando, hoje, com apenas três impostos e as transferências que receber da União.

Aos municípios pertiniram também quatro impostos em 1988 (sobre serviços, predial e territorial urbano, vendas a varejo e transmissões imobiliárias onerosas). A EC 3 retirou-lhes o Imposto sobre Vendas a Varejo, estando, hoje, com três impostos, além das transferências de Estados e União.

O sistema é caótico, com superposições de incidências e elevado nível de complexidade. Gera um custo fantástico de administração para contribuintes e para os diversos erários, facilitando a sonegação dolosa e impondo, para muitos setores, a inadimplência sobrevivencial como forma de evitar a falência.

Necessita, urgentemente, ser mudado.

O sistema que propus

Objetivando simplificar tal sistema caótico, redigi projeto de emenda mais racional e singelo, o qual foi encampado pela Federasul, Instituto dos Advogados de São Paulo, Comissão de Estudos Constitucionais do Governo do Estado de São Paulo e Sindicato Nacional dos Estabelecimentos de Ensino e apresentado ao Congresso Nacional para a revisão, subscrito pelos deputados Germano Rigotto, Renata Gordilho e Victor Faccioni.

O anteprojeto objetivava simplificar a estrutura tributária constitucional.

Para não alterar a numeração, mantive a seqüência de artigos do texto atual (145 a 162).

De rigor, mantive as cinco espécies tributárias, reduzi os impostos para quatro, além de manter a competência residual limitada aos impostos extraordinários. As contribuições especiais foram reduzidas a uma contribuição social incidente sobre as transações financeiras no limite de 0,4% sobre o valor da transação. As taxas passaram a ser exigidas apenas para serviços públicos e não mais para exercício do poder de polícia. Procurei separar sua conformação daquela própria do preço público. Por fim, os empréstimos compulsórios seriam instituídos apenas nos casos de guerra e calamidade pública.

No capítulo da partição de receitas tributárias, tornei todas as unidades federativas participantes do contraído elenco de tributos.

De certa forma, na discussão atual que se realiza entre uma proposta do governo e aquela do senador Dornelles, está a do eminente parlamentar mais na linha da minha proposta, com notável simplificação do sistema.

Até que seja aprovada qualquer reforma, todavia, o sistema que prevalece é aquele exposto no capítulo 2 desse trabalho.

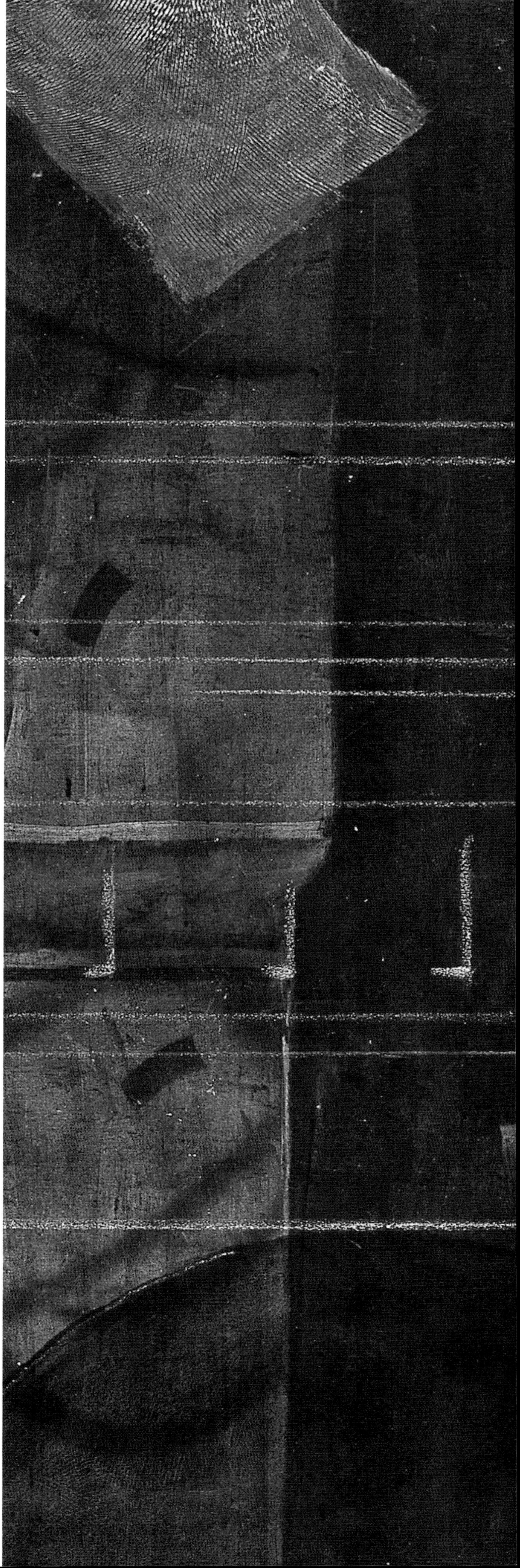

34.

A Constituição da República de 1988 e a atual reforma tributária no Brasil

Paulo de Barros Carvalho
Professor titular de Direito Tributário da PUC/SP e da USP; coordenador do programa de pós-graduação da PUC/SP; e chefe do departamento econômico e financeiro da USP.

É na Constituição da República que está a planta fundamental do sistema tributário brasileiro, como conjunto de diretrizes mediante as quais se torna possível a configuração das várias entidades cogitadas pelo constituinte. Seu desdobramento é tarefa infraconstitucional, porém dentro de mecanismos rigorosamente estabelecidos e que tolhem eventuais arroubos criativos do legislador ordinário. Se pensarmos nos efeitos da imposição tributária, tocando valores fundamentais como a propriedade e a liberdade, vê-se quão tênue é o espaço de manobra do legislador ao constituir os instrumentos jurídicos apropriados para esse fim. No Brasil, particularmente, há uma série de princípios, alguns como autênticos valores, bastantes em si, outros como limites objetivos que se preordenam, da mesma forma, à realização de estimativas, porém de maneira indireta.

Certo é que o texto da Constituição é o espaço, por excelência, das linhas gerais que informam a organização do Estado. Examinando o sistema jurídico de baixo para cima, cada unidade normativa encontra-se fundada, material e formalmente, em normas superiores. Invertendo-se o prisma de observação, verifica-se que das regras superiores derivam, material e formalmente, regras de menor hierarquia. A Carta Magna exerce esse papel fundamental na dinâmica do sistema, pois nela estão traçadas as características dominantes das várias instituições que a legislação comum posteriormente desenvolverá.

Com efeito, os valores e sobrevalores que a Constituição proclama hão de ser partilhados entre os cidadãos, não como quimeras ou formas utópicas simplesmente desejadas e conservadas como relíquias na memória social, mas como algo pragmaticamente realizável, apto, a qualquer instante, a cumprir seu papel demarcatório, balizador, autêntica fronteira nos hemisférios da nossa cultura. A propósito, vale a afirmação peremptória de que o direito positivo, visto como um todo, na sua organização entitativa, nada mais almeja do que preparar-se, aparelhar-se, preordenar-se para implantá-los.

Ora, a sociedade brasileira vive momentos de inquietação. O debate sobre matérias relativamente simples, cuja solução já se encontrava sedimentada na experiência jurídica nacional, mercê de remansosa e pacífica jurisprudência, apoiada em sólida doutrina, conduziu nossas consciências, de maneira vertiginosa, ao questionamento de princípios fundamentais, sem que pudéssemos perceber o que estava se passando. Aquilo que há de mais caro para a dignidade de um sistema de direito positivo foi posto em tela de juízo, desafiando nosso espírito e estimulando nossas inteligências, ao reivindicar uma tomada de posição firme e contundente. Chegando-se a esse ponto, não cabem mais tergiversações e os expedientes retóricos somente serão admitidos para fundamentar a decisão de manter a segurança jurídica, garantindo a estabilidade das relações reconhecidas pelo Direito, ou de anunciar que chegou o reino da incerteza, que o ordenamento vigente já não assegura, com seriedade, o teor de suas diretrizes, que as pomposas manifestações dos tribunais superiores devem ser recebidas com reservas, porque, a qualquer momento, podem ser revistas, desmanchando-se as orientações jurídicas até então vigentes, sem outras garantias para os jurisdicionados.

Trata-se de pura idealização pensar na possibilidade de funcionamento de um subsistema social qualquer sem a boa integração dos demais subsistemas que formam o tecido social pleno. Não cabe cogitar da implantação de um primoroso modelo econômico, por exemplo, sem a sustentação das estruturas políticas e jurídicas que com ele se implicam. As virtudes da Constituição de 1988, que são muitas, fizeram imaginar um Brasil avançado e democrático, em que os direitos e garantias dos cidadãos se multiplicariam em várias direções. Mas bastou a prática dos primeiros anos para nos fazer ver que as previsões da Carta Suprema não se concretizariam sem o suporte de um plano econômico consistente e amparado, por sua vez, em procedimentos políticos e administrativos compatíveis com as dimensões do projeto. Algumas expectativas se frustraram, é certo, mas ficou a lição da experiência, vivida intensamente na operosidade turbulenta do convívio social, caracterizado pela instabilidade de suas relações.

O sistema que temos foi forjado na prática das nossas instituições, nasceu e cresceu entre as alternâncias de uma história política agitada, irrequieta, no meio de incertezas econômicas internas e externas. Aquilo que de negativo se lhe atribuem nem sempre corresponde à realidade. Antes, porém, revela posturas de cunho ideológico conhecidas de outras circunstâncias. Querem mudar o sistema em nome de uma simplificação mais retórica do que efetiva; em nome da "racionalidade", princípio de difícil identificação, uma vez que dele precisamos para dele falarmos; em nome, até, de uma "progressividade" que viria a imprimir projeção mais dinâmica e justa à administração de certos gravames. Mal se lembram, contudo, que a Constituição de 1988 determinou que o Imposto sobre a Renda e Proventos de Qualquer Natureza fosse progressivo e, "curiosamente", a partir desse marco a legislação infraconstitucional passou a adotar tabela com apenas duas faixas de alíquotas para a pessoa física, além da de isenção, negando acatamento ao princípio superior, de redação cristalina.

Aspirar à simplificação, à racionalidade, à eficiência econômica, à eficiência administrativa, à progressividade, ao fortalecimento da federação e da autonomia municipal é o lugar-comum de todos aqueles que se referem, em tom retórico, ao sistema tributário nacional. Considerá-lo, porém, como eficiente produto da experiência jurídica, política e econômica do nosso país, curtido, demoradamente, no dia-a-dia das discussões administrativas e judiciais, bem como no pensamento acurado da dogmática, é algo que aponta para sugestões de muito equilíbrio e prudência. Mexer em alguma coisa que apresenta tal rendimento, com respostas ágeis e prontas aos estímulos da sociedade, como tem sido iterativamente demonstrado, é um passo difícil e pode deixar marcas indesejadas.

Devemos reconhecer, por outro lado, que a carga tributária no Brasil é excessiva, sufocando setores da economia e afetando a competitividade dos produtos nacionais, além de outros desvios que não escapariam à atenção de um observador pouco exigente do cotidiano. Entretanto, sob pena de erro histórico irreparável, essas anomalias não podem ser atribuídas ao sistema, que em si mesmo é bom, capaz de propiciar arrecadações vultosas aos cofres do poder público, e está preparado para operar de muitas maneiras diferentes. Em suma, creio que o sistema tributário nacional possa ser acionado de formas positivas, levando-se às últimas conseqüências diretrizes constitucionais que estão aí, à nossa frente e, por uma série de razões, não foram ainda mobilizadas.

Eis um ponto de real interesse para o programa de uma reforma constitucional, que envolve diretamente o bom funcionamento das instituições, garantindo o contribuinte e o próprio Estado-administração contra excessos que a Carta Magna esteve longe de conceber e de autorizar. Por que não aproveitarmos o ensejo para estabelecer os limites que estão faltando? Por que não emendarmos a Constituição em trechos como esse, atendendo às reivindicações dos especialistas, para aperfeiçoar um sistema que vem sendo construído como a projeção do sentimento histórico da sociedade brasileira? Essas sim são as mudanças concretas que o sistema tributário pede em nome da segurança jurídica e dos princípios constitucionais tributários fundamentais, na maioria explícitos, e a legislação infraconstitucional deve acatar, em toda a latitude.

35.

A experiência da Constituição Estadual

Zeno Veloso

Professor de Direito Civil na Universidade Federal do Pará - UFPa e de Direito Constitucional Aplicado na Universidade da Amazônia - Unama; membro da Academia Brasileira de Letras Jurídicas; relator-geral da Assembléia Constituinte do Estado do Pará

A doutrina do Poder Constituinte teve uma de suas primeiras e sólidas manifestações na obra clássica e essencial de Sieyès - *Que é o terceiro Estado? = Qu'est-ce que le tiers État?* Hoje, o tema se acha pacificado e são poucas as dúvidas que remanescem. Uma distinção fundamental é estabelecida: Poder Constituinte Originário e Poder Constituinte Instituído.

É o povo o titular do Poder Constituinte Originário, que age representado por uma Assembléia. Esse poder se manifesta quando ocorre uma revolução, e a expressão é utilizada, aqui, como o movimento social profundo - armado ou não -, que tem força para criar, mudar, transformar e estabelecer uma nova organização social, política e jurídica. Esse poder se materializa com a outorga de uma Constituição, de uma lei fundamental que estrutura o Estado e impõe uma ordem jurídica.

A doutrina indica três características essenciais do Poder Constituinte Originário: ele é *inicial, ilimitado e incondicionado*. Penso que as três se resumem na primeira.

Inicial porque não se baseia na ordem jurídica anterior - se havia uma -, ao contrário, quer substituí-la, vem fundar uma nova ordem jurídica, com base em princípios ideológicos e políticos que, na maioria dos casos, conflitam radicalmente com os que vigoraram no passado.

Por ser inicial, por não estar regido pelo direito pretérito, é ilimitado, atua com autonomia, mais do que isso, age com soberania, sem óbices, sem restrições, não tendo de respeitar o direito velho - não raro, caduco. Trata-se, entretanto, de uma ilimitação jurídica. Há, sem dúvida, uma limitação que decorre das regras morais, do respeito aos direitos humanos, à dignidade da pessoa humana, aos ideais da opinião pública. Para Sieyès, antes da nação e acima da nação existe o direito natural, e esse, numa perspectiva jusnaturalista, imporia limites à atuação do Poder Constituinte Originário.

Por último, esse poder é incondicionado, não estando sujeito a qualquer forma ou procedimento para se exprimir e manifestar.

A Constituição, obra do Poder Constituinte Originário, não significa algo que não se pode mexer, alterar, atualizar. Não é produto pronto e acabado, mas, até em razão de mutações sociais, precisa ser melhorado, modificado, complementado. A própria Constituição, pois, num gesto de humildade e de sabedoria, pode-se dizer, admite a existência do Poder Constituinte Instituído ou Derivado – também chamado remanescente, constituído, reformador ou de segundo grau – que, por sua vez, é limitado, subordinado. No fundo e na forma, seu exercício é condicionado, contido. A própria Constituição estabelece o procedimento, o modo de agir, o mecanismo de atuação desse poder reformador, que é o Congresso Nacional.

A forma da emenda à Constituição vem rigorosamente descrita na Carta Magna (art. 60). Além de ficar jungido às disposições processuais, prescritas para emendar a Lei Maior – que é uma Constituição rígida, ressalte-se –, o Poder Constituinte Instituído tem, ainda, que observar limitações circunstanciais e materiais. As limitações materiais podem ser expressas ou explícitas e implícitas ou tácitas. No art. 60, § 4º, a Constituição preexclui alguns temas ou matérias do poder reformador, apresentando-se, então, o núcleo imodificável, o núcleo duro, intangível, da Lei Maior, suas chamadas *cláusulas pétreas*.

Em síntese, o Poder Constituinte Instituído é um poder designado para modificar, emendar a Constituição, sendo, como vimos, condicionado, vinculado. Sua atuação é balizada. Deve ele fieldade às idéias matrizes, ao sistema global, às opções essenciais, aos fundamentos éticos, às aspirações sociais e políticas do povo, consagrados na obra do Poder Constituinte Originário, inicial ou fundante. Tem de respeitar, especialmente, o direito adquirido.

Passados 20 anos da promulgação de nossa Constituição, o número de emendas constitucionais – sem contar as emendas de revisão – é exagerado: 56. Com certeza, isso não é sinal de maturidade política, de prudência, e, ao contrário, funciona como um indicador da banalização com que a matéria vem sendo tratada, infelizmente, em nosso país.

O Poder Constituinte Originário adotou para o Brasil a forma federal de Estado. A soberania é atributo da União, do Estado federal como um todo. Os Estados membros (ou Estados federados) gozam de autonomia, que corresponde à descentralização do poder (uma característica marcante das federações). Autonomia significa capacidade de auto-organização, de autolegislação, de autogoverno e de auto-administração.

O elemento mais saliente – e importante – da autonomia do ente federado é a auto-organização. O art. 25, *caput*, da Constituição Federal afirma que "Os Estados organizam-se e regem-se pelas Constituições e leis que adotarem, observados os princípios desta Constituição". Assim, o Estado membro tem uma Constituição e, portanto, um Poder Constituinte que a elaborou. A grande questão que surge é: qual a natureza, a extensão desse Poder Constituinte estadual?

Se a Constituição Federal é a Lei Maior, o supremo fundamento de validade da ordem jurídica nacional, é ela que autoriza, também, a organização da ordem jurídica parcial.

Temos, então, o Poder Constituinte Originário, que é nacional; o Poder Constituinte Instituído, que recebeu do primeiro a incumbência de reformar a Constituição Federal, observados os limites e restrições impostos; e temos o Poder Constituinte da entidade componente do Estado federal, ao qual Manoel Gonçalves Ferreira Filho denomina Poder Constituinte Decorrente, que, de certo ponto de vista, é modalidade do Poder Constituinte Instituído, pois também foi previsto, admitido e balizado pelo Poder Constituinte Originário.

Previu a Carta Magna, no art. 25, *caput*, que os Estados membros organizam-se e regem-se pelas Constituições e leis que adotarem, e o art. 11 do ADCT mencionou: "Cada Assembléia Legislativa, com poderes constituintes, elaborará a Constituição do Estado, no prazo de um ano, contado da promulgação da Constituição Federal, obedecidos os princípios desta."

A grande questão que se apresentou aos deputados estaduais, incumbidos de elaborar a Constituição do Estado membro, foi a de saber a medida de sua atuação, os limites de sua atividade. O que tinham de seguir, inevitavelmente; o que haveriam de copiar; o que podiam criar? Até onde ia a liberdade dos mesmos? E essas foram e são questões tormentosas.

As Assembléias Legislativas, com poderes constituintes conferidos pela Carta Magna, tiveram enorme dificuldade de superar barreiras, distinguir competências, seguir modelos, atender à diversidade regional, vencer obstáculos, para estabelecer normas de organização do Estado membro, atendendo às suas peculiaridades, e que não contrariassem os princípios explícitos ou implícitos da Constituição Federal, inclusive o poderoso "princípio da simetria", que é sempre invocado, e não são poucos os que negam a sua existência – inclusive este autor. Apesar das atenções e cuidados, que, de modo geral, foram seguidos, o STF acabou com alguns sonhos descentralizadores e declarou a inconstitucionalidade de muitos dispositivos de Constituições estaduais, considerando que houve excesso, violação de princípios, quebra do padrão da tripartição de poderes etc.

No Estado do Pará, a Assembléia Constituinte conseguiu elaborar uma Constituição que inovou bastante, no que foi possível, tanto assim que basta lê-la para concluir que não representou simples cópia da Constituição Federal. Dados os limites de espaço, vou indicar, em seguida, alguns poucos artigos da Carta paraense que dão testemunho desse espírito criativo do legislador.

O art. 8º da Constituição do Estado do Pará prevê que a iniciativa popular pode ser exercida pela apresentação à Assembléia Legislativa de projetos subscritos por, no mínimo, 0,5% do eleitorado do Estado, e o parágrafo único acrescenta: "Tratando-se de projeto de emenda à Constituição, os subscritores devem estar distribuídos, pelo menos, por dez municípios e, no caso de projeto de lei, no mínimo, por cinco municípios, sendo necessário, em qualquer hipótese, o mínimo de três décimos por cento dos eleitores de cada município."

O art.10 afirma que a cidade de Belém é a capital do Estado do Pará, e o parágrafo único ressalva: "O governador, com autorização da Assembléia Legislativa, poderá decretar a transferência da capital, temporariamente, para outra cidade do território estadual."

O art. 13, § 2º, estatui: "O Arquipélago do Marajó é considerado área de proteção ambiental do Pará, devendo o Estado levar em consideração a vocação econômica da região, ao tomar decisões com vistas ao seu desenvolvimento e melhoria das condições de vida da gente marajoara."

O art. 34, § 2º, prevê: "O concurso público será realizado, preferencialmente, na sede do município ou da região onde o cargo será provido". No dito art. 34, o § 5º aponta: "Viola o direito constitucional o agente público que delonga a nomeação do classifi-

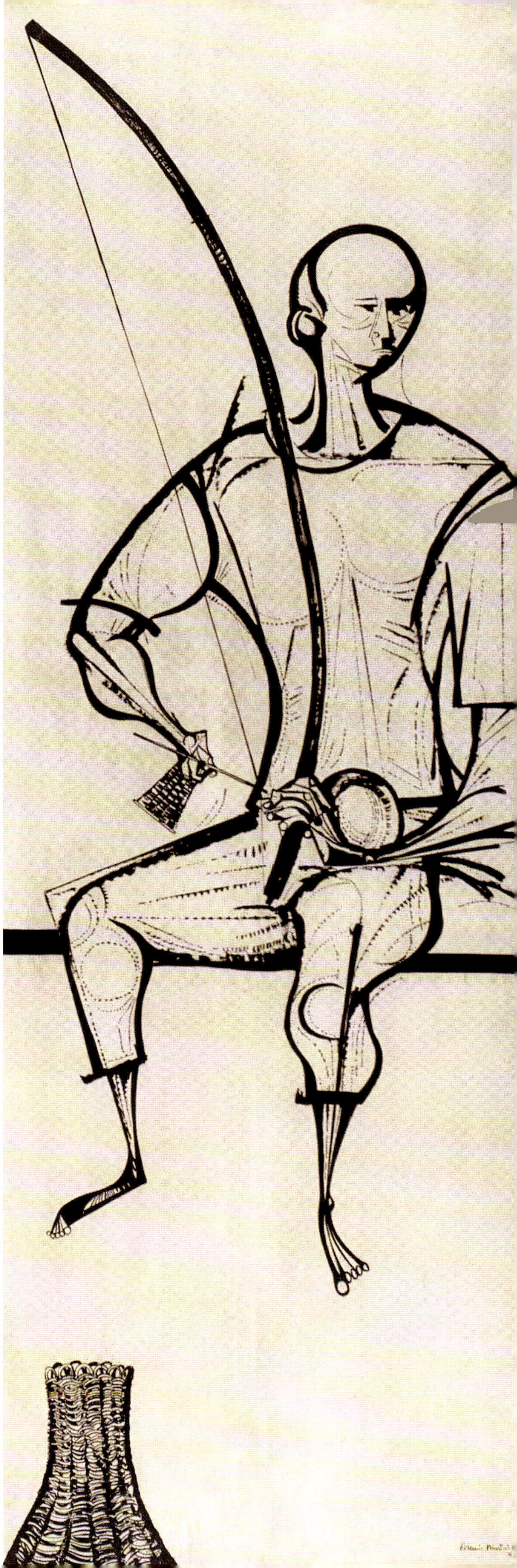

cado em concurso público, com vistas ao escoamento do prazo de validade do mesmo, para a realização de novo concurso."

O art. 83, § 1º, afirma: "É vedada a criação de município inviabilizando economicamente o município de origem."

Na forma do art. 101, § 4º, as CPIs serão criadas a requerimento de um quinto dos membros da Assembléia Legislativa, independentemente de aprovação plenária.

O art. 111, querendo evitar a eternização de projetos, o amortalhamento dos mesmos nas comissões, estatui: "Decorridos 60 dias do recebimento de um projeto, o presidente da Assembléia, a requerimento de qualquer deputado, mandará incluí-lo na ordem do dia, para discussão e votação, com ou sem parecer."

O art. 122 toma partido num tema que suscita, ainda, alguma discussão: "O Tribunal de Contas do Estado prestará suas contas, anualmente, à Assembléia Legislativa, no prazo de 60 dias da abertura de sessão legislativa."

O art. 151, VII, ordena: "O juiz titular residirá na respectiva comarca, dela não podendo ausentar-se sem prévia e expressa licença do Tribunal de Justiça do Estado, salvo em férias, ou nos casos de necessidade urgente, notificando o tribunal."

"Cada município é sede de comarca", diz o art. 154.

Os arts. 176 e 177 regularam o Conselho Estadual de Justiça, para exercer a fiscalização e acompanhamento do desempenho dos órgãos do Poder Judiciário, mas o STF declarou a inconstitucionalidade desses artigos. Registre-se que se tentou, no Pará, instituir um conselho dessa natureza, muitos anos antes da EC 45/2004, que introduziu o art. 103-B na Constituição Federal e criou o Conselho Nacional de Justiça – CNJ.

O art. 307 estabelece critérios e ordem para a nomeação dos conselheiros do Tribunal de Contas do Estado e do Tribunal de Contas dos municípios.

Finalmente, o art. 336 e seu parágrafo único bem demonstram o espírito democrático e a visão de futuro do legislador constituinte paraense: "Art. 336. O princípio da igualdade deve ser aplicado pelo poder público, levando em conta a necessidade de tratar, desigualmente, os desiguais, na medida em que foram ou sejam injustamente desigualados, visando à compensar pessoas vítimas de discriminação." "Parágrafo único: Dentre outras medidas compensatórias, tomadas para superar desigualdades de fato, incluem-se as que estabelecem preferências a pessoas discriminadas a fim de lhes garantir participação igualitária no mercado de trabalho, na educação, na saúde e nos demais direitos sociais."

36.

República

Walber de Moura Agra
Mestre pela UFPE; doutor pela UFPE/Universitá degli Studi di Firenze; pós-doutor pela Université Montesquieu Bordeaux IV; professor da Universidade Católica de Pernambuco; Diretor do Ibec – Instituto Brasileiro de Estudos Constitucionais

O conceito de República fora logo agasalhado no artigo primeiro da Constituição Cidadã de 1988, o que expressa sua importância. A definição de seu conteúdo, bem como o de Republicanismo, conjunto de idéias que alicerçam o primeiro étimo, é um tanto complicada, já que sua essência semântica é assaz utilizada como signo de poder, assumindo diversos conteúdos de acordo com o objetivo almejado. Seu significado configura-se como principiológico, sendo, portanto, vago e indeterminado, permitindo designar movimentos políticos que ocorreram em diversos países, com algumas características semelhantes, mas que também apresentam elementos diversos.

Por essa razão, o conceito de República deve ser estruturado com base em um radical comum que o caracteriza. De forma bastante concisa, podemos elencar suas principais características: a) negação de qualquer tipo de dominação, seja por meio de relações de escravidão, de relações feudais ou de exploração salarial; b) defesa e difusão das virtudes cívicas; c) estabelecimento de um Estado Democrático Social de Direito; d) construção de uma democracia participativa; e) incentivo ao autogoverno dos cidadãos; f) implementação de políticas que atenuem a desigualdade social, com a efetivação da isonomia substancial.

A República não significa somente o triunfo sobre uma forma tradicional de organização política, a monarquia, mas representa um profundo significado social. Sua dimensão moral, as virtudes civis, remodela as relações sociais, firmando-as sob o parâmetro da liberdade, da igualdade, do autogoverno e do respeito à *res* pública. De maneira concisa, pode-se dizer que é um modelo de estruturação política da sociedade que permite aos seus cidadãos, com plena liberdade, desenvolver sua vida com a finalidade de obter o maior nível possível de satisfação de suas necessidades. Para alcançar os objetivos mencionados, ele precisa ser estruturado sobre leis que possam ordenar sabiamente seu funcionamento, formuladas por legisladores prudentes, e necessita assegurar tranqüilidade aos cidadãos.

Concebendo o conceito analisado como forma de governo, ele significa o modo pelo qual o poder se estrutura e se organiza, definindo o *status* de sua situação jurídica, bem como delineia as esferas nas quais os cidadãos se relacionam com as autoridades públicas. Ela analisa os órgãos componentes do Estado, estabelecendo o modo como funcionam e sua relação com a sociedade e com os outros órgãos do aparelho estatal. É a forma de governo antagônica à monarquia, que evoluiu de um modelo absolutista, no qual o rei era considerado onipotente, para um modelo constitucionalista, no qual reina, mas não governa.

Por esses motivos, a República é a forma de governo que consegue aglutinar um grande apoio popular em torno de seus ideais, enquanto a forma de governo monárquica não ostenta tamanho nível de legitimação.

Uma condição imperiosa para a construção de uma sociedade estruturada sobre valores republicanos é a necessidade de que a atuação política dos cidadãos seja virtuosa, pautada no escopo da obtenção do bem comum ao invés de almejar a realização de interesses privados. Outra condição é que a população deve ter responsabilidade pelas escolhas tomadas pelo Estado, partindo da concepção de participação política como um poder-dever de todos. Os cidadãos têm o direito de formar seu autogoverno, decidindo que tipo de sociedade querem construir.

Os ideais republicanos são frontalmente contrários a qualquer tipo de tirania em que haja a sujeição de um cidadão à vontade arbitrária de outro. Não uma tirania circunscrita aos cânones liberais, restrita ao arbítrio dos entes estatais, mas englobando também imposições por parte de entes privados, em que a *lex mercatoria* prepondera em relação ao regime democrático e substitui o bem comum como finalidade dos órgãos estatais. A forma atual de opressão não é mais a de um rei absoluto que subjuga o povo, mas de conglomerados privados que se apropriaram do Estado para que esse possa satisfazer seus interesses sem levar em conta as necessidades da população.

O étimo ora analisado, independentemente da vertente sob enfoque, é avesso a qualquer tipo de dominação, "*uomo senza padroni*", compreendido na determinação de obrigação ou conduta, contra a vontade do cidadão, sem amparo em dispositivo legal. Dessa característica deflui outra, não menos importante, a vedação de qualquer tipo de interferência indevida nas relações sociais, que sujeita uma pessoa a outra por meio de uma coação arbitrária.

Apresenta grande relevo para os republicanos o conceito de homens livres (*free men*), aquele que não está submetido à escravidão, liberto das amarras do domínio, guiado apenas por sua autodeterminação. É um homem que pode escolher seus caminhos e os caminhos da sociedade, que tem responsabilidade não apenas por seu futuro, mas se preocupa com o coletivo porque está inserido na *polis* e com ela mantém fortes relações simbióticas.

O conceito de dominação é amplo, pondendo, aprioristicamente, ser conceituado quando existe uma interferência arbitrária, fazendo com que um cidadão seja colocado sob a dependência de outrem. É impedimento a uma ação, obstáculo à concretização da autodeterminação. Contudo, não se configura dominação quando há mitigação na conduta ou ação com arrimo em parâmetros legais porque as normas são instrumento da democracia para estruturar a sociedade consonante os interesses coletivos.

O conceito de República traz uma revalorização das virtudes cívicas da *polis*, acarretando uma nova modulação no conceito de política. Os republicanos não a consideram como um espaço em que grupos de interesses diversos se digladiam para a obtenção de seus objetivos, valoram o espaço político como seara de responsabilidade de todos os cidadãos, como a zona em que as decisões devem ser construídas, contando com a participação de todos, uma área em que a participação de cada um é igual, sem brechas para discriminações ou outras formas de preconceitos. A política é o *locus* onde preponderam os interesses coletivos, com a finalidade de realizar o bem comum, sem apego a interesses pessoais, com o seu conteúdo preenchido por princípios éticos.

A finalidade maquiavélica da política de conseguir o poder e mantê-lo por todos os meios disponíveis não é aceitável para os republicanos. A política se configura como o instrumento para a defesa da *res* pública, pautada por princípios traduzidos nas virtudes cívicas, que exigem dos representantes populares dignidade para com o trato da coisa pública e desprendimento em prol dos interesses coletivos.

A participação nas decisões políticas, por si só, é considerada como um prazer e um privilégio, sem precisar de conotações pecuniárias ou proximidade com o poder. A finalidade de cada componente da sociedade é servir aos interesses coletivos, mesmo que para isso seja imperioso o sacrifício de seus próprios interesses pessoais.

O núcleo axiológico da República são as virtudes cívicas. Elas são o substrato que alicerça a construção de uma cidadania ativa, em que cada cidadão, além de ser parte integrante da comunidade, é também ator das decisões políticas e une seu destino e suas aspirações ao interesse geral da coletividade. Portanto, o objetivo da difusão das virtudes cívicas é a construção de uma participação ativa, que se configura como uma das condições para que a República assegure a liberdade dos membros da sociedade e evite a instituição de regimes totalitários. Segundo John Pocock elas representam, antes de tudo, um ideal de ação e não apenas uma justificação para o próprio comportamento.

As virtudes cívicas devem formar nos cidadãos um *ethos* comum, *sensus communis*, que se reflita em uma comunidade naturalmente integrada, com a missão de incutir nos cidadãos os valores de respeito à *res* pública, entendida como uma prerrogativa da sociedade, com uma idéia própria de bem comum, protegida pela participação ativa da população nas decisões políticas. Elas podem ser condensadas em um denominador, que seria a construção de uma sociedade livre, um Estado democrático de bem-estar, cimentando as relações sociais por meio de "forte nexo vital ético", o que garante a harmonia social, fazendo com que todos se sintam parte integrante da comunidade.

Não se pode conceber a instituição de uma República sem a presença de um regime democrático. Uma das características mais marcantes do republicanismo é que as decisões políticas sejam tomadas pela população, depois de amplo debate político que esclareça a temática abordada, e permitam uma escolha consciente. A Democracia é o único regime político que possibilita autogoverno por parte dos cidadãos, alicerçado na idéia de cidadania ativa.

A finalidade da República é garantir a liberdade, e ela pode ser mais bem protegida pelo autogoverno dos cidadãos, *self-government*, possibilitando ao Estado realizar o bem comum da população. Somente quando todos participarem das decisões políticas é que se pode assegurar o livre arbítrio e a autodeterminação. Uma sociedade em que o povo não participa das escolhas efetuadas pelos órgãos estatais não pode garantir os direitos de seus membros e, portanto, é uma sociedade onde imperam a dominação, o arbítrio e o medo.

O autogoverno requer que todo cidadão tenha o mesmo direito de intervir nos negócios políticos da sociedade, sem distinção de classe social, grau intelectual ou preferência política. Quanto maior for o nível de participação política nos procedimentos democráticos, maior serão seu grau de legitimidade e o nível de eficácia das estruturas normativas. As restrições ao processo democrático apenas podem ser estabelecidas por lei com a finalidade de robustecer o autogoverno.

37.

Uma filosofia constitucional comum

Paulo Ferreira da Cunha

Catedrático de Direito Constitucional e Filosofia do Direito; doutor em Direito das Universidades de Paris II e Coimbra; agregado em Direito, especializado em Ciências Jurídicas Públicas

Uma saborosa palestra de Rogério Ehrhardt Soares, do tempo da gênese da Constituição Cidadã brasileira, sugere ao nosso espírito uma primeira tese: entre a Constituição brasileira (CF) e a portuguesa (CRP) há, antes de mais nada, uma comunhão, dentro de um quadro muito geral: o do *conceito ocidental de Constituição*.

Tal verificação, que, por óbvia, não necessita explanação – *qui mieux abreuve, mieux preuve* – leva-nos a algumas outras. A segunda é que, no contexto das constituições ocidentais, ambas são, obviamente, constituições da modernidade, voluntárias (e até um tanto voluntaristas), e codificadas e, não, históricas, naturais, sedimentadas pelo costume.

Contudo, há entre a CF e a CRP mais uma similitude, não-exclusiva, porém: tal como, *v.g.*, a Constituição da República Federal Alemã e a Constituição italiana, anteriores à portuguesa, e a Constituição espanhola, a essa ulterior dois anos, e as Constituições dos países lusófonos, são Constituições com uma particular sensibilidade social. E a CF, desde logo no seu Preâmbulo, posiciona-se ainda mais na vanguarda de uma compreensão multidimensional dos valores, dos princípios e dos direitos, incorporando maior abertura a novos direitos e realidades, sem contudo esquecer a sua matriz na liberdade e nos direitos sociais.

O perigo que alguns viam de uma pletora de direitos acabou por se verificar sem razão, ante até o olvido dos mesmos, em grande medida, na dimensão fisiológica do poder e do direito. Acabando os direitos por ter uma reelaboração jurisprudencial e doutrinal que os reponderou. Sobretudo os direitos econômicos e sociais, que os tribunais tomam em geral a sério, mas nem sempre outros atores sociais e até institucionais. Aí, a "constituição viva" brasileira vai na vanguarda, na medida da enorme pujança do seu Direito Constitucional acadêmico, da riqueza dos seus instrumentos constitucionais (remédios) inovadores e da sua jurisprudência atuante.

Mas a filosofia da CF e da CRP será comum? Sim, porque em todos os níveis apontados há similitude: no ser ocidental, moderna (liberal) e pelos direitos do Estado social.

E, curiosamente, também na constituição "real", essa das forças sociopolíticas no terreno, *mutatis mutandis*, se diria que há coincidência. Pois de um e do outro lado do Atlântico conflituam os defensores do Estado social e os adeptos do próprio desmantelamento do Estado, advogados da hipertrofia da mão invisível. Portanto, também na dialética entre teoria e prática, as mesmas questões se colocam, pelo fenômeno geral da globalização.

Onde melhor se pode aquilatar de uma filosofia constitucional? Além do cunho da Constitução, que já vimos ser liberal na fórmula política (porque moderna e codificada) e social na social, cultural e econômica, o que mais exprime uma filosofia constitucional são os valores.

Ainda aqui a concordância de fundo é total, com uma muito saudável diferença de forma; própria, como é natural, de idiossincrasias diferentes.

Pode dizer-se que os valores políticos fundamentais da CRP se plasmaram de forma mais implícita do que explícita, e que seria curiosamente a Constituição espanhola de 1978 a repristiná-los, colocando-os em ordem (embora com uma idiossincrasia local que os desvirtuou, mercê de uma cautela exagerada: que levou à consideração anômala do "pluralismo político" como "valor"). Assim, os grandes valores da CRP, à luz da Constituição espanhola já lida sem cuidados espúrios, são: a liberdade, a igualdade e a justiça. Sendo que a igualdade em alguns casos se apresenta sob a forma da solidariedade ou da fraternidade.

Também não sistematizada conceitualmente no plano axiológico é a presença dos valores na CF. Dificilmente poderia sê-lo, porque o seu Preâmbulo apresenta inovadoramente os valores de uma forma equilibrada, ponderando-os entre si.

O Estado Democrático de Direito (em Portugal "Estado de Direito Democrático": mas são realmente a mesma coisa) está presente em ambos os textos (na CF, mais explicitamente no art. 1º do que no Preâmbulo).

A liberdade, a igualdade e a justiça são considerados na CF (como a segurança, o bem-estar e o desenvolvimento: que, em rigor, são especificações deles) "valores supremos" da sociedade. Essa sociedade que em Portugal se diz "país, mais livre, mais justo e mais fraterno", e no Preâmbulo da CF se afirma "fraterna, pluralista e sem preconceitos, fundada na harmonia social e comprometida, na ordem internacional, com a solução pacífica das controvérsias". Ou sociedade "livre, justa e solidária", no art. 3º da CF: as mesmas palavras e na mesma ordem que o texto da CRP na revisão de 1989. A referência à ordem internacional, em termos confluentes com os da CF, virá na CRP no art. 7º e não no Preâmbulo; mas é apenas uma questão de sistematização.

Onde na CRP, no Preâmbulo, sua imagem de marca ainda não-revista, se fala em "sociedade socialista", a CF foi mais cautelosa, e citou, além de todos os aspectos de uma democracia avançada já referidos, o assegurar do exercício "dos direitos sociais e individuais" e dos valores assinalados. Ora, o sentido moderno do "socialismo constitucional", para mais "no respeito da vontade do povo português", não pode ser outra coisa senão o que a CF propugna: afinal, um Estado social, que se explana em concreto, sobretudo no art. 6º e seguintes da CF.

Talvez os compromissos históricos da CRP original e da CF ainda sem as suas inúmeras emendas (e parece ser comum também a irrequietude de revisão, embora maior no Brasil) tivessem sido diversos, a ponto de a CRP ser mais ideologicamente explícita, mas menos detalhista, e a CF mais programática-detalhista, colocando a "ideologia" social em prática. Porém, como ensina a geometria, duas retas paralelas encontram-se no infinito. E, no infinito dos valores e dos programas de progresso social, cada vez mais parecem encontrar-se ambas as constituições. Certamente pela necessidade de adequação dos grandes princípios às exigências da prática concreta, nisso se moderando ambas, mas ao mesmo tempo nelas residindo também, como reduto de valores, aquelas preciosas idéias liberais no plano das liberdades e sociais no domínio dos direitos, que são hoje patrimônio irreversível da nossa civilização. E nesse domínio a CRP, que é ainda dos anos 1970, foi incorporando em algumas revisões maior sensibilidade ao que alguns chamam novíssima geração de direitos.

Questão mais radical é saber se essa filosofia constitucional não será comum a outros, além de brasileiros e portugueses. Em muitos casos, o é. O Brasil e Portugal estão sem dúvida na vanguarda das constituições, mas não se encontram isolados.

E haverá, então, no constitucionalismo brasileiro e português, nos textos e em ação, algo de específico, idiossincrático? Heuristicamente, acreditamos que sim. Uma das pistas é histórica: terá havido entre nós, mesmo antes do constitucionalismo moderno, uma idiossincrasia de defesa dos direitos das pessoas mais concreta do que noutros lugares. Algo poderá ter ficado, pois, dessa comum idiossincrasia no código genético de um "constitucionalismo lusófono". Questão a pesquisar com outro tempo e outro espaço.

Bibliografia

Paulo Ferreira da Cunha, *Fundamentos da República e dos direitos fundamentais*, Belo Horizonte, Fórum, 2008;

Id., *Direito constitucional geral. Uma perspectiva luso-brasileira*, São Paulo, Método, 2006;

Id., *Direito constitucional anotado*, Lisboa, Quid Juris, 2008;

Id., *Pensamento jurídico luso-brasileiro*, Lisboa, Imprensa Nacional-Casa da Moeda, 2006;

Id., "Em demanda dos fundamentos de uma comunidade constitucional lusófona", *in Res pública. Ensaios constitucionais*, Coimbra, Almedina, 1998, p. 157 e seguintes;

Rogério Ehrhardt Soares, *O conceito ocidental de Constituição*, *in* "Revista de Legislação e Jurisprudência", Coimbra, nºs 3.743-3.744, 1986.

38.

Ditadura Constituinte

Paulo Bonavides

Professor emérito da Faculdade de Direito da Universidade Federal do Ceará; doutor *honoris causa* da Universidade de Lisboa; professor visitante nas Universidades de Colônia (1982), Tenessee (1984) e Coimbra (1989); fundador e diretor da *Revista Latino-Americana de Estudos Constitucionais*.

A convocação de uma constituinte exclusiva (proposta semanas atrás por Lula e defendida por alguns) nas circunstâncias presentes é, a meu ver, crime contra a Constituição e as instituições, contra o povo brasileiro e a Nação.

Diversamente do que pensam e dizem seus propagadores, trará, portanto, mais retrocesso, mais turbulência, mais ingovernabilidade, mais sofrimentos ao povo, mais atraso à sua formação política, mais instabilidade ao regime, mais descrença nos valores constitucionais. Tudo por afetar a segurança jurídica, comprometer o funcionamento normal da República, quebrantar a Constituição e enfraquecer a ordem federativa.

Os grandes e pequenos colégios de soberania que forem convocados para promulgar Constituições e fazer emendas constitucionais poderão se tornar instrumentos de um novo gênero de ditadura: a ditadura constitucional das medidas provisórias, que há muito mina e dilui a função legislativa do Congresso, bem como a autoridade da lei e da Constituição.

Pior, pois guarda aparência de legitimidade quando, em rigor, frauda a democracia, por instituir o mais lesivo e mortal dos sistemas de força que a dissimulação política pôde, de último, conceber. Rumo a essa ditadura marchamos, com a perda da fé nos homens públicos, com aviltamento do Congresso, com o naufrágio do País constitucional.

Estamos, assim, às vésperas de ver a crise constitucional dos poderes constituídos – o Legislativo, o Executivo e o Judiciário – se transformar rapidamente em crise constituinte. Das crises, não há nenhuma tão grave quanto essa que o Legislativo e o Executivo ameaçam instaurar entre nós. Grave porque, além de dissolver a ordem constitucional, dissolve também as instituições e não arranca do Congresso as raízes apodrecidas da representação.

Não configura ela apenas a enfermidade da Constituição – como acontece quando se trata unicamente de crise constitucional, cuja solução se dá por emendas à Carta. Representa sua morte.

A crise do poder constituinte tem sido, aliás, a crise de todas as nossas Constituições, a geratriz de todos os golpes de Estado, a nascente de todas as convulsões imperiais e republicanas do passado. Se mergulharmos nessas águas de tempestade, não haverá por onde alcançar depois a normalidade institucional.

As constituintes propostas – não importa se exclusivas, plenas ou restritas – destroçam a Constituição e o Estado de Direito da mesma forma que os plebiscitos de Hitler e os senatus-consulto de Napoleão destruíram, respectivamente, a república na Alemanha de Weimar e na França pós-Revolução Francesa.

Da maneira como se busca convocá-las e fazê-las funcionar, aniquilando o artigo 60 da Constituição, com a obliqüidade do golpe de Estado (alteração do quórum constitucional), elas já não consubstanciam o poder do povo, senão o dos oligarcas e plutocratas da corrupção.

As chagas sociais no organismo da Nação descrevem a falência da educação e da saúde, o desemprego, a miséria urbana, a intranqüilidade pública, a opressão da carga tributária e, por derradeira, a politização do crime organizado.

A constituinte exclusiva e as miniconstituintes projetadas confinam com autoritarismo e usurpação. Conforme já assinalamos, tais assembléias, nessa conjuntura, podem nos transportar, em queda vertiginosa, do patamar da ditadura constitucional para o despenhadeiro da ditadura constituinte.

Contudo, a resposta à crise e à desintegração, ao caos e ao medo, se acha formulada nos artigos 1º, parágrafo único, e 14, incisos I, II e III, da Constituição. O primeiro consente estabelecer a democracia direta, mais legítima do que a democracia representativa. O segundo enuncia os veículos que concretizam semelhante modelo democrático: o plebiscito, o referendo e a iniciativa popular.

Quando a cidadania, armada das técnicas plebiscitárias da Lei Maior, chegar verdadeiramente ao poder, a crise constituinte se extinguirá. E o Brasil, em toda plenitude, será uma República livre, democrática e constitucional. Em suma, o quadro que ora se desenha é este: com as medidas provisórias, temos a ditadura constitucional, ou seja, a ditadura legislativa das inconstitucionalidades do Poder Executivo; com as constituintes, o fantasma da ditadura constituinte permanente.

Mas, com a democracia participativa, sem dúvida, a melhor versão da democracia direta, não teremos nem crise constitucional, nem crise constituinte, nem ditadura.

39.

20 anos da Constituição: o avanço da democracia

Gilmar Mendes
Presidente do Supremo Tribunal Federal; presidente do Conselho Nacional de Justiça - CNJ; professor de Direito Constitucional nos cursos de graduação e pós-graduação da Faculdade de Direito da Universidade de Brasília-UnB

Ao fazermos um balanço dos fatos que conformaram a nossa vida constitucional nestes últimos 20 anos, temos um inegável saldo positivo. Vivenciamos o mais longo período de estabilidade institucional de nossa história republicana. Em termos de tradição democrática, temos algo de relevante a comemorar.

Sabe-se que, antes do advento da Constituição de 1988, o desenvolvimento institucional do País passou por instabilidades e turbulências que, não raras vezes, obstaram a prática democrática.

A Constituição de 1988, aprovada num contexto econômico e social difícil, faz clara opção pela democracia e sonora declaração em favor da superação das desigualdades sociais e regionais.

E os 20 anos experimentados sob a Carta de 1988 têm demonstrado que essa Constituição tem capacidade regulatória, propiciando, inclusive, a alternância do poder dentro das regras do devido processo legal.

Além disso, não é por mera coincidência que a Constituição de 1988 possui um dos mais extensos catálogos de direitos e garantias fundamentais do mundo. Cuida-se de clara defesa do Estado Democrático de Direito e do equilíbrio institucional, caracterizado pelo exercício simultâneo e harmonioso do poder por diversos agentes políticos.

Nesse contexto, as conquistas alcançadas com o modelo democrático estabelecido em 1988 estimulam sua contínua expansão. E o quadro formal da democracia conta com uma vantagem específica entre nós, que é a inexistência de adversários radicais ao modelo.

Há uma crença no modelo democrático, até porque as vias democráticas de conciliação têm-se mostrado mais lucrativas do que aquelas do conflito e da ruptura.

A democracia brasileira parece ter adquirido autonomia funcional, vez que todas as forças políticas relevantes aceitam – e não há alternativa – submeter seus interesses e valores às incertezas do jogo democrático.

É claro que há necessidade de aperfeiçoamento. Mas é preciso registrar o inédito período de estabilidade democrática com a consolidação cotidiana e reiterada dos direitos dos cidadãos.

Decorridos mais de 20 anos de sua promulgação e muitas reformas subseqüentes, feitas em quadro de absoluta normalidade, é certo que a Constituição tem mantido sua capacidade regulatória, a despeito das mais diversas dificuldades.

Ressalte-se que foram mais de duas décadas de paciente aprendizado, de eficaz negociação, até a conquista lenta, mas definitiva, dos direitos básicos que certificam a existência do Estado Democrático de Direito.

E, tal como apontado, não se cuida de experiência vivida sob um clima de absoluta tranqüilidade econômica e política. O País passou por dificuldades políticas e econômicas graves, mas nem a inflação descontrolada e os desvarios da desordem econômica por ela causada, nem os sérios casos de corrupção no estamento político deixaram de ser equacionados dentro dos marcos institucionais mais ortodoxos, sem qualquer contestação ou reclamo relevante.

Nesse contexto, refira-se não só ao papel singular de instituições como o Judiciário, o Ministério Público, mas também aos organismos vitais da democracia como a imprensa livre e as associações e organizações que formam a base de uma sociedade aberta e plural.

Destaque-se a importância do Judiciário independente nesse modelo institucional. Em verdade, no Estado constitucional, a independência judicial é mais relevante do que o próprio catálogo de direitos fundamentais.

Conhecemos Estados ditatoriais com amplos catálogos de direitos fundamentais; e conhecemos Estados sem catálogos de direitos fundamentais formais, mas que respeitam o Estado de direito, por conta da independência judicial.

É fundamental que valorizemos esse elemento, que é uma pedra central da Constituição de 1988.

Não há dúvida, portanto, de que, a partir da Carta de 1988, afiguram-se, entre nós, aquelas condições que a ciência política enuncia como pressupostos para que a democracia plena seja atingida, dentre as quais a existência de uma cultura política e de convicções plenamente democráticas.

Brasília, 5 de outubro de 1988.

ULYSSES GUIMARÃES
Presidente

MAURO BENEVIDES
1º-Vice-Presidente

JORGE ARBAGE
2º-Vice-Presidente

MARCELO CORDEIRO
1º-Secretário

MÁRIO MAIA
2º-Secretário

ARNALDO FARIA DE SÁ
3º-Secretário

BENEDITA DA SILVA
1º-Suplente de Secretário

LUIZ SOYER
2º-Suplente de Secretário

SOTERO CUNHA
3º-Suplente de Secretário

Assinaturas do presidente da Câmara dos Deputados, Ulysses Guimarães e dos demais membros da Mesa
À direita, capa do exemplar da Constituição de 1988 pertencente ao Arquivo Nacional

REPÚBLICA FEDERATIVA DO BRASIL

CONSTITUIÇÃO

1988

Reprodução da Constituição da República Federativa do Brasil 1988

O texto a seguir é da Constituição promulgada em 5 de outubro de 1988

Constituição da República Federativa do Brasil

Preâmbulo

Nós, representantes do povo brasileiro, reunidos em Assembléia Nacional Constituinte para instituir um Estado Democrático, destinado a assegurar o exercício dos direitos sociais e individuais, a liberdade, a segurança, o bem-estar, o desenvolvimento, a igualdade e a justiça como valores supremos de uma sociedade fraterna, pluralista e sem preconceitos, fundada na harmonia social e comprometida, na ordem interna e internacional, com a solução pacífica das controvérsias, promulgamos, sob a proteção de Deus, a seguinte CONSTITUIÇÃO DA REPÚBLICA FEDERATIVA DO BRASIL.

Título I
Dos Princípios Fundamentais

Art. 1º A República Federativa do Brasil, formada pela união indissolúvel dos Estados e Municípios e do Distrito Federal, constitui-se em Estado democrático de direito e tem como fundamentos:

I - a soberania;

II - a cidadania;

III - a dignidade da pessoa humana;

IV - os valores sociais do trabalho e da livre iniciativa;

V - o pluralismo político.

Parágrafo único. Todo o poder emana do povo, que o exerce por meio de representantes eleitos ou diretamente, nos termos desta Constituição.

Art. 2º São Poderes da União, independentes e harmônicos entre si, o Legislativo, o Executivo e o Judiciário.

Art. 3º Constituem objetivos fundamentais da República Federativa do Brasil:

I - construir uma sociedade livre, justa e solidária;

II - garantir o desenvolvimento nacional;

III - erradicar a pobreza e a marginalização e reduzir as desigualdades sociais e regionais;

IV - promover o bem de todos, sem preconceitos de origem, raça, sexo, cor, idade e quaisquer outras formas de discriminação.

Art. 4º A República Federativa do Brasil rege-se nas suas relações internacionais pelos seguintes princípios:

I - independência nacional;

II - prevalência dos direitos humanos;

III - autodeterminação dos povos;

IV - não-intervenção;

V - igualdade entre os Estados;

VI - defesa da paz;

VII - solução pacífica dos conflitos;

VIII - repúdio ao terrorismo e ao racismo;

IX - cooperação entre os povos para o progresso da humanidade;

X - concessão de asilo político.

Parágrafo único. A República Federativa do Brasil buscará a integração econômica, política, social e cultural dos povos da América Latina, visando à formação de uma comunidade latino-americana de nações.

Título II
Dos Direitos e Garantias Fundamentais

Capítulo I
Dos Direitos e Deveres Individuais e Coletivos

Art. 5º Todos são iguais perante a lei, sem distinção de qualquer natureza, garantindo-se aos brasileiros e aos estrangeiros residentes no País a inviolabilidade do direito à vida, à liberdade, à igualdade, à segurança e à propriedade, nos termos seguintes:

I - homens e mulheres são iguais em direitos e obrigações, nos termos desta Constituição;

II - ninguém será obrigado a fazer ou deixar de fazer alguma coisa senão em virtude de lei;

III - ninguém será submetido a tortura nem a tratamento desumano ou degradante;

IV - é livre a manifestação do pensamento, sendo vedado o anonimato;

V - é assegurado o direito de resposta, proporcional ao agravo, além da indenização por dano material, moral ou à imagem;

VI - é inviolável a liberdade de consciência e de crença, sendo assegurado o livre exercício dos cultos religiosos e garantida, na forma da lei, a proteção aos locais de culto e a suas liturgias;

VII - é assegurada, nos termos da lei, a prestação de assistência religiosa nas entidades civis e militares de internação coletiva;

VIII - ninguém será privado de direitos por motivo de crença religiosa ou de convicção filosófica ou política, salvo se as invocar para eximir-se de obrigação legal a todos imposta e recusar-se a cumprir prestação alternativa, fixada em lei;

IX - é livre a expressão da atividade intelectual, artística, científica e de comunicação, independentemente de censura ou licença;

X - são invioláveis a intimidade, a vida privada, a honra e a imagem das pessoas, assegurado o direito a indenização pelo dano material ou moral decorrente de sua violação;

XI - a casa é asilo inviolável do indivíduo, ninguém nela podendo penetrar sem consentimento do morador, salvo em caso de flagrante delito ou desastre, ou para prestar socorro, ou, durante o dia, por determinação judicial;

XII - é inviolável o sigilo da correspondência e das comunicações telegráficas, de dados e das comunicações telefônicas, salvo, no último caso, por ordem judicial, nas hipóteses e na forma que a lei estabelecer para fins de investigação criminal ou instrução processual penal;

XIII - é livre o exercício de qualquer trabalho, ofício ou profissão, atendidas as qualificações profissionais que a lei estabelecer;

XIV - é assegurado a todos o acesso à informação e resguardado o sigilo da fonte, quando necessário ao exercício profissional;

XV - é livre a locomoção no território nacional em tempo de paz, podendo qualquer pessoa, nos termos da lei, nele entrar, permanecer ou dele sair com seus bens;

XVI - todos podem reunir-se pacificamente, sem armas, em locais abertos ao público, independentemente de autorização, desde que não frustrem outra reunião anteriormente convocada para o mesmo local, sendo apenas exigido prévio aviso à autoridade competente;

XVII - é plena a liberdade de associação para fins lícitos, vedada a de caráter paramilitar;

XVIII - a criação de associações e, na forma da lei, a de cooperativas independem de autorização, sendo vedada a interferência estatal em seu funcionamento;

XIX - as associações só poderão ser compulsoriamente dissolvidas ou ter suas atividades suspensas por decisão judicial, exigindo-se, no primeiro caso, o trânsito em julgado;

XX - ninguém poderá ser compelido a associar-se ou a permanecer associado;

XXI - as entidades associativas, quando expressamente autorizadas, têm legitimidade para representar seus filiados judicial ou extrajudicialmente;

XXII - é garantido o direito de propriedade;

XXIII - a propriedade atenderá a sua função social;

XXIV - a lei estabelecerá o procedimento para desapropriação por necessidade ou utilidade pública, ou por interesse social, mediante justa e prévia indenização em dinheiro, ressalvados os casos previstos nesta Constituição;

XXV - no caso de iminente perigo público, a autoridade competente poderá usar de propriedade particular, assegurada ao proprietário indenização ulterior, se houver dano;

XXVI - a pequena propriedade rural, assim definida em lei, desde que trabalhada pela família, não será objeto de penhora para pagamento de débitos decorrentes de sua atividade produtiva, dispondo a lei sobre os meios de financiar o seu desenvolvimento;

XXVII - aos autores pertence o direito exclusivo de utilização, publicação ou reprodução de suas obras, transmissível aos herdeiros pelo tempo que a lei fixar;

XXVIII - são assegurados, nos termos da lei:

a) a proteção às participações individuais em obras coletivas e à reprodução da imagem e voz humanas, inclusive nas atividades desportivas;

b) o direito de fiscalização do aproveitamento econômico das obras que criarem ou de que participarem aos criadores, aos intérpretes e às respectivas representações sindicais e associativas;

XXIX - a lei assegurará aos autores de inventos industriais privilégio temporário para sua utilização, bem como proteção às criações industriais, à propriedade das marcas, aos nomes de empresas e a outros signos distintivos, tendo em vista o interesse social e o desenvolvimento tecnológico e econômico do País;

XXX - é garantido o direito de herança;

XXXI - a sucessão de bens de estrangeiros situados no País será regulada pela lei brasileira em benefício do cônjuge ou dos filhos brasileiros, sempre que não lhes seja mais favorável a lei pessoal do de cujus;

XXXII - o Estado promoverá, na forma da lei, a defesa do consumidor;

XXXIII - todos têm direito a receber dos órgãos públicos informações de seu interesse particular, ou de interesse coletivo ou geral, que serão prestadas no prazo da lei, sob pena de responsabilidade, ressalvadas aquelas cujo sigilo seja imprescindível à segurança da sociedade e do Estado;

XXXIV - são a todos assegurados, independentemente do pagamento de taxas:

a) o direito de petição aos poderes públicos em defesa de direitos ou contra ilegalidade ou abuso de poder;

b) a obtenção de certidões em repartições públicas, para defesa de direitos e esclarecimento de situações de interesse pessoal;

XXXV - a lei não excluirá da apreciação do Poder Judiciário lesão ou ameaça a direito;

XXXVI - a lei não prejudicará o direito adquirido, o ato jurídico perfeito e a coisa julgada;

XXXVII - não haverá juízo ou tribunal de exceção;

XXXVIII - é reconhecida a instituição do júri, com a organização que lhe der a lei, assegurados:

a) a plenitude de defesa;

b) o sigilo das votações;

c) a soberania dos veredictos;

d) a competência para o julgamento dos crimes dolosos contra a vida;

XXXIX - não há crime sem lei anterior que o defina, nem pena sem prévia cominação legal;

XL - a lei penal não retroagirá, salvo para beneficiar o réu;

XLI - a lei punirá qualquer discriminação atentatória dos direitos e liberdades fundamentais;

XLII - a prática do racismo constitui crime inafiançável e imprescritível, sujeito à pena de reclusão, nos termos da lei;

XLIII - a lei considerará crimes inafiançáveis e insuscetíveis de graça ou anistia a prática da tortura, o tráfico ilícito de entorpecentes e drogas afins, o terrorismo e os definidos como crimes hediondos, por eles respondendo os mandantes, os executores e os que, podendo evitá-los, se omitirem;

XLIV - constitui crime inafiançável e imprescritível a ação de grupos armados, civis ou militares, contra a ordem constitucional e o Estado democrático;

XLV - nenhuma pena passará da pessoa do condenado, podendo a obrigação de reparar o dano e a decretação do perdimento de bens ser, nos termos da lei, estendidas aos sucessores e contra eles executadas, até o limite do valor do patrimônio transferido;

XLVI - a lei regulará a individualização da pena e adotará, entre outras, as seguintes:

a) privação ou restrição da liberdade;

b) perda de bens;

c) multa;

d) prestação social alternativa;

e) suspensão ou interdição de direitos;

XLVII - não haverá penas:

a) de morte, salvo em caso de guerra declarada, nos termos do art. 84, XIX;

b) de caráter perpétuo;

c) de trabalhos forçados;

d) de banimento;

e) cruéis;

XLVIII - a pena será cumprida em estabelecimentos distintos, de acordo com a natureza do delito, a idade e o sexo do apenado;

XLIX - é assegurado aos presos o respeito à integridade física e moral;

L - às presidiárias serão asseguradas condições para que possam permanecer com seus filhos durante o período de amamentação;

LI - nenhum brasileiro será extraditado, salvo o naturalizado, em caso de crime comum, praticado antes da naturalização, ou de comprovado envolvimento em tráfico ilícito de entorpecentes e drogas afins, na forma da lei;

LII - não será concedida extradição de estrangeiro por crime político ou de opinião;

LIII - ninguém será processado nem sentenciado senão pela autoridade competente;

LIV - ninguém será privado da liberdade ou de seus bens sem o devido processo legal;

LV - aos litigantes, em processo judicial ou administrativo, e aos acusados em geral são assegurados o contraditório e a ampla defesa, com os meios e recursos a ela inerentes;

LVI - são inadmissíveis, no processo, as provas obtidas por meios ilícitos;

LVII - ninguém será considerado culpado até o trânsito em julgado de sentença penal condenatória;

LVIII - o civilmente identificado não será submetido a identificação criminal, salvo nas hipóteses previstas em lei;

LIX - será admitida ação privada nos crimes de ação pública, se esta não for intentada no prazo legal;

LX - a lei só poderá restringir a publicidade dos atos processuais quando a defesa da intimidade ou o interesse social o exigirem;

LXI - ninguém será preso senão em flagrante delito ou por ordem escrita e fundamentada de autoridade judiciária competente, salvo nos casos de transgressão militar ou crime propriamente militar, definidos em lei;

LXII - a prisão de qualquer pessoa e o local onde se encontre serão comunicados imediatamente ao juiz competente e à família do preso ou à pessoa por ele indicada;

LXIII - o preso será informado de seus direitos, entre os quais o de permanecer calado, sendo-lhe assegurada a assistência da família e de advogado;

LXIV - o preso tem direito à identificação dos responsáveis por sua prisão ou por seu interrogatório policial;

LXV - a prisão ilegal será imediatamente relaxada pela autoridade judiciária;

LXVI - ninguém será levado à prisão ou nela mantido quando a lei admitir a liberdade provisória, com ou sem fiança;

LXVII - não haverá prisão civil por dívida, salvo a do responsável pelo inadimplemento voluntário e inescusável de obrigação alimentícia e a do depositário infiel;

LXVIII - conceder-se-á habeas corpus sempre que alguém sofrer ou se achar ameaçado de sofrer violência ou coação em sua liberdade de locomoção, por ilegalidade ou abuso de poder;

LXIX - conceder-se-á mandado de segurança para proteger direito líquido e certo, não amparado por habeas corpus ou habeas data, quando o responsável pela ilegalidade ou abuso de poder for autoridade pública ou agente de pessoa jurídica no exercício de atribuições do poder público;

LXX - o mandado de segurança coletivo pode ser impetrado por:

a) partido político com representação no Congresso Nacional;

b) organização sindical, entidade de classe ou associação legalmente constituída e em funcionamento há pelo menos um ano, em defesa dos interesses de seus membros ou associados;

LXXI - conceder-se-á mandado de injunção sempre que a falta de norma regulamentadora torne inviável o exercício dos direitos e liberdades constitucionais e das prerrogativas inerentes à nacionalidade, à soberania e à cidadania;

LXXII - conceder-se-á habeas data:

a) para assegurar o conhecimento de informações relativas à pessoa do impetrante, constantes de registros ou bancos de dados de entidades governamentais ou de caráter público;

b) para a retificação de dados, quando não se prefira fazê-lo por processo sigiloso, judicial ou administrativo;

LXXIII - qualquer cidadão é parte legítima para propor ação popular que vise a anular ato lesivo ao patrimônio público ou de entidade de que o Estado participe, à moralidade administrativa, ao meio ambiente e ao patrimônio histórico e cultural, ficando o autor, salvo comprovada má-fé, isento de custas judiciais e do ônus da sucumbência;

LXXIV - o Estado prestará assistência jurídica integral e gratuita aos que comprovarem insuficiência de recursos;

LXXV - o Estado indenizará o condenado por erro judiciário, assim como o que ficar preso além do tempo fixado na sentença;

LXXVI - são gratuitos para os reconhecidamente pobres, na forma da lei:

a) o registro civil de nascimento;

b) a certidão de óbito;

LXXVII - são gratuitas as ações de habeas corpus e habeas data, e, na forma da lei, os atos necessários ao exercício da cidadania.

§ 1º As normas definidoras dos direitos e garantias fundamentais têm aplicação imediata.

§ 2º Os direitos e garantias expressos nesta Constituição não excluem outros decorrentes do regime e dos princípios por ela adotados, ou dos tratados internacionais em que a República Federativa do Brasil seja parte.

Capítulo II
Dos Direitos Sociais

Art. 6º São direitos sociais a educação, a saúde, o trabalho, o lazer, a segurança, a previdência social, a proteção à maternidade e à infância, a assistência aos desamparados, na forma desta Constituição.

Art. 7º São direitos dos trabalhadores urbanos e rurais, além de outros que visem à melhoria de sua condição social:

I - relação de emprego protegida contra despedida arbitrária ou sem justa causa, nos termos de lei complementar, que preverá indenização compensatória, dentre outros direitos;

II - seguro-desemprego, em caso de desemprego involuntário;

III - fundo de garantia do tempo de serviço;

IV - salário mínimo, fixado em lei, nacionalmente unificado, capaz de atender às suas necessidades vitais básicas e às de sua família com moradia, alimentação, educação, saúde, lazer, vestuário, higiene, transporte e previdência social, com reajustes periódicos que lhe preservem o poder aquisitivo, sendo vedada sua vinculação para qualquer fim;

V - piso salarial proporcional à extensão e à complexidade do trabalho;

VI - irredutibilidade do salário, salvo o disposto em convenção ou acordo coletivo;

VII - garantia de salário, nunca inferior ao mínimo, para os que percebem remuneração variável;

VIII - décimo terceiro salário com base na remuneração integral ou no valor da aposentadoria;

IX - remuneração do trabalho noturno superior à do diurno;

X - proteção do salário na forma da lei, constituindo crime sua retenção dolosa;

XI - participação nos lucros, ou resultados, desvinculada da remuneração, e, excepcionalmente, participação na gestão da empresa, conforme definido em lei;

XII - salário-família para os seus dependentes;

XIII - duração do trabalho normal não superior a oito horas diárias e quarenta e quatro semanais, facultada a compensação de horários e a redução da jornada, mediante acordo ou convenção coletiva de trabalho;

XIV - jornada de seis horas para o trabalho realizado em turnos ininterruptos de revezamento, salvo negociação coletiva;

XV - repouso semanal remunerado, preferencialmente aos domingos;

XVI - remuneração do serviço extraordinário superior, no mínimo, em cinqüenta por cento à do normal;

XVII - gozo de férias anuais remuneradas com, pelo menos, um terço a mais do que o salário normal;

XVIII - licença à gestante, sem prejuízo do emprego e do salário, com a duração de cento e vinte dias;

XIX - licença-paternidade, nos termos fixados em lei;

XX - proteção do mercado de trabalho da mulher, mediante incentivos específicos, nos termos da lei;

XXI - aviso prévio proporcional ao tempo de serviço, sendo no mínimo de trinta dias, nos termos da lei;

XXII - redução dos riscos inerentes ao trabalho, por meio de normas de saúde, higiene e segurança;

XXIII - adicional de remuneração para as atividades penosas, insalubres ou perigosas, na forma da lei;

XXIV - aposentadoria;

XXV - assistência gratuita aos filhos e dependentes desde o nascimento até seis anos de idade em creches e pré-escolas;

XXVI - reconhecimento das convenções e acordos coletivos de trabalho;

XXVII - proteção em face da automação, na forma da lei;

XXVIII - seguro contra acidentes de trabalho, a cargo do empregador, sem excluir a indenização a que este está obrigado, quando incorrer em dolo ou culpa;

XXIX - ação, quanto a créditos resultantes das relações de trabalho, com prazo prescricional de:

a) cinco anos para o trabalhador urbano, até o limite de dois anos após a extinção do contrato;

b) até dois anos após a extinção do contrato, para o trabalhador rural;

XXX - proibição de diferença de salários, de exercício de funções e de critério de admissão por motivo de sexo, idade, cor ou estado civil;

XXXI - proibição de qualquer discriminação no tocante a salário e critérios de admissão do trabalhador portador de deficiência;

XXXII - proibição de distinção entre trabalho manual, técnico e intelectual ou entre os profissionais respectivos;

XXXIII - proibição de trabalho noturno, perigoso ou insalubre aos menores de dezoito e de qualquer trabalho a menores de quatorze anos, salvo na condição de aprendiz;

XXXIV - igualdade de direitos entre o trabalhador com vínculo empregatício permanente e o trabalhador avulso.

Parágrafo único. São assegurados à categoria dos trabalhadores domésticos os direitos previstos nos incisos IV, VI, VIII, XV, XVII, XVIII, XIX, XXI e XXIV, bem como a sua integração à previdência social.

Art. 8º É livre a associação profissional ou sindical, observado o seguinte:

I - a lei não poderá exigir autorização do Estado para a fundação de sindicato, ressalvado o registro no órgão competente, vedadas ao poder público a interferência e a intervenção na organização sindical;

II - é vedada a criação de mais de uma organização sindical, em qualquer grau, representativa de categoria profissional ou econômica, na mesma base territorial, que será definida pelos trabalhadores ou empregadores interessados, não podendo ser inferior à área de um Município;

III - ao sindicato cabe a defesa dos direitos e interesses coletivos ou individuais da categoria, inclusive em questões judiciais ou administrativas;

IV - a assembléia geral fixará a contribuição que, em se tratando de categoria profissional, será descontada em folha, para custeio do sistema confederativo da representação sindical respectiva, independentemente da contribuição prevista em lei;

V - ninguém será obrigado a filiar-se ou a manter-se filiado a sindicato;

VI - é obrigatória a participação dos sindicatos nas negociações coletivas de trabalho;

VII - o aposentado filiado tem direito a votar e ser votado nas organizações sindicais;

VIII - é vedada a dispensa do empregado sindicalizado a partir do registro da candidatura a cargo de direção ou representação sindical e, se eleito, ainda que suplente, até um ano após o final do mandato, salvo se cometer falta grave nos termos da lei.

Parágrafo único. As disposições deste artigo aplicam-se à organização de sindicatos rurais e de colônias de pescadores, atendidas as condições que a lei estabelecer.

Art. 9º É assegurado o direito de greve, competindo aos trabalhadores decidir sobre a oportunidade de exercê-lo e sobre os interesses que devam por meio dele defender.

§ 1º A lei definirá os serviços ou atividades essenciais e disporá sobre o atendimento das necessidades inadiáveis da comunidade.

§ 2º Os abusos cometidos sujeitam os responsáveis às penas da lei.

Art. 10. É assegurada a participação dos trabalhadores e empregadores nos colegiados dos órgãos públicos em que seus interesses profissionais ou previdenciários sejam objeto de discussão e deliberação.

Art. 11. Nas empresas de mais de duzentos empregados, é assegurada a eleição de um representante destes com a finalidade exclusiva de promover-lhes o entendimento direto com os empregadores.

Capítulo III
Da Nacionalidade

Art. 12. São brasileiros:

I - natos:

a) os nascidos na República Federativa do Brasil, ainda que de pais estrangeiros, desde que estes não estejam a serviço de seu país;

b) os nascidos no estrangeiro, de pai brasileiro ou de mãe brasileira, desde que qualquer deles esteja a serviço da República Federativa do Brasil;

c) os nascidos no estrangeiro, de pai brasileiro ou mãe brasileira, desde que sejam registrados em repartição brasileira competente, ou venham a residir na República Federativa do Brasil antes da maioridade e, alcançada esta, optem em qualquer tempo pela nacionalidade brasileira;

II - naturalizados:

a) os que, na forma da lei, adquiram a nacionalidade brasileira, exigidas aos originários de países de língua portuguesa apenas residência por um ano ininterrupto e idoneidade moral;

b) os estrangeiros de qualquer nacionalidade residentes na República Federativa do Brasil há mais de trinta anos ininterruptos e sem condenação penal, desde que requeiram a nacionalidade brasileira.

§ 1º Aos portugueses com residência permanente no País, se houver reciprocidade em favor dos brasileiros, serão atribuídos os direitos inerentes ao brasileiro nato, salvo os casos previstos nesta Constituição.

§ 2º A lei não poderá estabelecer distinção entre brasileiros natos e naturalizados, salvo nos casos previstos nesta Constituição.

§ 3º São privativos de brasileiro nato os cargos:

I - de Presidente e Vice-Presidente da República;

II - de Presidente da Câmara dos Deputados;

III - de Presidente do Senado Federal;

IV - de Ministro do Supremo Tribunal Federal;

V - da carreira diplomática;

VI - de oficial das Forças Armadas.

§ 4º Será declarada a perda da nacionalidade do brasileiro que:

I - tiver cancelada sua naturalização, por sentença judicial, em virtude de atividade nociva ao interesse nacional;

II - adquirir outra nacionalidade por naturalização voluntária.

Art. 13. A língua portuguesa é o idioma oficial da República Federativa do Brasil.

§ 1º São símbolos da República Federativa do Brasil a bandeira, o hino, as armas e o selo nacionais.

§ 2º Os Estados, o Distrito Federal e os Municípios poderão ter símbolos próprios.

Capítulo IV
Dos Direitos Políticos

Art. 14. A soberania popular será exercida pelo sufrágio universal e pelo voto direto e secreto, com valor igual para todos, e, nos termos da lei, mediante:

I - plebiscito;

II - referendo;

III - iniciativa popular.

§ 1º O alistamento eleitoral e o voto são:

I - obrigatórios para os maiores de dezoito anos;

II - facultativos para:

a) os analfabetos;

b) os maiores de setenta anos;

c) os maiores de dezesseis e menores de dezoito anos.

§ 2º Não podem alistar-se como eleitores os estrangeiros e, durante o período do serviço militar obrigatório, os conscritos.

§ 3º São condições de elegibilidade, na forma da lei:

I - a nacionalidade brasileira;

II - o pleno exercício dos direitos políticos;

III - o alistamento eleitoral;

IV - o domicílio eleitoral na circunscrição;

V - a filiação partidária;

VI - a idade mínima de:

a) trinta e cinco anos para Presidente e Vice-Presidente da República e Senador;

b) trinta anos para Governador e Vice-Governador de Estado e do Distrito Federal;

c) vinte e um anos para Deputado Federal, Deputado Estadual ou Distrital, Prefeito, Vice-Prefeito e juiz de paz;

d) dezoito anos para Vereador.

§ 4º São inelegíveis os inalistáveis e os analfabetos.

§ 5º São inelegíveis para os mesmos cargos, no período subseqüente, o Presidente da República, os Governadores de Estado e do Distrito Federal, os Prefeitos e quem os houver sucedido ou substituído nos seis meses anteriores ao pleito.

§ 6º Para concorrerem a outros cargos, o Presidente da República, os Governadores de Estado e do Distrito Federal e os Prefeitos devem renunciar aos respectivos mandatos até seis meses antes do pleito.

§ 7º São inelegíveis, no território de jurisdição do titular, o cônjuge e os parentes consangüíneos ou afins, até o segundo grau ou por adoção, do Presidente da República, de Governador de Estado ou Território, do Distrito Federal, de Prefeito ou de quem os haja substituído dentro dos seis meses anteriores ao pleito, salvo se já titular de mandato eletivo e candidato à reeleição.

§ 8º O militar alistável é elegível, atendidas as seguintes condições:

I - se contar menos de dez anos de serviço, deverá afastar-se da atividade;

II - se contar mais de dez anos de serviço, será agregado pela autoridade superior e, se eleito, passará automaticamente, no ato da diplomação, para a inatividade.

§ 9º Lei complementar estabelecerá outros casos de inelegibilidade e os prazos de sua cessação, a fim de proteger a normalidade e legitimidade das eleições contra a influência do poder econômico ou o abuso do exercício de função, cargo ou emprego na administração direta ou indireta.

§ 10. O mandato eletivo poderá ser impugnado ante a Justiça Eleitoral no prazo de quinze dias contados da diplomação, instruída a ação com provas de abuso do poder econômico, corrupção ou fraude.

§ 11. A ação de impugnação de mandato tramitará em segredo de justiça, respondendo o autor, na forma da lei, se temerária ou de manifesta má-fé.

Art. 15. É vedada a cassação de direitos políticos, cuja perda ou suspensão só se dará nos casos de:

I - cancelamento da naturalização por sentença transitada em julgado;

II - incapacidade civil absoluta;

III - condenação criminal transitada em julgado, enquanto durarem seus efeitos;

IV - recusa de cumprir obrigação a todos imposta ou prestação alternativa, nos termos do art. 5º, VIII;

V - improbidade administrativa, nos termos do art. 37, § 4º.

Art. 16. A lei que alterar o processo eleitoral só entrará em vigor um ano após sua promulgação.

Capítulo V
Dos Partidos Políticos

Art. 17. É livre a criação, fusão, incorporação e extinção de partidos políticos, resguardados a soberania nacional, o regime democrático, o pluripartidarismo, os direitos fundamentais da pessoa humana e observados os seguintes preceitos:

I - caráter nacional;

II - proibição de recebimento de recursos financeiros de entidade ou governo estrangeiros ou de subordinação a estes;

III - prestação de contas à Justiça Eleitoral;

IV - funcionamento parlamentar de acordo com a lei.

§ 1º É assegurada aos partidos políticos autonomia para definir sua estrutura interna, organização e funcionamento, devendo seus estatutos estabelecer normas de fidelidade e disciplina partidárias.

§ 2º Os partidos políticos, após adquirirem personalidade jurídica, na forma da lei civil, registrarão seus estatutos no Tribunal Superior Eleitoral.

§ 3º Os partidos políticos têm direito a recursos do fundo partidário e acesso gratuito ao rádio e à televisão, na forma da lei.

§ 4º É vedada a utilização pelos partidos políticos de organização paramilitar.

Título III
Da Organização do Estado

Capítulo I
Da Organização Político-Administrativa

Art. 18. A organização político-administrativa da República Federativa do Brasil compreende a União, os Estados, o Distrito Federal e os Municípios, todos autônomos, nos termos desta Constituição.

§ 1º Brasília é a Capital Federal.

§ 2º Os Territórios Federais integram a União, e sua criação, transformação em Estado ou reintegração ao Estado de origem serão reguladas em lei complementar.

§ 3º Os Estados podem incorporar-se entre si, subdividir-se ou desmembrar-se para se anexarem a outros, ou formarem novos Estados ou Territórios Federais, mediante aprovação da população diretamente interessada, através de plebiscito, e do Congresso Nacional, por lei complementar.

§ 4º A criação, a incorporação, a fusão e o desmembramento de Municípios preservarão a continuidade e a unidade histórico-cultural do ambiente urbano, far-se-ão por lei estadual, obedecidos os requisitos previstos em lei complementar estadual, e dependerão de consulta prévia, mediante plebiscito, às populações diretamente interessadas.

Art. 19. É vedado à União, aos Estados, ao Distrito Federal e aos Municípios:

I - estabelecer cultos religiosos ou igrejas, subvencioná-los, embaraçar-lhes o funcionamento ou manter com eles ou seus representantes relações de dependência ou aliança, ressalvada, na forma da lei, a colaboração de interesse público;

II - recusar fé aos documentos públicos;

III - criar distinções entre brasileiros ou preferências entre si.

Capítulo II
Da União

Art. 20. São bens da União:

I - os que atualmente lhe pertencem e os que lhe vierem a ser atribuídos;

II - as terras devolutas indispensáveis à defesa das fronteiras, das fortificações e construções militares, das vias federais de comunicação e à preservação ambiental, definidas em lei;

III - os lagos, rios e quaisquer correntes de água em terrenos de seu domínio, ou que banhem mais de um Estado, sirvam de limites com outros países, ou se estendam a território estrangeiro ou dele provenham, bem como os terrenos marginais e as praias fluviais;

IV - as ilhas fluviais e lacustres nas zonas limítrofes com outros países; as praias marítimas; as ilhas oceânicas e as costeiras, excluídas, destas, as áreas referidas no art. 26, II;

V - os recursos naturais da plataforma continental e da zona econômica exclusiva;

VI - o mar territorial;

VII - os terrenos de marinha e seus acrescidos;

VIII - os potenciais de energia hidráulica;

IX - os recursos minerais, inclusive os do subsolo;

X - as cavidades naturais subterrâneas e os sítios arqueológicos e pré-históricos;

XI - as terras tradicionalmente ocupadas pelos índios.

§ 1º É assegurada, nos termos da lei, aos Estados, ao Distrito Federal e aos Municípios, bem como a órgãos da administração direta da União, participação no resultado da exploração de petróleo ou gás natural, de recursos hídricos para fins de geração de energia elétrica e de outros recursos minerais no respectivo território, plataforma continental, mar territorial ou zona econômica exclusiva, ou compensação financeira por essa exploração.

§ 2º A faixa de até cento e cinqüenta quilômetros de largura, ao longo das fronteiras terrestres, designada como faixa de fronteira, é considerada fundamental para defesa do território nacional, e sua ocupação e utilização serão reguladas em lei.

Art. 21. Compete à União:

I - manter relações com Estados estrangeiros e participar de organizações internacionais;

II - declarar a guerra e celebrar a paz;

III - assegurar a defesa nacional;

IV - permitir, nos casos previstos em lei complementar, que forças estrangeiras transitem pelo território nacional ou nele permaneçam temporariamente;

V - decretar o estado de sítio, o estado de defesa e a intervenção federal;

VI - autorizar e fiscalizar a produção e o comércio de material bélico;

VII - emitir moeda;

VIII - administrar as reservas cambiais do País e fiscalizar as operações de natureza financeira, especialmente as de crédito, câmbio e capitalização, bem como as de seguros e de previdência privada;

IX - elaborar e executar planos nacionais e regionais de ordenação do território e de desenvolvimento econômico e social;

X - manter o serviço postal e o correio aéreo nacional;

XI - explorar, diretamente ou mediante concessão a empresas sob controle acionário estatal, os serviços telefônicos, telegráficos, de transmissão de dados e demais serviços públicos de telecomunicações, assegurada a prestação de serviços de informações por entidades de direito privado através da rede pública de telecomunicações explorada pela União;

XII - explorar, diretamente ou mediante autorização, concessão ou permissão:

a) os serviços de radiodifusão sonora, de sons e imagens e demais serviços de telecomunicações;

b) os serviços e instalações de energia elétrica e o aproveitamento energético dos cursos de água, em articulação com os Estados onde se situam os potenciais hidroenergéticos;

c) a navegação aérea, aeroespacial e a infra-estrutura aeroportuária;

d) os serviços de transporte ferroviário e aquaviário entre portos brasileiros e fronteiras nacionais, ou que transponham os limites de Estado ou Território;

e) os serviços de transporte rodoviário interestadual e internacional de passageiros;

f) os portos marítimos, fluviais e lacustres;

XIII - organizar e manter o Poder Judiciário, o Ministério Público e a Defensoria Pública do Distrito Federal e dos Territórios;

XIV - organizar e manter a polícia federal, a polícia rodoviária e a ferroviária federais, bem como a polícia civil, a polícia militar e o corpo de bombeiros militar do Distrito Federal e dos Territórios;

XV - organizar e manter os serviços oficiais de estatística, geografia, geologia e cartografia de âmbito nacional;

XVI - exercer a classificação, para efeito indicativo, de diversões públicas e de programas de rádio e televisão;

XVII - conceder anistia;

XVIII - planejar e promover a defesa permanente contra as calamidades públicas, especialmente as secas e as inundações;

XIX - instituir sistema nacional de gerenciamento de recursos hídricos e definir critérios de outorga de direitos de seu uso;

XX - instituir diretrizes para o desenvolvimento urbano, inclusive habitação, saneamento básico e transportes urbanos;

XXI - estabelecer princípios e diretrizes para o sistema nacional de viação;

XXII - executar os serviços de polícia marítima, aérea e de fronteira;

XXIII - explorar os serviços e instalações nucleares de qualquer natureza e exercer monopólio estatal sobre a pesquisa, a lavra, o enriquecimento e reprocessamento, a industrialização e o comércio de minérios nucleares e seus derivados, atendidos os seguintes princípios e condições:

a) toda atividade nuclear em território nacional somente será admitida para fins pacíficos e mediante aprovação do Congresso Nacional;

b) sob regime de concessão ou permissão, é autorizada a utilização de radioisótopos para a pesquisa e usos medicinais, agrícolas, industriais e atividades análogas;

c) a responsabilidade civil por danos nucleares independe da existência de culpa;

XXIV - organizar, manter e executar a inspeção do trabalho;

XXV - estabelecer as áreas e as condições para o exercício da atividade de garimpagem, em forma associativa.

Art. 22. Compete privativamente à União legislar sobre:

I - direito civil, comercial, penal, processual, eleitoral, agrário, marítimo, aeronáutico, espacial e do trabalho;

II - desapropriação;

III - requisições civis e militares, em caso de iminente perigo e em tempo de guerra;

IV - águas, energia, informática, telecomunicações e radiodifusão;

V - serviço postal;

VI - sistema monetário e de medidas, títulos e garantias dos metais;

VII - política de crédito, câmbio, seguros e transferência de valores;

VIII - comércio exterior e interestadual;

IX - diretrizes da política nacional de transportes;

X - regime dos portos, navegação lacustre, fluvial, marítima, aérea e aeroespacial;

XI - trânsito e transporte;

XII - jazidas, minas, outros recursos minerais e metalurgia;

XIII - nacionalidade, cidadania e naturalização;

XIV - populações indígenas;

XV - emigração e imigração, entrada, extradição e expulsão de estrangeiros;

XVI - organização do sistema nacional de emprego e condições para o exercício de profissões;

XVII - organização judiciária, do Ministério Público e da Defensoria Pública do Distrito Federal e dos Territórios, bem como organização administrativa destes;

XVIII - sistema estatístico, sistema cartográfico e de geologia nacionais;

XIX - sistemas de poupança, captação e garantia da poupança popular;

XX - sistemas de consórcios e sorteios;

XXI - normas gerais de organização, efetivos, material bélico, garantias, convocação e mobilização das polícias militares e corpos de bombeiros militares;

XXII - competência da polícia federal e das polícias rodoviária e ferroviária federais;

XXIII - seguridade social;

XXIV - diretrizes e bases da educação nacional;

XXV - registros públicos;

XXVI - atividades nucleares de qualquer natureza;

XXVII - normas gerais de licitação e contratação, em todas as modalidades, para a administração pública, direta e indireta, incluídas as fundações instituídas e mantidas pelo poder público, nas diversas esferas de governo, e empresas sob seu controle;

XXVIII - defesa territorial, defesa aeroespacial, defesa marítima, defesa civil e mobilização nacional;

XXIX - propaganda comercial.

Parágrafo único. Lei complementar poderá autorizar os Estados a legislar sobre questões específicas das matérias relacionadas neste artigo.

Art. 23. É competência comum da União, dos Estados, do Distrito Federal e dos Municípios:

I - zelar pela guarda da Constituição, das leis e das instituições democráticas e conservar o patrimônio público;

II - cuidar da saúde e assistência pública, da proteção e garantia das pessoas portadoras de deficiência;

III - proteger os documentos, as obras e outros bens de valor histórico, artístico e cultural, os monumentos, as paisagens naturais notáveis e os sítios arqueológicos;

IV - impedir a evasão, a destruição e a descaracterização de obras de arte e de outros bens de valor histórico, artístico ou cultural;

V - proporcionar os meios de acesso à cultura, à educação e à ciência;

VI - proteger o meio ambiente e combater a poluição em qualquer de suas formas;

VII - preservar as florestas, a fauna e a flora;

VIII - fomentar a produção agropecuária e organizar o abastecimento alimentar;

IX - promover programas de construção de moradias e a melhoria das condições habitacionais e de saneamento básico;

X - combater as causas da pobreza e os fatores de marginalização, promovendo a integração social dos setores desfavorecidos;

XI - registrar, acompanhar e fiscalizar as concessões de direitos de pesquisa e exploração de recursos hídricos e minerais em seus territórios;

XII - estabelecer e implantar política de educação para a segurança do trânsito.

Parágrafo único. Lei complementar fixará normas para a cooperação entre a União e os Estados, o Distrito Federal e os Municípios, tendo em vista o equilíbrio do desenvolvimento e do bem-estar em âmbito nacional.

Art. 24. Compete à União, aos Estados e ao Distrito Federal legislar concorrentemente sobre:

I - direito tributário, financeiro, penitenciário, econômico e urbanístico;

II - orçamento;

III - juntas comerciais;

IV - custas dos serviços forenses;

V - produção e consumo;

VI - florestas, caça, pesca, fauna, conservação da natureza, defesa do solo e dos recursos naturais, proteção do meio ambiente e controle da poluição;

VII - proteção ao patrimônio histórico, cultural, artístico, turístico e paisagístico;

VIII - responsabilidade por dano ao meio ambiente, ao consumidor, a bens e direitos de valor artístico, estético, histórico, turístico e paisagístico;

IX - educação, cultura, ensino e desporto;

X - criação, funcionamento e processo do juizado de pequenas causas;

XI - procedimentos em matéria processual;

XII - previdência social, proteção e defesa da saúde;

XIII - assistência jurídica e defensoria pública;

XIV - proteção e integração social das pessoas portadoras de deficiência;

XV - proteção à infância e à juventude;

XVI - organização, garantias, direitos e deveres das polícias civis.

§ 1º No âmbito da legislação concorrente, a competência da União limitar-se-á a estabelecer normas gerais.

§ 2º A competência da União para legislar sobre normas gerais não exclui a competência suplementar dos Estados.

§ 3º Inexistindo lei federal sobre normas gerais, os Estados exercerão a competência legislativa plena, para atender a suas peculiaridades.

§ 4º A superveniência de lei federal sobre normas gerais suspende a eficácia da lei estadual, no que lhe for contrário.

Capítulo III
Dos Estados Federados

Art. 25. Os Estados organizam-se e regem-se pelas Constituições e leis que adotarem, observados os princípios desta Constituição.

§ 1º São reservadas aos Estados as competências que não lhes sejam vedadas por esta Constituição.

§ 2º Cabe aos Estados explorar diretamente, ou mediante concessão a empresa estatal, com exclusividade de distribuição, os serviços locais de gás canalizado.

§ 3º Os Estados poderão, mediante lei complementar, instituir regiões metropolitanas, aglomerações urbanas e microrregiões, constituídas por agrupamentos de Municípios limítrofes, para integrar a organização, o planejamento e a execução de funções públicas de interesse comum.

Art. 26. Incluem-se entre os bens dos Estados:

I - as águas superficiais ou subterrâneas, fluentes, emergentes e em depósito, ressalvadas, neste caso, na forma da lei, as decorrentes de obras da União;

II - as áreas, nas ilhas oceânicas e costeiras, que estiverem no seu domínio, excluídas aquelas sob domínio da União, Municípios ou terceiros;

III - as ilhas fluviais e lacustres não pertencentes à União;

IV - as terras devolutas não compreendidas entre as da União.

Art. 27. O número de Deputados à Assembléia Legislativa corresponderá ao triplo da representação do Estado na Câmara dos Deputados e, atingido o número de trinta e seis, será acrescido de tantos quantos forem os Deputados Federais acima de doze.

§ 1º Será de quatro anos o mandato dos Deputados Estaduais, aplicando-se-lhes as regras desta Constituição sobre sistema eleitoral, inviolabilidade, imunidades, remuneração, perda de mandato, licença, impedimentos e incorporação às Forças Armadas.

§ 2º A remuneração dos Deputados Estaduais será fixada em cada legislatura, para a subseqüente, pela Assembléia Legislativa, observado o que dispõem os arts. 150, II, 153, III, e 153, § 2º, I.

§ 3º Compete às Assembléias Legislativas dispor sobre seu regimento interno, polícia e serviços administrativos de sua secretaria, e prover os respectivos cargos.

§ 4º A lei disporá sobre a iniciativa popular no processo legislativo estadual.

Art. 28. A eleição do Governador e do Vice-Governador de Estado, para mandato de quatro anos, realizar-se-á noventa dias antes do término do mandato de seus antecessores, e a posse ocorrerá no dia 1º de janeiro do ano subseqüente, observado, quanto ao mais, o disposto no art. 77.

Parágrafo único. Perderá o mandato o Governador que assumir outro cargo ou função na administração pública direta ou indireta, ressalvada a posse em virtude de concurso público e observado o disposto no art. 38, I, IV e V.

Capítulo IV
Dos Municípios

Art. 29. O Município reger-se-á por lei orgânica, votada em dois turnos, com o interstício mínimo de dez dias, e aprovada por dois terços dos membros da Câmara Municipal, que a promulgará, atendidos os princípios estabelecidos nesta Constituição, na Constituição do respectivo Estado e os seguintes preceitos:

I - eleição do Prefeito, do Vice-Prefeito e dos Vereadores, para mandato de quatro anos, mediante pleito direto e simultâneo realizado em todo o País;

II - eleição do Prefeito e do Vice-Prefeito até noventa dias antes do término do mandato dos que devam suceder, aplicadas as regras do art. 77 no caso de Municípios com mais de duzentos mil eleitores;

III - posse do Prefeito e do Vice-Prefeito no dia 1º de janeiro do ano subseqüente ao da eleição;

IV - número de Vereadores proporcional à população do Município, observados os seguintes limites:

a) mínimo de nove e máximo de vinte e um nos Municípios de até um milhão de habitantes;

b) mínimo de trinta e três e máximo de quarenta e um nos Municípios de mais de um milhão e menos de cinco milhões de habitantes;

c) mínimo de quarenta e dois e máximo de cinqüenta e cinco nos Municípios de mais de cinco milhões de habitantes;

V - remuneração do Prefeito, do Vice-Prefeito e dos Vereadores fixada pela Câmara Municipal em cada legislatura, para a subseqüente, observado o que dispõem os arts. 37, XI, 150, II, 153, III, e 153, § 2º, I;

VI - inviolabilidade dos Vereadores por suas opiniões, palavras e votos no exercício do mandato e na circunscrição do Município;

VII - proibições e incompatibilidades, no exercício da vereança, similares, no que couber, ao disposto nesta Constituição para os membros do Congresso Nacional e na Constituição do respectivo Estado para os membros da Assembléia Legislativa;

VIII - julgamento do Prefeito perante o Tribunal de Justiça;

IX - organização das funções legislativas e fiscalizadoras da Câmara Municipal;

X - cooperação das associações representativas no planejamento municipal;

XI - iniciativa popular de projetos de lei de interesse específico do Município, da cidade ou de bairros, através de manifestação de, pelo menos, cinco por cento do eleitorado;

XII - perda do mandato do Prefeito, nos termos do art. 28, parágrafo único.

Art. 30. Compete aos Municípios:

I - legislar sobre assuntos de interesse local;

II - suplementar a legislação federal e a estadual no que couber;

III - instituir e arrecadar os tributos de sua competência, bem como aplicar suas rendas, sem prejuízo da obrigatoriedade de prestar contas e publicar balancetes nos prazos fixados em lei;

IV - criar, organizar e suprimir Distritos, observada a legislação estadual;

V - organizar e prestar, diretamente ou sob regime de concessão ou permissão, os serviços públicos de interesse local, incluído o de transporte coletivo, que tem caráter essencial;

VI - manter, com a cooperação técnica e financeira da União e do Estado, programas de educação pré-escolar e de ensino fundamental;

VII - prestar, com a cooperação técnica e financeira da União e do Estado, serviços de atendimento à saúde da população;

VIII - promover, no que couber, adequado ordenamento territorial, mediante planejamento e controle do uso, do parcelamento e da ocupação do solo urbano;

IX - promover a proteção do patrimônio histórico-cultural local, observada a legislação e a ação fiscalizadora federal e estadual.

Art. 31. A fiscalização do Município será exercida pelo Poder Legislativo municipal, mediante controle externo, e pelos sistemas de controle interno do Poder Executivo municipal, na forma da lei.

§ 1º O controle externo da Câmara Municipal será exercido com o auxílio dos Tribunais de Contas dos Estados ou do Município ou dos Conselhos ou Tribunais de Contas dos Municípios, onde houver.

§ 2º O parecer prévio, emitido pelo órgão competente, sobre as contas que o Prefeito deve anualmente prestar, só deixará de prevalecer por decisão de dois terços dos membros da Câmara Municipal.

§ 3º As contas dos Municípios ficarão, durante sessenta dias, anualmente, à disposição de qualquer contribuinte, para exame e apreciação, o qual poderá questionar-lhes a legitimidade, nos termos da lei.

§ 4º É vedada a criação de tribunais, Conselhos ou órgãos de contas municipais.

Capítulo V
Do Distrito Federal e dos Territórios

Seção I
Do Distrito Federal

Art. 32. O Distrito Federal, vedada sua divisão em Municípios, reger-se-á por lei orgânica, votada em dois turnos com interstício mínimo de dez dias, e aprovada por dois terços da Câmara Legislativa, que a promulgará, atendidos os princípios estabelecidos nesta Constituição.

§ 1º Ao Distrito Federal são atribuídas as competências legislativas reservadas aos Estados e Municípios.

§ 2º A eleição do Governador e do Vice-Governador, observadas as regras do art. 77, e dos Deputados Distritais coincidirá com a dos Governadores e Deputados Estaduais, para mandato de igual duração.

§ 3º Aos Deputados Distritais e à Câmara Legislativa aplica-se o disposto no art. 27.

§ 4º Lei federal disporá sobre a utilização, pelo Governo do Distrito Federal, das polícias civil e militar e do corpo de bombeiros militar.

Seção II
Dos Territórios

Art. 33. A lei disporá sobre a organização administrativa e judiciária dos Territórios.

§ 1º Os Territórios poderão ser divididos em Municípios, aos quais se aplicará, no que couber, o disposto no Capítulo IV deste Título.

§ 2º As contas do Governo do Território serão submetidas ao Congresso Nacional, com parecer prévio do Tribunal de Contas da União.

§ 3º Nos Territórios Federais com mais de cem mil habitantes, além do Governador, nomeado na forma desta Constituição, haverá órgãos judiciários de primeira e segunda instâncias, membros do Ministério Público e defensores públicos federais; a lei disporá sobre as eleições para a Câmara Territorial e sua competência deliberativa.

Capítulo VI
Da Intervenção

Art. 34. A União não intervirá nos Estados nem no Distrito Federal, exceto para:

I - manter a integridade nacional;

II - repelir invasão estrangeira ou de uma unidade da Federação em outra;

III - pôr termo a grave comprometimento da ordem pública;

IV - garantir o livre exercício de qualquer dos Poderes nas unidades da Federação;

V - reorganizar as finanças da unidade da Federação que:

a) suspender o pagamento da dívida fundada por mais de dois anos consecutivos, salvo motivo de força maior;

b) deixar de entregar aos Municípios receitas tributárias fixadas nesta Constituição dentro dos prazos estabelecidos em lei;

VI - prover a execução de lei federal, ordem ou decisão judicial;

VII - assegurar a observância dos seguintes princípios constitucionais:

a) forma republicana, sistema representativo e regime democrático;

b) direitos da pessoa humana;

c) autonomia municipal;

d) prestação de contas da administração pública, direta e indireta.

Art. 35. O Estado não intervirá em seus Municípios, nem a União nos Municípios localizados em Território Federal, exceto quando:

I - deixar de ser paga, sem motivo de força maior, por dois anos consecutivos, a dívida fundada;

II - não forem prestadas contas devidas, na forma da lei;

III - não tiver sido aplicado o mínimo exigido da receita municipal na manutenção e desenvolvimento do ensino;

IV - o Tribunal de Justiça der provimento a representação para assegurar a observância de princípios indicados na Constituição estadual, ou para prover a execução de lei, de ordem ou de decisão judicial.

Art. 36. A decretação da intervenção dependerá:

I - no caso do art. 34, IV, de solicitação do Poder Legislativo ou do Poder Executivo coacto ou impedido, ou de requisição do Supremo Tribunal Federal, se a coação for exercida contra o Poder Judiciário;

II - no caso de desobediência a ordem ou decisão judiciária, de requisição do Supremo Tribunal Federal, do Superior Tribunal de Justiça ou do Tribunal Superior Eleitoral;

III - de provimento, pelo Supremo Tribunal Federal, de representação do Procurador-Geral da República, na hipótese do art. 34, VII;

IV - de provimento, pelo Superior Tribunal de Justiça, de representação do Procurador-Geral da República, no caso de recusa à execução de lei federal.

§ 1º O decreto de intervenção, que especificará a amplitude, o prazo e as condições de execução e que, se couber, nomeará o interventor, será submetido à apreciação do Congresso Nacional ou da Assembléia Legislativa do Estado, no prazo de vinte e quatro horas.

§ 2º Se não estiver funcionando o Congresso Nacional ou a Assembléia Legislativa, far-se-á convocação extraordinária, no mesmo prazo de vinte e quatro horas.

§ 3º Nos casos do art. 34, VI e VII, ou do art. 35, IV, dispensada a apreciação pelo Congresso Nacional ou pela Assembléia Legislativa, o decreto limitar-se-á a suspender a execução do ato impugnado, se essa medida bastar ao restabelecimento da normalidade.

§ 4º Cessados os motivos da intervenção, as autoridades afastadas de seus cargos a estes voltarão, salvo impedimento legal.

Capítulo VII
Da Administração Pública

Seção I
Disposições Gerais

Art. 37. A administração pública direta, indireta ou fundacional, de qualquer dos Poderes da União, dos Estados, do Distrito Federal e dos Municípios obedecerá aos princípios de legalidade, impessoalidade, moralidade, publicidade e, também, ao seguinte:

I - os cargos, empregos e funções públicas são acessíveis aos brasileiros que preencham os requisitos estabelecidos em lei;

II - a investidura em cargo ou emprego público depende de aprovação prévia em concurso público de provas ou de provas e títulos, ressalvadas as nomeações para cargo em comissão declarado em lei de livre nomeação e exoneração;

III - o prazo de validade do concurso público será de até dois anos, prorrogável uma vez, por igual período;

IV - durante o prazo improrrogável previsto no edital de convocação, aquele aprovado em concurso público de provas ou de provas e títulos será convocado com prioridade sobre novos concursados para assumir cargo ou emprego, na carreira;

V - os cargos em comissão e as funções de confiança serão exercidos, preferencialmente, por servidores ocupantes de cargo de carreira técnica ou profissional, nos casos e condições previstos em lei;

VI - é garantido ao servidor público civil o direito à livre associação sindical;

VII - o direito de greve será exercido nos termos e nos limites definidos em lei complementar;

VIII - a lei reservará percentual dos cargos e empregos públicos para as pessoas portadoras de deficiência e definirá os critérios de sua admissão;

IX - a lei estabelecerá os casos de contratação por tempo determinado para atender a necessidade temporária de excepcional interesse público;

X - a revisão geral da remuneração dos servidores públicos, sem distinção de índices entre servidores públicos civis e militares, far-se-á sempre na mesma data;

XI - a lei fixará o limite máximo e a relação de valores entre a maior e a menor remuneração dos servidores públicos, observados, como limites máximos e no âmbito dos respectivos Poderes, os valores percebidos como remuneração, em espécie, a qualquer título, por membros do Congresso Nacional, Ministros de Estado e Ministros do Supremo Tribunal Federal e seus correspondentes nos Estados, no Distrito Federal e nos Territórios, e, nos Municípios, os valores percebidos como remuneração, em espécie, pelo Prefeito;

XII - os vencimentos dos cargos do Poder Legislativo e do Poder Judiciário não poderão ser superiores aos pagos pelo Poder Executivo;

XIII - é vedada a vinculação ou equiparação de vencimentos, para o efeito de remuneração de pessoal do serviço público, ressalvado o disposto no inciso anterior e no art. 39, § 1º;

XIV - os acréscimos pecuniários percebidos por servidor público não serão computados nem acumulados, para fins de concessão de acréscimos ulteriores, sob o mesmo título ou idêntico fundamento;

XV - os vencimentos dos servidores públicos, civis e militares, são irredutíveis e a remuneração observará o que dispõem os arts. 37, XI, XII, 150, II, 153, III, e 153, § 2º, I;

XVI - é vedada a acumulação remunerada de cargos públicos, exceto, quando houver compatibilidade de horários:

a) a de dois cargos de professor;

b) a de um cargo de professor com outro técnico ou científico;

c) a de dois cargos privativos de médico;

XVII - a proibição de acumular estende-se a empregos e funções e abrange autarquias, empresas públicas, sociedades de economia mista e fundações mantidas pelo poder público;

XVIII - a administração fazendária e seus servidores fiscais terão, dentro de suas áreas de competência e jurisdição, precedência sobre os demais setores administrativos, na forma da lei;

XIX - somente por lei específica poderão ser criadas empresa pública, sociedade de economia mista, autarquia ou fundação pública;

XX - depende de autorização legislativa, em cada caso, a criação de subsidiárias das entidades mencionadas no inciso anterior, assim como a participação de qualquer delas em empresa privada;

XXI - ressalvados os casos especificados na legislação, as obras, serviços, compras e alienações serão contratados mediante processo de licitação pública que assegure igualdade de condições a todos os concorrentes, com cláusulas que estabeleçam obrigações de pagamento, mantidas as condições efetivas da proposta, nos termos da lei, o qual somente permitirá as exigências de qualificação técnica e econômica indispensáveis à garantia do cumprimento das obrigações.

§ 1º A publicidade dos atos, programas, obras, serviços e campanhas dos órgãos públicos deverá ter caráter educativo, informativo ou de orientação social, dela não podendo constar nomes, símbolos ou imagens que caracterizem promoção pessoal de autoridades ou servidores públicos.

§ 2º A não-observância do disposto nos incisos II e III implicará a nulidade do ato e a punição da autoridade responsável, nos termos da lei.

§ 3º As reclamações relativas à prestação de serviços públicos serão disciplinadas em lei.

§ 4º Os atos de improbidade administrativa importarão a suspensão dos direitos políticos, a perda da função pública, a indisponibilidade dos bens e o ressarcimento ao erário, na forma e gradação previstas em lei, sem prejuízo da ação penal cabível.

§ 5º A lei estabelecerá os prazos de prescrição para ilícitos praticados por qualquer agente, servidor ou não, que causem prejuízos ao erário, ressalvadas as respectivas ações de ressarcimento.

§ 6º As pessoas jurídicas de direito público e as de direito privado prestadoras de serviços públicos responderão pelos danos que seus agentes, nessa qualidade, causarem a terceiros, assegurado o direito de regresso contra o responsável nos casos de dolo ou culpa.

Art. 38. Ao servidor público em exercício de mandato eletivo aplicam-se as seguintes disposições:

I - tratando-se de mandato eletivo federal, estadual ou distrital, ficará afastado de seu cargo, emprego ou função;

II - investido no mandato de Prefeito, será afastado do cargo, emprego ou função, sendo-lhe facultado optar pela sua remuneração;

III - investido no mandato de Vereador, havendo compatibilidade de horários, perceberá as vantagens de seu cargo, emprego ou função, sem prejuízo da remuneração do cargo eletivo, e, não havendo compatibilidade, será aplicada a norma do inciso anterior;

IV - em qualquer caso que exija o afastamento para o exercício de mandato eletivo, seu tempo de serviço será contado para todos os efeitos legais, exceto para promoção por merecimento;

V - para efeito de benefício previdenciário, no caso de afastamento, os valores serão determinados como se no exercício estivesse.

Seção II
Dos Servidores Públicos Civis

Art. 39. A União, os Estados, o Distrito Federal e os Municípios instituirão, no âmbito de sua competência, regime jurídico único e planos de carreira para os servidores da administração pública direta, das autarquias e das fundações públicas.

§ 1º A lei assegurará, aos servidores da administração direta, isonomia de vencimentos para cargos de atribuições iguais ou assemelhados do mesmo Poder ou entre servidores dos Poderes Executivo, Legislativo e Judiciário, ressalvadas as vantagens de caráter individual e as relativas à natureza ou ao local de trabalho.

§ 2º Aplica-se a esses servidores o disposto no art. 7º, IV, VI, VII, VIII, IX, XII, XIII, XV, XVI, XVII, XVIII, XIX, XX, XXII, XXIII e XXX.

Art. 40. O servidor será aposentado:

I - por invalidez permanente, sendo os proventos integrais quando decorrentes de acidente em serviço, moléstia profissional ou doença grave, contagiosa ou incurável, especificadas em lei, e proporcionais nos demais casos;

II - compulsoriamente, aos setenta anos de idade, com proventos proporcionais ao tempo de serviço;

III - voluntariamente:

a) aos trinta e cinco anos de serviço, se homem, e aos trinta, se mulher, com proventos integrais;

b) aos trinta anos de efetivo exercício em funções de magistério, se professor, e vinte e cinco, se professora, com proventos integrais;

c) aos trinta anos de serviço, se homem, e aos vinte e cinco, se mulher, com proventos proporcionais a esse tempo;

d) aos sessenta e cinco anos de idade, se homem, e aos sessenta, se mulher, com proventos proporcionais ao tempo de serviço.

§ 1º Lei complementar poderá estabelecer exceções ao disposto no inciso III, a e c, no caso de exercício de atividades consideradas penosas, insalubres ou perigosas.

§ 2º A lei disporá sobre a aposentadoria em cargos ou empregos temporários.

§ 3º O tempo de serviço público federal, estadual ou municipal será computado integralmente para os efeitos de aposentadoria e de disponibilidade.

§ 4º Os proventos da aposentadoria serão revistos, na mesma proporção e na mesma data, sempre que se modificar a remuneração dos servidores em atividade, sendo também estendidos aos inativos quaisquer benefícios ou vantagens posteriormente concedidos aos servidores em atividade, inclusive quando decorrentes da transformação ou reclassificação do cargo ou função em que se deu a aposentadoria, na forma da lei.

§ 5º O benefício da pensão por morte corresponderá à totalidade dos vencimentos ou proventos do servidor falecido, até o limite estabelecido em lei, observado o disposto no parágrafo anterior.

Art. 41. São estáveis, após dois anos de efetivo exercício, os servidores nomeados em virtude de concurso público.

§ 1º O servidor público estável só perderá o cargo em virtude de sentença judicial transitada em julgado ou mediante processo administrativo em que lhe seja assegurada ampla defesa.

§ 2º Invalidada por sentença judicial a demissão do servidor estável, será ele reintegrado, e o eventual ocupante da vaga reconduzido ao cargo de origem, sem direito a indenização, aproveitado em outro cargo ou posto em disponibilidade.

§ 3º Extinto o cargo ou declarada sua desnecessidade, o servidor estável ficará em disponibilidade remunerada, até seu adequado aproveitamento em outro cargo.

Seção III
Dos Servidores Públicos Militares

Art. 42. São servidores militares federais os integrantes das Forças Armadas e servidores militares dos Estados, Territórios e Distrito Federal os integrantes de suas polícias militares e de seus corpos de bombeiros militares.

§ 1º As patentes, com prerrogativas, direitos e deveres a elas inerentes, são asseguradas em plenitude aos oficiais da ativa, da reserva ou reformados das Forças Armadas, das polícias militares e dos corpos de bombeiros militares dos Estados, dos Territórios e do Distrito Federal, sendo-lhes privativos os títulos, postos e uniformes militares.

§ 2º As patentes dos oficiais das Forças Armadas são conferidas pelo Presidente da República, e as dos oficiais das polícias militares e corpos de bombeiros militares dos Estados, Territórios e Distrito Federal, pelos respectivos Governadores.

§ 3º O militar em atividade que aceitar cargo público civil permanente será transferido para a reserva.

§ 4º O militar da ativa que aceitar cargo, emprego ou função pública temporária, não eletiva, ainda que da administração indireta, ficará agregado ao respectivo quadro e somente poderá, enquanto permanecer nessa situação, ser promovido por antiguidade, contando-se-lhe o tempo de serviço apenas para aquela promoção e transferência para a reserva, sendo depois de dois anos de afastamento, contínuos ou não, transferido para a inatividade.

§ 5º Ao militar são proibidas a sindicalização e a greve.

§ 6º O militar, enquanto em efetivo serviço, não pode estar filiado a partidos políticos.

§ 7º O oficial das Forças Armadas só perderá o posto e a patente se for julgado indigno do oficialato ou com ele incompatível, por decisão de tribunal militar de caráter permanente, em tempo de paz, ou de tribunal especial, em tempo de guerra.

§ 8º O oficial condenado na justiça comum ou militar a pena privativa de liberdade superior a dois anos, por sentença transitada em julgado, será submetido ao julgamento previsto no parágrafo anterior.

§ 9º A lei disporá sobre os limites de idade, a estabilidade e outras condições de transferência do servidor militar para a inatividade.

§ 10. Aplica-se aos servidores a que se refere este artigo, e a seus pensionistas, o disposto no art. 40, §§ 4º e 5º.

§ 11. Aplica-se aos servidores a que se refere este artigo o disposto no art. 7º, VIII, XII, XVII, XVIII e XIX.

Seção IV
Das Regiões

Art. 43. Para efeitos administrativos, a União poderá articular sua ação em um mesmo complexo geoeconômico e social, visando a seu desenvolvimento e à redução das desigualdades regionais.

§ 1º Lei complementar disporá sobre:

I - as condições para integração de regiões em desenvolvimento;

II - a composição dos organismos regionais que executarão, na forma da lei, os planos regionais, integrantes dos planos nacionais de desenvolvimento econômico e social, aprovados juntamente com estes.

§ 2º Os incentivos regionais compreenderão, além de outros, na forma da lei:

I - igualdade de tarifas, fretes, seguros e outros itens de custos e preços de responsabilidade do poder público;

II - juros favorecidos para financiamento de atividades prioritárias;

III - isenções, reduções ou diferimento temporário de tributos federais devidos por pessoas físicas ou jurídicas;

IV - prioridade para o aproveitamento econômico e social dos rios e das massas de água represadas ou represáveis nas regiões de baixa renda, sujeitas a secas periódicas.

§ 3º Nas áreas a que se refere o § 2º, IV, a União incentivará a recuperação de terras áridas e cooperará com os pequenos e médios proprietários rurais para o estabelecimento, em suas glebas, de fontes de água e de pequena irrigação.

Título IV
Da Organização dos Poderes

Capítulo I
Do Poder Legislativo

Seção I
Do Congresso Nacional

Art. 44. O Poder Legislativo é exercido pelo Congresso Nacional, que se compõe da Câmara dos Deputados e do Senado Federal.

Parágrafo único. Cada legislatura terá a duração de quatro anos.

Art. 45. A Câmara dos Deputados compõe-se de representantes do povo, eleitos, pelo sistema proporcional, em cada Estado, em cada Território e no Distrito Federal.

§ 1º O número total de Deputados, bem como a representação por Estado e pelo Distrito Federal, será estabelecido por lei complementar, proporcionalmente à população, procedendo-se aos ajustes necessários, no ano anterior às eleições, para que nenhuma daquelas unidades da Federação tenha menos de oito ou mais de setenta Deputados.

§ 2º Cada Território elegerá quatro Deputados.

Art. 46. O Senado Federal compõe-se de representantes dos Estados e do Distrito Federal, eleitos segundo o princípio majoritário.

§ 1º Cada Estado e o Distrito Federal elegerão três Senadores, com mandato de oito anos.

§ 2º A representação de cada Estado e do Distrito Federal será renovada de quatro em quatro anos, alternadamente, por um e dois terços.

§ 3º Cada Senador será eleito com dois suplentes.

Art. 47. Salvo disposição constitucional em contrário, as deliberações de cada Casa e de suas comissões serão tomadas por maioria dos votos, presente a maioria absoluta de seus membros.

Seção II
Das Atribuições do Congresso Nacional

Art. 48. Cabe ao Congresso Nacional, com a sanção do Presidente da República, não exigida esta para o especificado nos arts. 49, 51 e 52, dispor sobre todas as matérias de competência da União, especialmente sobre:

I - sistema tributário, arrecadação e distribuição de rendas;

II - plano plurianual, diretrizes orçamentárias, orçamento anual, operações de crédito, dívida pública e emissões de curso forçado;

III - fixação e modificação do efetivo das Forças Armadas;

IV - planos e programas nacionais, regionais e setoriais de desenvolvimento;

V - limites do território nacional, espaço aéreo e marítimo e bens do domínio da União;

VI - incorporação, subdivisão ou desmembramento de áreas de Territórios ou Estados, ouvidas as respectivas Assembléias Legislativas;

VII - transferência temporária da sede do Governo Federal;

VIII - concessão de anistia;

IX - organização administrativa, judiciária, do Ministério Público e da Defensoria Pública da União e dos Territórios e organização judiciária, do Ministério Público e da Defensoria Pública do Distrito Federal;

X - criação, transformação e extinção de cargos, empregos e funções públicas;

XI - criação, estruturação e atribuições dos Ministérios e órgãos da administração pública;

XII - telecomunicações e radiodifusão;

XIII - matéria financeira, cambial e monetária, instituições financeiras e suas operações;

XIV - moeda, seus limites de emissão, e montante da dívida mobiliária federal.

Art. 49. É da competência exclusiva do Congresso Nacional:

I - resolver definitivamente sobre tratados, acordos ou atos internacionais que acarretem encargos ou compromissos gravosos ao patrimônio nacional;

II - autorizar o Presidente da República a declarar guerra, a celebrar a paz, a permitir que forças estrangeiras transitem pelo território nacional ou nele permaneçam temporariamente, ressalvados os casos previstos em lei complementar;

III - autorizar o Presidente e o Vice-Presidente da República a se ausentarem do País, quando a ausência exceder a quinze dias;

IV - aprovar o estado de defesa e a intervenção federal, autorizar o estado de sítio, ou suspender qualquer uma dessas medidas;

V - sustar os atos normativos do Poder Executivo que exorbitem do poder regulamentar ou dos limites de delegação legislativa;

VI - mudar temporariamente sua sede;

VII - fixar idêntica remuneração para os Deputados Federais e os Senadores, em cada legislatura, para a subseqüente, observado o que dispõem os arts. 150, II, 153, III, e 153, § 2º, I;

VIII - fixar para cada exercício financeiro a remuneração do Presidente e do Vice-Presidente da República e dos Ministros de Estado, observado o que dispõem os arts. 150, II, 153, III, e 153, § 2º, I;

IX - julgar anualmente as contas prestadas pelo Presidente da República e apreciar os relatórios sobre a execução dos planos de governo;

X - fiscalizar e controlar, diretamente, ou por qualquer de suas Casas, os atos do Poder Executivo, incluídos os da administração indireta;

XI - zelar pela preservação de sua competência legislativa em face da atribuição normativa dos outros Poderes;

XII - apreciar os atos de concessão e renovação de concessão de emissoras de rádio e televisão;

XIII - escolher dois terços dos membros do Tribunal de Contas da União;

XIV - aprovar iniciativas do Poder Executivo referentes a atividades nucleares;

XV - autorizar referendo e convocar plebiscito;

XVI - autorizar, em terras indígenas, a exploração e o aproveitamento de recursos hídricos e a pesquisa e lavra de riquezas minerais;

XVII - aprovar, previamente, a alienação ou concessão de terras públicas com área superior a dois mil e quinhentos hectares.

Art. 50. A Câmara dos Deputados e o Senado Federal, ou qualquer de suas comissões, poderão convocar Ministro de Estado para prestar, pessoalmente, informações sobre assunto previamente determinado, importando crime de responsabilidade a ausência sem justificação adequada.

§ 1º Os Ministros de Estado poderão comparecer ao Senado Federal, à Câmara dos Deputados ou a qualquer de suas comissões, por sua iniciativa e mediante entendimentos com a Mesa respectiva, para expor assunto de relevância de seu Ministério.

§ 2º As Mesas da Câmara dos Deputados e do Senado Federal poderão encaminhar pedidos escritos de informação aos Ministros de Estado, importando crime de responsabilidade a recusa, ou o não-atendimento no prazo de trinta dias, bem como a prestação de informações falsas.

Seção III
Da Câmara dos Deputados

Art. 51. Compete privativamente à Câmara dos Deputados:

I - autorizar, por dois terços de seus membros, a instauração de processo contra o Presidente e o Vice-Presidente da República e os Ministros de Estado;

II - proceder à tomada de contas do Presidente da República, quando não apresentadas ao Congresso Nacional dentro de sessenta dias após a abertura da sessão legislativa;

III - elaborar seu regimento interno;

IV - dispor sobre sua organização, funcionamento, polícia, criação, transformação ou extinção dos cargos, empregos e funções de seus serviços e fixação da respectiva remuneração, observados os parâmetros estabelecidos na lei de diretrizes orçamentárias;

V - eleger membros do Conselho da República, nos termos do art. 89, VII.

Seção IV
Do Senado Federal

Art. 52. Compete privativamente ao Senado Federal:

I - processar e julgar o Presidente e o Vice-Presidente da República nos crimes de responsabilidade e os Ministros de Estado nos crimes da mesma natureza conexos com aqueles;

II - processar e julgar os Ministros do Supremo Tribunal Federal, o Procurador-Geral da República e o Advogado-Geral da União nos crimes de responsabilidade;

III - aprovar previamente, por voto secreto, após argüição pública, a escolha de:

a) magistrados, nos casos estabelecidos nesta Constituição;

b) Ministros do Tribunal de Contas da União indicados pelo Presidente da República;

c) Governador de Território;

d) presidente e diretores do Banco Central;

e) Procurador-Geral da República;

f) titulares de outros cargos que a lei determinar;

IV - aprovar previamente, por voto secreto, após argüição em sessão secreta, a escolha dos chefes de missão diplomática de caráter permanente;

V - autorizar operações externas de natureza financeira, de interesse da União, dos Estados, do Distrito Federal, dos Territórios e dos Municípios;

VI - fixar, por proposta do Presidente da República, limites globais para o montante da dívida consolidada da União, dos Estados, do Distrito Federal e dos Municípios;

VII - dispor sobre limites globais e condições para as operações de crédito externo e interno da União, dos Estados, do Distrito Federal e dos Municípios, de suas autarquias e demais entidades controladas pelo poder público federal;

VIII - dispor sobre limites e condições para a concessão de garantia da União em operações de crédito externo e interno;

IX - estabelecer limites globais e condições para o montante da dívida mobiliária dos Estados, do Distrito Federal e dos Municípios;

X - suspender a execução, no todo ou em parte, de lei declarada inconstitucional por decisão definitiva do Supremo Tribunal Federal;

XI - aprovar, por maioria absoluta e por voto secreto, a exoneração, de ofício, do Procurador-Geral da República antes do término de seu mandato;

XII - elaborar seu regimento interno;

XIII - dispor sobre sua organização, funcionamento, polícia, criação, transformação ou extinção dos cargos, empregos e funções de seus serviços e fixação da respectiva remuneração, observados os parâmetros estabelecidos na lei de diretrizes orçamentárias;

XIV - eleger membros do Conselho da República, nos termos do art. 89, VII.

Parágrafo único. Nos casos previstos nos incisos I e II, funcionará como Presidente o do Supremo Tribunal Federal, limitando-se a condenação, que somente será proferida por dois terços dos votos do Senado Federal, à perda do cargo, com inabilitação, por oito anos, para o exercício de função pública, sem prejuízo das demais sanções judiciais cabíveis.

Seção V
Dos Deputados e dos Senadores

Art. 53. Os Deputados e Senadores são invioláveis por suas opiniões, palavras e votos.

§ 1º Desde a expedição do diploma, os membros do Congresso Nacional não poderão ser presos, salvo em flagrante de crime inafiançável, nem processados criminalmente sem prévia licença de sua Casa.

§ 2º O indeferimento do pedido de licença ou a ausência de deliberação suspende a prescrição enquanto durar o mandato.

§ 3º No caso de flagrante de crime inafiançável, os autos serão remetidos, dentro de vinte e quatro horas, à Casa respectiva, para que, pelo voto secreto da maioria de seus membros, resolva sobre a prisão e autorize, ou não, a formação de culpa.

§ 4º Os Deputados e Senadores serão submetidos a julgamento perante o Supremo Tribunal Federal.

§ 5º Os Deputados e Senadores não serão obrigados a testemunhar sobre informações recebidas ou prestadas em razão do exercício do mandato, nem sobre as pessoas que lhes confiaram ou deles receberam informações.

§ 6º A incorporação às Forças Armadas de Deputados e Senadores, embora militares e ainda que em tempo de guerra, dependerá de prévia licença da Casa respectiva.

§ 7º As imunidades de Deputados ou Senadores subsistirão durante o estado de sítio, só podendo ser suspensas mediante o voto de dois terços dos membros da Casa respectiva, nos casos de atos, praticados fora do recinto do Congresso, que sejam incompatíveis com a execução da medida.

Art. 54. Os Deputados e Senadores não poderão:

I - desde a expedição do diploma:

a) firmar ou manter contrato com pessoa jurídica de direito público, autarquia, empresa pública, sociedade de economia mista ou empresa concessionária de serviço público, salvo quando o contrato obedecer a cláusulas uniformes;

b) aceitar ou exercer cargo, função ou emprego remunerado, inclusive os de que sejam demissíveis ad nutum, nas entidades constantes da alínea anterior;

II - desde a posse:

a) ser proprietários, controladores ou diretores de empresa que goze de favor decorrente de contrato com pessoa jurídica de direito público, ou nela exercer função remunerada;

b) ocupar cargo ou função de que sejam demissíveis ad nutum, nas entidades referidas no inciso I, a;

c) patrocinar causa em que seja interessada qualquer das entidades a que se refere o inciso I, a;

d) ser titulares de mais de um cargo ou mandato público eletivo.

Art. 55. Perderá o mandato o Deputado ou Senador:

I - que infringir qualquer das proibições estabelecidas no artigo anterior;

II - cujo procedimento for declarado incompatível com o decoro parlamentar;

III - que deixar de comparecer, em cada sessão legislativa, à terça parte das sessões ordinárias da Casa a que pertencer, salvo licença ou missão por esta autorizada;

IV - que perder ou tiver suspensos os direitos políticos;

V - quando o decretar a Justiça Eleitoral, nos casos previstos nesta Constituição;

VI - que sofrer condenação criminal em sentença transitada em julgado.

§ 1º É incompatível com o decoro parlamentar, além dos casos definidos no regimento interno, o abuso das prerrogativas asseguradas a membro do Congresso Nacional ou a percepção de vantagens indevidas.

§ 2º Nos casos dos incisos I, II e VI, a perda do mandato será decidida pela Câmara dos Deputados ou pelo Senado Federal, por voto secreto e maioria absoluta, mediante provocação da respectiva Mesa ou de partido político representado no Congresso Nacional, assegurada ampla defesa.

§ 3º Nos casos previstos nos incisos III a V, a perda será declarada pela Mesa da Casa respectiva, de ofício ou mediante provocação de qualquer de seus membros ou de partido político representado no Congresso Nacional, assegurada ampla defesa.

Art. 56. Não perderá o mandato o Deputado ou Senador:

I - investido no cargo de Ministro de Estado, Governador de Território, Secretário de Estado, do Distrito Federal, de Território, de Prefeitura de capital ou chefe de missão diplomática temporária;

II - licenciado pela respectiva Casa por motivo de doença, ou para tratar, sem remuneração, de interesse particular, desde que, neste caso, o afastamento não ultrapasse cento e vinte dias por sessão legislativa.

§ 1º O suplente será convocado nos casos de vaga, de investidura em funções previstas neste artigo ou de licença superior a cento e vinte dias.

§ 2º Ocorrendo vaga e não havendo suplente, far-se-á eleição para preenchê-la se faltarem mais de quinze meses para o término do mandato.

§ 3º Na hipótese do inciso I, o Deputado ou Senador poderá optar pela remuneração do mandato.

Seção VI
Das Reuniões

Art. 57. O Congresso Nacional reunir-se-á, anualmente, na Capital Federal, de 15 de fevereiro a 30 de junho e de 1º de agosto a 15 de dezembro.

§ 1º As reuniões marcadas para essas datas serão transferidas para o primeiro dia útil subseqüente, quando recaírem em sábados, domingos ou feriados.

§ 2º A sessão legislativa não será interrompida sem a aprovação do projeto de lei de diretrizes orçamentárias.

§ 3º Além de outros casos previstos nesta Constituição, a Câmara dos Deputados e o Senado Federal reunir-se-ão em sessão conjunta para:

I - inaugurar a sessão legislativa;

II - elaborar o regimento comum e regular a criação de serviços comuns às duas Casas;

III - receber o compromisso do Presidente e do Vice-Presidente da República;

IV - conhecer do veto e sobre ele deliberar.

§ 4º Cada uma das Casas reunir-se-á em sessões preparatórias, a partir de 1º de fevereiro, no primeiro ano da legislatura, para a posse de seus membros e eleição das respectivas Mesas, para mandato de dois anos, vedada a recondução para o mesmo cargo na eleição imediatamente subseqüente.

§ 5º A Mesa do Congresso Nacional será presidida pelo Presidente do Senado Federal, e os demais cargos serão exercidos, alternadamente, pelos ocupantes de cargos equivalentes na Câmara dos Deputados e no Senado Federal.

§ 6º A convocação extraordinária do Congresso Nacional far-se-á:

I - pelo Presidente do Senado Federal, em caso de decretação de estado de defesa ou de intervenção federal, de pedido de autorização para a decretação de estado de sítio e para o compromisso e a posse do Presidente e do Vice-Presidente da República;

II - pelo Presidente da República, pelos Presidentes da Câmara dos Deputados e do Senado Federal, ou a requerimento da maioria dos membros de ambas as Casas, em caso de urgência ou interesse público relevante.

§ 7º Na sessão legislativa extraordinária, o Congresso Nacional somente deliberará sobre a matéria para a qual foi convocado.

Seção VII
Das Comissões

Art. 58. O Congresso Nacional e suas Casas terão comissões permanentes e temporárias, constituídas na forma e com as atribuições previstas no respectivo regimento ou no ato de que resultar sua criação.

§ 1º Na constituição das Mesas e de cada comissão, é assegurada, tanto quanto possível, a representação proporcional dos partidos ou dos blocos parlamentares que participam da respectiva Casa.

§ 2º Às comissões, em razão da matéria de sua competência, cabe:

I - discutir e votar projeto de lei que dispensar, na forma do regimento, a competência do plenário, salvo se houver recurso de um décimo dos membros da Casa;

II - realizar audiências públicas com entidades da sociedade civil;

III - convocar Ministros de Estado para prestar informações sobre assuntos inerentes a suas atribuições;

IV - receber petições, reclamações, representações ou queixas de qualquer pessoa contra atos ou omissões das autoridades ou entidades públicas;

V - solicitar depoimento de qualquer autoridade ou cidadão;

VI - apreciar programas de obras, planos nacionais, regionais e setoriais de desenvolvimento e sobre eles emitir parecer.

§ 3º As comissões parlamentares de inquérito, que terão poderes de investigação próprios das autoridades judiciais, além de outros previstos nos regimentos das respectivas Casas, serão criadas pela Câmara dos Deputados e pelo Senado Federal, em conjunto ou separadamente, mediante requerimento de um terço de seus membros, para a apuração de fato determinado e por prazo certo, sendo suas conclusões, se for o caso, encaminhadas ao Ministério Público, para que promova a responsabilidade civil ou criminal dos infratores.

§ 4º Durante o recesso, haverá uma comissão representativa do Congresso Nacional, eleita por suas Casas na última sessão ordinária do período legislativo, com atribuições definidas no regimento comum, cuja composição reproduzirá, quanto possível, a proporcionalidade da representação partidária.

Seção VIII
Do Processo Legislativo

Subseção I
Disposição geral

Art. 59. O processo legislativo compreende a elaboração de:

I - emendas à Constituição;

II - leis complementares;
III - leis ordinárias;
IV - leis delegadas;
V - medidas provisórias;
VI - decretos legislativos;
VII - resoluções.

Parágrafo único. Lei complementar disporá sobre a elaboração, redação, alteração e consolidação das leis.

Subseção II
Da Emenda à Constituição

Art. 60. A Constituição poderá ser emendada mediante proposta:

I - de um terço, no mínimo, dos membros da Câmara dos Deputados ou do Senado Federal;

II - do Presidente da República;

III - de mais da metade das Assembléias Legislativas das unidades da Federação, manifestando-se, cada uma delas, pela maioria relativa de seus membros.

§ 1º A Constituição não poderá ser emendada na vigência de intervenção federal, de estado de defesa ou de estado de sítio.

§ 2º A proposta será discutida e votada em cada Casa do Congresso Nacional, em dois turnos, considerando-se aprovada se obtiver, em ambos, três quintos dos votos dos respectivos membros.

§ 3º A emenda à Constituição será promulgada pelas Mesas da Câmara dos Deputados e do Senado Federal, com o respectivo número de ordem.

§ 4º Não será objeto de deliberação a proposta de emenda tendente a abolir:

I - a forma federativa de Estado;
II - o voto direto, secreto, universal e periódico;
III - a separação dos Poderes;
IV - os direitos e garantias individuais.

§ 5º A matéria constante de proposta de emenda rejeitada ou havida por prejudicada não pode ser objeto de nova proposta na mesma sessão legislativa.

Subseção III
Das Leis

Art. 61. A iniciativa das leis complementares e ordinárias cabe a qualquer membro ou comissão da Câmara dos Deputados, do Senado Federal ou do Congresso Nacional, ao Presidente da República, ao Supremo Tribunal Federal, aos Tribunais Superiores, ao Procurador-Geral da República e aos cidadãos, na forma e nos casos previstos nesta Constituição.

§ 1º São de iniciativa privativa do Presidente da República as leis que:

I - fixem ou modifiquem os efetivos das Forças Armadas;

II - disponham sobre:

a) criação de cargos, funções ou empregos públicos na administração direta e autárquica ou aumento de sua remuneração;
b) organização administrativa e judiciária, matéria tributária e orçamentária, serviços públicos e pessoal da administração dos Territórios;
c) servidores públicos da União e Territórios, seu regime jurídico, provimento de cargos, estabilidade e aposentadoria de civis, reforma e transferência de militares para a inatividade;
d) organização do Ministério Público e da Defensoria Pública da União, bem como normas gerais para a organização do Ministério Público e da Defensoria Pública dos Estados, do Distrito Federal e dos Territórios;
e) criação, estruturação e atribuições dos Ministérios e órgãos da administração pública.

§ 2º A iniciativa popular pode ser exercida pela apresentação à Câmara dos Deputados de projeto de lei subscrito por, no mínimo, um por cento do eleitorado nacional, distribuído pelo menos por cinco Estados, com não menos de três décimos por cento dos eleitores de cada um deles.

Art. 62. Em caso de relevância e urgência, o Presidente da República poderá adotar medidas provisórias, com força de lei, devendo submetê-las de imediato ao Congresso Nacional, que, estando em recesso, será convocado extraordinariamente para se reunir no prazo de cinco dias.

Parágrafo único. As medidas provisórias perderão eficácia, desde a edição, se não forem convertidas em lei no prazo de trinta dias, a partir de sua publicação, devendo o Congresso Nacional disciplinar as relações jurídicas delas decorrentes.

Art. 63. Não será admitido aumento da despesa prevista:

I - nos projetos de iniciativa exclusiva do Presidente da República, ressalvado o disposto no art. 166, §§ 3º e 4º;

II - nos projetos sobre organização dos serviços administrativos da Câmara dos Deputados, do Senado Federal, dos tribunais federais e do Ministério Público.

Art. 64. A discussão e votação dos projetos de lei de iniciativa do Presidente da República, do Supremo Tribunal Federal e dos Tribunais Superiores terão início na Câmara dos Deputados.

§ 1º O Presidente da República poderá solicitar urgência para apreciação de projetos de sua iniciativa.

§ 2º Se, no caso do parágrafo anterior, a Câmara dos Deputados e o Senado Federal não se manifestarem, cada qual, sucessivamente, em até quarenta e cinco dias, sobre a proposição, será esta incluída na ordem do dia, sobrestando-se a deliberação quanto aos demais assuntos, para que se ultime a votação.

§ 3º A apreciação das emendas do Senado Federal pela Câmara dos Deputados far-se-á no prazo de dez dias, observado quanto ao mais o disposto no parágrafo anterior.

§ 4º Os prazos do § 2º não correm nos períodos de recesso do Congresso Nacional, nem se aplicam aos projetos de código.

Art. 65. O projeto de lei aprovado por uma Casa será revisto pela outra, em um só turno de discussão e votação, e enviado à sanção ou promulgação, se a Casa revisora o aprovar, ou arquivado, se o rejeitar.

Parágrafo único. Sendo o projeto emendado, voltará à Casa iniciadora.

Art. 66. A Casa na qual tenha sido concluída a votação enviará o projeto de lei ao Presidente da República, que, aquiescendo, o sancionará.

§ 1º Se o Presidente da República considerar o projeto, no todo ou em parte, inconstitucional ou contrário ao interesse público, vetá-lo-á total ou parcialmente, no prazo de quinze dias úteis, contados da data do recebimento, e comunicará, dentro de quarenta e oito horas, ao Presidente do Senado Federal os motivos do veto.

§ 2º O veto parcial somente abrangerá texto integral de artigo, de parágrafo, de inciso ou de alínea.

§ 3º Decorrido o prazo de quinze dias, o silêncio do Presidente da República importará sanção.

§ 4º O veto será apreciado em sessão conjunta, dentro de trinta dias a contar de seu recebimento, só podendo ser rejeitado pelo voto da maioria absoluta dos Deputados e Senadores, em escrutínio secreto.

§ 5º Se o veto não for mantido, será o projeto enviado, para promulgação, ao Presidente da República.

§ 6º Esgotado sem deliberação o prazo estabelecido no § 4º, o veto será colocado na ordem do dia da sessão imediata, sobrestadas as demais proposições, até sua votação final, ressalvadas as matérias de que trata o art. 62, parágrafo único.

§ 7º Se a lei não for promulgada dentro de quarenta e oito horas pelo Presidente da República, nos casos dos §§ 3º e 5º, o Presidente do Senado a promulgará, e, se este não o fizer em igual prazo, caberá ao Vice-Presidente do Senado fazê-lo.

Art. 67. A matéria constante de projeto de lei rejeitado somente poderá constituir objeto de novo projeto, na mesma sessão legislativa, mediante proposta da maioria absoluta dos membros de qualquer das Casas do Congresso Nacional.

Art. 68. As leis delegadas serão elaboradas pelo Presidente da República, que deverá solicitar a delegação ao Congresso Nacional.

§ 1º Não serão objeto de delegação os atos de competência exclusiva do Congresso Nacional, os de competência privativa da Câmara dos Deputados ou do Senado Federal, a matéria reservada à lei complementar, nem a legislação sobre:

I - organização do Poder Judiciário e do Ministério Público, a carreira e a garantia de seus membros;

II - nacionalidade, cidadania, direitos individuais, políticos e eleitorais;

III - planos plurianuais, diretrizes orçamentárias e orçamentos.

§ 2º A delegação ao Presidente da República terá a forma de resolução do Congresso Nacional, que especificará seu conteúdo e os termos de seu exercício.

§ 3º Se a resolução determinar a apreciação do projeto pelo Congresso Nacional, este a fará em votação única, vedada qualquer emenda.

Art. 69. As leis complementares serão aprovadas por maioria absoluta.

Seção IX
Da Fiscalização Contábil, Financeira e Orçamentária

Art. 70. A fiscalização contábil, financeira, orçamentária, operacional e patrimonial da União e das entidades da administração direta e indireta, quanto à legalidade, legitimidade, economicidade, aplicação das subvenções e renúncia de receitas, será exercida pelo Congresso Nacional, mediante controle externo, e pelo sistema de controle interno de cada Poder.

Parágrafo único. Prestará contas qualquer pessoa física ou entidade pública que utilize, arrecade, guarde, gerencie ou administre dinheiros, bens e valores públicos ou pelos quais a União responda, ou que, em nome desta, assuma obrigações de natureza pecuniária.

Art. 71. O controle externo, a cargo do Congresso Nacional, será exercido com o auxílio do Tribunal de Contas da União, ao qual compete:

I - apreciar as contas prestadas anualmente pelo Presidente da República, mediante parecer prévio, que deverá ser elaborado em sessenta dias a contar de seu recebimento;

II - julgar as contas dos administradores e demais responsáveis por dinheiros, bens e valores públicos da administração direta e indireta, incluídas as fundações e sociedades instituídas e mantidas pelo poder público federal, e as contas daqueles que derem causa a perda, extravio ou outra irregularidade de que resulte prejuízo ao erário público;

III - apreciar, para fins de registro, a legalidade dos atos de admissão de pessoal, a qualquer título, na administração direta e indireta, incluídas as fundações instituídas e mantidas pelo poder público, excetuadas as nomeações para cargo de provimento em comissão, bem como a das concessões de aposentadorias, reformas e pensões, ressalvadas as melhorias posteriores que não alterem o fundamento legal do ato concessório;

IV - realizar, por iniciativa própria, da Câmara dos Deputados, do Senado Federal, de comissão técnica ou de inquérito, inspeções e auditorias de natureza contábil, financeira, orçamentária, operacional e patrimonial, nas unidades administrativas dos Poderes Legislativo, Executivo e Judiciário, e demais entidades referidas no inciso II;

V - fiscalizar as contas nacionais das empresas supranacionais de cujo capital social a União participe, de forma direta ou indireta, nos termos do tratado constitutivo;

VI - fiscalizar a aplicação de quaisquer recursos repassados pela União, mediante convênio, acordo, ajuste ou outros instrumentos congêneres, a Estado, ao Distrito Federal ou a Município;

VII - prestar as informações solicitadas pelo Congresso Nacional, por qualquer de suas Casas, ou por qualquer das respectivas comissões, sobre a fiscalização contábil, financeira, orçamentária, operacional e patrimonial e sobre resultados de auditorias e inspeções realizadas;

VIII - aplicar aos responsáveis, em caso de ilegalidade de despesa ou irregularidade de contas, as sanções previstas em lei, que estabelecerá, entre outras cominações, multa proporcional ao dano causado ao erário;

IX - assinar prazo para que o órgão ou entidade adote as providências necessárias ao exato cumprimento da lei, se verificada ilegalidade;

X - sustar, se não atendido, a execução do ato impugnado, comunicando a decisão à Câmara dos Deputados e ao Senado Federal;

XI - representar ao Poder competente sobre irregularidades ou abusos apurados.

§ 1º No caso de contrato, o ato de sustação será adotado diretamente pelo Congresso Nacional, que solicitará, de imediato, ao Poder Executivo as medidas cabíveis.

§ 2º Se o Congresso Nacional ou o Poder Executivo, no prazo de noventa dias, não efetivar as medidas previstas no parágrafo anterior, o Tribunal decidirá a respeito.

§ 3º As decisões do Tribunal de que resulte imputação de débito ou multa terão eficácia de título executivo.

§ 4º O Tribunal encaminhará ao Congresso Nacional, trimestral e anualmente, relatório de suas atividades.

Art. 72. A comissão mista permanente a que se refere o art. 166, § 1º, diante de indícios de despesas não autorizadas, ainda que sob a forma de investimentos não programados ou de subsídios não aprovados, poderá solicitar à autoridade governamental responsável que, no prazo de cinco dias, preste os esclarecimentos necessários.

§ 1º Não prestados os esclarecimentos, ou considerados estes insuficientes, a comissão solicitará ao Tribunal pronunciamento conclusivo sobre a matéria, no prazo de trinta dias.

§ 2º Entendendo o Tribunal irregular a despesa, a comissão, se julgar que o gasto possa causar dano irreparável ou grave lesão à economia pública, proporá ao Congresso Nacional sua sustação.

Art. 73. O Tribunal de Contas da União, integrado por nove Ministros, tem sede no Distrito Federal, quadro próprio de pessoal e jurisdição em todo o território nacional, exercendo, no que couber, as atribuições previstas no art. 96.

§ 1º Os Ministros do Tribunal de Contas da União serão nomeados dentre brasileiros que satisfaçam os seguintes requisitos:

I - mais de trinta e cinco e menos de sessenta e cinco anos de idade;

II - idoneidade moral e reputação ilibada;

III - notórios conhecimentos jurídicos, contábeis, econômicos e financeiros ou de administração pública;

IV - mais de dez anos de exercício de função ou de efetiva atividade profissional que exija os conhecimentos mencionados no inciso anterior.

§ 2º Os Ministros do Tribunal de Contas da União serão escolhidos:

I - um terço pelo Presidente da República, com aprovação do Senado Federal, sendo dois alternadamente dentre auditores e membros do Ministério Público junto ao Tribunal, indicados em lista tríplice pelo Tribunal, segundo os critérios de antiguidade e merecimento;

II - dois terços pelo Congresso Nacional.

§ 3º Os Ministros do Tribunal de Contas da União terão as mesmas garantias, prerrogativas, impedimentos, vencimentos e vantagens dos Ministros do Superior Tribunal de Justiça e somente poderão aposentar-se com as vantagens do cargo quando o tiverem exercido efetivamente por mais de cinco anos.

§ 4º O auditor, quando em substituição a Ministro, terá as mesmas garantias e impedimentos do titular e, quando no exercício das demais atribuições da judicatura, as de juiz de Tribunal Regional Federal.

Art. 74. Os Poderes Legislativo, Executivo e Judiciário manterão, de forma integrada, sistema de controle interno com a finalidade de:

I - avaliar o cumprimento das metas previstas no plano plurianual, a execução dos programas de governo e dos orçamentos da União;

II - comprovar a legalidade e avaliar os resultados, quanto à eficácia e eficiência, da gestão orçamentária, financeira e patrimonial nos órgãos e entidades da administração federal, bem como da aplicação de recursos públicos por entidades de direito privado;

III - exercer o controle das operações de crédito, avais e garantias, bem como dos direitos e haveres da União;

IV - apoiar o controle externo no exercício de sua missão institucional.

§ 1º Os responsáveis pelo controle interno, ao tomarem conhecimento de qualquer irregularidade ou ilegalidade, dela darão ciência ao Tribunal de Contas da União, sob pena de responsabilidade solidária.

§ 2º Qualquer cidadão, partido político, associação ou sindicato é parte legítima para, na forma da lei, denunciar irregularidades ou ilegalidades perante o Tribunal de Contas da União.

Art. 75. As normas estabelecidas nesta Seção aplicam-se, no que couber, à organização, composição e fiscalização dos Tribunais de Contas dos Estados e do Distrito Federal, bem como dos Tribunais e Conselhos de Contas dos Municípios.

Parágrafo único. As Constituições estaduais disporão sobre os Tribunais de Contas respectivos, que serão integrados por sete conselheiros.

Capítulo II
Do Poder Executivo

Seção I
Do Presidente e do Vice-Presidente da República

Art. 76. O Poder Executivo é exercido pelo Presidente da República, auxiliado pelos Ministros de Estado.

Art. 77. A eleição do Presidente e do Vice-Presidente da República realizar-se-á, simultaneamente, noventa dias antes do término do mandato presidencial vigente.

§ 1º A eleição do Presidente da República importará a do Vice-Presidente com ele registrado.

§ 2º Será considerado eleito Presidente o candidato que, registrado por partido político, obtiver a maioria absoluta de votos, não computados os em branco e os nulos.

§ 3º Se nenhum candidato alcançar maioria absoluta na primeira votação, far-se-á nova eleição em até vinte dias após a proclamação do resultado, concorrendo os dois candidatos mais votados e considerando-se eleito aquele que obtiver a maioria dos votos válidos.

§ 4º Se, antes de realizado o segundo turno, ocorrer morte, desistência ou impedimento legal de candidato, convocar-se-á, dentre os remanescentes, o de maior votação.

§ 5º Se, na hipótese dos parágrafos anteriores, remanescer, em segundo lugar, mais de um candidato com a mesma votação, qualificar-se-á o mais idoso.

Art. 78. O Presidente e o Vice-Presidente da República tomarão posse em sessão do Congresso Nacional, prestando o compromisso de manter, defender e cumprir a Constituição, observar as leis, promover o bem geral do povo brasileiro, sustentar a união, a integridade e a independência do Brasil.

Parágrafo único. Se, decorridos dez dias da data fixada para a posse, o Presidente ou o Vice-Presidente, salvo motivo de força maior, não tiver assumido o cargo, este será declarado vago.

Art. 79. Substituirá o Presidente, no caso de impedimento, e suceder-lhe-á, no de vaga, o Vice-Presidente.

Parágrafo único. O Vice-Presidente da República, além de outras atribuições que lhe forem conferidas por lei complementar, auxiliará o Presidente, sempre que por ele convocado para missões especiais.

Art. 80. Em caso de impedimento do Presidente e do Vice-Presidente, ou vacância dos respectivos cargos, serão sucessivamente chamados ao exercício da Presidência o Presidente da Câmara dos Deputados, o do Senado Federal e o do Supremo Tribunal Federal.

Art. 81. Vagando os cargos de Presidente e Vice-Presidente da República, far-se-á eleição noventa dias depois de aberta a última vaga.

§ 1º Ocorrendo a vacância nos últimos dois anos do período presidencial, a eleição para ambos os cargos será feita trinta dias depois da última vaga, pelo Congresso Nacional, na forma da lei.

§ 2º Em qualquer dos casos, os eleitos deverão completar o período de seus antecessores.

Art. 82. O mandato do Presidente da República é de cinco anos, vedada a reeleição para o período subseqüente, e terá início em 1º de janeiro do ano seguinte ao da sua eleição.

Art. 83. O Presidente e o Vice-Presidente da República não poderão, sem licença do Congresso Nacional, ausentar-se do País por período superior a quinze dias, sob pena de perda do cargo.

Seção II
Das Atribuições do Presidente da República

Art. 84. Compete privativamente ao Presidente da República:

I - nomear e exonerar os Ministros de Estado;

II - exercer, com o auxílio dos Ministros de Estado, a direção superior da administração federal;

III - iniciar o processo legislativo, na forma e nos casos previstos nesta Constituição;

IV - sancionar, promulgar e fazer publicar as leis, bem como expedir decretos e regulamentos para sua fiel execução;

V - vetar projetos de lei, total ou parcialmente;

VI - dispor sobre a organização e o funcionamento da administração federal, na forma da lei;

VII - manter relações com Estados estrangeiros e acreditar seus representantes diplomáticos;

VIII - celebrar tratados, convenções e atos internacionais, sujeitos a referendo do Congresso Nacional;

IX - decretar o estado de defesa e o estado de sítio;

X - decretar e executar a intervenção federal;

XI - remeter mensagem e plano de governo ao Congresso Nacional por ocasião da abertura da sessão legislativa, expondo a situação do País e solicitando as providências que julgar necessárias;

XII - conceder indulto e comutar penas, com audiência, se necessário, dos órgãos instituídos em lei;

XIII - exercer o comando supremo das Forças Armadas, promover seus oficiais-generais e nomeá-los para os cargos que lhes são privativos;

XIV - nomear, após aprovação pelo Senado Federal, os Ministros do Supremo Tribunal Federal e dos Tribunais Superiores, os Governadores de Territórios, o Procurador-Geral da República, o presidente e os diretores do Banco Central e outros servidores, quando determinado em lei;

XV - nomear, observado o disposto no art. 73, os Ministros do Tribunal de Contas da União;

XVI - nomear os magistrados, nos casos previstos nesta Constituição, e o Advogado-Geral da União;

XVII - nomear membros do Conselho da República, nos termos do art. 89, VII;

XVIII - convocar e presidir o Conselho da República e o Conselho de Defesa Nacional;

XIX - declarar guerra, no caso de agressão estrangeira, autorizado pelo Congresso Nacional ou referendado por ele, quando ocorrida no intervalo das sessões legislativas, e, nas mesmas condições, decretar, total ou parcialmente, a mobilização nacional;

XX - celebrar a paz, autorizado ou com o referendo do Congresso Nacional;

XXI - conferir condecorações e distinções honoríficas;

XXII - permitir, nos casos previstos em lei complementar, que forças estrangeiras transitem pelo território nacional ou nele permaneçam temporariamente;

XXIII - enviar ao Congresso Nacional o plano plurianual, o projeto de lei de diretrizes orçamentárias e as propostas de orçamento previstas nesta Constituição;

XXIV - prestar, anualmente, ao Congresso Nacional, dentro de sessenta dias após a abertura da sessão legislativa, as contas referentes ao exercício anterior;

XXV - prover e extinguir os cargos públicos federais, na forma da lei;

XXVI - editar medidas provisórias com força de lei, nos termos do art. 62;

XXVII - exercer outras atribuições previstas nesta Constituição.

Parágrafo único. O Presidente da República poderá delegar as atribuições mencionadas nos incisos VI, XII e XXV, primeira parte, aos Ministros de Estado, ao Procurador-Geral da República ou ao Advogado-Geral da União, que observarão os limites traçados nas respectivas delegações.

Seção III
Da Responsabilidade do Presidente da República

Art. 85. São crimes de responsabilidade os atos do Presidente da República que atentem contra a Constituição Federal e, especialmente, contra:

I - a existência da União;

II - o livre exercício do Poder Legislativo, do Poder Judiciário, do Ministério Público e dos Poderes constitucionais das unidades da Federação;

III - o exercício dos direitos políticos, individuais e sociais;

IV - a segurança interna do País;

V - a probidade na administração;

VI - a lei orçamentária;

VII - o cumprimento das leis e das decisões judiciais.

Parágrafo único. Esses crimes serão definidos em lei especial, que estabelecerá as normas de processo e julgamento.

Art. 86. Admitida a acusação contra o Presidente da República, por dois terços da Câmara dos Deputados, será ele submetido a julgamento perante o Supremo Tribunal Federal, nas infrações penais comuns, ou perante o Senado Federal, nos crimes de responsabilidade.

§ 1º O Presidente ficará suspenso de suas funções:

I - nas infrações penais comuns, se recebida a denúncia ou queixa-crime pelo Supremo Tribunal Federal;

II - nos crimes de responsabilidade, após a instauração do processo pelo Senado Federal.

§ 2º Se, decorrido o prazo de cento e oitenta dias, o julgamento não estiver concluído, cessará o afastamento do Presidente, sem prejuízo do regular prosseguimento do processo.

§ 3º Enquanto não sobrevier sentença condenatória, nas infrações comuns, o Presidente da República não estará sujeito a prisão.

§ 4º O Presidente da República, na vigência de seu mandato, não pode ser responsabilizado por atos estranhos ao exercício de suas funções.

Seção IV
Dos Ministros de Estado

Art. 87. Os Ministros de Estado serão escolhidos dentre brasileiros maiores de vinte e um anos e no exercício dos direitos políticos.

Parágrafo único. Compete ao Ministro de Estado, além de outras atribuições estabelecidas nesta Constituição e na lei:

I - exercer a orientação, coordenação e supervisão dos órgãos e entidades da administração federal na área de sua competência e referendar os atos e decretos assinados pelo Presidente da República;

II - expedir instruções para a execução das leis, decretos e regulamentos;

III - apresentar ao Presidente da República relatório anual de sua gestão no Ministério;

IV - praticar os atos pertinentes às atribuições que lhe forem outorgadas ou delegadas pelo Presidente da República.

Art. 88. A lei disporá sobre a criação, estruturação e atribuições dos Ministérios.

Seção V
Do Conselho da República e do Conselho de Defesa Nacional

Subseção I
Do Conselho da República

Art. 89. O Conselho da República é órgão superior de consulta do Presidente da República, e dele participam:

I - o Vice-Presidente da República;

II - o Presidente da Câmara dos Deputados;

III - o Presidente do Senado Federal;

IV - os líderes da maioria e da minoria na Câmara dos Deputados;

V - os líderes da maioria e da minoria no Senado Federal;

VI - o Ministro da Justiça;

VII - seis cidadãos brasileiros natos, com mais de trinta e cinco anos de idade, sendo dois nomeados pelo Presidente da República, dois eleitos pelo Senado Federal e dois eleitos pela Câmara dos Deputados, todos com mandato de três anos, vedada a recondução.

Art. 90. Compete ao Conselho da República pronunciar-se sobre:

I - intervenção federal, estado de defesa e estado de sítio;

II - as questões relevantes para a estabilidade das instituições democráticas.

§ 1º O Presidente da República poderá convocar Ministro de Estado para participar da reunião do Conselho, quando constar da pauta questão relacionada com o respectivo Ministério.

§ 2º A lei regulará a organização e o funcionamento do Conselho da República.

Subseção II
Do Conselho de Defesa Nacional

Art. 91. O Conselho de Defesa Nacional é órgão de consulta do Presidente da República nos assuntos relacionados com a soberania nacional e a defesa do Estado democrático, e dele participam como membros natos:

I - o Vice-Presidente da República;

II - o Presidente da Câmara dos Deputados;

III - o Presidente do Senado Federal;

IV - o Ministro da Justiça;

V - os Ministros militares;

VI - o Ministro das Relações Exteriores;

VII - o Ministro do Planejamento.

§ 1º Compete ao Conselho de Defesa Nacional:

I - opinar nas hipóteses de declaração de guerra e de celebração da paz, nos termos desta Constituição;

II - opinar sobre a decretação do estado de defesa, do estado de sítio e da intervenção federal;

III - propor os critérios e condições de utilização de áreas indispensáveis à segurança do território nacional e opinar sobre seu efetivo uso, especialmente na faixa de fronteira e nas relacionadas com a preservação e a exploração dos recursos naturais de qualquer tipo;

IV - estudar, propor e acompanhar o desenvolvimento de iniciativas necessárias a garantir a independência nacional e a defesa do Estado democrático.

§ 2º A lei regulará a organização e o funcionamento do Conselho de Defesa Nacional.

Capítulo III
Do Poder Judiciário

Seção I
Disposições Gerais

Art. 92. São órgãos do Poder Judiciário:

I - o Supremo Tribunal Federal;

II - o Superior Tribunal de Justiça;

III - os Tribunais Regionais Federais e Juízes Federais;

IV - os Tribunais e Juízes do Trabalho;

V - os Tribunais e Juízes Eleitorais;

VI - os Tribunais e Juízes Militares;

VII - os Tribunais e Juízes dos Estados e do Distrito Federal e Territórios.

Parágrafo único. O Supremo Tribunal Federal e os Tribunais Superiores têm sede na Capital Federal e jurisdição em todo o território nacional.

Art. 93. Lei complementar, de iniciativa do Supremo Tribunal Federal, disporá sobre o Estatuto da Magistratura, observados os seguintes princípios:

I - ingresso na carreira, cujo cargo inicial será o de juiz substituto, através de concurso público de provas e títulos, com a participação da Ordem dos Advogados do Brasil em todas as suas fases, obedecendo-se, nas nomeações, à ordem de classificação;

II - promoção de entrância para entrância, alternadamente, por antiguidade e merecimento, atendidas as seguintes normas:

a) é obrigatória a promoção do juiz que figure por três vezes consecutivas ou cinco alternadas em lista de merecimento;

b) a promoção por merecimento pressupõe dois anos de exercício na respectiva entrância e integrar o juiz a primeira quinta parte da lista de antiguidade desta, salvo se não houver com tais requisitos quem aceite o lugar vago;

c) aferição do merecimento pelos critérios da presteza e segurança no exercício da jurisdição e pela freqüência e aproveitamento em cursos reconhecidos de aperfeiçoamento;

d) na apuração da antiguidade, o tribunal somente poderá recusar o juiz mais antigo pelo voto de dois terços de seus membros, conforme procedimento próprio, repetindo-se a votação até fixar-se a indicação;

III - o acesso aos tribunais de segundo grau far-se-á por antiguidade e merecimento, alternadamente, apurados na última entrância ou, onde houver, no Tribunal de Alçada, quando se tratar de promoção para o Tribunal de Justiça, de acordo com o inciso II e a classe de origem;

IV - previsão de cursos oficiais de preparação e aperfeiçoamento de magistrados como requisitos para ingresso e promoção na carreira;

V - os vencimentos dos magistrados serão fixados com diferença não superior a dez por cento de uma para outra das categorias da carreira, não podendo, a título nenhum, exceder os dos Ministros do Supremo Tribunal Federal;

VI - a aposentadoria com proventos integrais é compulsória por invalidez ou aos setenta anos de idade, e facultativa aos trinta anos de serviço, após cinco anos de exercício efetivo na judicatura;

VII - o juiz titular residirá na respectiva comarca;

VIII - o ato de remoção, disponibilidade e aposentadoria do magistrado, por interesse público, fundar-se-á em decisão por voto de dois terços do respectivo tribunal, assegurada ampla defesa;

IX - todos os julgamentos dos órgãos do Poder Judiciário serão públicos, e fundamentadas todas as decisões, sob pena de nulidade, podendo a lei, se o interesse público o exigir, limitar a presença, em determinados atos, às próprias partes e a seus advogados, ou somente a estes;

X - as decisões administrativas dos tribunais serão motivadas, sendo as disciplinares tomadas pelo voto da maioria absoluta de seus membros;

XI - nos tribunais com número superior a vinte e cinco julgadores, poderá ser constituído órgão especial, com o mínimo de onze e o máximo de vinte e cinco membros, para o exercício das atribuições administrativas e jurisdicionais da competência do tribunal pleno.

Art. 94. Um quinto dos lugares dos Tribunais Regionais Federais, dos tribunais dos Estados, e do Distrito Federal e Territórios será composto de membros do Ministério Público, com mais de dez anos de carreira, e de advogados de notório saber jurídico e de reputação ilibada, com mais de dez anos de efetiva atividade profissional, indicados em lista sêxtupla pelos órgãos de representação das respectivas classes.

Parágrafo único. Recebidas as indicações, o tribunal formará lista tríplice, enviando-a ao Poder Executivo, que, nos vinte dias subseqüentes, escolherá um de seus integrantes para nomeação.

Art. 95. Os juízes gozam das seguintes garantias:

I - vitaliciedade, que, no primeiro grau, só será adquirida após dois anos de exercício, dependendo a perda do cargo, nesse período, de deliberação do tribunal a que o juiz estiver vinculado e, nos demais casos, de sentença judicial transitada em julgado;

II - inamovibilidade, salvo por motivo de interesse público, na forma do art. 93, VIII;

III - irredutibilidade de vencimentos, observado, quanto à remuneração, o que dispõem os arts. 37, XI, 150, II, 153, III, e 153, § 2º, I.

Parágrafo único. Aos juízes é vedado:

I - exercer, ainda que em disponibilidade, outro cargo ou função, salvo uma de magistério;

II - receber, a qualquer título ou pretexto, custas ou participação em processo;

III - dedicar-se a atividade político-partidária.

Art. 96. Compete privativamente:

I - aos tribunais:

a) eleger seus órgãos diretivos e elaborar seus regimentos internos, com observância das normas de processo e das garantias processuais das partes, dispondo sobre a competência e o funcionamento dos respectivos órgãos jurisdicionais e administrativos;

b) organizar suas secretarias e serviços auxiliares e os

dos juízos que lhes forem vinculados, velando pelo exercício da atividade correicional respectiva;

c) prover, na forma prevista nesta Constituição, os cargos de juiz de carreira da respectiva jurisdição;

d) propor a criação de novas varas judiciárias;

e) prover, por concurso público de provas, ou de provas e títulos, obedecido o disposto no art. 169, parágrafo único, os cargos necessários à administração da justiça, exceto os de confiança assim definidos em lei;

f) conceder licença, férias e outros afastamentos a seus membros e aos juízes e servidores que lhes forem imediatamente vinculados;

II - ao Supremo Tribunal Federal, aos Tribunais Superiores e aos Tribunais de Justiça propor ao Poder Legislativo respectivo, observado o disposto no art. 169:

a) a alteração do número de membros dos tribunais inferiores;

b) a criação e a extinção de cargos e a fixação de vencimentos de seus membros, dos juízes, inclusive dos tribunais inferiores, onde houver, dos serviços auxiliares e os dos juízos que lhes forem vinculados;

c) a criação ou extinção dos tribunais inferiores;

d) a alteração da organização e da divisão judiciárias;

III - aos Tribunais de Justiça julgar os juízes estaduais e do Distrito Federal e Territórios, bem como os membros do Ministério Público, nos crimes comuns e de responsabilidade, ressalvada a competência da Justiça Eleitoral.

Art. 97. Somente pelo voto da maioria absoluta de seus membros ou dos membros do respectivo órgão especial poderão os tribunais declarar a inconstitucionalidade de lei ou ato normativo do poder público.

Art. 98. A União, no Distrito Federal e nos Territórios, e os Estados criarão:

I - juizados especiais, providos por juízes togados, ou togados e leigos, competentes para a conciliação, o julgamento e a execução de causas cíveis de menor complexidade e infrações penais de menor potencial ofensivo, mediante os procedimentos oral e sumaríssimo, permitidos, nas hipóteses previstas em lei, a transação e o julgamento de recursos por turmas de juízes de primeiro grau;

II - justiça de paz, remunerada, composta de cidadãos eleitos pelo voto direto, universal e secreto, com mandato de quatro anos e competência para, na forma da lei, celebrar casamentos, verificar, de ofício ou em face de impugnação apresentada, o processo de habilitação e exercer atribuições conciliatórias, sem caráter jurisdicional, além de outras previstas na legislação.

Art. 99. Ao Poder Judiciário é assegurada autonomia administrativa e financeira.

§ 1º Os tribunais elaborarão suas propostas orçamentárias dentro dos limites estipulados conjuntamente com os demais Poderes na lei de diretrizes orçamentárias.

§ 2º O encaminhamento da proposta, ouvidos os outros tribunais interessados, compete:

I - no âmbito da União, aos Presidentes do Supremo Tribunal Federal e dos Tribunais Superiores, com a aprovação dos respectivos tribunais;

II - no âmbito dos Estados e no do Distrito Federal e Territórios, aos Presidentes dos Tribunais de Justiça, com a aprovação dos respectivos tribunais.

Art. 100. À exceção dos créditos de natureza alimentícia, os pagamentos devidos pela Fazenda Federal, Estadual ou Municipal, em virtude de sentença judiciária, far-se-ão exclusivamente na ordem cronológica de apresentação dos precatórios e à conta dos créditos respectivos, proibida a designação de casos ou de pessoas nas dotações orçamentárias e nos créditos adicionais abertos para este fim.

§ 1º É obrigatória a inclusão, no orçamento das entidades de direito público, de verba necessária ao pagamento de seus débitos constantes de precatórios judiciários, apresentados até 1º de julho, data em que terão atualizados seus valores, fazendo-se o pagamento até o final do exercício seguinte.

§ 2º As dotações orçamentárias e os créditos abertos serão consignados ao Poder Judiciário, recolhendo-se as importâncias respectivas à repartição competente, cabendo ao Presidente do tribunal que proferir a decisão exeqüenda determinar o pagamento, segundo as possibilidades do depósito, e autorizar, a requerimento do credor e exclusivamente para o caso de preterimento de seu direito de precedência, o seqüestro da quantia necessária à satisfação do débito.

Seção II
Do Supremo Tribunal Federal

Art. 101. O Supremo Tribunal Federal compõe-se de onze Ministros, escolhidos dentre cidadãos com mais de trinta e cinco e menos de sessenta e cinco anos de idade, de notável saber jurídico e reputação ilibada.

Parágrafo único. Os Ministros do Supremo Tribunal Federal serão nomeados pelo Presidente da República, depois de aprovada a escolha pela maioria absoluta do Senado Federal.

Art. 102. Compete ao Supremo Tribunal Federal, precipuamente, a guarda da Constituição, cabendo-lhe:

I - processar e julgar, originariamente:

a) a ação direta de inconstitucionalidade de lei ou ato normativo federal ou estadual;

b) nas infrações penais comuns, o Presidente da República, o Vice-Presidente, os membros do Congresso Nacional, seus próprios Ministros e o Procurador-Geral da República;

c) nas infrações penais comuns e nos crimes de responsabilidade, os Ministros de Estado, ressalvado o disposto no art. 52, I, os membros dos Tribunais Superiores, os do Tribunal de Contas da União e os chefes de missão diplomática de caráter permanente;

d) o habeas corpus, sendo paciente qualquer das pessoas referidas nas alíneas anteriores; o mandado de segurança e o habeas data contra atos do Presidente da República, das Mesas da Câmara dos Deputados e do Senado Federal, do Tribunal de Contas da União, do Procurador-Geral da República e do próprio Supremo Tribunal Federal;

e) o litígio entre Estado estrangeiro ou organismo internacional e a União, o Estado, o Distrito Federal ou o Território;

f) as causas e os conflitos entre a União e os Estados, a União e o Distrito Federal, ou entre uns e outros, inclusive as respectivas entidades da administração indireta;

g) a extradição solicitada por Estado estrangeiro;

h) a homologação das sentenças estrangeiras e a concessão do exequatur às cartas rogatórias, que podem ser conferidas pelo regimento interno a seu Presidente;

i) o habeas corpus, quando o coator ou o paciente for tribunal, autoridade ou funcionário cujos atos estejam sujeitos diretamente à jurisdição do Supremo Tribunal Federal, ou se trate de crime sujeito à mesma jurisdição em uma única instância;

j) a revisão criminal e a ação rescisória de seus julgados;

l) a reclamação para a preservação de sua competência e garantia da autoridade de suas decisões;

m) a execução de sentença nas causas de sua competência originária, facultada a delegação de atribuições para a prática de atos processuais;

n) a ação em que todos os membros da magistratura sejam direta ou indiretamente interessados, e aquela em que mais da metade dos membros do tribunal de origem estejam impedidos ou sejam direta ou indiretamente interessados;

o) os conflitos de competência entre o Superior Tribunal de Justiça e quaisquer tribunais, entre Tribunais Superiores, ou entre estes e qualquer outro tribunal;

p) o pedido de medida cautelar das ações diretas de inconstitucionalidade;

q) o mandado de injunção, quando a elaboração da norma regulamentadora for atribuição do Presidente da República, do Congresso Nacional, da Câmara dos Deputados, do Senado Federal, da Mesa de uma dessas Casas Legislativas, do Tribunal de Contas da União, de um dos Tribunais Superiores, ou do próprio Supremo Tribunal Federal;

II - julgar, em recurso ordinário:

a) o habeas corpus, o mandado de segurança, o habeas data e o mandado de injunção decididos em única instância pelos Tribunais Superiores, se denegatória a decisão;

b) o crime político;

III - julgar, mediante recurso extraordinário, as causas decididas em única ou última instância, quando a decisão recorrida:

a) contrariar dispositivo desta Constituição;

b) declarar a inconstitucionalidade de tratado ou lei federal;

c) julgar válida lei ou ato de governo local contestado em face desta Constituição.

Parágrafo único. A argüição de descumprimento de preceito fundamental decorrente desta Constituição será apreciada pelo Supremo Tribunal Federal, na forma da lei.

Art. 103. Podem propor a ação de inconstitucionalidade:

I - o Presidente da República;

II - a Mesa do Senado Federal;

III - a Mesa da Câmara dos Deputados;

IV - a Mesa de Assembléia Legislativa;

V - o Governador de Estado;

VI - o Procurador-Geral da República;

VII - o Conselho Federal da Ordem dos Advogados do Brasil;

VIII - partido político com representação no Congresso Nacional;

IX - confederação sindical ou entidade de classe de âmbito nacional.

§ 1º O Procurador-Geral da República deverá ser previamente ouvido nas ações de inconstitucionalidade e em todos os processos de competência do Supremo Tribunal Federal.

§ 2º Declarada a inconstitucionalidade por omissão de medida para tornar efetiva norma constitucional, será dada ciência ao Poder competente para a adoção das providências necessárias e, em se tratando de órgão administrativo, para fazê-lo em trinta dias.

§ 3º Quando o Supremo Tribunal Federal apreciar a inconstitucionalidade, em tese, de norma legal ou ato normativo, citará, previamente, o Advogado-Geral da União, que defenderá o ato ou texto impugnado.

Seção III
Do Superior Tribunal de Justiça

Art. 104. O Superior Tribunal de Justiça compõe-se de, no mínimo, trinta e três Ministros.

Parágrafo único. Os Ministros do Superior Tribunal de Justiça serão nomeados pelo Presidente da República, dentre brasileiros com mais de trinta e cinco e menos de sessenta e cinco anos, de notável saber jurídico e reputação ilibada, depois de aprovada a escolha pelo Senado Federal, sendo:

I - um terço dentre juízes dos Tribunais Regionais Federais e um terço dentre desembargadores dos Tribunais de Justiça, indicados em lista tríplice elaborada pelo próprio Tribunal;

II - um terço, em partes iguais, dentre advogados e membros do Ministério Público Federal, Estadual, do Distrito Federal e dos Territórios, alternadamente, indicados na forma do art. 94.

Art. 105. Compete ao Superior Tribunal de Justiça:

I - processar e julgar, originariamente:

a) nos crimes comuns, os Governadores dos Estados e do Distrito Federal, e, nestes e nos de responsabilidade, os desembargadores dos Tribunais de Justiça dos Estados e do Distrito Federal, os membros dos Tribunais de Contas dos Estados e do Distrito Federal, os dos Tribunais Regionais Federais, dos Tribunais Regionais Eleitorais e do Trabalho, os membros dos Conselhos ou Tribunais de Contas dos Municípios e os do Ministério Público da União que oficiem perante tribunais;

b) os mandados de segurança e os habeas data contra ato de Ministro de Estado ou do próprio Tribunal;

c) os habeas corpus, quando o coator ou o paciente for quaisquer das pessoas mencionadas na alínea a, ou quando o coator for Ministro de Estado, ressalvada a competência da Justiça Eleitoral;

d) os conflitos de competência entre quaisquer tribunais, ressalvado o disposto no art. 102, I, o, bem como entre tribunal e juízes a ele não vinculados e entre juízes vinculados a tribunais diversos;

e) as revisões criminais e as ações rescisórias de seus julgados;

f) a reclamação para a preservação de sua competência e garantia da autoridade de suas decisões;

g) os conflitos de atribuições entre autoridades administrativas e judiciárias da União, ou entre autoridades judiciárias de um Estado e administrativas de outro ou do Distrito Federal, ou entre as deste e da União;

h) o mandado de injunção, quando a elaboração da norma regulamentadora for atribuição de órgão, entidade ou autoridade federal, da administração direta ou indireta, excetuados os casos de competência do Supremo Tribunal Federal e dos órgãos da Justiça Militar, da Justiça Eleitoral, da Justiça do Trabalho e da Justiça Federal;

II - julgar, em recurso ordinário:

a) os habeas corpus decididos em única ou última instância pelos Tribunais Regionais Federais ou pelos tribunais dos Estados, do Distrito Federal e Territórios, quando a decisão for denegatória;

b) os mandados de segurança decididos em única instância pelos Tribunais Regionais Federais ou pelos tribunais dos Estados, do Distrito Federal e Territórios, quando denegatória a decisão;

c) as causas em que forem partes Estado estrangeiro ou organismo internacional, de um lado, e, do outro, Município ou pessoa residente ou domiciliada no País;

III - julgar, em recurso especial, as causas decididas, em única ou última instância, pelos Tribunais Regionais Federais ou pelos tribunais dos Estados, do Distrito Federal e Territórios, quando a decisão recorrida:

a) contrariar tratado ou lei federal, ou negar-lhes vigência;

b) julgar válida lei ou ato de governo local contestado em face de lei federal;

c) der a lei federal interpretação divergente da que lhe haja atribuído outro tribunal.

Parágrafo único. Funcionará junto ao Superior Tribunal de Justiça o Conselho da Justiça Federal, cabendo-lhe, na forma da lei, exercer a supervisão administrativa e orçamentária da Justiça Federal de primeiro e segundo graus.

Seção IV
Dos Tribunais Regionais Federais e dos Juízes Federais

Art. 106. São órgãos da Justiça Federal:

I - os Tribunais Regionais Federais;

II - os Juízes Federais.

Art. 107. Os Tribunais Regionais Federais compõem-se de, no mínimo, sete juízes, recrutados, quando possível, na respectiva região e nomeados pelo Presidente da República dentre brasileiros com mais de trinta e menos de sessenta e cinco anos, sendo:

I - um quinto dentre advogados com mais de dez anos de efetiva atividade profissional e membros do Ministério Público Federal com mais de dez anos de carreira;

II - os demais, mediante promoção de juízes federais com mais de cinco anos de exercício, por antiguidade e merecimento, alternadamente.

Parágrafo único. A lei disciplinará a remoção ou a permuta de juízes dos Tribunais Regionais Federais e determinará sua jurisdição e sede.

Art. 108. Compete aos Tribunais Regionais Federais:

I - processar e julgar, originariamente:

a) os juízes federais da área de sua jurisdição, incluídos os da Justiça Militar e da Justiça do Trabalho, nos crimes comuns e de responsabilidade, e os membros do Ministério Público da União, ressalvada a competência da Justiça Eleitoral;

b) as revisões criminais e as ações rescisórias de julgados seus ou dos juízes federais da região;

c) os mandados de segurança e os habeas data contra ato do próprio Tribunal ou de juiz federal;

d) os habeas corpus, quando a autoridade coatora for juiz federal;

e) os conflitos de competência entre juízes federais vinculados ao Tribunal;

II - julgar, em grau de recurso, as causas decididas pelos juízes federais e pelos juízes estaduais no exercício da competência federal da área de sua jurisdição.

Art. 109. Aos juízes federais compete processar e julgar:

I - as causas em que a União, entidade autárquica ou empresa pública federal forem interessadas na condição de autoras, rés, assistentes ou oponentes, exceto as de falência, as de acidentes de trabalho e as sujeitas à Justiça Eleitoral e à Justiça do Trabalho;

II - as causas entre Estado estrangeiro ou organismo internacional e Município ou pessoa domiciliada ou residente no País;

III - as causas fundadas em tratado ou contrato da União com Estado estrangeiro ou organismo internacional;

IV - os crimes políticos e as infrações penais praticadas em detrimento de bens, serviços ou interesse da União ou de suas entidades autárquicas ou empresas públicas, excluídas as contravenções e ressalvada a competência da Justiça Militar e da Justiça Eleitoral;

V - os crimes previstos em tratado ou convenção internacional, quando, iniciada a execução no País, o resultado tenha ou devesse ter ocorrido no estrangeiro, ou reciprocamente;

VI - os crimes contra a organização do trabalho e, nos casos determinados por lei, contra o sistema financeiro e a ordem econômico-financeira;

VII - os habeas corpus, em matéria criminal de sua competência ou quando o constrangimento provier de autoridade cujos atos não estejam diretamente sujeitos a outra jurisdição;

VIII - os mandados de segurança e os habeas data contra ato de autoridade federal, excetuados os casos de competência dos tribunais federais;

IX - os crimes cometidos a bordo de navios ou aeronaves, ressalvada a competência da Justiça Militar;

X - os crimes de ingresso ou permanência irregular de estrangeiro, a execução de carta rogatória, após o exequatur, e de sentença estrangeira, após a homologação, as causas referentes à nacionalidade, inclusive a respectiva opção, e à naturalização;

XI - a disputa sobre direitos indígenas.

§ 1º As causas em que a União for autora serão aforadas na seção judiciária onde tiver domicílio a outra parte.

§ 2º As causas intentadas contra a União poderão ser aforadas na seção judiciária em que for domiciliado o autor, naquela onde houver ocorrido o ato ou fato que deu origem à demanda ou onde esteja situada a coisa, ou, ainda, no Distrito Federal.

§ 3º Serão processadas e julgadas na Justiça estadual, no foro do domicílio dos segurados ou beneficiários, as causas em que forem parte instituição de previdência social e segurado, sempre que a comarca não seja sede de vara do juízo federal, e, se verificada essa condição, a lei poderá permitir que outras causas sejam também processadas e julgadas pela Justiça estadual.

§ 4º Na hipótese do parágrafo anterior, o recurso cabível será sempre para o Tribunal Regional Federal na área de jurisdição do juiz de primeiro grau.

Art. 110. Cada Estado, bem como o Distrito Federal, constituirá uma seção judiciária, que terá por sede a respectiva capital, e varas localizadas segundo o estabelecido em lei.

Parágrafo único. Nos Territórios Federais, a jurisdição e as atribuições cometidas aos juízes federais caberão aos juízes da Justiça local, na forma da lei.

Seção V
Dos Tribunais e Juízes do Trabalho

Art. 111. São órgãos da Justiça do Trabalho:

I - o Tribunal Superior do Trabalho;

II - os Tribunais Regionais do Trabalho;

III - as Juntas de Conciliação e Julgamento.

§ 1º O Tribunal Superior do Trabalho compor-se-á de vinte e sete Ministros, escolhidos dentre brasileiros com mais de trinta e cinco e menos de sessenta e cinco anos, nomeados pelo Presidente da República após aprovação pelo Senado Federal, sendo:

I - dezessete togados e vitalícios, dos quais onze escolhidos dentre juízes de carreira da magistratura trabalhista, três dentre advogados e três dentre membros do Ministério Público do Trabalho;

II - dez classistas temporários, com representação paritária dos trabalhadores e empregadores.

§ 2º O Tribunal encaminhará ao Presidente da República listas tríplices, observando-se, quanto às vagas destinadas aos advogados e aos membros do Ministério Público, o disposto no art. 94, e, para as de classistas, o resultado de indicação de colégio eleitoral integrado pelas diretorias das confederações nacionais de trabalhadores ou empregadores, conforme o caso; as listas tríplices para o provimento de cargos destinados aos juízes da magistratura trabalhista de carreira deverão ser elaboradas pelos Ministros togados e vitalícios.

§ 3º A lei disporá sobre a competência do Tribunal Superior do Trabalho.

Art. 112. Haverá pelo menos um Tribunal Regional do Trabalho em cada Estado e no Distrito Federal, e a lei instituirá as Juntas de Conciliação e Julgamento, podendo, nas comarcas onde não forem instituídas, atribuir sua jurisdição aos juízes de direito.

Art. 113. A lei disporá sobre a constituição, investidura, jurisdição, competência, garantias e condições de exercício dos órgãos da Justiça do Trabalho, assegurada a paridade de representação de trabalhadores e empregadores.

Art. 114. Compete à Justiça do Trabalho conciliar e julgar os dissídios individuais e coletivos entre trabalhadores e empregadores, abrangidos os entes de direito público externo e da administração pública direta e indireta dos Municípios, do Distrito Federal, dos Estados e da União, e, na forma da lei, outras controvérsias decorrentes da relação de trabalho, bem como os litígios que tenham origem no cumprimento de suas próprias sentenças, inclusive coletivas.

§ 1º Frustrada a negociação coletiva, as partes poderão eleger árbitros.

§ 2º Recusando-se qualquer das partes à negociação ou à arbitragem, é facultado aos respectivos sindicatos ajuizar dissídio coletivo, podendo a Justiça do Trabalho estabelecer normas e condições, respeitadas as disposições convencionais e legais mínimas de proteção ao trabalho.

Art. 115. Os Tribunais Regionais do Trabalho serão compostos de juízes nomeados pelo Presidente da República, sendo dois terços de juízes togados vitalícios e um terço de juízes classistas temporários, observada, entre os juízes togados, a proporcionalidade estabelecida no art. 111, § 1º, I.

Parágrafo único. Os magistrados dos Tribunais Regionais do Trabalho serão:

I - juízes do trabalho, escolhidos por promoção, alternadamente, por antiguidade e merecimento;

II - advogados e membros do Ministério Público do Trabalho, obedecido o disposto no art. 94;

III - classistas indicados em listas tríplices pelas diretorias das federações e dos sindicatos com base territorial na região.

Art. 116. A Junta de Conciliação e Julgamento será composta de um juiz do trabalho, que a presidirá, e dois juízes classistas temporários, representantes dos empregados e dos empregadores.

Parágrafo único. Os juízes classistas das Juntas de Conciliação e Julgamento serão nomeados pelo Presidente do Tribunal Regional do Trabalho, na forma da lei, permitida uma recondução.

Art. 117. O mandato dos representantes classistas, em todas as instâncias, é de três anos.

Parágrafo único. Os representantes classistas terão suplentes.

Seção VI
Dos Tribunais e Juízes Eleitorais

Art. 118. São órgãos da Justiça Eleitoral:

I - o Tribunal Superior Eleitoral;

II - os Tribunais Regionais Eleitorais;

III - os Juízes Eleitorais;

IV - as Juntas Eleitorais.

Art. 119. O Tribunal Superior Eleitoral compor-se-á, no mínimo, de sete membros, escolhidos:

I - mediante eleição, pelo voto secreto:

a) três juízes dentre os Ministros do Supremo Tribunal Federal;

b) dois juízes dentre os Ministros do Superior Tribunal de Justiça;

II - por nomeação do Presidente da República, dois juízes dentre seis advogados de notável saber jurídico e idoneidade moral, indicados pelo Supremo Tribunal Federal.

Parágrafo único. O Tribunal Superior Eleitoral elegerá seu Presidente e o Vice-Presidente dentre os Ministros do Supremo Tribunal Federal, e o corregedor eleitoral dentre os Ministros do Superior Tribunal de Justiça.

Art. 120. Haverá um Tribunal Regional Eleitoral na capital de cada Estado e no Distrito Federal.

§ 1º Os Tribunais Regionais Eleitorais compor-se-ão:

I - mediante eleição, pelo voto secreto:

a) de dois juízes dentre os desembargadores do Tribunal de Justiça;

b) de dois juízes, dentre juízes de direito, escolhidos pelo Tribunal de Justiça;

II - de um juiz do Tribunal Regional Federal com sede na capital do Estado ou no Distrito Federal, ou, não havendo, de juiz federal, escolhido, em qualquer caso, pelo Tribunal Regional Federal respectivo;

III - por nomeação, pelo Presidente da República, de dois juízes dentre seis advogados de notável saber jurídico e idoneidade moral, indicados pelo Tribunal de Justiça.

§ 2º O Tribunal Regional Eleitoral elegerá seu Presidente e o Vice-Presidente dentre os desembargadores.

Art. 121. Lei complementar disporá sobre a organização e competência dos Tribunais, dos juízes de direito e das Juntas Eleitorais.

§ 1º Os membros dos Tribunais, os juízes de direito e os integrantes das Juntas Eleitorais, no exercício de suas funções, e no que lhes for aplicável, gozarão de plenas garantias e serão inamovíveis.

§ 2º Os juízes dos Tribunais Eleitorais, salvo motivo justificado, servirão por dois anos, no mínimo, e nunca por mais de dois biênios consecutivos, sendo os substitutos escolhidos na mesma ocasião e pelo mesmo processo, em número igual para cada categoria.

§ 3º São irrecorríveis as decisões do Tribunal Superior Eleitoral, salvo as que contrariarem esta Constituição e as denegatórias de habeas corpus ou mandado de segurança.

§ 4º Das decisões dos Tribunais Regionais Eleitorais somente caberá recurso quando:

I - forem proferidas contra disposição expressa desta Constituição ou de lei;

II - ocorrer divergência na interpretação de lei entre dois ou mais Tribunais Eleitorais;

III - versarem sobre inelegibilidade ou expedição de diplomas nas eleições federais ou estaduais;

IV - anularem diplomas ou decretarem a perda de mandatos eletivos federais ou estaduais;

V - denegarem habeas corpus, mandado de segurança, habeas data ou mandado de injunção.

Seção VII
Dos Tribunais e Juízes Militares

Art. 122. São órgãos da Justiça Militar:

I - o Superior Tribunal Militar;

II - os Tribunais e Juízes Militares instituídos por lei.

Art. 123. O Superior Tribunal Militar compor-se-á de quinze Ministros vitalícios, nomeados pelo Presidente da República, depois de aprovada a indicação pelo Senado Federal, sendo três dentre oficiais-generais da Marinha, quatro dentre oficiais-generais do Exército, três dentre oficiais-generais da Aeronáutica, todos da ativa e do posto mais elevado da carreira, e cinco dentre civis.

Parágrafo único. Os Ministros civis serão escolhidos pelo Presidente da República dentre brasileiros maiores de trinta e cinco anos, sendo:

I - três dentre advogados de notório saber jurídico e conduta ilibada, com mais de dez anos de efetiva atividade profissional;

II - dois, por escolha paritária, dentre juízes-auditores e membros do Ministério Público da Justiça Militar.

Art. 124. À Justiça Militar compete processar e julgar os crimes militares definidos em lei.

Parágrafo único. A lei disporá sobre a organização, o funcionamento e a competência da Justiça Militar.

Seção VIII
Dos Tribunais e Juízes dos Estados

Art. 125. Os Estados organizarão sua Justiça, observados os princípios estabelecidos nesta Constituição.

§ 1º A competência dos tribunais será definida na Constituição do Estado, sendo a lei de organização judiciária de iniciativa do Tribunal de Justiça.

§ 2º Cabe aos Estados a instituição de representação de inconstitucionalidade de leis ou atos normativos estaduais ou municipais em face da Constituição estadual, vedada a atribuição da legitimação para agir a um único órgão.

§ 3º A lei estadual poderá criar, mediante proposta do Tribunal de Justiça, a Justiça Militar estadual, constituída, em primeiro grau, pelos Conselhos de Justiça e, em segundo, pelo próprio Tribunal de Justiça, ou por Tribunal de Justiça Militar nos Estados em que o efetivo da polícia militar seja superior a vinte mil integrantes.

§ 4º Compete à Justiça Militar estadual processar e julgar os policiais militares e bombeiros militares nos crimes militares definidos em lei, cabendo ao tribunal competente decidir sobre a perda do posto e da patente dos oficiais e da graduação das praças.

Art. 126. Para dirimir conflitos fundiários, o Tribunal de Justiça designará juízes de entrância especial, com competência exclusiva para questões agrárias.

Parágrafo único. Sempre que necessário à eficiente prestação jurisdicional, o juiz far-se-á presente no local do litígio.

Capítulo IV
Das Funções Essenciais à Justiça
Seção I
Do Ministério Público

Art. 127. O Ministério Público é instituição permanente, essencial à função jurisdicional do Estado, incumbindo-lhe a defesa da ordem jurídica, do regime democrático e dos interesses sociais e individuais indisponíveis.

§ 1º São princípios institucionais do Ministério Público a unidade, a indivisibilidade e a independência funcional.

§ 2º Ao Ministério Público é assegurada autonomia funcional e administrativa, podendo, observado o disposto no art. 169, propor ao Poder Legislativo a criação e extinção de seus cargos e serviços auxiliares, provendo-os por concurso público de provas e de provas e títulos; a lei disporá sobre sua organização e funcionamento.

§ 3º O Ministério Público elaborará sua proposta orçamentária dentro dos limites estabelecidos na lei de diretrizes orçamentárias.

Art. 128. O Ministério Público abrange:

I - o Ministério Público da União, que compreende:

a) o Ministério Público Federal;

b) o Ministério Público do Trabalho;

c) o Ministério Público Militar;

d) o Ministério Público do Distrito Federal e Territórios;

II - os Ministérios Públicos dos Estados.

§ 1º O Ministério Público da União tem por chefe o Procurador-Geral da República, nomeado pelo Presidente da República dentre integrantes da carreira, maiores de trinta e cinco anos, após a aprovação de seu nome pela maioria absoluta dos membros do Senado Federal, para mandato de dois anos, permitida a recondução.

§ 2º A destituição do Procurador-Geral da República, por iniciativa do Presidente da República, deverá ser precedida de autorização da maioria absoluta do Senado Federal.

§ 3º Os Ministérios Públicos dos Estados e o do Distrito Federal e Territórios formarão lista tríplice dentre integrantes da carreira, na forma da lei respectiva, para escolha de seu Procurador-Geral, que será nomeado pelo Chefe do Poder Executivo, para mandato de dois anos, permitida uma recondução.

§ 4º Os Procuradores-Gerais nos Estados e no Distrito Federal e Territórios poderão ser destituídos por deliberação da maioria absoluta do Poder Legislativo, na forma da lei complementar respectiva.

§ 5º Leis complementares da União e dos Estados, cuja iniciativa é facultada aos respectivos Procuradores-Gerais, estabelecerão a organização, as atribuições e o estatuto de cada Ministério Público, observadas, relativamente a seus membros:

I - as seguintes garantias:

a) vitaliciedade, após dois anos de exercício, não podendo perder o cargo senão por sentença judicial transitada em julgado;

b) inamovibilidade, salvo por motivo de interesse público, mediante decisão do órgão colegiado competente do Ministério Público, por voto de dois terços de seus membros, assegurada ampla defesa;

c) irredutibilidade de vencimentos, observado, quanto à remuneração, o que dispõem os arts. 37, XI, 150, II, 153, III, 153, § 2º, I;

II - as seguintes vedações:

a) receber, a qualquer título e sob qualquer pretexto, honorários, percentagens ou custas processuais;

b) exercer a advocacia;

c) participar de sociedade comercial, na forma da lei;

d) exercer, ainda que em disponibilidade, qualquer outra função pública, salvo uma de magistério;

e) exercer atividade político-partidária, salvo exceções previstas na lei.

Art. 129. São funções institucionais do Ministério Público:

I - promover, privativamente, a ação penal pública, na forma da lei;

II - zelar pelo efetivo respeito dos poderes públicos e dos serviços de relevância pública aos direitos assegurados nesta Constituição, promovendo as medidas necessárias a sua garantia;

III - promover o inquérito civil e a ação civil pública, para a proteção do patrimônio público e social, do meio ambiente e de outros interesses difusos e coletivos;

IV - promover a ação de inconstitucionalidade ou representação para fins de intervenção da União e dos Estados, nos casos previstos nesta Constituição;

V - defender judicialmente os direitos e interesses das populações indígenas;

VI - expedir notificações nos procedimentos administrativos de sua competência, requisitando informações e documentos para instruí-los, na forma da lei complementar respectiva;

VII - exercer o controle externo da atividade policial, na forma da lei complementar mencionada no artigo anterior;

VIII - requisitar diligências investigatórias e a instauração de inquérito policial, indicados os fundamentos jurídicos de suas manifestações processuais;

IX - exercer outras funções que lhe forem conferidas, desde que compatíveis com sua finalidade, sendo-lhe vedada a representação judicial e a consultoria jurídica de entidades públicas.

§ 1º A legitimação do Ministério Público para as ações civis previstas neste artigo não impede a de terceiros, nas mesmas hipóteses, segundo o disposto nesta Constituição e na lei.

§ 2º As funções de Ministério Público só podem ser exercidas por integrantes da carreira, que deverão residir na comarca da respectiva lotação.

§ 3º O ingresso na carreira far-se-á mediante concurso público de provas e títulos, assegurada participação da Ordem dos Advogados do Brasil em sua realização, e observada, nas nomeações, a ordem de classificação.

§ 4º Aplica-se ao Ministério Público, no que couber, o disposto no art. 93, II e VI.

Art. 130. Aos membros do Ministério Público junto aos Tribunais de Contas aplicam-se as disposições desta Seção pertinentes a direitos, vedações e forma de investidura.

Seção II
Da Advocacia-Geral da União

Art. 131. A Advocacia-Geral da União é a instituição que, diretamente ou através de órgão vinculado, representa a União, judicial e extrajudicialmente, cabendo-lhe, nos termos da lei complementar que dispuser sobre sua organização e funcionamento, as atividades de consultoria e assessoramento jurídico do Poder Executivo.

§ 1º A Advocacia-Geral da União tem por chefe o Advogado-Geral da União, de livre nomeação pelo Presidente da República dentre cidadãos maiores de trinta e cinco anos, de notável saber jurídico e reputação ilibada.

§ 2º O ingresso nas classes iniciais das carreiras da instituição de que trata este artigo far-se-á mediante concurso público de provas e títulos.

§ 3º Na execução da dívida ativa de natureza tributária, a representação da União cabe à Procuradoria-Geral da Fazenda Nacional, observado o disposto em lei.

Art. 132. Os Procuradores dos Estados e do Distrito Federal exercerão a representação judicial e a consultoria jurídica das respectivas unidades federadas, organizados em carreira, na qual o ingresso dependerá de concurso público de provas e títulos, observado o disposto no art. 135.

Seção III
Da Advocacia e da Defensoria Pública

Art. 133. O advogado é indispensável à administração da justiça, sendo inviolável por seus atos e manifestações no exercício da profissão, nos limites da lei.

Art. 134. A Defensoria Pública é instituição essencial à função jurisdicional do Estado, incumbindo-lhe a orientação jurídica e a defesa, em todos os graus, dos necessitados, na forma do art. 5º, LXXIV.

Parágrafo único. Lei complementar organizará a Defensoria Pública da União e do Distrito Federal e dos Territórios e prescreverá normas gerais para sua organização nos Estados, em cargos de carreira, providos, na classe inicial, mediante concurso público de provas e títulos, assegurada a seus integrantes a garantia da inamovibilidade e vedado o exercício da advocacia fora das atribuições institucionais.

Art. 135. Às carreiras disciplinadas neste Título aplicam-se o princípio do art. 37, XII, e o art. 39, § 1º.

Título V
Da Defesa do Estado e das Instituições Democráticas

Capítulo I
Do Estado de Defesa e do Estado de Sítio

Seção I
Do Estado de Defesa

Art. 136. O Presidente da República pode, ouvidos o Conselho da República e o Conselho de Defesa Nacional, decretar estado de defesa para preservar ou prontamente restabelecer, em locais restritos e determinados, a ordem pública ou a paz social ameaçadas por grave e iminente instabilidade institucional ou atingidas por calamidades de grandes proporções na natureza.

§ 1º O decreto que instituir o estado de defesa determinará o tempo de sua duração, especificará as áreas a serem abrangidas e indicará, nos termos e limites da lei, as medidas coercitivas a vigorarem, dentre as seguintes:

I - restrições aos direitos de:

a) reunião, ainda que exercida no seio das associações;

b) sigilo de correspondência;

c) sigilo de comunicação telegráfica e telefônica;

II - ocupação e uso temporário de bens e serviços públicos, na hipótese de calamidade pública, respondendo a União pelos danos e custos decorrentes.

§ 2º O tempo de duração do estado de defesa não será superior a trinta dias, podendo ser prorrogado uma vez, por igual período, se persistirem as razões que justificaram a sua decretação.

§ 3º Na vigência do estado de defesa:

I - a prisão por crime contra o Estado, determinada pelo executor da medida, será por este comunicada imediatamente ao juiz competente, que a relaxará, se não for legal, facultado ao preso requerer exame de corpo de delito à autoridade policial;

II - a comunicação será acompanhada de declaração, pela autoridade, do estado físico e mental do detido no momento de sua autuação;

III - a prisão ou detenção de qualquer pessoa não poderá ser superior a dez dias, salvo quando autorizada pelo Poder Judiciário;

IV - é vedada a incomunicabilidade do preso.

§ 4º Decretado o estado de defesa ou sua prorrogação, o Presidente da República, dentro de vinte e quatro horas, submeterá o ato com a respectiva justificação ao Congresso Nacional, que decidirá por maioria absoluta.

§ 5º Se o Congresso Nacional estiver em recesso, será convocado, extraordinariamente, no prazo de cinco dias.

§ 6º O Congresso Nacional apreciará o decreto dentro de dez dias contados de seu recebimento, devendo continuar funcionando enquanto vigorar o estado de defesa.

§ 7º Rejeitado o decreto, cessa imediatamente o estado de defesa.

Seção II
Do Estado de Sítio

Art. 137. O Presidente da República pode, ouvidos o Conselho da República e o Conselho de Defesa Nacional, solicitar ao Congresso Nacional autorização para decretar o estado de sítio nos casos de:

I - comoção grave de repercussão nacional ou ocorrência de fatos que comprovem a ineficácia de medida tomada durante o estado de defesa;

II - declaração de estado de guerra ou resposta a agressão armada estrangeira.

Parágrafo único. O Presidente da República, ao solicitar autorização para decretar o estado de sítio ou sua prorrogação, relatará os motivos determinantes do pedido, devendo o Congresso Nacional decidir por maioria absoluta.

Art. 138. O decreto do estado de sítio indicará sua duração, as normas necessárias a sua execução e as garantias constitucionais que ficarão suspensas, e, depois de publicado, o Presidente da República designará o executor das medidas específicas e as áreas abrangidas.

§ 1º O estado de sítio, no caso do art. 137, I, não poderá ser decretado por mais de trinta dias, nem prorrogado, de cada vez, por prazo superior; no do inciso II, poderá ser decretado por todo o tempo que perdurar a guerra ou a agressão armada estrangeira.

§ 2º Solicitada autorização para decretar o estado de sítio durante o recesso parlamentar, o Presidente do Senado Federal, de imediato, convocará extraordinariamente o Congresso Nacional para se reunir dentro de cinco dias, a fim de apreciar o ato.

§ 3º O Congresso Nacional permanecerá em funcionamento até o término das medidas coercitivas.

Art. 139. Na vigência do estado de sítio decretado com fundamento no art. 137, I, só poderão ser tomadas contra as pessoas as seguintes medidas:

I - obrigação de permanência em localidade determinada;

II - detenção em edifício não destinado a acusados ou condenados por crimes comuns;

III - restrições relativas à inviolabilidade da correspondência, ao sigilo das comunicações, à prestação de informações e à liberdade de imprensa, radiodifusão e televisão, na forma da lei;

IV - suspensão da liberdade de reunião;

V - busca e apreensão em domicílio;

VI - intervenção nas empresas de serviços públicos;

VII - requisição de bens.

Parágrafo único. Não se inclui nas restrições do inciso III a difusão de pronunciamentos de parlamentares efetuados em suas Casas Legislativas, desde que liberada pela respectiva Mesa.

Seção III
Disposições Gerais

Art. 140. A Mesa do Congresso Nacional, ouvidos os líderes partidários, designará Comissão composta de cinco de seus membros para acompanhar e fiscalizar a execução das medidas referentes ao estado de defesa e ao estado de sítio.

Art. 141. Cessado o estado de defesa ou o estado de sítio, cessarão também seus efeitos, sem prejuízo da responsabilidade pelos ilícitos cometidos por seus executores ou agentes.

Parágrafo único. Logo que cesse o estado de defesa ou o estado de sítio, as medidas aplicadas em sua vigência serão relatadas pelo Presidente da República, em mensagem ao Congresso Nacional, com especificação e justificação das providências adotadas, com relação nominal dos atingidos e indicação das restrições aplicadas.

Capítulo II
Das Forças Armadas

Art. 142. As Forças Armadas, constituídas pela Marinha, pelo Exército e pela Aeronáutica, são instituições nacionais permanentes e regulares, organizadas com base na hierarquia e na disciplina, sob a autoridade suprema do Presidente da República, e destinam-se à defesa da Pátria, à garantia dos poderes constitucionais e, por iniciativa de qualquer destes, da lei e da ordem.

§ 1º Lei complementar estabelecerá as normas gerais a serem adotadas na organização, no preparo e no emprego das Forças Armadas.

§ 2º Não caberá habeas corpus em relação a punições disciplinares militares.

Art. 143. O serviço militar é obrigatório nos termos da lei.

§ 1º Às Forças Armadas compete, na forma da lei, atribuir serviço alternativo aos que, em tempo de paz, após alistados, alegarem imperativo de consciência, entendendo-se como tal o decorrente de crença religiosa e de convicção filosófica ou política, para se eximirem de atividades de caráter essencialmente militar.

§ 2º As mulheres e os eclesiásticos ficam isentos do serviço militar obrigatório em tempo de paz, sujeitos, porém, a outros encargos que a lei lhes atribuir.

Capítulo III
Da Segurança Pública

Art. 144. A segurança pública, dever do Estado, direito e responsabilidade de todos, é exercida para a preservação da ordem pública e da incolumidade das pessoas e do patrimônio, através dos seguintes órgãos:

I - polícia federal;

II - polícia rodoviária federal;

III - polícia ferroviária federal;

IV - polícias civis;

V - polícias militares e corpos de bombeiros militares.

§ 1º A polícia federal, instituída por lei como órgão permanente, estruturado em carreira, destina-se a:

I - apurar infrações penais contra a ordem política e social ou em detrimento de bens, serviços e interesses da União ou de suas entidades autárquicas e empresas públicas, assim como outras infrações cuja prática tenha repercussão interestadual ou internacional e exija repressão uniforme, segundo se dispuser em lei;

II - prevenir e reprimir o tráfico ilícito de entorpecentes e drogas afins, o contrabando e o descaminho, sem prejuízo da ação fazendária e de outros órgãos públicos nas respectivas áreas de competência;

III - exercer as funções de polícia marítima, aérea e de fronteiras;

IV - exercer, com exclusividade, as funções de polícia judiciária da União.

§ 2º A polícia rodoviária federal, órgão permanente, estruturado em carreira, destina-se, na forma da lei, ao patrulhamento ostensivo das rodovias federais.

§ 3º A polícia ferroviária federal, órgão permanente, estruturado em carreira, destina-se, na forma da lei, ao patrulhamento ostensivo das ferrovias federais.

§ 4º Às polícias civis, dirigidas por delegados de polícia de carreira, incumbem, ressalvada a competência da União, as funções de polícia judiciária e a apuração de infrações penais, exceto as militares.

§ 5º Às polícias militares cabem a polícia ostensiva e a preservação da ordem pública; aos corpos de bombeiros militares, além das atribuições definidas em lei, incumbe a execução de atividades de defesa civil.

§ 6º As polícias militares e corpos de bombeiros militares, forças auxiliares e reserva do Exército, subordinam-se, juntamente com as polícias civis, aos Governadores dos Estados, do Distrito Federal e dos Territórios.

§ 7º A lei disciplinará a organização e o funcionamento dos órgãos responsáveis pela segurança pública, de maneira a garantir a eficiência de suas atividades.

§ 8º Os Municípios poderão constituir guardas municipais destinadas à proteção de seus bens, serviços e instalações, conforme dispuser a lei.

Título VI
Da Tributação e do Orçamento

Capítulo I
Do Sistema Tributário Nacional

Seção I
Dos Princípios Gerais

Art. 145. A União, os Estados, o Distrito Federal e os Municípios poderão instituir os seguintes tributos:

I - impostos;

II - taxas, em razão do exercício do poder de polícia ou pela utilização, efetiva ou potencial, de serviços públicos específicos e divisíveis, prestados ao contribuinte ou postos a sua disposição;

III - contribuição de melhoria, decorrente de obras públicas.

§ 1º Sempre que possível, os impostos terão caráter pessoal e serão graduados segundo a capacidade econômica do contribuinte, facultado à administração tributária, especialmente para conferir efetividade a esses objetivos, identificar, respeitados os direitos individuais e nos termos da lei, o patrimônio, os rendimentos e as atividades econômicas do contribuinte.

§ 2º As taxas não poderão ter base de cálculo própria de impostos.

Art. 146. Cabe à lei complementar:

I - dispor sobre conflitos de competência, em matéria tributária, entre a União, os Estados, o Distrito Federal e os Municípios;

II - regular as limitações constitucionais ao poder de tributar;

III - estabelecer normas gerais em matéria de legislação tributária, especialmente sobre:

a) definição de tributos e de suas espécies, bem como, em relação aos impostos discriminados nesta Constituição, a dos respectivos fatos geradores, bases de cálculo e contribuintes;

b) obrigação, lançamento, crédito, prescrição e decadência tributários;

c) adequado tratamento tributário ao ato cooperativo praticado pelas sociedades cooperativas.

Art. 147. Competem à União, em Território Federal, os impostos estaduais e, se o Território não for dividido em Municípios, cumulativamente, os impostos municipais; ao Distrito Federal cabem os impostos municipais.

Art. 148. A União, mediante lei complementar, poderá instituir empréstimos compulsórios:

I - para atender a despesas extraordinárias, decorrentes de calamidade pública, de guerra externa ou sua iminência;

II - no caso de investimento público de caráter urgente e de relevante interesse nacional, observado o disposto no art. 150, III, b.

Parágrafo único. A aplicação dos recursos provenientes de empréstimo compulsório será vinculada à despesa que fundamentou sua instituição.

Art. 149. Compete exclusivamente à União instituir contribuições sociais, de intervenção no domínio econômico e de interesse das categorias profissionais ou econômicas, como instrumento de sua atuação nas respectivas áreas, observado o disposto nos arts. 146, III, e 150, I e III, e sem prejuízo do previsto no art. 195, § 6º, relativamente às contribuições a que alude o dispositivo.

Parágrafo único. Os Estados, o Distrito Federal e os Municípios poderão instituir contribuição, cobrada de seus servidores, para o custeio, em benefício destes, de sistemas de previdência e assistência social.

Seção II
Das Limitações do Poder de Tributar

Art. 150. Sem prejuízo de outras garantias asseguradas ao contribuinte, é vedado à União, aos Estados, ao Distrito Federal e aos Municípios:

I - exigir ou aumentar tributo sem lei que o estabeleça;

II - instituir tratamento desigual entre contribuintes que se encontrem em situação equivalente, proibida qualquer distinção em razão de ocupação profissional ou função por eles exercida, independentemente da denominação jurídica dos rendimentos, títulos ou direitos;

III - cobrar tributos:

a) em relação a fatos geradores ocorridos antes do início da vigência da lei que os houver instituído ou aumentado;

b) no mesmo exercício financeiro em que haja sido publicada a lei que os instituiu ou aumentou;

IV - utilizar tributo com efeito de confisco;

V - estabelecer limitações ao tráfego de pessoas ou bens por meio de tributos interestaduais ou intermunicipais, ressalvada a cobrança de pedágio pela utilização de vias conservadas pelo poder público;

VI - instituir impostos sobre:

a) patrimônio, renda ou serviços, uns dos outros;

b) templos de qualquer culto;

c) patrimônio, renda ou serviços dos partidos políticos, inclusive suas fundações, das entidades sindicais dos trabalhadores, das instituições de educação e de assistência social, sem fins lucrativos, atendidos os requisitos da lei;

d) livros, jornais, periódicos e o papel destinado a sua impressão.

§ 1º A vedação do inciso III, b, não se aplica aos impostos previstos nos arts. 153, I, II, IV e V, e 154, II.

§ 2º A vedação do inciso VI, a, é extensiva às autarquias e às fundações instituídas e mantidas pelo poder público, no que se refere ao patrimônio, à renda e aos serviços vinculados a suas finalidades essenciais ou às delas decorrentes.

§ 3º As vedações do inciso VI, a, e do parágrafo anterior não se aplicam ao patrimônio, à renda e aos serviços relacionados com exploração de atividades econômicas regidas pelas normas aplicáveis a empreendimentos privados, ou em que haja contraprestação ou pagamento de preços ou tarifas pelo usuário, nem exoneram o promitente comprador da obrigação de pagar imposto relativamente ao bem imóvel.

§ 4º As vedações expressas no inciso VI, alíneas b e c, compreendem somente o patrimônio, a renda e os serviços relacionados com as finalidades essenciais das entidades nelas mencionadas.

§ 5º A lei determinará medidas para que os consumidores sejam esclarecidos acerca dos impostos que incidam sobre mercadorias e serviços.

§ 6º Qualquer anistia ou remissão que envolva matéria tributária ou previdenciária só poderá ser concedida através de lei específica, federal, estadual ou municipal.

Art. 151. É vedado à União:

I - instituir tributo que não seja uniforme em todo o território nacional ou que implique distinção ou preferência em relação a Estado, ao Distrito Federal ou a Município, em detrimento de outro, admitida a concessão de incentivos fiscais destinados a promover o equilíbrio do desenvolvimento sócio-econômico entre as diferentes regiões do País;

II - tributar a renda das obrigações da dívida pública dos Estados, do Distrito Federal e dos Municípios, bem como a remuneração e os proventos dos respectivos agentes públicos, em níveis superiores aos que fixar para suas obrigações e para seus agentes;

III - instituir isenções de tributos da competência dos Estados, do Distrito Federal ou dos Municípios.

Art. 152. É vedado aos Estados, ao Distrito Federal e aos Municípios estabelecer diferença tributária entre bens e serviços, de qualquer natureza, em razão de sua procedência ou destino.

Seção III
Dos Impostos da União

Art. 153. Compete à União instituir impostos sobre:

I - importação de produtos estrangeiros;

II - exportação, para o exterior, de produtos nacionais ou nacionalizados;

III - renda e proventos de qualquer natureza;

IV - produtos industrializados;

V - operações de crédito, câmbio e seguro, ou relativas a títulos ou valores mobiliários;

VI - propriedade territorial rural;

VII - grandes fortunas, nos termos de lei complementar.

§ 1º É facultado ao Poder Executivo, atendidas as condições e os limites estabelecidos em lei, alterar as alíquotas dos impostos enumerados nos incisos I, II, IV e V.

§ 2º O imposto previsto no inciso III:

I - será informado pelos critérios da generalidade, da universalidade e da progressividade, na forma da lei;

II - não incidirá, nos termos e limites fixados em lei, sobre rendimentos provenientes de aposentadoria e pensão, pagos pela previdência social da União, dos Estados, do Distrito Federal e dos Municípios a pessoa com idade superior a sessenta e cinco anos, cuja renda total seja constituída, exclusivamente, de rendimentos do trabalho.

§ 3º O imposto previsto no inciso IV:

I - será seletivo, em função da essencialidade do produto;

II - será não cumulativo, compensando-se o que for devido em cada operação com o montante cobrado nas anteriores;

III - não incidirá sobre produtos industrializados destinados ao exterior.

§ 4º O imposto previsto no inciso VI terá suas alíquotas fixadas de forma a desestimular a manutenção de propriedades improdutivas e não incidirá sobre pequenas glebas rurais, definidas em lei, quando as explore, só ou com sua família, o proprietário que não possua outro imóvel.

§ 5º O ouro, quando definido em lei como ativo financeiro ou instrumento cambial, sujeita-se exclusivamente à incidência do imposto de que trata o inciso V do caput deste artigo, devido na operação de origem; a alíquota mínima será de um por cento, assegurada a transferência do montante da arrecadação nos seguintes termos:

I - trinta por cento para o Estado, o Distrito Federal ou o Território, conforme a origem;

II - setenta por cento para o Município de origem.

Art. 154. A União poderá instituir:

I - mediante lei complementar, impostos não previstos no artigo anterior, desde que sejam não cumulativos e não tenham fato gerador ou base de cálculo próprios dos discriminados nesta Constituição;

II - na iminência ou no caso de guerra externa, impostos extraordinários, compreendidos ou não em sua competência tributária, os quais serão suprimidos, gradativamente, cessadas as causas de sua criação.

Seção IV
Dos Impostos dos Estados e do Distrito Federal

Art. 155. Compete aos Estados e ao Distrito Federal instituir:

I - impostos sobre:

a) transmissão causa mortis e doação, de quaisquer bens ou direitos;

b) operações relativas à circulação de mercadorias e sobre prestações de serviços de transporte interestadual e intermunicipal e de comunicação, ainda que as operações e as prestações se iniciem no exterior;

c) propriedade de veículos automotores;

II - adicional de até cinco por cento do que for pago à União por pessoas físicas ou jurídicas domiciliadas nos respectivos territórios, a título do imposto previsto no art. 153, III, incidente sobre lucros, ganhos e rendimentos de capital.

§ 1º O imposto previsto no inciso I, a:

I - relativamente a bens imóveis e respectivos direitos, compete ao Estado da situação do bem, ou ao Distrito Federal;

II - relativamente a bens móveis, títulos e créditos, compete ao Estado onde se processar o inventário ou arrolamento, ou tiver domicílio o doador, ou ao Distrito Federal;

III - terá a competência para sua instituição regulada por lei complementar:

a) se o doador tiver domicílio ou residência no exterior;

b) se o de cujus possuía bens, era residente ou domiciliado ou teve o seu inventário processado no exterior;

IV - terá suas alíquotas máximas fixadas pelo Senado Federal.

§ 2º O imposto previsto no inciso I, b, atenderá ao seguinte:

I - será não cumulativo, compensando-se o que for devido em cada operação relativa à circulação de mercadorias ou prestação de serviços com o montante cobrado nas anteriores pelo mesmo ou outro Estado ou pelo Distrito Federal;

II - a isenção ou não-incidência, salvo determinação em contrário da legislação:

a) não implicará crédito para compensação com o montante devido nas operações ou prestações seguintes;

b) acarretará a anulação do crédito relativo às operações anteriores;

III - poderá ser seletivo, em função da essencialidade das mercadorias e dos serviços;

IV - resolução do Senado Federal, de iniciativa do Presidente da República ou de um terço dos Senadores, aprovada pela maioria absoluta de seus membros, estabelecerá as alíquotas aplicáveis às operações e prestações, interestaduais e de exportação;

V - é facultado ao Senado Federal:

a) estabelecer alíquotas mínimas nas operações internas, mediante resolução de iniciativa de um terço e aprovada pela maioria absoluta de seus membros;

b) fixar alíquotas máximas nas mesmas operações para resolver conflito específico que envolva interesse de Estados, mediante resolução de iniciativa da maioria absoluta e aprovada por dois terços de seus membros;

VI - salvo deliberação em contrário dos Estados e do Distrito Federal, nos termos do disposto no inciso XII, g, as alíquotas internas, nas operações relativas à circulação de mercadorias e nas prestações de serviços, não poderão ser inferiores às previstas para as operações interestaduais;

VII - em relação às operações e prestações que destinem bens e serviços a consumidor final localizado em outro Estado, adotar-se-á:

a) a alíquota interestadual, quando o destinatário for contribuinte do imposto;

b) a alíquota interna, quando o destinatário não for contribuinte dele;

VIII - na hipótese da alínea a do inciso anterior, caberá ao Estado da localização do destinatário o imposto correspondente à diferença entre a alíquota interna e a interestadual;

IX - incidirá também:

a) sobre a entrada de mercadoria importada do exterior, ainda quando se tratar de bem destinado a consumo ou ativo fixo do estabelecimento, assim como sobre serviço prestado no exterior, cabendo o imposto ao Estado onde estiver situado o estabelecimento destinatário da mercadoria ou do serviço;

b) sobre o valor total da operação, quando mercadorias forem fornecidas com serviços não compreendidos na competência tributária dos Municípios;

X - não incidirá:

a) sobre operações que destinem ao exterior produtos industrializados, excluídos os semi-elaborados definidos em lei complementar;

b) sobre operações que destinem a outros Estados petróleo, inclusive lubrificantes, combustíveis líquidos e gasosos dele derivados, e energia elétrica;

c) sobre o ouro, nas hipóteses definidas no art. 153, § 5º;

XI - não compreenderá, em sua base de cálculo, o montante do imposto sobre produtos industrializados, quando a operação, realizada entre contribuintes e relativa a produto destinado à industrialização ou à comercialização, configure fato gerador dos dois impostos;

XII - cabe à lei complementar:

a) definir seus contribuintes;

b) dispor sobre substituição tributária;

c) disciplinar o regime de compensação do imposto;

d) fixar, para efeito de sua cobrança e definição do estabelecimento responsável, o local das operações relativas à circulação de mercadorias e das prestações de serviços;

e) excluir da incidência do imposto, nas exportações para o exterior, serviços e outros produtos além dos mencionados no inciso X, a;

f) prever casos de manutenção de crédito, relativamente à remessa para outro Estado e exportação para o exterior, de serviços e de mercadorias;

g) regular a forma como, mediante deliberação dos Estados e do Distrito Federal, isenções, incentivos e benefícios fiscais serão concedidos e revogados.

§ 3º À exceção dos impostos de que tratam o inciso I, b, do caput deste artigo e os arts. 153, I e II, e 156, III, nenhum outro tributo incidirá sobre operações relativas a energia elétrica, combustíveis líquidos e gasosos, lubrificantes e minerais do País.

Seção V
Dos Impostos dos Municípios

Art. 156. Compete aos Municípios instituir impostos sobre:

I - propriedade predial e territorial urbana;

II - transmissão inter vivos, a qualquer título, por ato oneroso, de bens imóveis, por natureza ou acessão física, e de direitos reais sobre imóveis, exceto os de garantia, bem como cessão de direitos a sua aquisição;

III - vendas a varejo de combustíveis líquidos e gasosos, exceto óleo diesel;

IV - serviços de qualquer natureza, não compreendidos no art. 155, I, b, definidos em lei complementar.

§ 1º O imposto previsto no inciso I poderá ser progressivo, nos termos de lei municipal, de forma a assegurar o cumprimento da função social da propriedade.

§ 2º O imposto previsto no inciso II:

I - não incide sobre a transmissão de bens ou direitos incorporados ao patrimônio de pessoa jurídica em realização de capital, nem sobre a transmissão de bens ou direitos decorrente de fusão, incorporação, cisão ou extinção de pessoa jurídica, salvo se, nesses casos, a atividade preponderante do adquirente for a compra e venda desses bens ou direitos, locação de bens imóveis ou arrendamento mercantil;

II - compete ao Município da situação do bem.

§ 3º O imposto previsto no inciso III não exclui a incidência do imposto estadual previsto no art. 155, I, b, sobre a mesma operação.

§ 4º Cabe à lei complementar:

I - fixar as alíquotas máximas dos impostos previstos nos incisos III e IV;

II - excluir da incidência do imposto previsto no inciso IV exportações de serviços para o exterior.

Seção VI
Da Repartição das Receitas Tributárias

Art. 157. Pertencem aos Estados e ao Distrito Federal:

I - o produto da arrecadação do imposto da União sobre renda e proventos de qualquer natureza, incidente na fonte sobre rendimentos pagos, a qualquer título, por eles, suas autarquias e pelas fundações que instituírem e mantiverem;

II - vinte por cento do produto da arrecadação do imposto que a União instituir no exercício da competência que lhe é atribuída pelo art. 154, I.

Art. 158. Pertencem aos Municípios:

I - o produto da arrecadação do imposto da União sobre renda e proventos de qualquer natureza, incidente na fonte sobre rendimentos pagos, a qualquer título, por eles, suas autarquias e pelas fundações que instituírem e mantiverem;

II - cinqüenta por cento do produto da arrecadação do imposto da União sobre a propriedade territorial rural, relativamente aos imóveis neles situados;

III - cinqüenta por cento do produto da arrecadação do imposto do Estado sobre a propriedade de veículos automotores licenciados em seus territórios;

IV - vinte e cinco por cento do produto da arrecadação do imposto do Estado sobre operações relativas à circulação de mercadorias e sobre prestações de serviços de transporte interestadual e intermunicipal e de comunicação.

Parágrafo único. As parcelas de receita pertencentes aos Municípios, mencionadas no inciso IV, serão creditadas conforme os seguintes critérios:

I - três quartos, no mínimo, na proporção do valor adicionado nas operações relativas à circulação de mercadorias e nas prestações de serviços, realizadas em seus territórios;

II - até um quarto, de acordo com o que dispuser lei estadual ou, no caso dos Territórios, lei federal.

Art. 159. A União entregará:

I - do produto da arrecadação dos impostos sobre renda e proventos de qualquer natureza e sobre produtos industrializados, quarenta e sete por cento na seguinte forma:

a) vinte e um inteiros e cinco décimos por cento ao Fundo de Participação dos Estados e do Distrito Federal;

b) vinte e dois inteiros e cinco décimos por cento ao Fundo de Participação dos Municípios;

c) três por cento, para aplicação em programas de financiamento ao setor produtivo das Regiões Norte, Nordeste e Centro-Oeste, através de suas instituições financeiras de caráter regional, de acordo com os planos regionais de desenvolvimento, ficando assegurada ao semi-árido do Nordeste a metade dos recursos destinados à região, na forma que a lei estabelecer;

II - do produto da arrecadação do imposto sobre produtos industrializados, dez por cento aos Estados e ao Distrito Federal, proporcionalmente ao valor das respectivas exportações de produtos industrializados.

§ 1º Para efeito de cálculo da entrega a ser efetuada de acordo com o previsto no inciso I, excluir-se-á a parcela da arrecadação do imposto de renda e proventos de qualquer natureza pertencente aos Estados, ao Distrito Federal e aos Municípios, nos termos do disposto nos arts. 157, I, e 158, I.

§ 2º A nenhuma unidade federada poderá ser destinada parcela superior a vinte por cento do montante a que se refere o inciso II, devendo o eventual excedente ser distribuído entre os demais participantes, mantido, em relação a esses, o critério de partilha nele estabelecido.

§ 3º Os Estados entregarão aos respectivos Municípios vinte e cinco por cento dos recursos que receberem nos termos do inciso II, observados os critérios estabelecidos no art. 158, parágrafo único, I e II.

Art. 160. É vedada a retenção ou qualquer restrição à entrega e ao emprego dos recursos atribuídos, nesta Seção, aos Estados, ao Distrito Federal e aos Municípios, neles compreendidos adicionais e acréscimos relativos a impostos.

Parágrafo único. Essa vedação não impede a União de condicionar a entrega de recursos ao pagamento de seus créditos.

Art. 161. Cabe à lei complementar:

I - definir valor adicionado para fins do disposto no art. 158, parágrafo único, I;

II - estabelecer normas sobre a entrega dos recursos de que trata o art. 159, especialmente sobre os critérios de rateio dos fundos previstos em seu inciso I, objetivando promover o equilíbrio sócio-econômico entre Estados e entre Municípios;

III - dispor sobre o acompanhamento, pelos beneficiários, do cálculo das quotas e da liberação das participações previstas nos arts. 157, 158 e 159.

Parágrafo único. O Tribunal de Contas da União efetuará o cálculo das quotas referentes aos fundos de participação a que alude o inciso II.

Art. 162. A União, os Estados, o Distrito Federal e os Municípios divulgarão, até o último dia do mês subseqüente ao da arrecadação, os montantes de cada um dos tributos arrecadados, os recursos recebidos, os valores de origem tributária entregues e a entregar e a expressão numérica dos critérios de rateio.

Parágrafo único. Os dados divulgados pela União serão discriminados por Estado e por Município; os dos Estados, por Município.

Capítulo II
Das Finanças Públicas

Seção I
Normas Gerais

Art. 163. Lei complementar disporá sobre:

I - finanças públicas;

II - dívida pública externa e interna, incluída a das autarquias, fundações e demais entidades controladas pelo poder público;

III - concessão de garantias pelas entidades públicas;

IV - emissão e resgate de títulos da dívida pública;

V - fiscalização das instituições financeiras;

VI - operações de câmbio realizadas por órgãos e entidades da União, dos Estados, do Distrito Federal e dos Municípios;

VII - compatibilização das funções das instituições oficiais de crédito da União, resguardadas as características e condições operacionais plenas das voltadas ao desenvolvimento regional.

Art. 164. A competência da União para emitir moeda será exercida exclusivamente pelo Banco Central.

§ 1º É vedado ao Banco Central conceder, direta ou indiretamente, empréstimos ao Tesouro Nacional e a qualquer órgão ou entidade que não seja instituição financeira.

§ 2º O Banco Central poderá comprar e vender títulos de emissão do Tesouro Nacional, com o objetivo de regular a oferta de moeda ou a taxa de juros.

§ 3º As disponibilidades de caixa da União serão depositadas no Banco Central; as dos Estados, do Distrito Federal, dos Municípios e dos órgãos ou entidades do poder público e das empresas por ele controladas, em instituições financeiras oficiais, ressalvados os casos previstos em lei.

Seção II
Dos Orçamentos

Art. 165. Leis de iniciativa do Poder Executivo estabelecerão:

I - o plano plurianual;

II - as diretrizes orçamentárias;

III - os orçamentos anuais.

§ 1º A lei que instituir o plano plurianual estabelecerá, de forma regionalizada, as diretrizes, objetivos e metas da administração pública federal para as despesas de capital e outras delas decorrentes e para as relativas aos programas de duração continuada.

§ 2º A lei de diretrizes orçamentárias compreenderá as metas e prioridades da administração pública federal, incluindo as despesas de capital para o exercício financeiro subseqüente, orientará a elaboração da lei orçamentária anual, disporá sobre as alterações na legislação tributária e estabelecerá a política de aplicação das agências financeiras oficiais de fomento.

§ 3º O Poder Executivo publicará, até trinta dias após o encerramento de cada bimestre, relatório resumido da execução orçamentária.

§ 4º Os planos e programas nacionais, regionais e setoriais previstos nesta Constituição serão elaborados em consonância com o plano plurianual e apreciados pelo Congresso Nacional.

§ 5º A lei orçamentária anual compreenderá:

I - o orçamento fiscal referente aos Poderes da União, seus fundos, órgãos e entidades da administração direta e indireta, inclusive fundações instituídas e mantidas pelo poder público;

II - o orçamento de investimento das empresas em que a União, direta ou indiretamente, detenha a maioria do capital social com direito a voto;

III - o orçamento da seguridade social, abrangendo todas as entidades e órgãos a ela vinculados, da administração direta ou indireta, bem como os fundos e fundações instituídos e mantidos pelo poder público.

§ 6º O projeto de lei orçamentária será acompanhado de demonstrativo regionalizado do efeito, sobre as receitas e despesas, decorrente de isenções, anistias, remissões, subsídios e benefícios de natureza financeira, tributária e creditícia.

§ 7º Os orçamentos previstos no § 5º, I e II, deste artigo, compatibilizados com o plano plurianual, terão entre suas funções a de reduzir desigualdades inter-regionais, segundo critério populacional.

§ 8º A lei orçamentária anual não conterá dispositivo estranho à previsão da receita e à fixação da despesa, não se incluindo na proibição a autorização para abertura de créditos suplementares e contratação de operações de crédito, ainda que por antecipação de receita, nos termos da lei.

§ 9º Cabe à lei complementar:

I - dispor sobre o exercício financeiro, a vigência, os prazos, a elaboração e a organização do plano plurianual, da lei de diretrizes orçamentárias e da lei orçamentária anual;

II - estabelecer normas de gestão financeira e patrimonial da administração direta e indireta, bem como condições para a instituição e funcionamento de fundos.

Art. 166. Os projetos de lei relativos ao plano plurianual, às diretrizes orçamentárias, ao orçamento anual e aos créditos adicionais serão apreciados pelas duas Casas do Congresso Nacional, na forma do regimento comum.

§ 1º Caberá a uma comissão mista permanente de Senadores e Deputados:

I - examinar e emitir parecer sobre os projetos referidos neste artigo e sobre as contas apresentadas anualmente pelo Presidente da República;

II - examinar e emitir parecer sobre os planos e programas nacionais, regionais e setoriais previstos nesta Constituição e exercer o acompanhamento e a fiscalização orçamentária, sem prejuízo da atuação das demais comissões do Congresso Nacional e de suas Casas, criadas de acordo com o art. 58.

§ 2º As emendas serão apresentadas na comissão mista, que sobre elas emitirá parecer, e apreciadas, na forma regimental, pelo plenário das duas Casas do Congresso Nacional.

§ 3º As emendas ao projeto de lei do orçamento anual ou aos projetos que o modifiquem somente podem ser aprovadas caso:

I - sejam compatíveis com o plano plurianual e com a lei de diretrizes orçamentárias;

II - indiquem os recursos necessários, admitidos apenas os provenientes de anulação de despesa, excluídas as que incidam sobre:

a) dotações para pessoal e seus encargos;

b) serviço da dívida;

c) transferências tributárias constitucionais para Estados, Municípios e o Distrito Federal; ou

III - sejam relacionadas:

a) com a correção de erros ou omissões; ou

b) com os dispositivos do texto do projeto de lei.

§ 4º As emendas ao projeto de lei de diretrizes orçamentárias não poderão ser aprovadas quando incompatíveis com o plano plurianual.

§ 5º O Presidente da República poderá enviar mensagem ao Congresso Nacional para propor modificação nos projetos a que se refere este artigo enquanto não iniciada a votação, na comissão mista, da parte cuja alteração é proposta.

§ 6º Os projetos de lei do plano plurianual, das diretrizes orçamentárias e do orçamento anual serão enviados pelo Presidente da República ao Congresso Nacional, nos termos da lei complementar a que se refere o art. 165, § 9º.

§ 7º Aplicam-se aos projetos mencionados neste artigo, no que não contrariar o disposto nesta Seção, as demais normas relativas ao processo legislativo.

§ 8º Os recursos que, em decorrência de veto, emenda ou rejeição do projeto de lei orçamentária anual, ficarem sem despesas correspondentes poderão ser utilizados, conforme o caso, mediante créditos especiais ou suplementares, com prévia e específica autorização legislativa.

Art. 167. São vedados:

I - o início de programas ou projetos não incluídos na lei orçamentária anual;

II - a realização de despesas ou a assunção de obrigações diretas que excedam os créditos orçamentários ou adicionais;

III - a realização de operações de créditos que excedam o montante das despesas de capital, ressalvadas as autorizadas mediante créditos suplementares ou especiais com finalidade precisa, aprovados pelo Poder Legislativo por maioria absoluta;

IV - a vinculação de receita de impostos a órgão, fundo ou despesa, ressalvadas a repartição do produto da arrecadação dos impostos a que se referem os arts. 158 e 159, a destinação de recursos para manutenção e desenvolvimento do ensino, como determinado pelo art. 212, e a prestação de garantias às operações de crédito por antecipação de receita, previstas no art. 165, § 8º;

V - a abertura de crédito suplementar ou especial sem prévia autorização legislativa e sem indicação dos recursos correspondentes;

VI - a transposição, o remanejamento ou a transferência de recursos de uma categoria de programação para outra ou de um órgão para outro, sem prévia autorização legislativa;

VII - a concessão ou utilização de créditos ilimitados;

VIII - a utilização, sem autorização legislativa específica, de recursos dos orçamentos fiscal e da seguridade social para suprir necessidade ou cobrir déficit de empresas, fundações e fundos, inclusive dos mencionados no art. 165, § 5º;

IX - a instituição de fundos de qualquer natureza, sem prévia autorização legislativa.

§ 1º Nenhum investimento cuja execução ultrapasse um exercício financeiro poderá ser iniciado sem prévia inclusão no plano plurianual, ou sem lei que autorize a inclusão, sob pena de crime de responsabilidade.

§ 2º Os créditos especiais e extraordinários terão vigência no exercício financeiro em que forem autorizados, salvo se o ato de autorização for promulgado nos últimos quatro meses daquele exercício, caso em que, reabertos nos limites de seus saldos, serão incorporados ao orçamento do exercício financeiro subseqüente.

§ 3º A abertura de crédito extraordinário somente será admitida para atender a despesas imprevisíveis e urgentes, como as decorrentes de guerra, comoção interna ou calamidade pública, observado o disposto no art. 62.

Art. 168. Os recursos correspondentes às dotações orçamentárias, compreendidos os créditos suplementares e especiais, destinados aos órgãos dos Poderes Legislativo e Judiciário e do Ministério Público, ser-lhes-ão entregues até o dia 20 de cada mês, na forma da lei complementar a que se refere o art. 165, § 9º.

Art. 169. A despesa com pessoal ativo e inativo da União, dos Estados, do Distrito Federal e dos Municípios não poderá exceder os limites estabelecidos em lei complementar.

Parágrafo único. A concessão de qualquer vantagem ou aumento de remuneração, a criação de cargos ou alteração de estrutura de carreiras, bem como a admissão de pessoal, a qualquer título, pelos órgãos e entidades da administração direta ou indireta, inclusive fundações instituídas e mantidas pelo poder público, só poderão ser feitas:

I - se houver prévia dotação orçamentária suficiente para atender às projeções de despesa de pessoal e aos acréscimos dela decorrentes;

II - se houver autorização específica na lei de diretrizes orçamentárias, ressalvadas as empresas públicas e as sociedades de economia mista.

Título VII
Da Ordem Econômica e Financeira

Capítulo I
Dos Princípios Gerais da Atividade Econômica

Art. 170. A ordem econômica, fundada na valorização do trabalho humano e na livre iniciativa, tem por fim assegurar a todos existência digna, conforme os ditames da justiça social, observados os seguintes princípios:

I - soberania nacional;

II - propriedade privada;

III - função social da propriedade;

IV - livre concorrência;

V - defesa do consumidor;

VI - defesa do meio ambiente;

VII - redução das desigualdades regionais e sociais;

VIII - busca do pleno emprego;

IX - tratamento favorecido para as empresas brasileiras de capital nacional de pequeno porte.

Parágrafo único. É assegurado a todos o livre exercício de qualquer atividade econômica, independentemente de autorização de órgãos públicos, salvo nos casos previstos em lei.

Art. 171. São consideradas:

I - empresa brasileira a constituída sob as leis brasileiras e que tenha sua sede e administração no País;

II - empresa brasileira de capital nacional aquela cujo controle efetivo esteja em caráter permanente sob a titularidade direta ou indireta de pessoas físicas domiciliadas e residentes no País ou de entidades de direito público interno, entendendo-se por controle efetivo da empresa a titularidade da maioria de seu capital votante e o exercício, de fato e de direito, do poder decisório para gerir suas atividades.

§ 1º A lei poderá, em relação à empresa brasileira de capital nacional:

I - conceder proteção e benefícios especiais temporários para desenvolver atividades consideradas estratégicas para a defesa nacional ou imprescindíveis ao desenvolvimento do País;

II - estabelecer, sempre que considerar um setor imprescindível ao desenvolvimento tecnológico nacional, entre outras condições e requisitos:

a) a exigência de que o controle referido no inciso II do caput se estenda às atividades tecnológicas da empresa, assim entendido o exercício, de fato e de direito, do poder decisório para desenvolver ou absorver tecnologia;

b) percentuais de participação, no capital, de pessoas físicas domiciliadas e residentes no País ou entidades de direito público interno.

§ 2º Na aquisição de bens e serviços, o poder público dará tratamento preferencial, nos termos da lei, à empresa brasileira de capital nacional.

Art. 172. A lei disciplinará, com base no interesse nacional, os investimentos de capital estrangeiro, incentivará os reinvestimentos e regulará a remessa de lucros.

Art. 173. Ressalvados os casos previstos nesta Constituição, a exploração direta de atividade econômica pelo Estado só será permitida quando necessária aos imperativos da segurança nacional ou a relevante interesse coletivo, conforme definidos em lei.

§ 1º A empresa pública, a sociedade de economia mista e outras entidades que explorem atividade econômica sujeitam-se ao regime jurídico próprio das empresas privadas, inclusive quanto às obrigações trabalhistas e tributárias.

§ 2º As empresas públicas e as sociedades de economia mista não poderão gozar de privilégios fiscais não extensivos às do setor privado.

§ 3º A lei regulamentará as relações da empresa pública com o Estado e a sociedade.

§ 4º A lei reprimirá o abuso do poder econômico que vise à dominação dos mercados, à eliminação da concorrência e ao aumento arbitrário dos lucros.

§ 5º A lei, sem prejuízo da responsabilidade individual dos dirigentes da pessoa jurídica, estabelecerá a responsabilidade desta, sujeitando-a às punições compatíveis com sua natureza, nos atos praticados contra a ordem econômica e financeira e contra a economia popular.

Art. 174. Como agente normativo e regulador da atividade econômica, o Estado exercerá, na forma da lei, as funções de fiscalização, incentivo e planejamento, sendo este determinante para o setor público e indicativo para o setor privado.

§ 1º A lei estabelecerá as diretrizes e bases do planejamento do desenvolvimento nacional equilibrado, o qual incorporará e compatibilizará os planos nacionais e regionais de desenvolvimento.

§ 2º A lei apoiará e estimulará o cooperativismo e outras formas de associativismo.

§ 3º O Estado favorecerá a organização da atividade garimpeira em cooperativas, levando em conta a proteção do meio ambiente e a promoção econômico-social dos garimpeiros.

§ 4º As cooperativas a que se refere o parágrafo anterior terão prioridade na autorização ou concessão para pesquisa e lavra dos recursos e jazidas de minerais garimpáveis, nas áreas onde estejam atuando, e naquelas fixadas de acordo com o art. 21, XXV, na forma da lei.

Art. 175. Incumbe ao poder público, na forma da lei, diretamente ou sob regime de concessão ou permissão, sempre através de licitação, a prestação de serviços públicos.

Parágrafo único. A lei disporá sobre:

I - o regime das empresas concessionárias e permissionárias de serviços públicos, o caráter especial de seu contrato e de sua prorrogação, bem como as condições de caducidade, fiscalização e rescisão da concessão ou permissão;

II - os direitos dos usuários;

III - política tarifária;

IV - a obrigação de manter serviço adequado.

Art. 176. As jazidas, em lavra ou não, e demais recursos minerais e os potenciais de energia hidráulica constituem propriedade distinta da do solo, para efeito de exploração ou aproveitamento, e pertencem à União, garantida ao concessionário a propriedade do produto da lavra.

§ 1º A pesquisa e a lavra de recursos minerais e o aproveitamento dos potenciais a que se refere o caput deste artigo somente poderão ser efetuados mediante autorização ou concessão da União, no interesse nacional, por brasileiros ou empresa brasileira de capital nacional, na forma da lei, que estabelecerá as condições específicas quando essas atividades se desenvolverem em faixa de fronteira ou terras indígenas.

§ 2º É assegurada participação ao proprietário do solo nos resultados da lavra, na forma e no valor que dispuser a lei.

§ 3º A autorização de pesquisa será sempre por prazo determinado, e as autorizações e concessões previstas neste artigo não poderão ser cedidas ou transferidas, total ou parcialmente, sem prévia anuência do Poder concedente.

§ 4º Não dependerá de autorização ou concessão o aproveitamento do potencial de energia renovável de capacidade reduzida.

Art. 177. Constituem monopólio da União:

I - a pesquisa e a lavra das jazidas de petróleo e gás natural e outros hidrocarbonetos fluidos;

II - a refinação do petróleo nacional ou estrangeiro;

III - a importação e exportação dos produtos e derivados básicos resultantes das atividades previstas nos incisos anteriores;

IV - o transporte marítimo do petróleo bruto de origem nacional ou de derivados básicos de petróleo produzidos no País, bem assim o transporte, por meio de conduto, de petróleo bruto, seus derivados e gás natural de qualquer origem;

V - a pesquisa, a lavra, o enriquecimento, o reprocessamento, a industrialização e o comércio de minérios e minerais nucleares e seus derivados.

§ 1º O monopólio previsto neste artigo inclui os riscos e resultados decorrentes das atividades nele mencionadas, sendo vedado à União ceder ou conceder qualquer tipo de participação, em espécie ou em valor, na exploração de jazidas de petróleo ou gás natural, ressalvado o disposto no art. 20, § 1º.

§ 2º A lei disporá sobre o transporte e a utilização de materiais radioativos no território nacional.

Art. 178. A lei disporá sobre:

I - a ordenação dos transportes aéreo, marítimo e terrestre;

II - a predominância dos armadores nacionais e navios de bandeira e registros brasileiros e do país exportador ou importador;

III - o transporte de granéis;

IV - a utilização de embarcações de pesca e outras.

§ 1º A ordenação do transporte internacional cumprirá os acordos firmados pela União, atendido o princípio de reciprocidade.

§ 2º Serão brasileiros os armadores, os proprietários, os comandantes e dois terços, pelo menos, dos tripulantes de embarcações nacionais.

§ 3º A navegação de cabotagem e a interior são privativas de embarcações nacionais, salvo caso de necessidade pública, segundo dispuser a lei.

Art. 179. A União, os Estados, o Distrito Federal e os Municípios dispensarão às microempresas e às empresas de pequeno porte, assim definidas em lei, tratamento jurídico diferenciado, visando a incentivá-las pela simplificação de suas obrigações administrativas, tributárias, previdenciárias e creditícias, ou pela eliminação ou redução destas por meio de lei.

Art. 180. A União, os Estados, o Distrito Federal e os Municípios promoverão e incentivarão o turismo como fator de desenvolvimento social e econômico.

Art. 181. O atendimento de requisição de documento ou informação de natureza comercial, feita por autoridade administrativa ou judiciária estrangeira, a pessoa física ou jurídica residente ou domiciliada no País dependerá de autorização do Poder competente.

Capítulo II
Da Política Urbana

Art. 182. A política de desenvolvimento urbano, executada pelo poder público municipal, conforme diretrizes gerais fixadas em lei, tem por objetivo ordenar o pleno desenvolvimento das funções sociais da cidade e garantir o bem-estar de seus habitantes.

§ 1º O plano diretor, aprovado pela Câmara Municipal, obrigatório para cidades com mais de vinte mil habitantes, é o instrumento básico da política de desenvolvimento e de expansão urbana.

§ 2º A propriedade urbana cumpre sua função social quando atende às exigências fundamentais de ordenação da cidade expressas no plano diretor.

§ 3º As desapropriações de imóveis urbanos serão feitas com prévia e justa indenização em dinheiro.

§ 4º É facultado ao poder público municipal, mediante lei específica para área incluída no plano diretor, exigir, nos termos da lei federal, do proprietário do solo urbano não edificado, subutilizado ou não utilizado que promova seu adequado aproveitamento, sob pena, sucessivamente, de:

I - parcelamento ou edificação compulsórios;

II - imposto sobre a propriedade predial e territorial urbana progressivo no tempo;

III - desapropriação com pagamento mediante títulos da dívida pública de emissão previamente aprovada pelo Senado Federal, com prazo de resgate de até dez anos, em parcelas anuais, iguais e sucessivas, assegurados o valor real da indenização e os juros legais.

Art. 183. Aquele que possuir como sua área urbana de até duzentos e cinqüenta metros quadrados, por cinco anos, ininterruptamente e sem oposição, utilizando-a para sua moradia ou de sua família, adquirir-lhe-á o domínio, desde que não seja proprietário de outro imóvel urbano ou rural.

§ 1º O título de domínio e a concessão de uso serão conferidos ao homem ou à mulher, ou a ambos, independentemente do estado civil.

§ 2º Esse direito não será reconhecido ao mesmo possuidor mais de uma vez.

§ 3º Os imóveis públicos não serão adquiridos por usucapião.

Capítulo III
Da Política Agrícola e Fundiária e da Reforma Agrária

Art. 184. Compete à União desapropriar por interesse social, para fins de reforma agrária, o imóvel rural que não esteja cumprindo sua função social, mediante prévia e justa indenização em títulos da dívida agrária, com cláusula de preservação do valor real, resgatáveis no prazo de até vinte anos, a partir do segundo ano de sua emissão, e cuja utilização será definida em lei.

§ 1º As benfeitorias úteis e necessárias serão indenizadas em dinheiro.

§ 2º O decreto que declarar o imóvel como de interesse social, para fins de reforma agrária, autoriza a União a propor a ação de desapropriação.

§ 3º Cabe à lei complementar estabelecer procedimento contraditório especial, de rito sumário, para o processo judicial de desapropriação.

§ 4º O orçamento fixará anualmente o volume total de títulos da dívida agrária, assim como o montante de recursos para atender ao programa de reforma agrária no exercício.

§ 5º São isentas de impostos federais, estaduais e municipais as operações de transferência de imóveis desapropriados para fins de reforma agrária.

Art. 185. São insuscetíveis de desapropriação para fins de reforma agrária:

I - a pequena e média propriedade rural, assim definida em lei, desde que seu proprietário não possua outra;

II - a propriedade produtiva.

Parágrafo único. A lei garantirá tratamento especial à propriedade produtiva e fixará normas para o cumprimento dos requisitos relativos a sua função social.

Art. 186. A função social é cumprida quando a propriedade rural atende, simultaneamente, segundo critérios e graus de exigência estabelecidos em lei, aos seguintes requisitos:

I - aproveitamento racional e adequado;

II - utilização adequada dos recursos naturais disponíveis e preservação do meio ambiente;

III - observância das disposições que regulam as relações de trabalho;

IV - exploração que favoreça o bem-estar dos proprietários e dos trabalhadores.

Art. 187. A política agrícola será planejada e executada na forma da lei, com a participação efetiva do setor de produção, envolvendo produtores e trabalhadores rurais, bem como dos setores de comercialização, de armazenamento e de transportes, levando em conta, especialmente:

I - os instrumentos creditícios e fiscais;

II - os preços compatíveis com os custos de produção e a garantia de comercialização;

III - o incentivo à pesquisa e à tecnologia;

IV - a assistência técnica e extensão rural;

V - o seguro agrícola;

VI - o cooperativismo;

VII - a eletrificação rural e irrigação;

VIII - a habitação para o trabalhador rural.

§ 1º Incluem-se no planejamento agrícola as atividades agroindustriais, agropecuárias, pesqueiras e florestais.

§ 2º Serão compatibilizadas as ações de política agrícola e de reforma agrária.

Art. 188. A destinação de terras públicas e devolutas será compatibilizada com a política agrícola e com o plano nacional de reforma agrária.

§ 1º A alienação ou a concessão, a qualquer título, de terras públicas com área superior a dois mil e quinhentos hectares a pessoa física ou jurídica, ainda que por interposta pessoa, dependerá de prévia aprovação do Congresso Nacional.

§ 2º Excetuam-se do disposto no parágrafo anterior as alienações ou as concessões de terras públicas para fins de reforma agrária.

Art. 189. Os beneficiários da distribuição de imóveis rurais pela reforma agrária receberão títulos de domínio ou de concessão de uso, inegociáveis pelo prazo de dez anos.

Parágrafo único. O título de domínio e a concessão de uso serão conferidos ao homem ou à mulher, ou a ambos, independentemente do estado civil, nos termos e condições previstos em lei.

Art. 190. A lei regulará e limitará a aquisição ou o arrendamento de propriedade rural por pessoa física ou jurídica estrangeira e estabelecerá os casos que dependerão de autorização do Congresso Nacional.

Art. 191. Aquele que, não sendo proprietário de imóvel rural ou urbano, possua como seu, por cinco anos ininterruptos, sem oposição, área de terra, em zona rural, não superior a cinqüenta hectares, tornando-a produtiva por seu trabalho ou de sua família, tendo nela sua moradia, adquirir-lhe-á a propriedade.

Parágrafo único. Os imóveis públicos não serão adquiridos por usucapião.

Capítulo IV
Do Sistema Financeiro Nacional

Art. 192. O sistema financeiro nacional, estruturado de forma a promover o desenvolvimento equilibrado do País e a servir aos interesses da coletividade, será regulado em lei complementar, que disporá, inclusive, sobre:

I - a autorização para o funcionamento das instituições financeiras, assegurado às instituições bancárias oficiais e privadas acesso a todos os instrumentos do mercado financeiro bancário, sendo vedada a essas instituições a participação em atividades não previstas na autorização de que trata este inciso;

II - autorização e funcionamento dos estabelecimentos de seguro, previdência e capitalização, bem como do órgão oficial fiscalizador e do órgão oficial ressegurador;

III - as condições para a participação do capital estrangeiro nas instituições a que se referem os incisos anteriores, tendo em vista, especialmente:

a) os interesses nacionais;

b) os acordos internacionais;

IV - a organização, o funcionamento e as atribuições do Banco Central e demais instituições financeiras públicas e privadas;

V - os requisitos para a designação de membros da diretoria do Banco Central e demais instituições financeiras, bem como seus impedimentos após o exercício do cargo;

VI - a criação de fundo ou seguro, com o objetivo de proteger a economia popular, garantindo créditos, aplicações e depósitos até determinado valor, vedada a participação de recursos da União;

VII - os critérios restritivos da transferência de poupança de regiões com renda inferior à média nacional para outras de maior desenvolvimento;

VIII - o funcionamento das cooperativas de crédito e os requisitos para que possam ter condições de operacionalidade e estruturação próprias das instituições financeiras.

§ 1º A autorização a que se referem os incisos I e II será inegociável e intransferível, permitida a transmissão do controle da pessoa jurídica titular, e concedida sem ônus, na forma da lei do sistema financeiro nacional, a pessoa jurídica cujos diretores tenham capacidade técnica e reputação ilibada, e que comprove capacidade econômica compatível com o empreendimento.

§ 2º Os recursos financeiros relativos a programas e projetos de caráter regional, de responsabilidade da União, serão depositados em suas instituições regionais de crédito e por elas aplicados.

§ 3º As taxas de juros reais, nelas incluídas comissões e quaisquer outras remunerações direta ou indiretamente referidas à concessão de crédito, não poderão ser superiores a doze por cento ao ano; a cobrança acima deste limite será conceituada como crime de usura, punido, em todas as suas modalidades, nos termos que a lei determinar.

Título VIII
Da Ordem Social

Capítulo I
Disposição Geral

Art. 193. A ordem social tem como base o primado do trabalho, e como objetivo o bem-estar e a justiça sociais.

Capítulo II
Da Seguridade Social

Seção I
Disposições Gerais

Art. 194. A seguridade social compreende um conjunto integrado de ações de iniciativa dos poderes públicos e da sociedade, destinadas a assegurar os direitos relativos à saúde, à previdência e à assistência social.

Parágrafo único. Compete ao poder público, nos termos da lei, organizar a seguridade social, com base nos seguintes objetivos:

I - universalidade da cobertura e do atendimento;

II - uniformidade e equivalência dos benefícios e serviços às populações urbanas e rurais;

III - seletividade e distributividade na prestação dos benefícios e serviços;

IV - irredutibilidade do valor dos benefícios;

V - eqüidade na forma de participação no custeio;

VI - diversidade da base de financiamento;

VII - caráter democrático e descentralizado da gestão administrativa, com a participação da comunidade, em especial de trabalhadores, empresários e aposentados.

Art. 195. A seguridade social será financiada por toda a sociedade, de forma direta e indireta, nos termos da lei, mediante recursos provenientes dos orçamentos da União, dos Estados, do Distrito Federal e dos Municípios, e das seguintes contribuições sociais:

I - dos empregadores, incidente sobre a folha de salários, o faturamento e o lucro;

II - dos trabalhadores;

III - sobre a receita de concursos de prognósticos.

§ 1º As receitas dos Estados, do Distrito Federal e dos Municípios destinadas à seguridade social constarão dos respectivos orçamentos, não integrando o orçamento da União.

§ 2º A proposta de orçamento da seguridade social será elaborada de forma integrada pelos órgãos responsáveis pela saúde, previdência social e assistência social, tendo em vista as metas e prioridades estabelecidas na lei de diretrizes orçamentárias, assegurada a cada área a gestão de seus recursos.

§ 3º A pessoa jurídica em débito com o sistema da seguridade social, como estabelecido em lei, não poderá contratar com o poder público nem dele receber benefícios ou incentivos fiscais ou creditícios.

§ 4º A lei poderá instituir outras fontes destinadas a garantir a manutenção ou expansão da seguridade social, obedecido o disposto no art. 154, I.

§ 5º Nenhum benefício ou serviço da seguridade social poderá ser criado, majorado ou estendido sem a correspondente fonte de custeio total.

§ 6º As contribuições sociais de que trata este artigo só poderão ser exigidas após decorridos noventa dias da data da publicação da lei que as houver instituído ou modificado, não se lhes aplicando o disposto no art. 150, III, b.

§ 7º São isentas de contribuição para a seguridade social as entidades beneficentes de assistência social que atendam às exigências estabelecidas em lei.

§ 8º O produtor, o parceiro, o meeiro e o arrendatário rurais, o garimpeiro e o pescador artesanal, bem como os respectivos cônjuges, que exerçam suas atividades em regime de economia familiar, sem empregados permanentes, contribuirão para a seguridade social mediante a aplicação de uma alíquota sobre o resultado da comercialização da produção e farão jus aos benefícios nos termos da lei.

Seção II
Da Saúde

Art. 196. A saúde é direito de todos e dever do Estado, garantido mediante políticas sociais e econômicas que visem à redução do risco de doença e de outros agravos e ao acesso universal e igualitário às ações e serviços para sua promoção, proteção e recuperação.

Art. 197. São de relevância pública as ações e serviços de saúde, cabendo ao poder público dispor, nos termos da lei, sobre sua regulamentação, fiscalização e controle, devendo sua execução ser feita diretamente ou através de terceiros e, também, por pessoa física ou jurídica de direito privado.

Art. 198. As ações e serviços públicos de saúde integram uma rede regionalizada e hierarquizada e constituem um sistema único, organizado de acordo com as seguintes diretrizes:

I - descentralização, com direção única em cada esfera de governo;

II - atendimento integral, com prioridade para as atividades preventivas, sem prejuízo dos serviços assistenciais;

III - participação da comunidade.

Parágrafo único. O sistema único de saúde será financiado, nos termos do art. 195, com recursos do orçamento da seguridade social, da União, dos Estados, do Distrito Federal e dos Municípios, além de outras fontes.

Art. 199. A assistência à saúde é livre à iniciativa privada.

§ 1º As instituições privadas poderão participar de forma complementar do sistema único de saúde, segundo diretrizes deste, mediante contrato de direito público ou convênio, tendo preferência as entidades filantrópicas e as sem fins lucrativos.

§ 2º É vedada a destinação de recursos públicos para auxílios ou subvenções às instituições privadas com fins lucrativos.

§ 3º É vedada a participação direta ou indireta de empresas ou capitais estrangeiros na assistência à saúde no País, salvo nos casos previstos em lei.

§ 4º A lei disporá sobre as condições e os requisitos que facilitem a remoção de órgãos, tecidos e substâncias humanas para fins de transplante, pesquisa e tratamento, bem como a coleta, processamento e transfusão de sangue e seus derivados, sendo vedado todo tipo de comercialização.

Art. 200. Ao sistema único de saúde compete, além de outras atribuições, nos termos da lei:

I - controlar e fiscalizar procedimentos, produtos e substâncias de interesse para a saúde e participar da produção de medicamentos, equipamentos, imunobiológicos, hemoderivados e outros insumos;

II - executar as ações de vigilância sanitária e epidemiológica, bem como as de saúde do trabalhador;

III - ordenar a formação de recursos humanos na área de saúde;

IV - participar da formulação da política e da execução das ações de saneamento básico;

V - incrementar em sua área de atuação o desenvolvimento científico e tecnológico;

VI - fiscalizar e inspecionar alimentos, compreendido o controle de seu teor nutricional, bem como bebidas e águas para consumo humano;

VII - participar do controle e fiscalização da produção, transporte, guarda e utilização de substâncias e produtos psicoativos, tóxicos e radioativos;

VIII - colaborar na proteção do meio ambiente, nele compreendido o do trabalho.

Seção III
Da Previdência Social

Art. 201. Os planos de previdência social, mediante contribuição, atenderão, nos termos da lei, a:

I - cobertura dos eventos de doença, invalidez, morte, incluídos os resultantes de acidentes do trabalho, velhice e reclusão;

II - ajuda à manutenção dos dependentes dos segurados de baixa renda;

III - proteção à maternidade, especialmente à gestante;

IV - proteção ao trabalhador em situação de desemprego involuntário;

V - pensão por morte de segurado, homem ou mulher, ao cônjuge ou companheiro e dependentes, obedecido o disposto no § 5º e no art. 202.

§ 1º Qualquer pessoa poderá participar dos benefícios da previdência social, mediante contribuição na forma dos planos previdenciários.

§ 2º É assegurado o reajustamento dos benefícios para preservar-lhes, em caráter permanente, o valor real, conforme critérios definidos em lei.

§ 3º Todos os salários de contribuição considerados no cálculo de benefício serão corrigidos monetariamente.

§ 4º Os ganhos habituais do empregado, a qualquer título, serão incorporados ao salário para efeito de contribuição previdenciária e conseqüente repercussão em benefícios, nos casos e na forma da lei.

§ 5º Nenhum benefício que substitua o salário de contribuição ou o rendimento do trabalho do segurado terá valor mensal inferior ao salário mínimo.

§ 6º A gratificação natalina dos aposentados e pensionistas terá por base o valor dos proventos do mês de dezembro de cada ano.

§ 7º A previdência social manterá seguro coletivo, de caráter complementar e facultativo, custeado por contribuições adicionais.

§ 8º É vedado subvenção ou auxílio do poder público às entidades de previdência privada com fins lucrativos.

Art. 202. É assegurada aposentadoria, nos termos da lei, calculando-se o benefício sobre a média dos trinta e seis últimos salários de contribuição, corrigidos monetariamente mês a mês, e comprovada a regularidade dos reajustes dos salários de contribuição de modo a preservar seus valores reais e obedecidas as seguintes condições:

I - aos sessenta e cinco anos de idade, para o homem, e aos sessenta, para a mulher, reduzido em cinco anos o limite de idade para os trabalhadores rurais de ambos os sexos e para os que exerçam suas atividades em regime de economia familiar, neste incluídos o produtor rural, o garimpeiro e o pescador artesanal;

II - após trinta e cinco anos de trabalho, ao homem, e, após trinta, à mulher, ou em tempo inferior, se sujeitos a trabalho sob condições especiais, que prejudiquem a saúde ou a integridade física, definidas em lei;

III - após trinta anos, ao professor, e após vinte e cinco, à professora, por efetivo exercício de função de magistério.

§ 1º É facultada aposentadoria proporcional, após trinta anos de trabalho, ao homem, e após vinte e cinco, à mulher.

§ 2º Para efeito de aposentadoria, é assegurada a contagem recíproca do tempo de contribuição na administração pública e na atividade privada, rural e urbana, hipótese em que os diversos sistemas de previdência social se compensarão financeiramente, segundo critérios estabelecidos em lei.

Seção IV
Da Assistência Social

Art. 203. A assistência social será prestada a quem dela necessitar, independentemente de contribuição à seguridade social, e tem por objetivos:

I - a proteção à família, à maternidade, à infância, à adolescência e à velhice;

II - o amparo às crianças e adolescentes carentes;

III - a promoção da integração ao mercado de trabalho;

IV - a habilitação e reabilitação das pessoas portadoras de deficiência e a promoção de sua integração à vida comunitária;

V - a garantia de um salário mínimo de benefício mensal à pessoa portadora de deficiência e ao idoso que comprovem não possuir meios de prover à própria manutenção ou de tê-la provida por sua família, conforme dispuser a lei.

Art. 204. As ações governamentais na área da assistência social serão realizadas com recursos do orçamento da seguridade social, previstos no art. 195, além de outras fontes, e organizadas com base nas seguintes diretrizes:

I - descentralização político-administrativa, cabendo a coordenação e as normas gerais à esfera federal e a coordenação e a execução dos respectivos programas às esferas estadual e municipal, bem como a entidades beneficentes e de assistência social;

II - participação da população, por meio de organizações representativas, na formulação das políticas e no controle das ações em todos os níveis.

Capítulo III
Da Educação, da Cultura e do Desporto

Seção I
Da Educação

Art. 205. A educação, direito de todos e dever do Estado e da família, será promovida e incentivada com a colaboração da sociedade, visando ao pleno desenvolvimento da pessoa, seu preparo para o exercício da cidadania e sua qualificação para o trabalho.

Art. 206. O ensino será ministrado com base nos seguintes princípios:

I - igualdade de condições para o acesso e permanência na escola;

II - liberdade de aprender, ensinar, pesquisar e divulgar o pensamento, a arte e o saber;

III - pluralismo de idéias e de concepções pedagógicas, e coexistência de instituições públicas e privadas de ensino;

IV - gratuidade do ensino público em estabelecimentos oficiais;

V - valorização dos profissionais do ensino, garantido, na forma da lei, plano de carreira para o magistério público, com piso salarial profissional e ingresso exclusivamente por concurso público de provas e títulos, assegurado regime jurídico único para todas as instituições mantidas pela União;

VI - gestão democrática do ensino público, na forma da lei;

VII - garantia de padrão de qualidade.

Art. 207. As universidades gozam de autonomia didático-científica, administrativa e de gestão financeira e patrimonial, e obedecerão ao princípio de indissociabilidade entre ensino, pesquisa e extensão.

Art. 208. O dever do Estado com a educação será efetivado mediante a garantia de:

I - ensino fundamental, obrigatório e gratuito, inclusive para os que a ele não tiveram acesso na idade própria;

II - progressiva extensão da obrigatoriedade e gratuidade ao ensino médio;

III - atendimento educacional especializado aos portadores de deficiência, preferencialmente na rede regular de ensino;

IV - atendimento em creche e pré-escola às crianças de zero a seis anos de idade;

V - acesso aos níveis mais elevados do ensino, da pesquisa e da criação artística, segundo a capacidade de cada um;

VI - oferta de ensino noturno regular, adequado às condições do educando;

VII - atendimento ao educando, no ensino fundamental, através de programas suplementares de material didático-escolar, transporte, alimentação e assistência à saúde.

§ 1º O acesso ao ensino obrigatório e gratuito é direito público subjetivo.

§ 2º O não-oferecimento do ensino obrigatório pelo poder público, ou sua oferta irregular, importa responsabilidade da autoridade competente.

§ 3º Compete ao poder público recensear os educandos no ensino fundamental, fazer-lhes a chamada e zelar, junto aos pais ou responsáveis, pela freqüência à escola.

Art. 209. O ensino é livre à iniciativa privada, atendidas as seguintes condições:

I - cumprimento das normas gerais da educação nacional;

II - autorização e avaliação de qualidade pelo poder público.

Art. 210. Serão fixados conteúdos mínimos para o ensino fundamental, de maneira a assegurar formação básica comum e respeito aos valores culturais e artísticos, nacionais e regionais.

§ 1º O ensino religioso, de matrícula facultativa, constituirá disciplina dos horários normais das escolas públicas de ensino fundamental.

§ 2º O ensino fundamental regular será ministrado em língua portuguesa, assegurada às comunidades indígenas também a utilização de suas línguas maternas e processos próprios de aprendizagem.

Art. 211. A União, os Estados, o Distrito Federal e os Municípios organizarão em regime de colaboração seus sistemas de ensino.

§ 1º A União organizará e financiará o sistema federal de ensino e o dos Territórios, e prestará assistência técnica e financeira aos Estados, ao Distrito Federal e aos Municípios para o desenvolvimento de seus sistemas de ensino e o atendimento prioritário à escolaridade obrigatória.

§ 2º Os Municípios atuarão prioritariamente no ensino fundamental e pré-escolar.

Art. 212. A União aplicará, anualmente, nunca menos de dezoito, e os Estados, o Distrito Federal e os Municípios vinte e cinco por cento, no mínimo, da receita resultante de impostos, compreendida a proveniente de transferências, na manutenção e desenvolvimento do ensino.

§ 1º A parcela da arrecadação de impostos transferida pela União aos Estados, ao Distrito Federal e aos Municípios, ou pelos Estados aos respectivos Municípios, não é considerada, para efeito do cálculo previsto neste artigo, receita do governo que a transferir.

§ 2º Para efeito do cumprimento do disposto no caput deste artigo, serão considerados os sistemas de ensino federal, estadual e municipal e os recursos aplicados na forma do art. 213.

§ 3º A distribuição dos recursos públicos assegurará prioridade ao atendimento das necessidades do ensino obrigatório, nos termos do plano nacional de educação.

§ 4º Os programas suplementares de alimentação e assistência à saúde previstos no art. 208, VII, serão financiados com recursos provenientes de contribuições sociais e outros recursos orçamentários.

§ 5º O ensino fundamental público terá como fonte adicional de financiamento a contribuição social do salário-educação, recolhida, na forma da lei, pelas empresas, que dela poderão deduzir a aplicação realizada no ensino fundamental de seus empregados e dependentes.

Art. 213. Os recursos públicos serão destinados às escolas públicas, podendo ser dirigidos a escolas comunitárias, confessionais ou filantrópicas, definidas em lei, que:

I - comprovem finalidade não lucrativa e apliquem seus excedentes financeiros em educação;

II - assegurem a destinação de seu patrimônio a outra escola comunitária, filantrópica ou confessional, ou ao poder público, no caso de encerramento de suas atividades.

§ 1º Os recursos de que trata este artigo poderão ser destinados a bolsas de estudo para o ensino fundamental e médio, na forma da lei, para os que demonstrarem insuficiência de recursos, quando houver falta de vagas e cursos regulares da rede pública na localidade da residência do educando, ficando o poder público obrigado a investir prioritariamente na expansão de sua rede na localidade.

§ 2º As atividades universitárias de pesquisa e extensão poderão receber apoio financeiro do poder público.

Art. 214. A lei estabelecerá o plano nacional de educação, de duração plurianual, visando à articulação e ao desenvolvimento do ensino em seus diversos níveis e à integração das ações do poder público que conduzam à:

I - erradicação do analfabetismo;

II - universalização do atendimento escolar;

III - melhoria da qualidade do ensino;

IV - formação para o trabalho;

V - promoção humanística, científica e tecnológica do País.

Seção II
Da Cultura

Art. 215. O Estado garantirá a todos o pleno exercício dos direitos culturais e acesso às fontes da cultura nacional, e apoiará e incentivará a valorização e a difusão das manifestações culturais.

§ 1º O Estado protegerá as manifestações das culturas populares, indígenas e afro-brasileiras, e das de outros grupos participantes do processo civilizatório nacional.

§ 2º A lei disporá sobre a fixação de datas comemorativas de alta significação para os diferentes segmentos étnicos nacionais.

Art. 216. Constituem patrimônio cultural brasileiro os bens de natureza material e imaterial, tomados individualmente ou em conjunto, portadores de referência à identidade, à ação, à memória dos diferentes grupos formadores da sociedade brasileira, nos quais se incluem:

I - as formas de expressão;

II - os modos de criar, fazer e viver;

III - as criações científicas, artísticas e tecnológicas;

IV - as obras, objetos, documentos, edificações e demais espaços destinados às manifestações artístico-culturais;

V - os conjuntos urbanos e sítios de valor histórico, paisagístico, artístico, arqueológico, paleontológico, ecológico e científico.

§ 1º O poder público, com a colaboração da comunidade, promoverá e protegerá o patrimônio cultural brasileiro, por meio de inventários, registros, vigilância, tombamento e desapropriação, e de outras formas de acautelamento e preservação.

§ 2º Cabem à administração pública, na forma da lei, a gestão da documentação governamental e as providências para franquear sua consulta a quantos dela necessitem.

§ 3º A lei estabelecerá incentivos para a produção e o conhecimento de bens e valores culturais.

§ 4º Os danos e ameaças ao patrimônio cultural serão punidos, na forma da lei.

§ 5º Ficam tombados todos os documentos e os sítios detentores de reminiscências históricas dos antigos quilombos.

Seção III
Do Desporto

Art. 217. É dever do Estado fomentar práticas desportivas formais e não formais, como direito de cada um, observados:

I - a autonomia das entidades desportivas dirigentes e associações, quanto a sua organização e funcionamento;

II - a destinação de recursos públicos para a promoção prioritária do desporto educacional e, em casos específicos, para a do desporto de alto rendimento;

III - o tratamento diferenciado para o desporto profissional e o não profissional;

IV - a proteção e o incentivo às manifestações desportivas de criação nacional.

§ 1º O Poder Judiciário só admitirá ações relativas à disciplina e às competições desportivas após esgotarem-se as instâncias da justiça desportiva, regulada em lei.

§ 2º A justiça desportiva terá o prazo máximo de sessenta dias, contados da instauração do processo, para proferir decisão final.

§ 3º O poder público incentivará o lazer, como forma de promoção social.

Capítulo IV
Da Ciência e Tecnologia

Art. 218. O Estado promoverá e incentivará o desenvolvimento científico, a pesquisa e a capacitação tecnológicas.

§ 1º A pesquisa científica básica receberá tratamento prioritário do Estado, tendo em vista o bem público e o progresso das ciências.

§ 2º A pesquisa tecnológica voltar-se-á preponderantemente para a solução dos problemas brasileiros e para o desenvolvimento do sistema produtivo nacional e regional.

§ 3º O Estado apoiará a formação de recursos humanos nas áreas de ciência, pesquisa e tecnologia, e concederá aos que delas se ocupem meios e condições especiais de trabalho.

§ 4º A lei apoiará e estimulará as empresas que invistam em pesquisa, criação de tecnologia adequada ao País, formação e aperfeiçoamento de seus recursos humanos e que pratiquem sistemas de remuneração que assegurem ao empregado, desvinculada do salário, participação nos ganhos econômicos resultantes da produtividade de seu trabalho.

§ 5º É facultado aos Estados e ao Distrito Federal vincular parcela de sua receita orçamentária a entidades públicas de fomento ao ensino e à pesquisa científica e tecnológica.

Art. 219. O mercado interno integra o patrimônio nacional e será incentivado de modo a viabilizar o desenvolvimento cultural e sócio-econômico, o bem-estar da população e a autonomia tecnológica do País, nos termos de lei federal.

Capítulo V
Da Comunicação Social

Art. 220. A manifestação do pensamento, a criação, a expressão e a informação, sob qualquer forma, processo ou veículo, não sofrerão qualquer restrição, observado o disposto nesta Constituição.

§ 1º Nenhuma lei conterá dispositivo que possa constituir embaraço à plena liberdade de informação jornalística em qualquer veículo de comunicação social, observado o disposto no art. 5º, IV, V, X, XIII e XIV.

§ 2º É vedada toda e qualquer censura de natureza política, ideológica e artística.

§ 3º Compete à lei federal:

I - regular as diversões e espetáculos públicos, cabendo ao poder público informar sobre a natureza deles, as faixas etárias a que não se recomendem, locais e horários em que sua apresentação se mostre inadequada;

II - estabelecer os meios legais que garantam à pessoa e à família a possibilidade de se defenderem de programas ou programações de rádio e televisão que contrariem o disposto no art. 221, bem como da propaganda de produtos, práticas e serviços que possam ser nocivos à saúde e ao meio ambiente.

§ 4º A propaganda comercial de tabaco, bebidas alcoólicas, agrotóxicos, medicamentos e terapias estará sujeita a restrições legais, nos termos do inciso II do parágrafo anterior, e conterá, sempre que necessário, advertência sobre os malefícios decorrentes de seu uso.

§ 5º Os meios de comunicação social não podem, direta ou indiretamente, ser objeto de monopólio ou oligopólio.

§ 6º A publicação de veículo impresso de comunicação independe de licença de autoridade.

Art. 221. A produção e a programação das emissoras de rádio e televisão atenderão aos seguintes princípios:

I - preferência a finalidades educativas, artísticas, culturais e informativas;

II - promoção da cultura nacional e regional e estímulo à produção independente que objetive sua divulgação;

III - regionalização da produção cultural, artística e jornalística, conforme percentuais estabelecidos em lei;

IV - respeito aos valores éticos e sociais da pessoa e da família.

Art. 222. A propriedade de empresa jornalística e de radiodifusão sonora e de sons e imagens é privativa de brasileiros natos ou naturalizados há mais de dez anos, aos quais caberá a responsabilidade por sua administração e orientação intelectual.

§ 1º É vedada a participação de pessoa jurídica no capital social de empresa jornalística ou de radiodifusão, exceto a de partido político e de sociedades cujo capital pertença exclusiva e nominalmente a brasileiros.

§ 2º A participação referida no parágrafo anterior só se efetuará através de capital sem direito a voto e não poderá exceder a trinta por cento do capital social.

Art. 223. Compete ao Poder Executivo outorgar e renovar concessão, permissão e autorização para o serviço de radiodifusão sonora e de sons e imagens, observado o princípio da complementaridade dos sistemas privado, público e estatal.

§ 1º O Congresso Nacional apreciará o ato no prazo do art. 64, §§ 2º e 4º, a contar do recebimento da mensagem.

§ 2º A não-renovação da concessão ou permissão dependerá de aprovação de, no mínimo, dois quintos do Congresso Nacional, em votação nominal.

§ 3º O ato de outorga ou renovação somente produzirá efeitos legais após deliberação do Congresso Nacional, na forma dos parágrafos anteriores.

§ 4º O cancelamento da concessão ou permissão, antes de vencido o prazo, depende de decisão judicial.

§ 5º O prazo da concessão ou permissão será de dez anos para as emissoras de rádio e de quinze para as de televisão.

Art. 224. Para os efeitos do disposto neste Capítulo, o Congresso Nacional instituirá, como órgão auxiliar, o Conselho de Comunicação Social, na forma da lei.

Capítulo VI
Do Meio Ambiente

Art. 225. Todos têm direito ao meio ambiente ecologicamente equilibrado, bem de uso comum do povo e essencial à sadia qualidade de vida, impondo-se ao poder público e à coletividade o dever de defendê-lo e preservá-lo para as presentes e futuras gerações.

§ 1º Para assegurar a efetividade desse direito, incumbe ao poder público:

I - preservar e restaurar os processos ecológicos essenciais e prover o manejo ecológico das espécies e ecossistemas;

II - preservar a diversidade e a integridade do patrimônio genético do País e fiscalizar as entidades dedicadas à pesquisa e manipulação de material genético;

III - definir, em todas as unidades da Federação, espaços territoriais e seus componentes a serem especialmente protegidos, sendo a alteração e a supressão permitidas somente através de lei, vedada qualquer utilização que comprometa a integridade dos atributos que justifiquem sua proteção;

IV - exigir, na forma da lei, para instalação de obra ou atividade potencialmente causadora de significativa degradação do meio ambiente, estudo prévio de impacto ambiental, a que se dará publicidade;

V - controlar a produção, a comercialização e o emprego de técnicas, métodos e substâncias que comportem risco para a vida, a qualidade de vida e o meio ambiente;

VI - promover a educação ambiental em todos os níveis de ensino e a conscientização pública para a preservação do meio ambiente;

VII - proteger a fauna e a flora, vedadas, na forma da lei, as práticas que coloquem em risco sua função ecológica, provoquem a extinção de espécies ou submetam os animais a crueldade.

§ 2º Aquele que explorar recursos minerais fica obrigado a recuperar o meio ambiente degradado, de acordo com solução técnica exigida pelo órgão público competente, na forma da lei.

§ 3º As condutas e atividades consideradas lesivas ao meio ambiente sujeitarão os infratores, pessoas físicas ou jurídicas, a sanções penais e administrativas, independentemente da obrigação de reparar os danos causados.

§ **4º** A Floresta Amazônica brasileira, a Mata Atlântica, a Serra do Mar, o Pantanal Mato-Grossense e a Zona Costeira são patrimônio nacional, e sua utilização far-se-á, na forma da lei, dentro de condições que assegurem a preservação do meio ambiente, inclusive quanto ao uso dos recursos naturais.

§ **5º** São indisponíveis as terras devolutas ou arrecadadas pelos Estados, por ações discriminatórias, necessárias à proteção dos ecossistemas naturais.

§ **6º** As usinas que operem com reator nuclear deverão ter sua localização definida em lei federal, sem o que não poderão ser instaladas.

Capítulo VII
Da Família, da Criança, do Adolescente e do Idoso

Art. 226. A família, base da sociedade, tem especial proteção do Estado.

§ **1º** O casamento é civil e gratuita a celebração.

§ **2º** O casamento religioso tem efeito civil, nos termos da lei.

§ **3º** Para efeito da proteção do Estado, é reconhecida a união estável entre o homem e a mulher como entidade familiar, devendo a lei facilitar sua conversão em casamento.

§ **4º** Entende-se, também, como entidade familiar a comunidade formada por qualquer dos pais e seus descendentes.

§ **5º** Os direitos e deveres referentes à sociedade conjugal são exercidos igualmente pelo homem e pela mulher.

§ **6º** O casamento civil pode ser dissolvido pelo divórcio, após prévia separação judicial por mais de um ano nos casos expressos em lei, ou comprovada separação de fato por mais de dois anos.

§ **7º** Fundado nos princípios da dignidade da pessoa humana e da paternidade responsável, o planejamento familiar é livre decisão do casal, competindo ao Estado propiciar recursos educacionais e científicos para o exercício desse direito, vedada qualquer forma coercitiva por parte de instituições oficiais ou privadas.

§ **8º** O Estado assegurará a assistência à família na pessoa de cada um dos que a integram, criando mecanismos para coibir a violência no âmbito de suas relações.

Art. 227. É dever da família, da sociedade e do Estado assegurar à criança e ao adolescente, com absoluta prioridade, o direito à vida, à saúde, à alimentação, à educação, ao lazer, à profissionalização, à cultura, à dignidade, ao respeito, à liberdade e à convivência familiar e comunitária, além de colocá-los a salvo de toda forma de negligência, discriminação, exploração, violência, crueldade e opressão.

§ **1º** O Estado promoverá programas de assistência integral à saúde da criança e do adolescente, admitida a participação de entidades não governamentais e obedecendo aos seguintes preceitos:

I - aplicação de percentual dos recursos públicos destinados à saúde na assistência materno-infantil;

II - criação de programas de prevenção e atendimento especializado para os portadores de deficiência física, sensorial ou mental, bem como de integração social do adolescente portador de deficiência, mediante o treinamento para o trabalho e a convivência, e a facilitação do acesso aos bens e serviços coletivos, com a eliminação de preconceitos e obstáculos arquitetônicos.

§ **2º** A lei disporá sobre normas de construção dos logradouros e dos edifícios de uso público e de fabricação de veículos de transporte coletivo, a fim de garantir acesso adequado às pessoas portadoras de deficiência.

§ **3º** O direito a proteção especial abrangerá os seguintes aspectos:

I - idade mínima de quatorze anos para admissão ao trabalho, observado o disposto no art. 7º, XXXIII;

II - garantia de direitos previdenciários e trabalhistas;

III - garantia de acesso do trabalhador adolescente à escola;

IV - garantia de pleno e formal conhecimento da atribuição de ato infracional, igualdade na relação processual e defesa técnica por profissional habilitado, segundo dispuser a legislação tutelar específica;

V - obediência aos princípios de brevidade, excepcionalidade e respeito à condição peculiar de pessoa em desenvolvimento, quando da aplicação de qualquer medida privativa da liberdade;

VI - estímulo do poder público, através de assistência jurídica, incentivos fiscais e subsídios, nos termos da lei, ao acolhimento, sob a forma de guarda, de criança ou adolescente órfão ou abandonado;

VII - programas de prevenção e atendimento especializado à criança e ao adolescente dependente de entorpecentes e drogas afins.

§ **4º** A lei punirá severamente o abuso, a violência e a exploração sexual da criança e do adolescente.

§ **5º** A adoção será assistida pelo poder público, na forma da lei, que estabelecerá casos e condições de sua efetivação por parte de estrangeiros.

§ **6º** Os filhos, havidos ou não da relação do casamento, ou por adoção, terão os mesmos direitos e qualificações, proibidas quaisquer designações discriminatórias relativas à filiação.

§ **7º** No atendimento dos direitos da criança e do adolescente levar-se-á em consideração o disposto no art. 204.

Art. 228. São penalmente inimputáveis os menores de dezoito anos, sujeitos às normas da legislação especial.

Art. 229. Os pais têm o dever de assistir, criar e educar os filhos menores, e os filhos maiores têm o dever de ajudar e amparar os pais na velhice, carência ou enfermidade.

Art. 230. A família, a sociedade e o Estado têm o dever de amparar as pessoas idosas, assegurando sua participação na comunidade, defendendo sua dignidade e bem-estar e garantindo-lhes o direito à vida.

§ **1º** Os programas de amparo aos idosos serão executados preferencialmente em seus lares.

§ **2º** Aos maiores de sessenta e cinco anos é garantida a gratuidade dos transportes coletivos urbanos.

Capítulo VIII
Dos Índios

Art. 231. São reconhecidos aos índios sua organização social, costumes, línguas, crenças e tradições, e os direitos originários sobre as terras que tradicionalmente ocupam, competindo à União demarcá-las, proteger e fazer respeitar todos os seus bens.

§ 1º São terras tradicionalmente ocupadas pelos índios as por eles habitadas em caráter permanente, as utilizadas para suas atividades produtivas, as imprescindíveis à preservação dos recursos ambientais necessários a seu bem-estar e as necessárias a sua reprodução física e cultural, segundo seus usos, costumes e tradições.

§ 2º As terras tradicionalmente ocupadas pelos índios destinam-se a sua posse permanente, cabendo-lhes o usufruto exclusivo das riquezas do solo, dos rios e dos lagos nelas existentes.

§ 3º O aproveitamento dos recursos hídricos, incluídos os potenciais energéticos, a pesquisa e a lavra das riquezas minerais em terras indígenas só podem ser efetivados com autorização do Congresso Nacional, ouvidas as comunidades afetadas, ficando-lhes assegurada participação nos resultados da lavra, na forma da lei.

§ 4º As terras de que trata este artigo são inalienáveis e indisponíveis, e os direitos sobre elas, imprescritíveis.

§ 5º É vedada a remoção dos grupos indígenas de suas terras, salvo, ad referendum do Congresso Nacional, em caso de catástrofe ou epidemia que ponha em risco sua população, ou no interesse da soberania do País, após deliberação do Congresso Nacional, garantido, em qualquer hipótese, o retorno imediato logo que cesse o risco.

§ 6º São nulos e extintos, não produzindo efeitos jurídicos, os atos que tenham por objeto a ocupação, o domínio e a posse das terras a que se refere este artigo, ou a exploração das riquezas naturais do solo, dos rios e dos lagos nelas existentes, ressalvado relevante interesse público da União, segundo o que dispuser lei complementar, não gerando a nulidade e a extinção direito a indenização ou a ações contra a União, salvo, na forma da lei, quanto às benfeitorias derivadas da ocupação de boa-fé.

§ 7º Não se aplica às terras indígenas o disposto no art. 174, §§ 3º e 4º.

Art. 232. Os índios, suas comunidades e organizações são partes legítimas para ingressar em juízo em defesa de seus direitos e interesses, intervindo o Ministério Público em todos os atos do processo.

Título IX
Das Disposições Constitucionais Gerais

Art. 233. Para efeito do art. 7º, XXIX, o empregador rural comprovará, de cinco em cinco anos, perante a Justiça do Trabalho, o cumprimento das suas obrigações trabalhistas para com o empregado rural, na presença deste e de seu representante sindical.

§ 1º Uma vez comprovado o cumprimento das obrigações mencionadas neste artigo, fica o empregador isento de qualquer ônus decorrente daquelas obrigações no período respectivo. Caso o empregado e seu representante não concordem com a comprovação do empregador, caberá à Justiça do Trabalho a solução da controvérsia.

§ 2º Fica ressalvado ao empregado, em qualquer hipótese, o direito de postular, judicialmente, os créditos que entender existir, relativamente aos últimos cinco anos.

§ 3º A comprovação mencionada neste artigo poderá ser feita em prazo inferior a cinco anos, a critério do empregador.

Art. 234. É vedado à União, direta ou indiretamente, assumir, em decorrência da criação de Estado, encargos referentes a despesas com pessoal inativo e com encargos e amortizações da dívida interna ou externa da administração pública, inclusive da indireta.

Art. 235. Nos dez primeiros anos da criação de Estado, serão observadas as seguintes normas básicas:

I - a Assembléia Legislativa será composta de dezessete Deputados se a população do Estado for inferior a seiscentos mil habitantes, e de vinte e quatro se igual ou superior a esse número, até um milhão e quinhentos mil;

II - o Governo terá no máximo dez Secretarias;

III - o Tribunal de Contas terá três membros, nomeados, pelo Governador eleito, dentre brasileiros de comprovada idoneidade e notório saber;

IV - o Tribunal de Justiça terá sete desembargadores;

V - os primeiros desembargadores serão nomeados pelo Governador eleito, escolhidos da seguinte forma:

a) cinco dentre os magistrados com mais de trinta e cinco anos de idade, em exercício na área do novo Estado ou do Estado originário;

b) dois dentre promotores, nas mesmas condições, e advogados de comprovada idoneidade e saber jurídico, com dez anos, no mínimo, de exercício profissional, obedecido o procedimento fixado na Constituição;

VI - no caso de Estado proveniente de Território Federal, os cinco primeiros desembargadores poderão ser escolhidos dentre juízes de direito de qualquer parte do País;

VII - em cada comarca, o primeiro juiz de direito, o primeiro promotor de justiça e o primeiro defensor público serão nomeados pelo Governador eleito após concurso público de provas e títulos;

VIII - até a promulgação da Constituição estadual, responderão pela Procuradoria-Geral, pela Advocacia-Geral e pela Defensoria-Geral do Estado advogados de notório saber, com trinta e cinco anos de idade, no mínimo, nomeados pelo Governador eleito e demissíveis ad nutum;

IX - se o novo Estado for resultado de transformação de Território Federal, a transferência de encargos financeiros da União para pagamento dos servidores optantes que pertenciam à administração federal ocorrerá da seguinte forma:

a) no sexto ano de instalação, o Estado assumirá vinte por cento dos encargos financeiros para fazer face ao pagamento dos servidores públicos, ficando ainda o restante sob a responsabilidade da União;

b) no sétimo ano, os encargos do Estado serão acrescidos de trinta por cento e, no oitavo, dos restantes cinqüenta por cento;

X - as nomeações que se seguirem às primeiras, para os cargos mencionados neste artigo, serão disciplinadas na Constituição estadual;

XI - as despesas orçamentárias com pessoal não poderão ultrapassar cinqüenta por cento da receita do Estado.

Art. 236. Os serviços notariais e de registro são exercidos em caráter privado, por delegação do poder público.

§ 1º Lei regulará as atividades, disciplinará a responsabilidade civil e criminal dos notários, dos oficiais de registro e de seus prepostos, e definirá a fiscalização de seus atos pelo Poder Judiciário.

§ 2º Lei federal estabelecerá normas gerais para fixação de emolumentos relativos aos atos praticados pelos serviços notariais e de registro.

§ 3º O ingresso na atividade notarial e de registro depende de concurso público de provas e títulos, não se permitindo que qualquer serventia fique vaga, sem abertura de concurso de provimento ou de remoção, por mais de seis meses.

Art. 237. A fiscalização e o controle sobre o comércio exterior, essenciais à defesa dos interesses fazendários nacionais, serão exercidos pelo Ministério da Fazenda.

Art. 238. A lei ordenará a venda e revenda de combustíveis de petróleo, álcool carburante e outros combustíveis derivados de matérias-primas renováveis, respeitados os princípios desta Constituição.

Art. 239. A arrecadação decorrente das contribuições para o Programa de Integração Social, criado pela Lei Complementar nº 7, de 7 de setembro de 1970, e para o Programa de Formação do Patrimônio do Servidor Público, criado pela Lei Complementar nº 8, de 3 de dezembro de 1970, passa, a partir da promulgação desta Constituição, a financiar, nos termos que a lei dispuser, o programa do seguro-desemprego e o abono de que trata o § 3º deste artigo.

§ 1º Dos recursos mencionados no caput deste artigo, pelo menos quarenta por cento serão destinados a financiar programas de desenvolvimento econômico, através do Banco Nacional de Desenvolvimento Econômico e Social, com critérios de remuneração que lhes preservem o valor.

§ 2º Os patrimônios acumulados do Programa de Integração Social e do Programa de Formação do Patrimônio do Servidor Público são preservados, mantendo-se os critérios de saque nas situações previstas nas leis específicas, com exceção da retirada por motivo de casamento, ficando vedada a distribuição da arrecadação de que trata o caput deste artigo, para depósito nas contas individuais dos participantes.

§ 3º Aos empregados que percebam de empregadores que contribuem para o Programa de Integração Social ou para o Programa de Formação do Patrimônio do Servidor Público, até dois salários mínimos de remuneração mensal, é assegurado o pagamento de um salário mínimo anual, computado neste valor o rendimento das contas individuais, no caso daqueles que já participavam dos referidos programas, até a data da promulgação desta Constituição.

§ 4º O financiamento do seguro-desemprego receberá uma contribuição adicional da empresa cujo índice de rotatividade da força de trabalho superar o índice médio da rotatividade do setor, na forma estabelecida por lei.

Art. 240. Ficam ressalvadas do disposto no art. 195 as atuais contribuições compulsórias dos empregadores sobre a folha de salários, destinadas às entidades privadas de serviço social e de formação profissional vinculadas ao sistema sindical.

Art. 241. Aos delegados de polícia de carreira aplica-se o princípio do art. 39, § 1º, correspondente às carreiras disciplinadas no art. 135 desta Constituição.

Art. 242. O princípio do art. 206, IV, não se aplica às instituições educacionais oficiais criadas por lei estadual ou municipal e existentes na data da promulgação desta Constituição, que não sejam total ou preponderantemente mantidas com recursos públicos.

§ 1º O ensino da História do Brasil levará em conta as contribuições das diferentes culturas e etnias para a formação do povo brasileiro.

§ 2º O Colégio Pedro II, localizado na cidade do Rio de Janeiro, será mantido na órbita federal.

Art. 243. As glebas de qualquer região do País onde forem localizadas culturas ilegais de plantas psicotrópicas serão imediatamente expropriadas e especificamente destinadas ao assentamento de colonos, para o cultivo de produtos alimentícios e medicamentosos, sem qualquer indenização ao proprietário e sem prejuízo de outras sanções previstas em lei.

Parágrafo único. Todo e qualquer bem de valor econômico apreendido em decorrência do tráfico ilícito de entorpecentes e drogas afins será confiscado e reverterá em benefício de instituições e pessoal especializados no tratamento e recuperação de viciados e no aparelhamento e custeio de atividades de fiscalização, controle, prevenção e repressão do crime de tráfico dessas substâncias.

Art. 244. A lei disporá sobre a adaptação dos logradouros, dos edifícios de uso público e dos veículos de transporte coletivo atualmente existentes a fim de garantir acesso adequado às pessoas portadoras de deficiência, conforme o disposto no art. 227, § 2º.

Art. 245. A lei disporá sobre as hipóteses e condições em que o poder público dará assistência aos herdeiros e dependentes carentes de pessoas vitimadas por crime doloso, sem prejuízo da responsabilidade civil do autor do ilícito.

Título X
Ato das Disposições Constitucionais Transitórias

Art. 1º O Presidente da República, o Presidente do Supremo Tribunal Federal e os membros do Congresso Nacional prestarão o compromisso de manter, defender e cumprir a Constituição, no ato e na data de sua promulgação.

Art. 2º No dia 7 de setembro de 1993 o eleitorado definirá, através de plebiscito, a forma e o sistema de governo que devem vigorar no País.

§ 1º Será assegurada gratuidade na livre divulgação dessas formas e sistemas, através dos meios de comunicação de massa cessionários de serviço público.

§ 2º O Tribunal Superior Eleitoral, promulgada a Constituição, expedirá as normas regulamentadoras deste artigo.

Art. 3º A revisão constitucional será realizada após cinco anos, contados da promulgação da Constituição, pelo voto da maioria absoluta dos membros do Congresso Nacional, em sessão unicameral.

Art. 4º O mandato do atual Presidente da República terminará em 15 de março de 1990.

§ 1º A primeira eleição para Presidente da República após a promulgação da Constituição será realizada no dia 15 de novembro de 1989, não se lhe aplicando o disposto no art. 16 da Constituição.

§ 2º É assegurada a irredutibilidade da atual representação dos Estados e do Distrito Federal na Câmara dos Deputados.

§ 3º Os mandatos dos Governadores e dos Vice-Governadores eleitos em 15 de novembro de 1986 terminarão em 15 de março de 1991.

§ 4º Os mandatos dos atuais Prefeitos, Vice-Prefeitos e Vereadores terminarão no dia 1º de janeiro de 1989, com a posse dos eleitos.

Art. 5º Não se aplicam às eleições previstas para 15 de novembro de 1988 o disposto no art. 16 e as regras do art. 77 da Constituição.

§ 1º Para as eleições de 15 de novembro de 1988 será exigido domicílio eleitoral na circunscrição pelo menos durante os quatro meses anteriores ao pleito, podendo os candidatos que preencham este requisito, atendidas as demais exigências da lei, ter seu registro efetivado pela Justiça Eleitoral após a promulgação da Constituição.

§ 2º Na ausência de norma legal específica, caberá ao Tribunal Superior Eleitoral editar as normas necessárias à realização das eleições de 1988, respeitada a legislação vigente.

§ 3º Os atuais parlamentares federais e estaduais eleitos Vice-Prefeitos, se convocados a exercer a função de Prefeito, não perderão o mandato parlamentar.

§ 4º O número de Vereadores por Município será fixado, para a representação a ser eleita em 1988, pelo respectivo Tribunal Regional Eleitoral, respeitados os limites estipulados no art. 29, IV, da Constituição.

§ 5º Para as eleições de 15 de novembro de 1988, ressalvados os que já exercem mandato eletivo, são inelegíveis para qualquer cargo, no território de jurisdição do titular, o cônjuge e os parentes por consangüinidade ou afinidade, até o segundo grau, ou por adoção, do Presidente da República, do Governador de Estado, do Governador do Distrito Federal e do Prefeito que tenham exercido mais da metade do mandato.

Art. 6º Nos seis meses posteriores à promulgação da Constituição, parlamentares federais, reunidos em número não inferior a trinta, poderão requerer ao Tribunal Superior Eleitoral o registro de novo partido político, juntando ao requerimento o manifesto, o estatuto e o programa devidamente assinados pelos requerentes.

§ 1º O registro provisório, que será concedido de plano pelo Tribunal Superior Eleitoral, nos termos deste artigo, defere ao novo partido todos os direitos, deveres e prerrogativas dos atuais, entre eles o de participar, sob legenda própria, das eleições que vierem a ser realizadas nos doze meses seguintes a sua formação.

§ 2º O novo partido perderá automaticamente seu registro provisório se, no prazo de vinte e quatro meses, contados de sua formação, não obtiver registro definitivo no Tribunal Superior Eleitoral, na forma que a lei dispuser.

Art. 7º O Brasil propugnará pela formação de um tribunal internacional dos direitos humanos.

Art. 8º É concedida anistia aos que, no período de 18 de setembro de 1946 até a data da promulgação da Constituição, foram atingidos, em decorrência de motivação exclusivamente política, por atos de exceção, institucionais ou complementares, aos que foram abrangidos pelo Decreto Legislativo nº 18, de 15 de dezembro de 1961, e aos atingidos pelo Decreto-Lei nº 864, de 12 de setembro de 1969, asseguradas as promoções, na inatividade, ao cargo, emprego, posto ou graduação a que teriam direito se estivessem em serviço ativo, obedecidos os prazos de permanência em atividade previstos nas leis e regulamentos vigentes, respeitadas as características e peculiaridades das carreiras dos servidores públicos civis e militares e observados os respectivos regimes jurídicos.

§ 1º O disposto neste artigo somente gerará efeitos financeiros a partir da promulgação da Constituição, vedada a remuneração de qualquer espécie em caráter retroativo.

§ 2º Ficam assegurados os benefícios estabelecidos neste artigo aos trabalhadores do setor privado, dirigentes e representantes sindicais que, por motivos exclusivamente políticos, tenham sido punidos, demitidos ou compelidos ao afastamento das atividades remuneradas que exerciam, bem como aos que foram impedidos de exercer atividades profissionais em virtude de pressões ostensivas ou expedientes oficiais sigilosos.

§ 3º Aos cidadãos que foram impedidos de exercer, na vida civil, atividade profissional específica, em decorrência das Portarias Reservadas do Ministério da Aeronáutica nº S-50-GM5, de 19 de junho de 1964, e nº S-285-GM5, será concedida reparação de natureza econômica, na forma que dispuser lei de iniciativa do Congresso Nacional e a entrar em vigor no prazo de doze meses a contar da promulgação da Constituição.

§ 4º Aos que, por força de atos institucionais, tenham exercido gratuitamente mandato eletivo de Vereador serão computados, para efeito de aposentadoria no serviço público e previdência social, os respectivos períodos.

§ 5º A anistia concedida nos termos deste artigo aplica-se aos servidores públicos civis e aos empregados em todos os níveis de governo ou em suas fundações, empresas públicas ou empresas mistas sob controle estatal, exceto nos Ministérios militares, que tenham sido punidos ou demitidos por atividades profissionais interrompidas em virtude de decisão de seus trabalhadores, bem como em decorrência do Decreto-Lei nº 1.632, de 4 de agosto de 1978, ou por motivos exclusivamente políticos, assegurada a readmissão dos que foram atingidos a partir de 1979, observado o disposto no § 1º.

Art. 9º Os que, por motivos exclusivamente políticos, foram cassados ou tiveram seus direitos políticos suspensos no período de 15 de julho a 31 de dezembro de 1969, por ato do então Presidente da República, poderão requerer ao Supremo Tribunal Federal o reconhecimento dos direitos e vantagens interrompidos pelos atos punitivos, desde que comprovem terem sido estes eivados de vício grave.

Parágrafo único. O Supremo Tribunal Federal proferirá a

decisão no prazo de cento e vinte dias, a contar do pedido do interessado.

Art. 10. Até que seja promulgada a lei complementar a que se refere o art. 7º, I, da Constituição:

I - fica limitada a proteção nele referida ao aumento, para quatro vezes, da porcentagem prevista no art. 6º, caput e § 1º, da Lei nº 5.107, de 13 de setembro de 1966;

II - fica vedada a dispensa arbitrária ou sem justa causa:

a) do empregado eleito para cargo de direção de comissões internas de prevenção de acidentes, desde o registro de sua candidatura até um ano após o final de seu mandato;

b) da empregada gestante, desde a confirmação da gravidez até cinco meses após o parto.

§ 1º Até que a lei venha a disciplinar o disposto no art. 7º, XIX, da Constituição, o prazo da licença-paternidade a que se refere o inciso é de cinco dias.

§ 2º Até ulterior disposição legal, a cobrança das contribuições para o custeio das atividades dos sindicatos rurais será feita juntamente com a do imposto territorial rural, pelo mesmo órgão arrecadador.

§ 3º Na primeira comprovação do cumprimento das obrigações trabalhistas pelo empregador rural, na forma do art. 233, após a promulgação da Constituição, será certificada perante a Justiça do Trabalho a regularidade do contrato e das atualizações das obrigações trabalhistas de todo o período.

Art. 11. Cada Assembléia Legislativa, com poderes constituintes, elaborará a Constituição do Estado, no prazo de um ano, contado da promulgação da Constituição Federal, obedecidos os princípios desta.

Parágrafo único. Promulgada a Constituição do Estado, caberá à Câmara Municipal, no prazo de seis meses, votar a lei orgânica respectiva, em dois turnos de discussão e votação, respeitado o disposto na Constituição Federal e na Constituição estadual.

Art. 12. Será criada, dentro de noventa dias da promulgação da Constituição, comissão de estudos territoriais, com dez membros indicados pelo Congresso Nacional e cinco pelo Poder Executivo, com a finalidade de apresentar estudos sobre o território nacional e anteprojetos relativos a novas unidades territoriais, notadamente na Amazônia Legal e em áreas pendentes de solução.

§ 1º No prazo de um ano, a comissão submeterá ao Congresso Nacional os resultados de seus estudos para, nos termos da Constituição, serem apreciados nos doze meses subseqüentes, extinguindo-se logo após.

§ 2º Os Estados e os Municípios deverão, no prazo de três anos, a contar da promulgação da Constituição, promover, mediante acordo ou arbitramento, a demarcação de suas linhas divisórias atualmente litigiosas, podendo para isso fazer alterações e compensações de área que atendam aos acidentes naturais, critérios históricos, conveniências administrativas e comodidade das populações limítrofes.

§ 3º Havendo solicitação dos Estados e Municípios interessados, a União poderá encarregar-se dos trabalhos demarcatórios.

§ 4º Se, decorrido o prazo de três anos, a contar da promulgação da Constituição, os trabalhos demarcatórios não tiverem sido concluídos, caberá à União determinar os limites das áreas litigiosas.

§ 5º Ficam reconhecidos e homologados os atuais limites do Estado do Acre com os Estados do Amazonas e de Rondônia, conforme levantamentos cartográficos e geodésicos realizados pela comissão tripartite integrada por representantes dos Estados e dos serviços técnico-especializados do Instituto Brasileiro de Geografia e Estatística.

Art. 13. É criado o Estado do Tocantins, pelo desmembramento da área descrita neste artigo, dando-se sua instalação no quadragésimo sexto dia após a eleição prevista no § 3º, mas não antes de 1º de janeiro de 1989.

§ 1º O Estado do Tocantins integra a Região Norte e limita-se com o Estado de Goiás pelas divisas norte dos Municípios de São Miguel do Araguaia, Porangatu, Formoso, Minaçu, Cavalcante, Monte Alegre de Goiás e Campos Belos, conservando a leste, norte e oeste as divisas atuais de Goiás com os Estados da Bahia, Piauí, Maranhão, Pará e Mato Grosso.

§ 2º O Poder Executivo designará uma das cidades do Estado para sua capital provisória até a aprovação da sede definitiva do governo pela Assembléia Constituinte.

§ 3º O Governador, o Vice-Governador, os Senadores, os Deputados Federais e os Deputados Estaduais serão eleitos, em um único turno, até setenta e cinco dias após a promulgação da Constituição, mas não antes de 15 de novembro de 1988, a critério do Tribunal Superior Eleitoral, obedecidas, entre outras, as seguintes normas:

I - o prazo de filiação partidária dos candidatos será encerrado setenta e cinco dias antes da data das eleições;

II - as datas das convenções regionais partidárias destinadas a deliberar sobre coligações e escolha de candidatos, de apresentação de requerimento de registro dos candidatos escolhidos e dos demais procedimentos legais serão fixadas, em calendário especial, pela Justiça Eleitoral;

III - são inelegíveis os ocupantes de cargos estaduais ou municipais que não se tenham deles afastado, em caráter definitivo, setenta e cinco dias antes da data das eleições previstas neste parágrafo;

IV - ficam mantidos os atuais diretórios regionais dos partidos políticos do Estado de Goiás, cabendo às comissões executivas nacionais designar comissões provisórias no Estado do Tocantins, nos termos e para os fins previstos na lei.

§ 4º Os mandatos do Governador, do Vice-Governador, dos Deputados Federais e Estaduais eleitos na forma do parágrafo anterior extinguir-se-ão concomitantemente aos das demais unidades da Federação; o mandato do Senador eleito menos votado extinguir-se-á nessa mesma oportunidade, e os dos outros dois, juntamente com os dos Senadores eleitos em 1986 nos demais Estados.

§ 5º A Assembléia Estadual Constituinte será instalada no quadragésimo sexto dia da eleição de seus integrantes, mas não antes de 1º de janeiro de 1989, sob a presidência do Presidente do Tribunal Regional Eleitoral do Estado de Goiás, e dará posse, na mesma data, ao Governador e ao Vice-Governador eleitos.

§ 6º Aplicam-se à criação e instalação do Estado do Tocantins, no que couber, as normas legais disciplinadoras da divisão do Estado de Mato Grosso, observado o disposto no art. 234 da Constituição.

§ 7º Fica o Estado de Goiás liberado dos débitos e encargos decorrentes de empreendimentos no território do novo Estado, e autorizada a União, a seu critério, a assumir os referidos débitos.

Art. 14. Os Territórios Federais de Roraima e do Amapá são transformados em Estados Federados, mantidos seus atuais limites geográficos.

§ 1º A instalação dos Estados dar-se-á com a posse dos Governadores eleitos em 1990.

§ 2º Aplicam-se à transformação e instalação dos Estados de Roraima e Amapá as normas e os critérios seguidos na criação do Estado de Rondônia, respeitado o disposto na Constituição e neste Ato.

§ 3º O Presidente da República, até quarenta e cinco dias após a promulgação da Constituição, encaminhará à apreciação do Senado Federal os nomes dos Governadores dos Estados de Roraima e do Amapá que exercerão o Poder Executivo até a instalação dos novos Estados com a posse dos Governadores eleitos.

§ 4º Enquanto não concretizada a transformação em Estados, nos termos deste artigo, os Territórios Federais de Roraima e do Amapá serão beneficiados pela transferência de recursos prevista nos arts. 159, I, a , da Constituição, e 34, § 2º, II, deste Ato.

Art. 15. Fica extinto o Território Federal de Fernando de Noronha, sendo sua área reincorporada ao Estado de Pernambuco.

Art. 16. Até que se efetive o disposto no art. 32, § 2º, da Constituição, caberá ao Presidente da República, com a aprovação do Senado Federal, indicar o Governador e o Vice-Governador do Distrito Federal.

§ 1º A competência da Câmara Legislativa do Distrito Federal, até que se instale, será exercida pelo Senado Federal.

§ 2º A fiscalização contábil, financeira, orçamentária, operacional e patrimonial do Distrito Federal, enquanto não for instalada a Câmara Legislativa, será exercida pelo Senado Federal, mediante controle externo, com o auxílio do Tribunal de Contas do Distrito Federal, observado o disposto no art. 72 da Constituição.

§ 3º Incluem-se entre os bens do Distrito Federal aqueles que lhe vierem a ser atribuídos pela União na forma da lei.

Art. 17. Os vencimentos, a remuneração, as vantagens e os adicionais, bem como os proventos de aposentadoria que estejam sendo percebidos em desacordo com a Constituição serão imediatamente reduzidos aos limites dela decorrentes, não se admitindo, neste caso, invocação de direito adquirido ou percepção de excesso a qualquer título.

§ 1º É assegurado o exercício cumulativo de dois cargos ou empregos privativos de médico que estejam sendo exercidos por médico militar na administração pública direta ou indireta.

§ 2º É assegurado o exercício cumulativo de dois cargos ou empregos privativos de profissionais de saúde que estejam sendo exercidos na administração pública direta ou indireta.

Art. 18. Ficam extintos os efeitos jurídicos de qualquer ato legislativo ou administrativo, lavrado a partir da instalação da Assembléia Nacional Constituinte, que tenha por objeto a concessão de estabilidade a servidor admitido sem concurso público, da administração direta ou indireta, inclusive das fundações instituídas e mantidas pelo Poder Público.

Art. 19. Os servidores públicos civis da União, dos Estados, do Distrito Federal e dos Municípios, da administração direta, autárquica e das fundações públicas, em exercício na data da promulgação da Constituição, há pelo menos cinco anos continuados, e que não tenham sido admitidos na forma regulada no art. 37 da Constituição, são considerados estáveis no serviço público.

§ 1º O tempo de serviço dos servidores referidos neste artigo será contado como título quando se submeterem a concurso para fins de efetivação, na forma da lei.

§ 2º O disposto neste artigo não se aplica aos ocupantes de cargos, funções e empregos de confiança ou em comissão, nem aos que a lei declare de livre exoneração, cujo tempo de serviço não será computado para os fins do caput deste artigo, exceto se se tratar de servidor.

§ 3º O disposto neste artigo não se aplica aos professores de nível superior, nos termos da lei.

Art. 20. Dentro de cento e oitenta dias, proceder-se-á à revisão dos direitos dos servidores públicos inativos e pensionistas e à atualização dos proventos e pensões a eles devidos, a fim de ajustá-los ao disposto na Constituição.

Art. 21. Os juízes togados de investidura limitada no tempo, admitidos mediante concurso público de provas e títulos e que estejam em exercício na data da promulgação da Constituição, adquirem estabilidade, observado o estágio probatório, e passam a compor quadro em extinção, mantidas as competências, prerrogativas e restrições da legislação a que se achavam submetidos, salvo as inerentes à transitoriedade da investidura.

Parágrafo único. A aposentadoria dos juízes de que trata este artigo regular-se-á pelas normas fixadas para os demais juízes estaduais.

Art. 22. É assegurado aos defensores públicos investidos na função até a data de instalação da Assembléia Nacional Constituinte o direito de opção pela carreira, com a observância das garantias e vedações previstas no art. 134, parágrafo único, da Constituição.

Art. 23. Até que se edite a regulamentação do art. 21, XVI, da Constituição, os atuais ocupantes do cargo de censor federal continuarão exercendo funções com este compatíveis, no Departamento de Polícia Federal, observadas as disposições constitucionais.

Parágrafo único. A lei referida disporá sobre o aproveitamento dos censores federais, nos termos deste artigo.

Art. 24. A União, os Estados, o Distrito Federal e os Municípios editarão leis que estabeleçam critérios para a compatibilização de seus quadros de pessoal ao disposto no art. 39 da Constituição e à reforma administrativa dela decorrente, no prazo de dezoito meses, contados da sua promulgação.

Art. 25. Ficam revogados, a partir de cento e oitenta dias da promulgação da Constituição, sujeito este prazo a prorrogação por lei, todos os dispositivos legais que atribuam ou deleguem a órgão do Poder Executivo competência assinalada pela Constituição ao Congresso Nacional, especialmente no que tange a:

I - ação normativa;

II - alocação ou transferência de recursos de qualquer espécie.

§ 1º Os decretos-leis em tramitação no Congresso Nacional e por este não apreciados até a promulgação da Constituição terão seus efeitos regulados da seguinte forma:

I - se editados até 2 de setembro de 1988, serão apreciados pelo Congresso Nacional no prazo de até cento e oitenta dias a contar da promulgação da Constituição, não computado o recesso parlamentar;

II - decorrido o prazo definido no inciso anterior, e não havendo apreciação, os decretos-leis ali mencionados serão considerados rejeitados;

III - nas hipóteses definidas nos incisos I e II, terão plena validade os atos praticados na vigência dos respectivos decretos-leis, podendo o Congresso Nacional, se necessário, legislar sobre os efeitos deles remanescentes.

§ 2º Os decretos-leis editados entre 3 de setembro de 1988 e a promulgação da Constituição serão convertidos, nesta data, em medidas provisórias, aplicando-se-lhes as regras estabelecidas no art. 62, parágrafo único.

Art. 26. No prazo de um ano a contar da promulgação da Constituição, o Congresso Nacional promoverá, através de comissão mista, exame analítico e pericial dos atos e fatos geradores do endividamento externo brasileiro.

§ 1º A comissão terá a força legal de comissão parlamentar de inquérito para os fins de requisição e convocação, e atuará com o auxílio do Tribunal de Contas da União.

§ 2º Apurada irregularidade, o Congresso Nacional proporá ao Poder Executivo a declaração de nulidade do ato e encaminhará o processo ao Ministério Público Federal, que formalizará, no prazo de sessenta dias, a ação cabível.

Art. 27. O Superior Tribunal de Justiça será instalado sob a presidência do Supremo Tribunal Federal.

§ 1º Até que se instale o Superior Tribunal de Justiça, o Supremo Tribunal Federal exercerá as atribuições e competências definidas na ordem constitucional precedente.

§ 2º A composição inicial do Superior Tribunal de Justiça far-se-á:

I - pelo aproveitamento dos Ministros do Tribunal Federal de Recursos;

II - pela nomeação dos Ministros que sejam necessários para completar o número estabelecido na Constituição.

§ 3º Para os efeitos do disposto na Constituição, os atuais Ministros do Tribunal Federal de Recursos serão considerados pertencentes à classe de que provieram, quando de sua nomeação.

§ 4º Instalado o Tribunal, os Ministros aposentados do Tribunal Federal de Recursos tornar-se-ão, automaticamente, Ministros aposentados do Superior Tribunal de Justiça.

§ 5º Os Ministros a que se refere o § 2º, II, serão indicados em lista tríplice pelo Tribunal Federal de Recursos, observado o disposto no art. 104, parágrafo único, da Constituição.

§ 6º Ficam criados cinco Tribunais Regionais Federais, a serem instalados no prazo de seis meses a contar da promulgação da Constituição, com a jurisdição e sede que lhes fixar o Tribunal Federal de Recursos, tendo em conta o número de processos e sua localização geográfica.

§ 7º Até que se instalem os Tribunais Regionais Federais, o Tribunal Federal de Recursos exercerá a competência a eles atribuída em todo o território nacional, cabendo-lhe promover sua instalação e indicar os candidatos a todos os cargos da composição inicial, mediante lista tríplice, podendo desta constar juízes federais de qualquer região, observado o disposto no § 9º.

§ 8º É vedado, a partir da promulgação da Constituição, o provimento de vagas de Ministros do Tribunal Federal de Recursos.

§ 9º Quando não houver juiz federal que conte o tempo mínimo previsto no art. 107, II, da Constituição, a promoção poderá contemplar juiz com menos de cinco anos no exercício do cargo.

§ 10. Compete à Justiça Federal julgar as ações nela propostas até a data da promulgação da Constituição, e aos Tribunais Regionais Federais, bem como ao Superior Tribunal de Justiça, julgar as ações rescisórias das decisões até então proferidas pela Justiça Federal, inclusive daquelas cuja matéria tenha passado à competência de outro ramo do Judiciário.

Art. 28. Os juízes federais de que trata o art. 123, § 2º, da Constituição de 1967, com a redação dada pela Emenda Constitucional nº 7, de 1977, ficam investidos na titularidade de varas na seção judiciária para a qual tenham sido nomeados ou designados; na inexistência de vagas, proceder-se-á ao desdobramento das varas existentes.

Parágrafo único. Para efeito de promoção por antiguidade, o tempo de serviço desses juízes será computado a partir do dia de sua posse.

Art. 29. Enquanto não aprovadas as leis complementares relativas ao Ministério Público e à Advocacia-Geral da União, o Ministério Público Federal, a Procuradoria-Geral da Fazenda Nacional, as Consultorias Jurídicas dos Ministérios, as Procuradorias e Departamentos Jurídicos de autarquias federais com representação própria e os membros das Procuradorias das universidades fundacionais públicas continuarão a exercer suas atividades na área das respectivas atribuições.

§ 1º O Presidente da República, no prazo de cento e vinte dias, encaminhará ao Congresso Nacional projeto de lei complementar dispondo sobre a organização e o funcionamento da Advocacia-Geral da União.

§ 2º Aos atuais Procuradores da República, nos termos da lei complementar, será facultada a opção, de forma irretratável, entre as carreiras do Ministério Público Federal e da Advocacia-Geral da União.

§ 3º Poderá optar pelo regime anterior, no que respeita às garantias e vantagens, o membro do Ministério Público admitido antes da promulgação da Constituição, observando-se, quanto às vedações, a situação jurídica na data desta.

§ 4º Os atuais integrantes do quadro suplementar dos Ministérios Públicos do Trabalho e Militar que tenham adquirido estabilidade nessas funções passam a integrar o quadro da respectiva carreira.

§ 5º Cabe à atual Procuradoria-Geral da Fazenda Nacional, diretamente ou por delegação, que pode ser ao Ministério Público estadual, representar judicialmente a União nas causas de natureza fiscal, na área da respectiva competência, até a promulgação das leis complementares previstas neste artigo.

Art. 30. A legislação que criar a justiça de paz manterá os atuais juízes de paz até a posse dos novos titulares, assegurando-lhes os direitos e atribuições conferidos a estes, e designará o dia para a eleição prevista no art. 98, II, da Constituição.

Art. 31. Serão estatizadas as serventias do foro judicial, assim definidas em lei, respeitados os direitos dos atuais titulares.

Art. 32. O disposto no art. 236 não se aplica aos serviços notariais e de registro que já tenham sido oficializados pelo poder público, respeitando-se o direito de seus servidores.

Art. 33. Ressalvados os créditos de natureza alimentar, o valor dos precatórios judiciais pendentes de pagamento na data da promulgação da Constituição, incluído o remanescente de juros e correção monetária, poderá ser pago em moeda corrente, com atualização, em prestações anuais, iguais e sucessivas, no prazo máximo de oito anos, a partir de 1º de julho de 1989, por decisão editada pelo Poder Executivo até cento e oitenta dias da promulgação da Constituição.

Parágrafo único. Poderão as entidades devedoras, para o cumprimento do disposto neste artigo, emitir, em cada ano, no exato montante do dispêndio, títulos de dívida pública não computáveis para efeito do limite global de endividamento.

Art. 34. O sistema tributário nacional entrará em vigor a partir do primeiro dia do quinto mês seguinte ao da promulgação da Constituição, mantido, até então, o da Constituição de 1967, com a redação dada pela Emenda nº 1, de 1969, e pelas posteriores.

§ 1º Entrarão em vigor com a promulgação da Constituição os arts. 148, 149, 150, 154, I, 156, III, e 159, I, c , revogadas as disposições em contrário da Constituição de 1967 e das emendas que a modificaram, especialmente de seu art. 25, III.

§ 2º O Fundo de Participação dos Estados e do Distrito Federal e o Fundo de Participação dos Municípios obedecerão às seguintes determinações:

I - a partir da promulgação da Constituição, os percentuais serão, respectivamente, de dezoito por cento e de vinte por cento, calculados sobre o produto da arrecadação dos impostos referidos no art. 153, III e IV, mantidos os atuais critérios de rateio até a entrada em vigor da lei complementar a que se refere o art. 161, II;

II - o percentual relativo ao Fundo de Participação dos Estados e do Distrito Federal será acrescido de um ponto percentual no exercício financeiro de 1989 e, a partir de 1990, inclusive, à razão de meio ponto por exercício, até 1992, inclusive, atingindo em 1993 o percentual estabelecido no art. 159, I, a ;

III - o percentual relativo ao Fundo de Participação dos Municípios, a partir de 1989, inclusive, será elevado à razão de meio ponto percentual por exercício financeiro, até atingir o estabelecido no art. 159, I, b.

§ 3º Promulgada a Constituição, a União, os Estados, o Distrito Federal e os Municípios poderão editar as leis necessárias à aplicação do sistema tributário nacional nela previsto.

§ 4º As leis editadas nos termos do parágrafo anterior produzirão efeitos a partir da entrada em vigor do sistema tributário nacional previsto na Constituição.

§ 5º Vigente o novo sistema tributário nacional, fica assegurada a aplicação da legislação anterior, no que não seja incompatível com ele e com a legislação referida nos §§ 3º e 4º.

§ 6º Até 31 de dezembro de 1989, o disposto no art. 150, III, b , não se aplica aos impostos de que tratam os arts. 155, I, a e b , e 156, II e III, que podem ser cobrados trinta dias após a publicação da lei que os tenha instituído ou aumentado.

§ 7º Até que sejam fixadas em lei complementar, as alíquotas máximas do imposto municipal sobre vendas a varejo de combustíveis líquidos e gasosos não excederão a três por cento.

§ 8º Se, no prazo de sessenta dias contados da promulgação da Constituição, não for editada a lei complementar necessária à instituição do imposto de que trata o art. 155, I, b , os Estados e o Distrito Federal, mediante convênio celebrado nos termos da Lei Complementar nº 24, de 7 de janeiro de 1975, fixarão normas para regular provisoriamente a matéria.

§ 9º Até que lei complementar disponha sobre a matéria, as empresas distribuidoras de energia elétrica, na condição de contribuintes ou de substitutos tributários, serão as responsáveis, por ocasião da saída do produto de seus estabelecimentos, ainda que destinado a outra unidade da Federação, pelo pagamento do imposto sobre operações relativas à circulação de mercadorias incidente sobre energia elétrica, desde a produção ou importação até a última operação, calculado o imposto sobre o preço então praticado na operação final e assegurado seu recolhimento ao Estado ou ao Distrito Federal, conforme o local onde deva ocorrer essa operação.

§ 10. Enquanto não entrar em vigor a lei prevista no art. 159, I, c , cuja promulgação se fará até 31 de dezembro de 1989, é assegurada a aplicação dos recursos previstos naquele dispositivo da seguinte maneira:

I - seis décimos por cento na Região Norte, através do Banco da Amazônia S.A.;

II - um inteiro e oito décimos por cento na Região Nordeste, através do Banco do Nordeste do Brasil S.A.;

III - seis décimos por cento na Região Centro-Oeste, através do Banco do Brasil S.A.

§ 11. Fica criado, nos termos da lei, o Banco de Desenvolvimento do Centro-Oeste, para dar cumprimento, na referida região, ao que determinam os arts. 159, I, c , e 192, § 2º, da Constituição.

§ 12. A urgência prevista no art. 148, II, não prejudica a cobrança do empréstimo compulsório instituído, em benefício das Centrais Elétricas Brasileiras S.A. , pela Lei nº 4.156, de 28 de novembro de 1962, com as alterações posteriores.

Art. 35. O disposto no art. 165, § 7º, será cumprido de forma progressiva, no prazo de até dez anos, distribuindo-se os recursos entre as regiões macroeconômicas em razão proporcional à população, a partir da situação verificada no biênio 1986-87.

§ 1º Para aplicação dos critérios de que trata este artigo, excluem-se das despesas totais as relativas:

I - aos projetos considerados prioritários no plano plurianual;

II - à segurança e defesa nacional;

III - à manutenção dos órgãos federais no Distrito Federal;

IV - ao Congresso Nacional, ao Tribunal de Contas da União e ao Poder Judiciário;

V - ao serviço da dívida da administração direta e indireta da União, inclusive fundações instituídas e mantidas pelo poder público federal.

§ 2º Até a entrada em vigor da lei complementar a que se refere o art. 165, § 9º, I e II, serão obedecidas as seguintes normas:

I - o projeto do plano plurianual, para vigência até o final do primeiro exercício financeiro do mandato presidencial subseqüente, será encaminhado até quatro meses antes do encerramento do primeiro exercício financeiro e devolvido para sanção até o encerramento da sessão legislativa;

II - o projeto de lei de diretrizes orçamentárias será encaminhado até oito meses e meio antes do encerramento do exercício financeiro e devolvido para sanção até o encerramento do primeiro período da sessão legislativa;

III - o projeto de lei orçamentária da União será encaminhado até quatro meses antes do encerramento do exercício financeiro e devolvido para sanção até o encerramento da sessão legislativa.

Art. 36. Os fundos existentes na data da promulgação da Constituição, excetuados os resultantes de isenções fiscais que passem a integrar patrimônio privado e os que interessem à defesa nacional, extinguir-se-ão se não forem ratificados pelo Congresso Nacional no prazo de dois anos.

Art. 37. A adaptação ao que estabelece o art. 167, III, deverá processar-se no prazo de cinco anos, reduzindo-se o excesso à base de, pelo menos, um quinto por ano.

Art. 38. Até a promulgação da lei complementar referida no art. 169, a União, os Estados, o Distrito Federal e os Municípios não poderão despender com pessoal mais do que sessenta e cinco por cento do valor das respectivas receitas correntes.

Parágrafo único. A União, os Estados, o Distrito Federal e os Municípios, quando a respectiva despesa de pessoal exceder o limite previsto neste artigo, deverão retornar àquele limite, reduzindo o percentual excedente à razão de um quinto por ano.

Art. 39. Para efeito do cumprimento das disposições constitucionais que impliquem variações de despesas e receitas da União, após a promulgação da Constituição, o Poder Executivo deverá elaborar e o Poder Legislativo apreciar projeto de revisão da lei orçamentária referente ao exercício financeiro de 1989.

Parágrafo único. O Congresso Nacional deverá votar no prazo de doze meses a lei complementar prevista no art. 161, II.

Art. 40. É mantida a Zona Franca de Manaus, com suas características de área livre de comércio, de exportação e importação, e de incentivos fiscais, pelo prazo de vinte e cinco anos, a partir da promulgação da Constituição.

Parágrafo único. Somente por lei federal podem ser modificados os critérios que disciplinaram ou venham a disciplinar a aprovação dos projetos na Zona Franca de Manaus.

Art. 41. Os Poderes Executivos da União, dos Estados, do Distrito Federal e dos Municípios reavaliarão todos os incentivos fiscais de natureza setorial ora em vigor, propondo aos Poderes Legislativos respectivos as medidas cabíveis.

§ 1º Considerar-se-ão revogados após dois anos, a partir da data da promulgação da Constituição, os incentivos que não forem confirmados por lei.

§ 2º A revogação não prejudicará os direitos que já tiverem sido adquiridos, àquela data, em relação a incentivos concedidos sob condição e com prazo certo.

§ 3º Os incentivos concedidos por convênio entre Estados, celebrados nos termos do art. 23, § 6º, da Constituição de 1967, com a redação da Emenda nº 1, de 17 de outubro de 1969, também deverão ser reavaliados e reconfirmados nos prazos deste artigo.

Art. 42. Durante quinze anos, a União aplicará, dos recursos destinados à irrigação:

I - vinte por cento na Região Centro-Oeste;

II - cinqüenta por cento na Região Nordeste, preferencialmente no Semi-Árido.

Art. 43. Na data da promulgação da lei que disciplinar a pesquisa e a lavra de recursos e jazidas minerais, ou no prazo de um ano, a contar da promulgação da Constituição, tornar-se-ão sem efeito as autorizações, concessões e demais títulos atributivos de direitos minerários, caso os trabalhos de pesquisa ou de lavra não hajam sido comprovadamente iniciados nos prazos legais ou estejam inativos.

Art. 44. As atuais empresas brasileiras titulares de autorização de pesquisa, concessão de lavra de recursos minerais e de aproveitamento dos potenciais de energia hidráulica em vigor terão quatro anos, a partir da promulgação da Constituição, para cumprir os requisitos do art. 176, § 1º.

§ 1º Ressalvadas as disposições de interesse nacional previstas no texto constitucional, as empresas brasileiras ficarão dispensadas do cumprimento do disposto no art. 176, § 1º, desde que, no prazo de até quatro anos da data da promulgação da Constituição, tenham o produto de sua lavra e beneficiamento destinado a industrialização no território nacional, em seus próprios estabelecimentos ou em empresa industrial controladora ou controlada.

§ 2º Ficarão também dispensadas do cumprimento do disposto no art. 176, § 1º, as empresas brasileiras titulares de concessão de energia hidráulica para uso em seu processo de industrialização.

§ 3º As empresas brasileiras referidas no § 1º somente poderão ter autorizações de pesquisa e concessões de lavra ou potenciais de energia hidráulica, desde que a energia e o produto da lavra sejam utilizados nos respectivos processos industriais.

Art. 45. Ficam excluídas do monopólio estabelecido pelo art. 177, II, da Constituição as refinarias em funcionamento no País amparadas pelo art. 43 e nas condições do art. 45 da Lei nº 2.004, de 3 de outubro de 1953.

Parágrafo único. Ficam ressalvados da vedação do art. 177, § 1º, os contratos de risco feitos com a Petróleo Brasileiro S.A. , para pesquisa de petróleo, que estejam em vigor na data da promulgação da Constituição.

Art. 46. São sujeitos à correção monetária desde o vencimento, até seu efetivo pagamento, sem interrupção ou suspensão, os créditos junto a entidades submetidas aos regimes de intervenção ou liquidação extrajudicial, mesmo quando esses regimes sejam convertidos em falência.

Parágrafo único. O disposto neste artigo aplica-se também:

I - às operações realizadas posteriormente à decretação dos regimes referidos no caput deste artigo;

II - às operações de empréstimo, financiamento, refinanciamento, assistência financeira de liquidez, cessão ou subrogação de créditos ou cédulas hipotecárias, efetivação de garantia de depósitos do público ou de compra de obrigações passivas, inclusive as realizadas com recursos de fundos que tenham essas destinações;

III - aos créditos anteriores à promulgação da Constituição;

IV - aos créditos das entidades da administração pública anteriores à promulgação da Constituição, não liquidados até 1º de janeiro de 1988.

Art. 47. Na liquidação dos débitos, inclusive suas renegociações e composições posteriores, ainda que ajuizados, decorrentes de quaisquer empréstimos concedidos por bancos e por instituições financeiras, não existirá correção monetária desde que o empréstimo tenha sido concedido:

I - aos micro e pequenos empresários ou seus estabelecimentos no período de 28 de fevereiro de 1986 a 28 de fevereiro de 1987;

II - aos mini, pequenos e médios produtores rurais no período de 28 de fevereiro de 1986 a 31 de dezembro de 1987, desde que relativos a crédito rural.

§ 1º Consideram-se, para efeito deste artigo, microempresas as pessoas jurídicas e as firmas individuais com receitas anuais de até dez mil obrigações do Tesouro Nacional, e pequenas empresas as pessoas jurídicas e as firmas individuais com receita anual de até vinte e cinco mil obrigações do Tesouro Nacional.

§ 2º A classificação de mini, pequeno e médio produtor rural será feita obedecendo-se às normas de crédito rural vigentes à época do contrato.

§ 3º A isenção da correção monetária a que se refere este artigo só será concedida nos seguintes casos:

I - se a liquidação do débito inicial, acrescido de juros legais e taxas judiciais, vier a ser efetivada no prazo de noventa dias, a contar da data da promulgação da Constituição;

II - se a aplicação dos recursos não contrariar a finalidade do financiamento, cabendo o ônus da prova à instituição credora;

III - se não for demonstrado pela instituição credora que o mutuário dispõe de meios para o pagamento de seu débito, excluído desta demonstração seu estabelecimento, a casa de moradia e os instrumentos de trabalho e produção;

IV - se o financiamento inicial não ultrapassar o limite de cinco mil obrigações do Tesouro Nacional;

V - se o beneficiário não for proprietário de mais de cinco módulos rurais.

§ 4º Os benefícios de que trata este artigo não se estendem aos débitos já quitados e aos devedores que sejam constituintes.

§ 5º No caso de operações com prazos de vencimento posteriores à data-limite de liquidação da dívida, havendo interesse do mutuário, os bancos e as instituições financeiras promoverão, por instrumento próprio, alteração nas condições contratuais originais de forma a ajustá-las ao presente benefício.

§ 6º A concessão do presente benefício por bancos comerciais privados em nenhuma hipótese acarretará ônus para o poder público, ainda que através de refinanciamento e repasse de recursos pelo Banco Central.

§ 7º No caso de repasse a agentes financeiros oficiais ou cooperativas de crédito, o ônus recairá sobre a fonte de recursos originária.

Art. 48. O Congresso Nacional, dentro de cento e vinte dias da promulgação da Constituição, elaborará código de defesa do consumidor.

Art. 49. A lei disporá sobre o instituto da enfiteuse em imóveis urbanos, sendo facultada aos foreiros, no caso de sua extinção, a remição dos aforamentos mediante aquisição do domínio direto, na conformidade do que dispuserem os respectivos contratos.

§ 1º Quando não existir cláusula contratual, serão adotados os critérios e bases hoje vigentes na legislação especial dos imóveis da União.

§ 2º Os direitos dos atuais ocupantes inscritos ficam assegurados pela aplicação de outra modalidade de contrato.

§ 3º A enfiteuse continuará sendo aplicada aos terrenos de marinha e seus acrescidos, situados na faixa de segurança, a partir da orla marítima.

§ 4º Remido o foro, o antigo titular do domínio direto deverá, no prazo de noventa dias, sob pena de responsabilidade, confiar à guarda do registro de imóveis competente toda a documentação a ele relativa.

Art. 50. Lei agrícola a ser promulgada no prazo de um ano disporá, nos termos da Constituição, sobre os objetivos e instrumentos de política agrícola, prioridades, planejamento de safras, comercialização, abastecimento interno, mercado externo e instituição de crédito fundiário.

Art. 51. Serão revistos pelo Congresso Nacional, através de comissão mista, nos três anos a contar da data da promulgação da Constituição, todas as doações, vendas e concessões de terras públicas com área superior a três mil hectares, realizadas no período de 1º de janeiro de 1962 a 31 de dezembro de 1987.

§ 1º No tocante às vendas, a revisão será feita com base exclusivamente no critério de legalidade da operação.

§ 2º No caso de concessões e doações, a revisão obedecerá aos critérios de legalidade e de conveniência do interesse público.

§ 3º Nas hipóteses previstas nos parágrafos anteriores, comprovada a ilegalidade, ou havendo interesse público, as terras reverterão ao patrimônio da União, dos Estados, do Distrito Federal ou dos Municípios.

Art. 52. Até que sejam fixadas as condições a que se refere o art. 192, III, são vedados:

I - a instalação, no País, de novas agências de instituições financeiras domiciliadas no exterior;

II - o aumento do percentual de participação, no capital de instituições financeiras com sede no País, de pessoas físicas ou jurídicas residentes ou domiciliadas no exterior.

Parágrafo único. A vedação a que se refere este artigo não se aplica às autorizações resultantes de acordos internacionais, de reciprocidade, ou de interesse do Governo brasileiro.

Art. 53. Ao ex-combatente que tenha efetivamente participado de operações bélicas durante a Segunda Guerra Mundial, nos termos da Lei nº 5.315, de 12 de setembro de 1967, serão assegurados os seguintes direitos:

I - aproveitamento no serviço público, sem a exigência de concurso, com estabilidade;

II - pensão especial correspondente à deixada por segundo-tenente das Forças Armadas, que poderá ser requerida a qualquer tempo, sendo inacumulável com quaisquer rendimentos recebidos dos cofres públicos, exceto os benefícios previdenciários, ressalvado o direito de opção;

III - em caso de morte, pensão à viúva ou companheira ou dependente, de forma proporcional, de valor igual à do inciso anterior;

IV - assistência médica, hospitalar e educacional gratuita, extensiva aos dependentes;

V - aposentadoria com proventos integrais aos vinte e cinco anos de serviço efetivo, em qualquer regime jurídico;

VI - prioridade na aquisição da casa própria, para os que não a possuam ou para suas viúvas ou companheiras.

Parágrafo único. A concessão da pensão especial do inciso II substitui, para todos os efeitos legais, qualquer outra pensão já concedida ao ex-combatente.

Art. 54. Os seringueiros recrutados nos termos do Decreto-Lei nº 5.813, de 14 de setembro de 1943, e amparados pelo Decreto-Lei nº 9.882, de 16 de setembro de 1946, receberão, quando carentes, pensão mensal vitalícia no valor de dois salários mínimos.

§ 1º O benefício é estendido aos seringueiros que, atendendo a apelo do Governo brasileiro, contribuíram para o esforço de guerra, trabalhando na produção de borracha, na Região Amazônica, durante a Segunda Guerra Mundial.

§ 2º Os benefícios estabelecidos neste artigo são transferíveis aos dependentes reconhecidamente carentes.

§ 3º A concessão do benefício far-se-á conforme lei a ser proposta pelo Poder Executivo dentro de cento e cinqüenta dias da promulgação da Constituição.

Art. 55. Até que seja aprovada a lei de diretrizes orçamentárias, trinta por cento, no mínimo, do orçamento da seguridade social, excluído o seguro-desemprego, serão destinados ao setor de saúde.

Art. 56. Até que a lei disponha sobre o art. 195, I, a arrecadação decorrente de, no mínimo, cinco dos seis décimos percentuais correspondentes à alíquota da contribuição de que trata o Decreto-Lei nº 1.940, de 25 de maio de 1982, alterada pelo Decreto-Lei nº 2.049, de 1º de agosto de 1983, pelo Decreto nº 91.236, de 8 de maio de 1985, e pela Lei nº 7.611, de 8 de julho de 1987, passa a integrar a receita da seguridade social, ressalvados, exclusivamente no exercício de 1988, os compromissos assumidos com programas e projetos em andamento.

Art. 57. Os débitos dos Estados e dos Municípios relativos às contribuições previdenciárias até 30 de junho de 1988 serão liquidados, com correção monetária, em cento e vinte parcelas mensais, dispensados os juros e multas sobre eles incidentes, desde que os devedores requeiram o parcelamento e iniciem seu pagamento no prazo de cento e oitenta dias a contar da promulgação da Constituição.

§ 1º O montante a ser pago em cada um dos dois primeiros anos não será inferior a cinco por cento do total do débito consolidado e atualizado, sendo o restante dividido em parcelas mensais de igual valor.

§ 2º A liquidação poderá incluir pagamentos na forma de cessão de bens e prestação de serviços, nos termos da Lei nº 7.578, de 23 de dezembro de 1986.

§ 3º Em garantia do cumprimento do parcelamento, os Estados e os Municípios consignarão, anualmente, nos respectivos orçamentos as dotações necessárias ao pagamento de seus débitos.

§ 4º Descumprida qualquer das condições estabelecidas para concessão do parcelamento, o débito será considerado vencido em sua totalidade, sobre ele incidindo juros de mora; nesta hipótese, parcela dos recursos correspondentes aos fundos de participação, destinada aos Estados e Municípios devedores, será bloqueada e repassada à previdência social para pagamento de seus débitos.

Art. 58. Os benefícios de prestação continuada, mantidos pela previdência social na data da promulgação da Constituição, terão seus valores revistos, a fim de que seja restabelecido o poder aquisitivo, expresso em número de salários mínimos, que tinham na data de sua concessão, obedecendo-se a esse critério de atualização até a implantação do plano de custeio e benefícios referidos no artigo seguinte.

Parágrafo único. As prestações mensais dos benefícios atualizadas de acordo com este artigo serão devidas e pagas a partir do sétimo mês a contar da promulgação da Constituição.

Art. 59. Os projetos de lei relativos à organização da seguridade social e aos planos de custeio e de benefício serão apresentados no prazo máximo de seis meses da promulgação da Constituição ao Congresso Nacional, que terá seis meses para apreciá-los.

Parágrafo único. Aprovados pelo Congresso Nacional, os planos serão implantados progressivamente nos dezoito meses seguintes.

Art. 60. Nos dez primeiros anos da promulgação da Constituição, o poder público desenvolverá esforços, com a mobilização de todos os setores organizados da sociedade e com a aplicação de, pelo menos, cinqüenta por cento dos recursos a que se refere o art. 212 da Constituição, para eliminar o analfabetismo e universalizar o ensino fundamental.

Parágrafo único. Em igual prazo, as universidades públicas descentralizarão suas atividades, de modo a estender suas unidades de ensino superior às cidades de maior densidade populacional.

Art. 61. As entidades educacionais a que se refere o art. 213, bem como as fundações de ensino e pesquisa cuja criação tenha sido autorizada por lei, que preencham os requisitos dos incisos I e II do referido artigo e que, nos últimos três anos, tenham recebido recursos públicos, poderão continuar a recebê-los, salvo disposição legal em contrário.

Art. 62. A lei criará o Serviço Nacional de Aprendizagem Rural nos moldes da legislação relativa ao Serviço Nacional de Aprendizagem Industrial e ao Serviço Nacional de Aprendizagem do Comércio , sem prejuízo das atribuições dos órgãos públicos que atuam na área.

Art. 63. É criada uma comissão composta de nove membros, sendo três do Poder Legislativo, três do Poder Judiciário e três do Poder Executivo, para promover as comemorações do centenário da proclamação da República e da promulgação da primeira Constituição republicana do País, podendo, a seu critério, desdobrar-se em tantas subcomissões quantas forem necessárias.

Parágrafo único. No desenvolvimento de suas atribuições, a comissão promoverá estudos, debates e avaliações sobre a evolução política, social, econômica e cultural do País, podendo articular-se com os governos estaduais e municipais e com instituições públicas e privadas que desejem participar dos eventos.

Art. 64. A Imprensa Nacional e demais gráficas da União, dos Estados, do Distrito Federal e dos Municípios, da administração direta ou indireta, inclusive fundações instituídas e mantidas pelo poder público, promoverão edição popular do texto integral da Constituição, que será posta à disposição das escolas e dos cartórios, dos sindicatos, dos quartéis, das igrejas e de outras instituições representativas da comunidade, gratuitamente, de modo que cada cidadão brasileiro possa receber do Estado um exemplar da Constituição do Brasil.

Art. 65. O Poder Legislativo regulamentará, no prazo de doze meses, o art. 220, § 4º.

Art. 66. São mantidas as concessões de serviços públicos de telecomunicações atualmente em vigor, nos termos da lei.

Art. 67. A União concluirá a demarcação das terras indígenas no prazo de cinco anos a partir da promulgação da Constituição.

Art. 68. Aos remanescentes das comunidades dos quilombos que estejam ocupando suas terras é reconhecida a propriedade definitiva, devendo o Estado emitir-lhes os títulos respectivos.

Art. 69. Será permitido aos Estados manter Consultorias Jurídicas separadas de suas Procuradorias-Gerais ou Advocacias-Gerais, desde que, na data da promulgação da Constituição, tenham órgãos distintos para as respectivas funções.

Art. 70. Fica mantida a atual competência dos tribunais estaduais até que a mesma seja definida na Constituição do Estado, nos termos do art. 125, § 1º, da Constituição.

Brasília, 5 de outubro de 1988.

Ulysses Guimarães – Presidente
Mauro Benevides – 1º Vice-Presidente
Jorge Arbage – 2º Vice-Presidente
Marcelo Cordeiro – 1º Secretário
Mário Maia – 2º Secretário
Arnaldo Faria de Sá – 3º Secretário
Benedita da Silva – 1º Suplente de Secretário
Luiz Soyer – 2º Suplente de Secretário
Sotero Cunha – 3º Suplente de Secretário
Bernardo Cabral – Relator Geral
Adolfo Oliveira – Relator Adjunto
Antônio Carlos Konder Reis – Relator Adjunto
José Fogaça – Relator Adjunto

Brasília, 5 de outubro de 1988.

ULYSSES GUIMARÃES
Presidente

MAURO BENEVIDES
1º-Vice-Presidente

JORGE ARBAGE
2º-Vice-Presidente

MARCELO CORDEIRO
1º-Secretário

MÁRIO MAIA
2º-Secretário

ARNALDO FARIA DE SÁ
3º-Secretário

BENEDITA DA SILVA
1º-Suplente de Secretário

LUIZ SOYER
2º-Suplente de Secretário

SOTERO CUNHA
3º-Suplente de Secretário

BERNARDO CABRAL
Relator Geral

ADOLFO OLIVEIRA
Relator Adjunto

ANTÔNIO CARLOS KONDER REIS
Relator Adjunto

JOSÉ FOGAÇA
Relator Adjunto

ABIGAIL FEITOSA

ACIVAL GOMES

ADAUTO PEREIRA

ADEMIR ANDRADE

ADHEMAR DE BARROS FILHO

ADROALDO STRECK

ADYLSON MOTTA

AÉCIO DE BORBA

AÉCIO NEVES

AFFONSO CAMARGO

AFIF DOMINGOS

AFONSO ARINOS

AFONSO SANCHO

AGASSIZ ALMEIDA

AGRIPINO DE OLIVEIRA LIMA

AIRTON CORDEIRO

AIRTON SANDOVAL

ALARICO ABIB

ALBANO FRANCO

ALBERICO CORDEIRO

ALBERICO FILHO

ALCENI GUERRA

ALCIDES SALDANHA

ALDO ARANTES

ALÉRCIO DIAS

ALEXANDRE COSTA

ALEXANDRE PUZYNA

ALMIR GABRIEL

ALFREDO CAMPOS

ALOISIO VASCONCELOS

ALOYSIO CHAVES

ALOYSIO TEIXEIRA

ALUIZIO BEZERRA

ALUÍZIO CAMPOS

ÁLVARO ANTÔNIO

ÁLVARO PACHECO

ÁLVARO VALLE

ALYSSON PAULINELLI

AMARAL NETTO

AMAURY MÜLLER

AMILCAR MOREIRA

ÂNGELO MAGALHÃES

ANNA MARIA RATTES

ANNIBAL BARCELLOS

ANTERO DE BARROS

ANTÔNIO CÂMARA

ANTÔNIO CARLOS FRANCO

ANTONIO CARLOS MENDES THAME

ANTÔNIO DE JESUS

ANTONIO FERREIRA

ANTÔNIO GASPAR

ANTÔNIO MARIZ

ANTÔNIO PEROSA

ANTÔNIO SALIM CURIATI

ANTONIO UENO

ARNALDO MARTINS

ARNALDO MORAES

ARNALDO PRIETO

ARNOLD FIORAVANTE

AROLDE DE OLIVEIRA

ARTENIR WERNER

ARTUR DA TÁVOLA

ASDRUBAL BENTES

ASSIS CANUTO

ÁTILA LIRA

AUGUSTO CARVALHO

ÁUREO MELLO

BASÍLIO VILLANI

BENEDICTO MONTEIRO

BENITO GAMA

BETH AZIZE

BEZERRA DE MELO

BOCAYUVA CUNHA

BONIFÁCIO DE ANDRADA

BOSCO FRANÇA

BRANDÃO MONTEIRO

CAIO POMPEU

CARLOS ALBERTO

CARLOS ALBERTO CAÓ

CARLOS BENEVIDES

CARLOS CARDINAL

CARLOS CHIARELLI

CARLOS COTTA

CARLOS DE'CARLI

CARLOS MOSCONI

CARLOS SANT'ANNA

CARLOS VINAGRE

CARLOS VIRGÍLIO

CARREL BENEVIDES

CÁSSIO CUNHA LIMA

CÉLIO DE CASTRO

CELSO DOURADO

CÉSAR CALS NETO

CÉSAR MAIA

CHAGAS DUARTE

CHAGAS NETO

CHAGAS RODRIGUES

CHICO HUMBERTO

CHRISTOVAM CHIARADIA

CID CARVALHO

CID SABÓIA DE CARVALHO

CLÁUDIO ÁVILA

CLEONÂNCIO FONSECA

COSTA FERREIRA

CRISTINA TAVARES

CUNHA BUENO

DALTON CANABRAVA

DARCY DEITOS

DARCY POZZA

DASO COIMBRA

DAVI ALVES SILVA

DEL BOSCO AMARAL

DELFIM NETTO

DÉLIO BRAZ

DENISAR ARNEIRO

DIONÍSIO DAL PRÁ

DIONÍSIO HAGE

DIRCE TUTU QUADROS

DIRCEU CARNEIRO

DIVALDO SURUAGY

DJENAL GONÇALVES

DOMINGOS JUVENIL

DOMINGOS LEONELLI

DORETO CAMPANARI

EDÉSIO FRIAS

EDISON LOBÃO

EDIVALDO MOTTA

EDME TAVARES

EDMILSON VALENTIM

EDUARDO BONFIM

EDUARDO JORGE

EDUARDO MOREIRA

EGÍDIO FERREIRA LIMA

ELIAS MURAD

ELIEL RODRIGUES

ELIÉZER MOREIRA

ENOC VIEIRA

ERALDO TINOCO

ERALDO TRINDADE

ERICO PEGORARO

ERVIN BONKOSKI

ETEVALDO NOGUEIRA

EUCLIDES SCALCO

EUNICE MICHILES

EVALDO GONÇALVES

EXPEDITO MACHADO

ÉZIO FERREIRA

FÁBIO FELDMANN

FÁBIO RAUNHEITTI

FARABULINI JÚNIOR

FAUSTO FERNANDES

FAUSTO ROCHA

FELIPE CHEIDDE

FELIPE MENDES

FERES NADER

FERNANDO BEZERRA COELHO

FERNANDO CUNHA

FERNANDO GASPARIAN

FERNANDO GOMES

FERNANDO HENRIQUE CARDOSO

FERNANDO LYRA

FERNANDO SANTANA

FERNANDO VELASCO

FIRMO DE CASTRO

FLAVIO PALMIER DA VEIGA

FLÁVIO ROCHA

FLORESTAN FERNANDES

FLORICENO PAIXÃO

FRANÇA TEIXEIRA

FRANCISCO AMARAL

FRANCISCO BENJAMIM

FRANCISCO CARNEIRO

FRANCISCO COELHO

FRANCISCO DIÓGENES

FRANCISCO DORNELLES

FRANCISCO KÜSTER

FRANCISCO PINTO

FRANCISCO ROLLEMBERG

FRANCISCO ROSSI

FRANCISCO SALES

FURTADO LEITE

GABRIEL GUERREIRO

GANDI JAMIL

GASTONE RIGHI

GENEBALDO CORREIA

GENÉSIO BERNARDINO

GEOVANI BORGES

GERALDO ALCKMIN FILHO

GERALDO BULHÕES

GERALDO CAMPOS

GERALDO FLEMING

GERALDO MELO

GERSON CAMATA

GERSON MARCONDES

GERSON PERES

GIDEL DANTAS

GIL CÉSAR

GILSON MACHADO

GONZAGA PATRIOTA

GUILHERME PALMEIRA

GUMERCINDO MILHOMEM

GUSTAVO DE FARIA

HARLAN GADELHA

HAROLDO LIMA

HAROLDO SABÓIA

HÉLIO COSTA

HÉLIO DUQUE

HÉLIO MANHÃES

HÉLIO ROSAS

HENRIQUE CÓRDOVA

HENRIQUE EDUARDO ALVES

HERÁCLITO FORTES

HERMES ZANETI

HILÁRIO BRAUN

HOMERO SANTOS

HUMBERTO LUCENA

HUMBERTO SOUTO

IBERÊ FERREIRA

IBSEN PINHEIRO

INOCÊNCIO OLIVEIRA

IRAJÁ RODRIGUES

IRAM SARAIVA

IRAPUAN COSTA JÚNIOR

IRMA PASSONI

ISMAEL WANDERLEY

ISRAEL PINHEIRO

ITAMAR FRANCO

IVO CERSÓSIMO

IVO LECH

IVO MAINARDI

IVO VANDERLINDE

JACY SCANAGATTA

JAIRO AZI

JAIRO CARNEIRO

JALLES FONTOURA

JAMIL HADDAD

JARBAS PASSARINHO

JAYME PALIARIN

JAYME SANTANA

JESSÉ FREIRE

JESUALDO CAVALCANTI

JESUS TAJRA

JOACI GÓES

JOÃO AGRIPINO

JOÃO ALVES

JOÃO CALMON

JOÃO CARLOS BACELAR

JOÃO CASTELO

JOÃO CUNHA

JOÃO DA MATA

JOÃO DE DEUS ANTUNES

JOÃO HERRMANN NETO

JOÃO LOBO

JOÃO MACHADO ROLLEMBERG

JOÃO MENEZES

JOÃO NATAL

JOÃO PAULO

JOÃO REZEK

JOAQUIM BEVILACQUA

JOAQUIM FRANCISCO

JOAQUIM HAICKEL

JOAQUIM SUCENA

JOFRAN FREJAT

JONAS PINHEIRO

JONIVAL LUCAS

JORGE BORNHAUSEN

JORGE ARBAGE

JORGE LEITE

JORGE UEQUED

JORGE VIANNA

JOSÉ AGRIPINO

JOSÉ CAMARGO

JOSÉ CARLOS COUTINHO

JOSÉ CARLOS GRECCO

JOSÉ CARLOS MARTINEZ

JOSÉ CARLOS SABÓIA

JOSÉ CARLOS VASCONCELOS

JOSÉ COSTA

JOSÉ DA CONCEIÇÃO

JOSÉ DUTRA

JOSÉ EGREJA

JOSÉ ELIAS

JOSÉ FERNANDES

JOSÉ FREIRE

JOSÉ GENOINO

JOSÉ GERALDO

JOSÉ GUEDES

JOSÉ IGNÁCIO FERREIRA

JOSÉ JORGE

JOSÉ LINS

JOSÉ LOURENÇO

JOSÉ LUIZ DE SÁ

JOSÉ LUIZ MAIA

JOSÉ MARANHÃO

JOSÉ MARIA EYMAEL

JOSÉ MAURÍCIO

JOSÉ MELO

JOSÉ MENDONÇA BEZERRA

JOSÉ MOURA

JOSÉ PAULO BISOL

JOSÉ QUEIROZ

JOSÉ RICHA

JOSÉ SANTANA DE VASCONCELLOS

JOSÉ SERRA

JOSÉ TAVARES

JOSÉ TEIXEIRA

JOSÉ THOMAZ NONÔ

JOSÉ TINOCO

JOSÉ ULISSES DE OLIVEIRA

JOSÉ VIANA

JOSÉ YUNES

JOVANNI MASINI

JUAREZ ANTUNES

JÚLIO CAMPOS

JÚLIO COSTAMILAN

JUTAHY JÚNIOR

JUTAHY MAGALHÃES

KOYU IHA

LAEL VARELLA

LAVOISIER MAIA

LEITE CHAVES

LÉLIO SOUZA

LEOPOLDO PERES

LEUR LOMANTO

LÉVY DIAS

LÉZIO SATHLER

LÍDICE DA MATA

LOUREMBERG NUNES ROCHA

LOURIVAL BAPTISTA

LÚCIA BRAGA

LÚCIA VÂNIA

LÚCIO ALCÂNTARA

LUÍS EDUARDO

LUÍS ROBERTO PONTE

LUIZ ALBERTO RODRIGUES

LUIZ FREIRE

LUIZ GUSHIKEN

LUIZ HENRIQUE

LUIZ INÁCIO LULA DA SILVA

LUIZ LEAL

LUIZ MARQUES

LUIZ SALOMÃO

LUIZ VIANA

LUIZ VIANA NETO

LYSÂNEAS MACIEL

MAGUITO VILELA

MALULY NETO

MANOEL CASTRO

MANOEL MOREIRA

MANOEL RIBEIRO

MANSUETO DE LAVOR

MANUEL VIANA

MÁRCIA KUBITSCHEK

MÁRCIO BRAGA

MÁRCIO LACERDA

MARCO MACIEL

MARCONDES GADELHA

MARCOS LIMA

MARCOS QUEIROZ

MARIA DE LOURDES ABADIA

MARIA LÚCIA

MÁRIO ASSAD

MÁRIO BOUCHARDET

MÁRIO COVAS

MÁRIO DE OLIVEIRA

MÁRIO LIMA

MARLUCE PINTO

MATHEUS IENSEN

MATTOS LEÃO

MAURÍCIO CAMPOS

MAURÍCIO CORRÊA

MAURÍCIO FRUET

MAURÍCIO NASSER

MAURÍCIO PÁDUA

MAURÍLIO FERREIRA LIMA

MAURO BORGES

MAURO CAMPOS

MAURO MIRANDA

MAURO SAMPAIO

MAX ROSENMANN

MEIRA FILHO

MELO FREIRE

MELLO REIS

MENDES BOTELHO

MENDES CANALE

MENDES RIBEIRO

MESSIAS GÓIS

MESSIAS SOARES

MICHEL TEMER

MILTON BARBOSA

MILTON LIMA

MILTON REIS

MIRALDO GOMES

MIRO TEIXEIRA

MOEMA SÃO THIAGO

MOYSÉS PIMENTEL

MOZARILDO CAVALCANTI

MUSSA DEMES

MYRIAM PORTELLA

NABOR JÚNIOR

NAPHTALI ALVES DE SOUZA

NARCISO MENDES

NELSON AGUIAR

NELSON CARNEIRO

NELSON JOBIM

NELSON SABRÁ

NELSON SEIXAS

NELSON WEDEKIN

NELTON FRIEDRICH

NESTOR DUARTE

NEY MARANHÃO

NILSO SGUAREZI

NILSON GIBSON

NION ALBERNAZ

NOEL DE CARVALHO

NYDER BARBOSA

OCTÁVIO ELÍSIO

ODACIR SOARES

OLAVO PIRES

OLÍVIO DUTRA

ONOFRE CORRÊA

ORLANDO BEZERRA

ORLANDO PACHECO

OSCAR CORRÊA

OSMAR LEITÃO

OSMIR LIMA

OSMUNDO REBOUÇAS

OSVALDO BENDER

OSVALDO COELHO

OSVALDO MACEDO

OSVALDO SOBRINHO

OSWALDO ALMEIDA

OSWALDO TREVISAN

OTTOMAR PINTO

PAES DE ANDRADE

PAES LANDIM

PAULO DELGADO

PAULO MACARINI

PAULO MARQUES

PAULO MINCARONE

PAULO PAIM

PAULO PIMENTEL

PAULO RAMOS

PAULO ROBERTO

PAULO ROBERTO CUNHA

PAULO SILVA

PAULO ZARZUR

PEDRO CANEDO

PEDRO CEOLIN

PERCIVAL MUNIZ

PIMENTA DA VEIGA

PLINIO ARRUDA SAMPAIO

PLINIO MARTINS

POMPEU DE SOUSA

RACHID SALDANHA DERZI

RAIMUNDO BEZERRA

RAIMUNDO LIRA

RAIMUNDO REZENDE

RAQUEL CÂNDIDO

RAQUEL CAPIBERIBE

RAUL BELÉM

RAUL FERRAZ

RENAN CALHEIROS

RENATO BERNARDI

RENATO JOHNSSON

RENATO VIANNA

RICARDO FIUZA

RICARDO IZAR

RITA CAMATA

RITA FURTADO

ROBERTO AUGUSTO

ROBERTO BALESTRA

ROBERTO BRANT

ROBERTO CAMPOS

ROBERTO D'ÁVILA

ROBERTO FREIRE

ROBERTO JEFFERSON

ROBERTO ROLLEMBERG

ROBERTO TORRES

ROBERTO VITAL

ROBSON MARINHO

RODRIGUES PALMA

RONALDO ARAGÃO

RONALDO CARVALHO

RONALDO CEZAR COELHO

RONAN TITO

RONARO CORRÊA

ROSA PRATA

ROSE DE FREITAS

ROSPIDE NETTO

RUBEM BRANQUINHO

RUBEN MEDINA

RUBEN FIGUEIRÓ

RUBERVAL PILOTTO

RUY BACELAR

RUY NEDEL

SADIE HAUACHE

SALATIEL CARVALHO

SAMIR ACHÔA

SANDRA CAVALCANTI

SANTINHO FURTADO

SARNEY FILHO

SAULO QUEIROZ

SÉRGIO BRITO
SÉRGIO SPADA
SÉRGIO WERNECK
SEVERO GOMES
SIGMARINGA SEIXAS
SILVIO ABREU
SIMÃO SESSIM
SIQUEIRA CAMPOS
SÓLON BORGES DOS REIS
STÉLIO DIAS
TADEU FRANÇA
TELMO KIRST
TEOTÔNIO VILELA FILHO

THEODORO MENDES
TITO COSTA
UBIRATAN AGUIAR
UBIRATAN SPINELLI
ULDURICO PINTO
VALMIR CAMPELO
VALTER PEREIRA
VASCO ALVES
VICENTE BOGO
VICTOR FACCIONI
VICTOR FONTANA
VICTOR TROVÃO
VIEIRA DA SILVA

VILSON SOUZA
VINGT ROSADO
VINICIUS CANSANÇÃO
VIRGILDÁSIO DE SENNA
VIRGÍLIO GALASSI
VIRGÍLIO GUIMARÃES
VITOR BUAIZ
VIVALDO BARBOSA
VLADIMIR PALMEIRA
WAGNER LAGO
WALDECK ORNELAS
WALDYR PUGLIESI
WALMOR DE LUCA

WILMA MAIA
WILSON CAMPOS
WILSON MARTINS
ZIZA VALADARES

PARTICIPANTES

ÁLVARO DIAS
ANTÔNIO BRITTO
BETE MENDES
BORGES DA SILVEIRA
CARDOSO ALVES
EDIVALDO HOLANDA
EXPEDITO JÚNIOR
FA[illegible] MATTOS

FRANCISCO DIAS

GEOVAH AMARANTE

HÉLIO GUEIROS

HORÁCIO FERRAZ

HUGO NAPOLEÃO

ITURIVAL NASCIMENTO

IVAN BONATO

JORGE MEDAUAR

JOSÉ MENDONÇA DE MORAIS

JOSÉ YUNES

LEOPOLDO BESSONE

MARCELO MIRANDA

MAURO FECURY

NEUTO DE CONTO

NIVALDO MACHADO

OSWALDO LIMA FILHO

PAULO ALMADA

PRISCO VIANA

RALPH BIASI

ROSÁRIO CONGRO NETO

SÉRGIO NAYA

TIDEI DE LIMA

IN MEMORIAM

ALAIR FERREIRA
ANTÔNIO FARIAS
FÁBIO LUCENA
NORBERTO SCHWANTES
VIRGÍLIO TÁVORA

BERNARDO CABRAL
Relator Geral

ADOLFO OLIVEIRA
Relator Adjunto

ANTONIO CARLOS KONDER REIS
Relator Adjunto

JOSÉ FOGAÇA
Relator Adjunto

Panorama e mapeamento geral das emendas constitucionais à Constituição de 1988

André Ramos Tavares
Professor dos programas de doutorado e mestrado em Direito da PUC/SP;
professor da Universidade Presbiteriana Mackenzie, SP;
livre-docente em Direito Constitucional pela USP;
diretor do Instituto Brasileiro de Estudos Constitucionais

Pedro Buck
Professor de Direito Constitucional da ESA/SP e da Unimonte/Santos;
mestre em Direito Constitucional pela PUC/SP;
coordenador da *Revista Brasileira de Estudos Constitucionais*

1. INTRODUÇÃO E APRESENTAÇÃO DA METODOLOGIA UTILIZADA

O presente estudo almeja realizar um mapeamento de todas as 62 emendas constitucionais responsáveis por alterar o texto da Constituição de 1988[1]. Para cumprir esse desiderato, serão apresentadas duas tabelas, uma referente às Emendas Constitucionais de Revisão (constantes da segunda tabela), cujo regime disciplinador se encontra no art. 3º do ADCT, e outra atinente às Emendas Constitucionais ("comuns") produzidas sob o regime do art. 60, da CB.

Como metodologia, dividiu-se cada tabela em quatro colunas. Na primeira, apresenta-se o *número* da EC, bem como a *data* de sua promulgação. Na segunda, indica-se seu objeto (matéria). Quanto a esse segundo item, ele é subdividido em (tema) *específico* e *variado*. Uma Emenda Constitucional que tenha alterado uma única matéria da Constituição será reputada como detentora de objeto *específico*, inobstante o fato de ter modificado diversos dispositivos constitucionais. Outras, por sua vez, foram consideradas como possuidoras de objeto *variado*, ainda que grande parte de suas alterações tenha se restringido a um tema central (como é o caso, por exemplo, da EC 45, responsável, e popularmente reconhecida, por instituir a Reforma do Poder Judiciário). Importante e essencial para essa atividade de taxinomia foi a existência de uma relação de pertinência entre *todas* as alterações perpetradas por determinada Emenda Constitucional. Juntamente a essa definição há uma descrição suscinta do "setor" constitucional alterado pela Emenda Constitucional (se se alterou, por exemplo, o regime dos Direitos Político, Eleitoral, Previdenciário, Tributário, a estrutura federal, a organização de um dado poder etc.).

A terceira coluna se refere, propriamente, *à alteração do Texto Constitucional*. Nesse ponto, intentou-se apontar, de maneira compreensiva (ainda que, por vezes, incompleta), os preceptivos modificados, bem como o conteúdo da alteração. Na coluna derradeira, dispôs-se sobre aquelas normas que *igualmente compõem o ordenamento jurídico constitucional*, mas que não constam do *texto principal da Constituição de 1988*. Embora sejam, invariavelmente, olvidadas (injustificadamente) pelos estudiosos do Direito, essas normas hão de merecer a devida atenção e destaque, pelo simples fato de, não raro, implicarem importantes conseqüências no ordenamento jurídico, tal como ocorre com as normas que constam do *texto principal da Constituição*. Encontram-se, nesse grupo, preceptivos impondo regras de transição (como, por exemplo, às alterações no regime previdenciário, promovidas pelas EC 20, 41 e 47), bem como prazos para o Poder Legislativo regulamentar a alteração constitucional carreada (*v. g.* o prazo dado ao Poder Legislativo, pela EC 19, para esse elaborar lei de defesa do usuário de serviços públicos – ainda descumprido). Nessa seção específica congregam-se, portanto, aquelas normas que compõem o *Bloco de Constitucionalidade* (nomenclatura utilizada por influência do Direito Constitucional francês).

O produto da perquirição aqui carreada, frise-se, é longo. Contudo, trata-se de um resultado esperado e até mesmo justificável, se se levarem em consideração a banalização da *ferramenta constitucional* que compôs o objeto principal do presente estudo e a extensão do texto da Constituição de 1988.

[1] O estudo em apreço foi produzido em 5/2008.

2. MAPEAMENTO DAS EMENDAS CONSTITUCIONAIS

2.1. Emendas constitucionais

Emenda Constitucional	Objeto	Alteração do texto constitucional	Normas complementares/ compondo o bloco de constitucionalidade
nº 1, de 31 de março de 1992	Específico. Poder Legislativo.	- estabeleceu teto de 75% à remuneração dos vereadores e dos deputados estaduais, em relação à percebida, respectivamente, pelos deputados estaduais e federais (art. 27, § 2º e art. 29, VI); - impôs que a despesa municipal com a remuneração dos vereadores não excederá 5% da receita do município (art. 29, VII).	Nenhuma.
nº 2, de 25 de agosto de 1992	Específico. Direito Político.	Nenhuma.	- disciplinou a data em que a forma e o sistema de governo passariam a vigorar; - remeteu à lei e ao TSE a tarefa de dispor sobre a realização do plebiscito; - franqueou à lei a possibilidade de dispor sobre a gratuidade da livre divulgação das formas e sistemas de governo, pelos meios de comunicação de massa.
nº 3, de 17 de março de 1993	Variado. Direito previdenciário. Controle de Constitucionalidade. Direito Tributário.	- previu, expressamente, que as aposentadorias e pensões dos servidores públicos federais e dos militares seriam custeadas por recursos da União e por aqueles provenientes das contribuições dos servidores, adequando as demais normas constitucionais a esta (arts. 40, § 6º, e 42, § 10 – atualmente inexistente); - inseriu a figura da Ação Declaratória de Constitucionalidade e o seu rol de legitimados (arts. 102, I, *a*, e 103, § 4º); - previu a eficácia *erga omnes* e o efeito vinculante da ADC em relação aos poderes Executivo e Judiciário (art. 102, § 2º); - impôs a necessidade de lei específica para a isenção, a redução da base de cálculo e a concessão de crédito presumido em relação a impostos, taxas e contribuições (art. 150, § 6º); - inseriu no texto constitucional a figura da responsabilidade tributária por substituição (art. 150, § 7º); - alterou a repartição de competência tributária entre os entes federativos, eliminando adicional de 5% sobre o IR sobre lucros, ganhos e rendimentos de capital, a ser devido ao Estado membro, bem como impossibilitando a criação, pelos Estados, de qualquer outro tributo que viesse a incidir sobre operações relativas a energia elétrica, serviços de telecomunicações, derivados de petróleo, combustíveis e minerais (art. 155, II, e § 3º); - inseriu os Estados na exceção constitucional à vedação de retenção de recursos, quanto à repartição de receitas, admitindo, inclusive, que essa seja devida no caso de não-pagamento de créditos pelas autarquias do ente estadual ou municipal (art. 160, parágrafo único); - admitiu a vinculação dos tributos estaduais e municipais e dos valores a serem recebidos a título de repartição de receita tributária, como garantia à União para pagamento dos débitos com essa (art. 167, IV, § 4º); - eliminou o imposto incidente sobre vendas a varejo de combustíveis líquidos e gasosos, bem como a necessidade de lei complementar para fixar a alíquota máxima do ISS e excluir a sua incidência na exportação de serviços para o exterior (art. 156, III, e § 3º).	- remeteu ao legislador a tarefa de disciplinar o IPMF, nos termos aventados. - condicionou o momento temporal em que passaria a vigorar a eliminação do adicional ao imposto de renda, bem como em relação à eliminação do imposto sobre vendas a varejo de combustíveis líquidos e gasosos, substituído pelo ISS; - restringiu a emissão de títulos de dívida pública pelos Estados, DF e municípios.
nº 4, de 14 de setembro de 1994	Específico. Direito Eleitoral.	- impôs nova data para o início da vigência de lei alterando o processo eleitoral, a data de sua publicação, excluindo dos efeitos dessa a eleição que ocorresse em até um ano de sua vigência (art. 16).	Nenhuma.

Emenda Constitucional	Objeto	Alteração do texto constitucional	Normas complementares/ compondo o bloco de constitucionalidade
nº 5, de 15 de agosto de 1995	Específico. Estrutura federativa.	- eliminou o "monopólio" estatal/estadual referente à prestação de serviço local de gás canalizado, bem como impossibilitou que essa matéria fosse disciplinada por MP (art. 25, §2º).	Nenhuma.
nº 6, de 15 de agosto de 1995	Variado. Direito Público Econômico. Medida Provisória.	- eliminou tratamento favorecido às empresas brasileiras de *capital nacional* de pequeno porte (art. 170, IX); - eliminou artigo diferenciando e privilegiando a empresa brasileira de capital nacional em relação às demais (art. 171); - eliminou o monopólio da pesquisa e lavra de recursos minerais, bem como o aproveitamento dos potenciais de energia hidráulica, por parte de empresas brasileiras de capital nacional (art. 176, §1º); - acrescentou artigo que impossibilitou a edição de Medida Provisória regulamentando artigo da Constituição que tenha sido alterado por emenda promulgada após 1995 (art. 246).	Nenhuma.
nº 7, de 15 de agosto de 1995	Variado (embora pudesse ser específico). Direito Público Econômico. Medida Provisória.	- eliminou as pautas constitucionais anteriormente impostas à lei que viesse a disciplinar o transporte aéreo, marítimo e terrestre, tal como a predominância dos armadores nacionais e navios de bandeira e registros brasileiros, e a imposição da nacionalidade brasileira aos armadores, proprietários, comandantes e tripulação de embarcações nacionais (art. 178, *caput*); - eliminou o monopólio da navegação de cabotagem e de interior às embarcações nacionais (art. 178, parágrafo único); - repetiu alteração já trazida pela EC 6 quanto à restrição ao regime das Medidas Provisórias (art. 246).	Nenhuma.
nº 8, de 15 de agosto de 1995	Específico. Direito Público Econômico.	- franqueou ao particular a prestação, mediante autorização, concessão ou permissão, de serviço de telecomunicação, anteriormente reservado à União ou a empresa estatal a ela vinculada (art. 21, XI); - deparou a disciplina constitucional do serviço de radiodifusão sonora e de sons e imagens dos demais serviços de telecomunicação (art. 21, XII, *a*).	- vetou a edição de Medida Provisória disciplinando as matérias alteradas por esta EC.
nº 9, de 09 de novembro de 1995	Específico. Direito Público Econômico.	- admitiu a contratação, por parte da União, de empresas estatais ou privadas para a realização da pesquisa e a lavra das jazidas de petróleo, gás natural e outros hidrocarbonetos fluidos, da refinação do petróleo nacional e estrangeiro, importação e exportação dos produtos e derivados da lavra das jazidas de petróleo e gás natural, bem como o refino daquele e do transporte marítimo e via conduto do petróleo bruto, seus derivados e de gás natural (art. 177, § 1º); - impôs a necessidade de lei para disciplinar os termos e o regime de contratação de empresas para a exploração das atividades cujo monopólio foi flexibilizado (art. 177, § 2º).	- vetou a edição de Medida Provisória disciplinando as atividades cujo monopólio tenha sido flexibilizado.
nº 10, de 04 de março de 1996	Específico. ADCT. Alterou a disciplina de fundo específico.	- alterou dispositivo do ADCT, ampliando prazo temporal de fundo da União, fundo social de emergência, modificando, igualmente, o seu nome, bem como as normativas referentes ao seu custeio, regras de publicidade e disciplina legal (art. 71 e 72).	Nenhuma.
nº 11, de 30 de abril de 1996	Específico. Direito Educacional.	- acrescentou dispositivo permitindo a admissão de professores, técnicos e cientistas estrangeiros por universidades e instituições de pesquisa científica e tecnológica (art. 207, § 1º e § 2º).	Nenhuma.
nº 12, de 15 de agosto de 1996	Específico. ADCT. Direito Tributário.	- acrescentou artigo ao ADCT, o qual delega à União a prerrogativa de instituir CPMF, por prazo específico (art. 74).	Nenhuma.

Emenda Constitucional	Objeto	Alteração do texto constitucional	Normas complementares/ compondo o bloco de constitucionalidade
nº 13, de 21 de agosto de 1996	Específico. Sistema financeiro.	- eliminou a figura do órgão oficial ressegurador, o qual explorava essa atividade em regime de monopólio (art. 192, II, atualmente revogado).	Nenhuma.
nº 14, de 12 de setembro de 1996	Específico. Direito educacional.	- acrescentou nova hipótese ensejadora de intervenção federal, vinculada à promoção da educação pelos Estados membros (art. 37, VII, *e*); - reforçou a gratuidade e o dever de universalização do ensino médio (art. 208, I e II); - destacou a função distributiva e supletiva educacional, por parte da União, em relação aos Estados membros, Distrito Federal e Municípios (art. 211, § 1º); - acrescentou dispositivo dispondo sobre a atuação dos Estados e do Distrito Federal, quanto à promoção do ensino, bem como sobre o regime colaborativo entre esses entes e os Municípios (art. 211, § 3º e § 4º); - eliminou dedução anteriormente admitida em relação à contribuição social do salário-educação (art. 212, § 5º); - alterou dispositivo do ADCT, aumentando a proporção de recursos a serem destinados ao desenvolvimento e manutenção do ensino fundamental, bem como o prazo dessa imposição (art. 60, *caput*); - acrescentou preceptivos ao ADCT, disciplinando a criação de fundos de manutenção e desenvolvimento do ensino fundamental e de valorização do magistério, estaduais, os quais seriam custeados pelos recursos mencionados (art. 60, § 1º a § 7º).	Nenhuma.
nº 15, de 12 de setembro de 1996	Específico. Estrutura federativa.	- tornou mais dificultoso o processo de criação, incorporação, fusão e desmembramento de municípios (art. 18, § 4º).	Nenhuma.
nº 16, de 04 de junho de 1997	Específico. Direito eleitoral.	- admitiu a reeleição (art. 14, § 5º, 82); - fixou data para o primeiro e segundo turno da eleição do chefe do Executivo (arts. 28, 29, II e 77).	Nenhuma.
nº 17, de 22 de novembro de 1997	Específico. ADCT. Alterou a disciplina de fundo específico.	- alterou dispositivo do ADCT, ampliando prazo temporal de fundo da União, fundo social de emergência, renomeado pela EC 10, bem como o adequou às alterações perpetradas pela EC 14/96 (art. 71); - modificou preceptivo do ADCT, disciplinando uma das fontes de custeio do fundo em apreço (art. 72).	- disciplinou o porcentual de repasse, pela União, do produto do Imposto de Renda, aos Municípios, para a constituição dos Fundos de Participação desses, entre 1º/7/97 e 31/12/99; - impôs que as alterações perpetradas pela EC em questão retroagiriam até 1º de julho de 1997.
nº 18, de 05 de fevereiro de 1998	Específico. Direito militar.	- eliminou a distinção entre servidor público civil e militar em diversas normas constitucionais (art. 37, XV; 61, § 1º, II, *c* e *f*); - alterou o art. 42, da CB, o qual, inclusive, passou a regulamentar, apenas, os militares dos Estados, do Distrito Federal e dos Territórios; - alterou dispositivo referente às Forças Armadas, cujas condicionantes passaram a ser aplicadas, igualmente, aos militares dos Estados, do Distrito Federal e dos Territórios (art. 142, § 1º).	Nenhuma.

Emenda Constitucional	**Objeto**	**Alteração do texto constitucional**	**Normas complementares/ compondo o bloco de constitucionalidade**
nº 19, de 04 de junho de 1998	Variado. Altera, principalmente, o regime da administração pública (inicia o processo de tentativa de consolidação do modelo gerencial de Estado). Estrutura federal. Organização dos Poderes.	- alterou o regime de competências administrativas da União, incluindo a competência de prestar assistência financeira ao Distrito Federal, por meio de fundo próprio (art. 21, XIV, XXII); - modifica a redação da competência legislativa da União em relação a licitação (art. 22, XXVII); - criou o subsídio, a congregar todas as espécies remuneratórias (arts. 39, §4º), adequando as demais normas constitucionais (arts. 37, XV, 49, VII e VIII, 96, II, *b*, 129, §5º, I, *c*, 135, 144, §9º); - alterou a redação do art. 27, §2º, referente ao subsídio dos deputados estaduais, eliminando imposição existente de que a modificação do subsídio, pela Assembléia Legislativa, somente valeria para a próxima legislatura; - modificou preceptivo referente à remuneração dos poderes Executivo e Legislativo municipais (art. 29, V e VI), eliminando, quanto ao último, imposição de que a modificação do subsídio, pela Câmara de Vereadores, somente valeria para a próxima legislatura; - admitiu que a alteração quanto ao valor do subsídio dos senadores e deputados federais pudesse valer para a mesma legislatura, e não mais para a subseqüente (Art. 49, VII); - acrescentou dispositivo referente ao subsídio do chefe do Executivo dos Estados (art. 28, § 2º); - acrescentou o princípio da eficiência como princípio norteador da administração pública (art. 37, *caput*); - possibilitou, textualmente, o ingresso de estrangeiros a cargos, empregos e funções públicas (art. 37, I); - alterou a redação de dispositivo referente à investidura em cargo ou emprego público, de preceptivo relativo à vedação de vinculação ou equiparação de remuneração, bem como de preceptivo referente a acréscimos pecuniários percebidos pelo servidor (art. 37, II, XIII, XIV); - impôs casos em que o cargo de confiança deverá ser preenchido por servidores ocupantes de cargo efetivo e de carreira (art. 37, V); - eliminou a exigência de lei complementar para disciplinar o direito de greve dos servidores públicos (art. 37, VII); - alterou o regime de revisão da remuneração dos servidores, impondo lei específica para tanto (art. 37, X, art. 95, III); - estabelece como teto remuneratório o valor do subsídio percebido pelos ministros do STF (art. 37, XI), inclusive nos casos passíveis de admissão de acumulação de cargos públicos (art. 37, XVI), o qual valerá, igualmente, para as empresas públicas e sociedades de economia mista que recebam dinheiro público para custeio de despesas (art. 37, § 9º); - abarcou, sob preceptivo dispondo sobre a vedação de cumulação de cargos, novos entes da administração pública (art. 37, XVII); - alterou o regime de exigência legal para se criar entes da administração pública indireta (art. 37, XIX); - modificou dispositivo referente às reclamações relativas à prestação de serviço público, passando a prever a participação do usuário na administração pública direta e indireta (art. 37, § 3º); - acrescentou dispositivo referente às restrições a ocupantes de cargos e empregos públicos a informações privilegiadas, bem como sobre a possibilidade de ampliação de autonomia das entidades da administração pública, mediante contrato (art. 37, § 7º e § 8º);	- dispôs que, até a criação do fundo próprio a custear a competência da União em prestar assistência financeira ao Distrito Federal, competirá à União assegurar a prestação do serviço público pelo Distrito Federal; - impôs que, no prazo de dois anos da promulgação da EC em apreço, os estatutos da administração pública indireta seriam revistos quanto à sua natureza jurídica; - impôs o prazo de 120 dias, a contar da data da promulgação da EC, para o Congresso Nacional elaborar lei dispondo sobre a defesa do usuário de serviços públicos; - proibiu qualquer exceção ao limite remuneratório criado pela EC 19; - impôs prazo de 180 dias para a criação da Lei de Responsabilidade Fiscal; - dispôs sobre a situação dos servidores públicos federais dos ex-territórios do Amapá e de Roraima; - definiu o conceito de servidor público não-estável, para os fins do art. 169, § 3º, II, da CB.

Emenda Constitucional	**Objeto**	**Alteração do texto constitucional**	**Normas complementares/ Componendo o bloco de constitucionalidade**
		- alterou redação de norma referente ao exercício de mandato eletivo por servidor público (art. 38, *caput*); - eliminou regime remuneratório único aplicável aos servidores públicos, alterando, ainda, a forma de fixação dos padrões de vencimento (art. 39, *caput* e § 1º); - acrescentou norma impondo a criação de escolas de governo à União, Estados e Distrito Federal (art. 39, § 2º), bem como a aplicação de recursos orçamentários para o desenvolvimento de programas de qualidade e produtividade dirigidos ao serviço público (art. 39, § 8º); - impôs o dever de as três esferas do Poder Público publicarem os valores de seus subsídios e remunerações (art. 39, § 6º); - aumentou o prazo, para três anos, para a aquisição de estabilidade, pelo servidor público, bem como impôs a necessidade de avaliação de desempenho para a aquisição dessa (art. 41, *caput*, e § 4º); - acrescentou nova hipótese de perda de cargo, a saber, mediante procedimento de avaliação periódica de desempenho, a ser regulamentado por lei complementar (art. 41, § 1º, III); - alterou normativa referente à invalidação judicial de exoneração de servidor público e sobre a extinção de cargo (art. 41, § 2º, § 3º); - acrescentou hipótese de iniciativa legislativa conjunta, no caso de lei fixando o subsídio dos ministros do STF (art. 48, XV); - estabeleceu limite à verba indenizatória devida no caso de convocação para sessão legislativa extraordinária (art. 57, § 7º); - previu, expressamente, a sujeição de pessoa jurídica privada, à necessidade de prestação de contas, no caso de se valer de recursos públicos (art. 70, parágrafo único); - alterou norma referente ao escalonamento remuneratório do Poder Judiciário, estabelecendo limites mais precisos (art. 93, V); - condicionou a disciplina da política remuneratória e do plano de carreira do Ministério Público à sua iniciativa legislativa (art. 127, § 2º); - alterou a denominação da seção II do Capítulo IV do Título IV: de "Da Advocacia Geral da União" passou a ser denominada "Da Advocacia Pública". - impôs a participação de OAB no concurso público para ingresso na carreira de procurador do Estado e do Distrito Federal (art. 132, *caput*); - acrescentou dispositivo impondo prazo para a aquisição de estabilidade, na carreira de procurador de Estado e do Distrito Federal, bem como a necessidade de avaliação de desempenho, para a obtenção dessa (art. 132, parágrafo único); - alterou a redação do art. 144, §1º, III, §2º e §3º, tendo em vista a alteração perpetrada por essa EC ao art. 21; - acrescentou nova proibição financeira à União e aos Estados (art. 167, X); - acrescentou hipótese obstaculizadora de repasse de receitas federais e estaduais aos Estados membros, Distrito Federal, e Municípios, a saber, no caso de descumprimento dos limites previstos na Lei de Responsabilidade Fiscal (art. 169, § 2º); - acrescentou uma série de medidas para assegurar a higidez fiscal dos entes federativos, inclusive a exoneração de servidor estável (art. 169, §3º, §4º, §5º, §6º e §7º);	

Emenda Constitucional	Objeto	Alteração do texto constitucional	Normas complementares/ compondo o bloco de constitucionalidade
		- alterou o regime constitucional das empresas estatais exploradoras de atividade econômica (art. 173, § 1º); - eliminou a imposição de regime jurídico único aos profissionais de ensino (art. 206, V); - alterou o art. 241, o qual passou a dispor sobre os consórcios e os convênios de cooperação entre os entes da federação, extinguindo norma anterior referente ao regime jurídico dos Delegados de Polícia; - acrescentou artigo à Constituição dispondo sobre a regulamentação legal das hipóteses de perda de cargo pealo servidor público estável (art. 247).	
nº 20, de 15 de dezembro de 1998	Variado. Alterou, principalmente, o Direito Previdenciário. Direitos sociais.	- alterou norma referente ao salário-família (art. 7º, XII); - estabeleceu idade limite para a atuação como aprendiz (art. 7º, XXXIII); - acrescentou vedação quanto à percepção simultânea de proventos de aposentadoria destinada aos servidores públicos e de remuneração de cargo, emprego ou função pública (art. 37, § 10); - alterou o regime de previdência do servidor público, impondo o seu caráter contributivo (art. 40); - proibiu a cumulação de aposentadorias (art. 40, § 6º); - impôs a igualdade entre o valor do benefício da pensão por morte e o valor dos proventos que perceberia o servidor, se vivo estivesse (art. 40, § 7º); - alterou parágrafo equiparando os valores percebidos pelo servidor ativo e inativo (art. 40, § 8º); - acrescentou dispositivos sobre o regime de previdência complementar (art. 40, § 14 e § 15); - sujeitou os militares à alteração ao regime de previdência dos servidores públicos (art. 42, § 1º, § 2º, 142, § 3º, IX); - sujeitou os ministros do Tribunal de Contas da União ao regime previdenciária do art. 40; bem como os membros do Judiciário (artigos 73, § 3º, 93, VI); - excluiu do regime de precatórios as obrigações de pequeno valor (art. 100, § 3º); - acrescentou nova competência à Justiça do Trabalho, a de executar as contribuições sociais do art. 194, I e II (art. 114, § 3º); - impossibilitou o destino de contribuição social para o custeio da seguridade social, para fim diverso (art. 167, XI); - alterou redação de dispositivo referente à administração da seguridade social (art. 194, VII); - alterou a disciplina das contribuições sociais de custeio da seguridade social (art. 195); - possibilitou a diferenciação de tratamento, em relação à contribuição social incidente sobre os empregadores ou equiparados (art. 195, § 9º); - acrescentou dispositivo impossibilitando a concessão de isenção ou anistia sobre as contribuições sociais incidentes sobre a folha de salário e sobre o trabalhador, a ser disciplinado por lei complementar (art. 195, § 11); - alterou o regime de previdência social, destacando o seu caráter contributivo (art. 201); - criou o salário família e o auxílio-reclusão (art. 201, IV); - criou regra geral vetando a adoção de critérios diferenciados para a concessão de aposentadoria, salvo no caso de atividades exercidas sob condições especiais (art. 201, § 1º);	- assegurou a concessão de aposentadoria e pensão aos servidores públicos e aos segurados do regime geral de previdência social que tivessem cumprido os requisitos para a obtenção dos benefícios, até a data da publicação da EC, observado o limite do art. 37, XI; - equiparou, para fins do art. 40, §10, o tempo do serviço ao tempo de contribuição; - dispôs que a paridade entre patrocinadora e a contribuição do segurado, no regime de previdência complementar, somente passaria a vigorar após dois anos da data da publicação da EC; - impôs o dever de as entidades públicas patrocinadoras de entidades fechadas de previdência reverem, no prazo de dois anos da publicação desta EC, os seus planos de benefícios e serviços, com vistas a ajustá-los atuarialmente a seus ativos; - impôs prazo de 90 dias para a apresentação de projeto de lei complementar disciplinando o regime de previdência privada, de caráter complementar; - criou regra de transição, aplicável ao servidor ingressado na administração pública até a data de publicação da EC, para a obtenção de aposentadoria; - criou regra de transição, aplicável ao regime geral de previdência social, ao segurado que tenha se filiado a essa até a data de publicação da EC, para a obtenção de aposentadoria; - impôs a necessidade de lei complementar para disciplinar o regime de previdência complementar para os servidores públicos; - afastou os membros do poder e os inativos, servidores e militares, da incidência proibitiva quanto à vedação de cumulação de proventos de aposentadoria e remuneração, desde que houvessem ingressado no serviço público anteriormente à publicação desta EC, respeitado o limite do art. 37, XI; - convalidou as contribuições destinadas ao custeio da seguridade social anteriores ao advento da lei disciplinadora daquelas constantes do art. 195; - disciplinou o regime de concessão do salário família e do auxílio-reclusão até o advento de lei específica; - impôs limite para o valor dos benefícios do regime geral de previdência social; - recepcionou a Lei nº 8.213, de 1991, até o advento da lei complementar destinada a disciplinar o regime previdenciário diferenciado aplicável aos trabalhadores que exercem atividade sob condições especiais.

Emenda Constitucional	**Objeto**	**Alteração do texto constitucional**	**Normas complementares/ compondo o bloco de constitucionalidade**
		- disciplinou a incorporação de ganhos habituais do empregado, para efeito de contribuição previdenciária (art. 201, §11); - dispôs sobre o regime de previdência privada, de caráter complementar (art. 202); - acrescentou artigo à Constituição, o qual sujeitou o valor do benefício previdenciário ao teto constante do art. 37, XI (art. 248); - acrescentou artigo à Constituição, o qual admite a criação, por parte dos entes da federação, de fundo com vistas a assegurar recursos para o pagamento de aposentadoria e pensão de seus servidores (arts. 249 e 250); - revogou o art. 153, §2º, II, o qual afastava a incidência do IR sobre o rendimento proveniente de aposentadoria e pensão de pessoa com idade superior a 65 anos.	
nº 21, de 18 de março de 1999	Específico. Direito Tributário.	- acrescentou dispositivo ao ADCT, prorrogando e alterando a alíquota da CPMF (art. 75).	Nenhuma.
nº 22, de 18 de março de 1999	Específico. Poder Judiciário.	- condicionou a criação de juizado especial federal aos termos da lei federal sobre o tema (art. 98, parágrafo único – atual §1º); - restringiu o escopo da competência originária do STF para processar e julgar HC contra membro do PJ. De qualquer tribunal sujeito à sua jurisdição, passou-se a admitir apenas HC contra tribunal superior sujeito à sua jurisdição (art. 102, I, *i*); - ampliou o escopo da competência originária do STJ para processar e julgar HC, ao incluir no rol de autoridades (coatoras) que implicam a sua competência o tribunal sujeito à sua jurisdição (art. 105, I, *c*).	Nenhuma.
nº 23, de 2 de setembro de 1999	Variado. Criou o Ministério da Defesa. Organização dos Poderes.	- arrolou o ministro da Defesa como cargo restrito a brasileiro nato (art. 12, §3º, VII); - ampliou a competência do Senado para julgar os crimes de responsabilidade praticados também por comandantes da marinha, do exército e da aeronáutica (art. 52, I); - alterou atribuição do presidente da República, ao admitir que o mesmo nomeie comandantes da marinha, do exército e da aeronáutica (art. 84, XIII); - incluiu o ministro da Defesa como membro do Conselho de Defesa Nacional (art. 91, V); - acrescentou os comandantes da marinha, do exército e da aeronáutica, no caso de prática de crime de responsabilidade e infração penal comum, no rol de autoridades sujeitas à competência originária do STF (art. 102, I, *c*); - O STJ passou a deter competência para processar e julgar mandado de segurança e *habeas data* impetrados contra ato do comandante da marinha, do exército e da aeronáutica, bem como *habeas corpus* contra esses (art. 105, I, *b* e *c*).	Nenhuma.
nº 24, de 9 de dezembro de 1999	Específico. Poder Judiciário.	- eliminou a figura da Junta de Conciliação e Julgamento, enquanto órgão da Justiça do Trabalho, substituindo-a pelos juízes do Trabalho ou Varas do Trabalho (art. 111, III, 112, 116 e 117 – atualmente revogado); - reduziu o número de ministros do TST, eliminando aqueles de representação classista (art. 111, §1º, atualmente revogado); - eliminou, por completo, a representação classista da Justiça do Trabalho (art. 111, §2º, atualmente revogado, 113 e 115, *caput*, e 115 parágrafo único, III – atualmente §1º).	Nenhuma.

Emenda Constitucional	Objeto	Alteração do texto constitucional	Normas complementares/ compondo o bloco de constitucionalidade
nº 25, de 14 de fevereiro de 2000	Específico. Poder Legislativo.	- eliminou a possibilidade de a Câmara Municipal alterar o valor do subsídio para a mesma legislatura, impondo, ainda, limites máximos, variáveis de acordo com o número de habitantes do município (art. 29, VI); - estabeleceu porcentual máximo, em relação à receita tributária do município, ao total de despesa do Poder Legislativo municipal, porcentual esse variável de acordo com o número de habitantes do Município, bem como limite de gasto com a sua folha de pagamento, configurando como crime de responsabilidade o desrespeito a esses limites (art. 29-A).	Nenhuma.
nº 26, de 14 de fevereiro de 2000	Específico. Direitos sociais.	- incluiu o direito à moradia no rol de direitos sociais (art. 6º).	Nenhuma.
nº 27, de 21 de março de 2000	Específico. ADCT. Direito Tributário.	- acrescentou ao ADCT dispositivo disciplinando a desvinculação, entre 2000 e 2003, de porcentual da arrecadação de impostos e contribuições sociais de órgão, fundo ou despesa, excetuando-se dessa a arrecadação referente à contribuição social do salário-educação (art. 76).	Nenhuma.
nº 28, de 25 de maio de 2000	Específico. Direitos sociais.	- equiparou o prazo para a ação referente aos créditos resultantes das relações de trabalho, entre o trabalhador rural e urbano (art. 7º, XXIX); - eliminou imposição constitucional ao empregador rural, referente ao conteúdo do art. 7º, XXIX (art. 233).	Nenhuma.
nº 29, de 13 de setembro de 2000	Variado. Direito à saúde. Direito Tributário.	- acrescentou hipótese ensejadora de intervenção federal e estadual, a saber, a não-aplicação de mínimo exigido do Estado e dos Municípios nas ações e serviços públicos de saúde (art. 34, VII, *e*, e 35, III); - admitiu a progressividade do IPTU, em razão do valor do imóvel, bem como o estabelecimento de alíquotas diferenciadas, em razão da localização e do uso do imóvel (art. 156, §1º); - acrescentou nova hipótese condicionadora do repasse de recursos tributários, a saber, não-aplicação do mínimo exigido em ações e serviços públicos de saúde, bem como ressalva à vedação à vinculação da receita de impostos, quanto ao serviço em apreço (art. 160, parágrafo único, e 167, IV); - impôs aos entes federativos o dever de aplicar recursos mínimos em ações e serviços públicos de saúde (art. 198, §2º e §3º); - acrescentou ao ADCT norma referente à quantidade de recursos mínimos a ser destinada pelos entes federativos às ações e serviços públicos de saúde até o exercício financeiro de 2004 (art. 77).	Nenhuma.
nº 30, de 13 de setembro de 2000	Específico. Precatórios.	- alterou o momento de atualização dos valores dos precatórios (art. 100, §1º); - acrescentou parágrafo conceituando os débitos de natureza alimentícia (art. 100, §2º); - admitiu a possibilidade de a lei fixar valores distintos para a configuração das obrigações de pequeno valor (art. 100, §4º, atualmente §5º); - tipificou a conduta danosa do presidente do Tribunal de Justiça, quanto à liquidação regular do precatório, como crime de responsabilidade (art. 100, § 5º, atualmente §6º); - acrescentou ao ADCT norma referente ao prazo de 10 anos para o pagamento de precatório (art. 78).	Nenhuma.
nº 31, de 14 de dezembro de 2000	Específico. ADCT. Criou o Fundo de Combate e Erradicação da Pobreza.	- acrescentou ao ADCT dispositivos dispondo sobre o Fundo de Combate e Erradicação da Pobreza, a ser criado pela União, Estados, Distrito Federal e Municípios (arts. 79, 80, 81, 82 e 83).	Nenhuma.

Emenda Constitucional	Objeto	Alteração do texto constitucional	Normas complementares/ compondo o bloco de constitucionalidade
nº 32, de 11 de setembro de 2001	Variado. Organização dos Poderes. Medidas Provisórias.	- restringiu a competência do Congresso Nacional para dispor sobre a criação, transformação e extinção de cargos, empregos e funções públicas, a qual não é cabível quando esse estiver vago, e sobre os Ministérios e órgãos da administração pública, cuja estruturação e regime de atribuições não poderá ser disciplinada por esse ente (art. 48, X e XI); - admitiu que o Congresso Nacional deliberasse, em sessão legislativa extraordinária, sobre matéria diversa da qual havia sido convocado, a saber, sobre Medida Provisória em vigor (art. 57, §7º e §8º); - criação da figura do decreto autônomo, para regular as hipóteses previstas e adequação de normas constitucionais correlatas (arts. 84, IV, 61, §1º, II, *e*, e 88); - alteração do regime das Medidas Provisórias (arts. 62, 64, §2º, e 66, §6º); - restrição da abrangência temporal de exceção ao poder do presidente de editar medida provisória (art. 246).	- regulou a situação das medidas provisórias editadas anteriormente à EC, as quais continuarão a produzir efeitos até sua revogação ou deliberação pelo Congresso.
nº 33, de 11 de dezembro de 2001	Variado. Direito Tributário. Dispõe, principalmente, sobre as contribuições de intervenção no domínio econômico.	- acrescentou dispositivos disciplinando as contribuições de intervenção no domínio econômico, bem como adequou as demais normas constitucionais correlatas (arts. 149, §2º, §3º e §4º, 177, §4º, e 155, §3º); - alterou o regramento da incidência de ICMS sobre a importação de bens ou mercadorias importadas e serviços prestados no exterior (art. 155, §2º, IX); - acrescentou matérias ou situações sujeitas ao ICMS, que deverão ser regulamentadas por lei complementar (art. 155, § 2º, XII, *h* e *i*, e § 4º); - estabeleceu que a regulamentação do art. 155, §2º, XII, *h*, seria feita via deliberação entre os Estados e o Distrito Federal (art. 155, §5º).	- possibilitou que cada Estado e o Distrito Federal disciplinassem o art. 155, §2º, XII, *h*, até o advento do convênio contendo a deliberação dos Estados e do Distrito Federal quanto à matéria;
nº 34, de 13 dezembro de 2001	Específico. Administração pública.	- ampliou hipótese ensejadora de exceção à vedação de cumulação remunerada de cargo público (art. 37, XVI, *c*).	Nenhuma.
nº 35, de 20 de dezembro de 2001	Específico. Poder Legislativo (imunidade parlamentar).	- delimitou o momento em que os deputados e senadores passariam a usufruir a imunidade ou o foro privilegiado (art. 53, § 1º, § 2º); - disciplinou a sustação do processo contra parlamentar e a suspensão da prescrição (art. 53, §3º, §4º e §5º).	Nenhuma.
nº 36, de 28 de maio de 2002	Específico. Comunicação Social.	- admitiu a participação de pessoas jurídicas no capital social de empresa jornalística e de radiodifusão sonora e de sons e imagens, restringindo e condicionando a participação de capital estrangeiro (art. 222).	Nenhuma.

Emenda Constitucional	Objeto	Alteração do texto constitucional	Normas complementares/ compondo o bloco de constitucionalidade
nº 37, de 12 de junho de 2002	Variado. Precatórios. Direito Tributário.	- acrescentou dispositivo proibindo a expedição de precatório complementar ou suplementar, bem como o seu fracionamento (art. 100, §4º); - dispôs que a lei complementar poderia estabelecer, igualmente, a alíquota mínima do ISS e regular a forma e as condições para a concessão de benefício fiscal referente a esse tributo (art. 156, §3º, I e III); - acrescentou dispositivo ao ADCT, ampliando o prazo de vigência da CPMF, bem como destino de sua arrecadação (art. 84); - acrescentou dispositivo ao ADCT, dispondo sobre as hipóteses de não-incidência da CPMF (art. 85); - acrescentou dispositivo ao ADCT, tratando sobre os débitos da Fazenda Federal, Estadual ou Municipal que não se sujeitarão ao prazo de 10 anos (art. 86); - acrescentou dispositivo ao ADCT, o qual conceituou os débitos de pequeno valor consignados em precatório judiciário (art. 87); - acrescentou dispositivo ao ADCT, dispondo sobre a alíquota mínima do ISS, bem como as restrições à concessão de benefícios fiscais referentes a esse tributo, a vigorarem até o advento de lei complementar específica (art. 88).	Nenhuma.
nº 38, de 12 de junho de 2002	Específico. Dispõe sobre ex-território federal.	- acrescentou dispositivo ao ADCT, disciplinando situação jurídica dos integrantes da polícia militar do antigo território de Rondônia, bem como dos policiais militares admitidos por força de lei federal e custeados pela União (art. 89).	Nenhuma.
nº 39, de 19 de dezembro de 2002	Específico. Direito Tributário.	- acrescentou dispositivo constitucional admitindo a criação, por Municípios e Distrito Federal, de contribuição para o custeio do serviço de iluminação pública (art. 149-A).	Nenhuma.
nº 40, de 29 de maio de 2003	Variado. Direito Financeiro. Sistema Financeiro Nacional.	- alterou (corrigiu) matéria a ser regulamentada por lei complementar, no que se refere às finanças públicas (art. 163, V); - alterou preceptivo referente ao sistema financeiro nacional, o qual passou a admitir a sua disciplina por diversas leis complementares, eliminando polêmico teto referente aos juros (art. 192 e ADCT, art. 52).	Nenhuma.
nº 41, de 19 de dezembro de 2004	Variado. Promoveu, principalmente, a reforma do regime previdenciário.	- alterou dispositivo referente ao teto remuneratório aplicável à administração pública, estabelecendo os parâmetros para cada um dos poderes (art. 37, XI); - instituiu o regime solidário de previdência, adequando as demais normas constitucionais a esse (art. 40, 149, § 1º); - instituiu contribuição sobre os proventos de aposentadoria e pensões (art. 40, §18, §21); - dispôs que os pensionistas dos militares dos Estados, do Distrito Federal e dos Territórios serão regulados por lei do respectivo ente estatal, e não mais pelo art. 40, § 7º e §8º (art. 42, §2º); - eliminou hipótese de iniciativa legislativa conjunta, adequando as normas constitucionais correlatas (arts. 48, XV e 96, II, *b*); - acrescentou preceptivo dispondo sobre a inclusão previdenciária para os trabalhadores de baixa renda (art. 201, §12); - revogou preceptivo que remetia os militares das Forças Armadas ao regime constante do art. 40, § 7º e §8º (art. 142, §3º, IX).	- estabeleceu regime de transição; - impôs aos servidores inativos o dever de custear, por meio de contribuições, igualmente o regime previdenciário, bem como os termos desse. - alterou o limite máximo do valor dos benefícios do regime geral de previdência social; - dispôs que eventuais modificações na remuneração dos servidores em atividade beneficiarão, igualmente, os inativos, observados os limites do art. 37, XI; - disciplinou o art. 37, XI, até que adviesse lei fixando o valor do subsídio dos ministros do STF; - aplicou a vedação constante do art. 17 da ADCT, o qual dispõe que remunerações percebidas em desacordo com a Constituição serão reduzidas, sem que seja admitida a invocação de direito adquirido; - revogou os artigos 8º e 10 da EC 20.

Emenda Constitucional	Objeto	Alteração do texto constitucional	Normas complementares/ compondo o bloco de constitucionalidade
nº 42, de 19 de dezembro de 2003	Variado. Promoveu, principalmente, a reforma tributária.	- acrescentou dispositivo privilegiando o destino de recursos à administração tributária dos entes federativos, bem como destacando a sua atuação integrada (art. 37, XXII); - acrescentou preceptivo dispondo sobre a competência do Senado para avaliar a funcionalidade do Sistema Tributário Nacional, bem como das administrações tributárias dos entes federativos (art. 52, XV); - estabeleceu que a definição de tratamento favorecido para as microempresas e empresas de pequeno porte deverá, igualmente, afigurar-se como matéria tributária a ser disciplinada por lei complementar (art. 146, III, *d* e parágrafo único); - acrescentou dispositivo admitindo a criação de critérios especiais de tributação, por lei complementar, quando o objetivo for prevenir desequilíbrios de concorrência (art. 146-A); - alterou hipótese de incidência de Cide, a qual passou a incidir sobre a importação de produtos estrangeiros ou serviços (art. 149, §2º, II); - estabeleceu prazo nonagesimal e as exceções à sua incidência (art. 150, III, *c*, §1º); - acrescentou preceptivo admitindo a redução do impacto do IPI sobre a aquisição de bens de capital (art. 153, IV); - admitiu a progressividade do ITR, bem como a sua fiscalização e cobrança pelos municípios, hipótese essa que franqueará a esse ente todo o valor da arrecadação do tributo em apreço (arts. 153, §4º, I e III, e 158, II); - ampliou hipótese de não-incidência do ICMS, abarcando inclusive produtos semi-elaborados enviados ao exterior e os serviços de comunicação de recepção livre e gratuita (art. 155, § 2º, X, *a* e *d*); - estabeleceu que o IPVA terá alíquotas mínimas, bem como diferenciadas, em razão do tipo e da utilização do veículo automotor (art. 155, §6º); - distribuiu 25% da Cide constante do art. 177, §4º, aos Estados e ao Distrito Federal, e 25% desse valor aos municípios (art. 159, III, § 4º); - acrescentou nova hipótese de exceção à vedação de vinculação da receita de impostos a despesas, a saber, a destinada à realização das atividades da administração tributária (art. 167, IV); - alterou o princípio da defesa do meio ambiente, norteador da ordem econômica, o qual passou a admitir que a defesa em questão se desse por meio de tratamento diferenciado de acordo com o impacto ambiental dos produtos e serviços (art. 170, VI); - acrescentou nova contribuição social para o custeio da seguridade social, incidente sobre o importador de bens e serviços, disciplinando a sua não-cumulatividade com a constante do art. 195, I, *b* (art. 195, IV; §12); - admitiu a vinculação, por parte dos Estados e do Distrito Federal, de porcentual de suas receitas a programa de apoio à inclusão e promoção social, bem como a programas e projetos culturais (arts. 204, parágrafo único, e 216, §6º); - alterou dispositivo do ADCT disciplinando a desvinculação de porcentual da arrecadação de impostos, contribuições sociais e Cide de órgão, fundo ou despesa, ampliando o seu prazo de vigência (art. 76); - modificou dispositivo do ADCT que regulamenta o destino de produto de arrecadação do ICMS ao Fundo de Combate à Pobreza, sujeitando-o às condições da lei complementar prevista no art. 155, §2º, XII (arts. 82, § 1º e 83); - acrescentou dispositivo ao ADCT, prorrogando a vigência da CPMF até o final de 2007 (art. 90);	- dispôs que os adicionais criados pelos Estados e pelo Distrito Federal em desacordo com esta EC, com a EC 31 e com a lei complementar prevista no art. 155, §2º, XII, terão vigência até 2010; - impôs prazo de 60 dias para o Poder Executivo apresentar projeto de lei, sob o regime de urgência constitucional, a disciplinar benefícios fiscais destinados ao setor de tecnologia da informação, que vigerão até 2019.

EMENDA CONSTITUCIONAL	OBJETO	ALTERAÇÃO DO TEXTO CONSTITUCIONAL	NORMAS COMPLEMENTARES/ COMPONDO O BLOCO DE CONSTITUCIONALIDADE
		- acrescentou dispositivo ao ADCT, disciplinando a repartição dos créditos, entre Estados e municípios, referentes ao ICMS não-incidente sobre a exportação (art. 91); - acrescentou-se preceptivo ao ADCT, o qual concedeu mais 10 anos ao prazo estabelecido, de 25 anos contados da promulgação da Constituição de 1988, para a manutenção da zona franca de Manaus (art. 92); - acrescentou dispositivo ao ADCT, condicionando a repartição da Cide a que se refere ao art. 177, § 4º, ao advento de lei regulamentadora (art.93); - acrescentou dispositivo ao ADCT, dispondo que os regimes especiais de tributação concedidos pelos diversos entes federativos às microempresas e empresas de pequeno porte cessarão assim que advier lei complementar específica (art. 94); - revogou-se dispositivo da ADCT que reduzia a alíquota da CPMF a partir de 2004 e vinculava sua arrecadação integral ao Fundo de Combate e Erradicação da Pobreza (art. 84, § 3º, II).	
nº 43, de 15 de abril de 2004	Específico. Dispôs sobre dispositivo referente ao repasse de recursos à irrigação.	- alterou dispositivo do ADCT, ampliando prazo de repasse de recursos destinados pela União ao Centro-Oeste e à região Nordeste (art. 42).	Nenhuma.
nº 44, de 30 de junho de 2004	Específico. Direito Tributário.	- alterou o regime de repartição de receitas referente à Cide do art. 177, § 4º (art. 159, III).	Nenhuma.
nº 45, de 8 de dezembro de 2004	Variado. Reformou, principalmente, o Poder Judiciário.	- acrescentou direito individual, a saber, à razoável duração do processo (art. 5º, LXXVIII); - dispôs sobre o processo de internalização e equiparação de tratados internacionais à Constituição (art. 5º, § 3º); - submeteu o Brasil ao Tribunal Penal Internacional (art. 5º, § 4º); - acrescentou (corrigiu) nova hipótese ensejadora de Recurso Extraordinário, adequando as demais normas constitucionais (arts. 102, III, *d*, 105, III, *b*, e 36, III e IV); - ampliou o rol de entidades submetidas à competência do Senado para processar e julgar os crimes de responsabilidade, de forma a abarcar os membros do CNJ e do CNMP (art. 52, II); - inseriu o CNJ como órgão do Poder Judiciário (art. 92, I-A); - esclareceu o escopo da jurisdição do STF e dos demais tribunais superiores (art. 92, § 2º); - impôs a exigência de 3 anos de atividade jurídica para o ingresso na carreira de magistrado (art. 93, I); - inseriu critério de produtividade e desempenho para a promoção de magistrado, bem como a necessidade de realização de cursos de aperfeiçoamento (art. 93, II, *c* e *e*, e IV); - imposição da necessidade de fundamentação do voto que implicar a recusa do juiz mais antigo, no caso de promoção por antigüidade, bem como da aplicação da ampla defesa e do contraditório a esse processo (art. 93, II, *d*); - adequou as normas constitucionais à eliminação dos tribunais de alçada (art. 93, III); - admitiu a possibilidade de o juiz residir fora da respectiva comarca, desde que autorizado (art. 93, VII); - admissão de remoção, disponibilidade e aposentadoria de magistrado por decisão do CNJ (art. 93, VIII); - alteração do regime de sigilo e publicidade das decisões dos Tribunais (art. 93, IX e X); - estabeleceu que a atividade jurisdicional é ininterrupta, proibindo-se férias coletivas (art. 93, XII); - estabeleceu a proporcionalidade entre o número de juízes e a demanda judicial e a população da respectiva unidade jurisdicional (art. 93, XIII);	- dispôs que a lei criará o Fundo de Garantia das Execuções Trabalhistas; - eliminou os tribunais de alçada, impondo prazo para os Tribunais de Justiça promoverem a integração de seus membros; - estabeleceu prazo para a instalação do CNJ e do CNMP; - estabeleceu a competência do CNJ para suprir a ausência do Estatuto da Magistratura; - estabeleceu prazo para a instalação do Conselho Superior da Justiça do Trabalho; - impôs o dever de o Congresso Nacional instalar comissão especial mista sobre temas afeitos à função jurisdicional; - disciplinou a forma de transformação das súmulas do STF em súmula vinculante.

Emenda Constitucional	Objeto	Alteração do texto constitucional	Normas complementares/ compondo o bloco de constitucionalidade
		- acrescentou nova vedação aos magistrados, a saber, o recebimento de auxílios ou contribuições, bem como criou período de quarentena para o exercício de advocacia, por juiz aposentado (art. 95, IV e V); - vinculou as custas e emolumentos ao custeio do serviço jurisdicional (art. 98, §2º); - disciplinou o envio de proposta orçamentária pelo Poder Judiciário (art. 99, §3º e §4º); - alterou o rol de competência originária do STF, ao revogar sua atribuição de homologar as sentenças estrangeiras e ao acrescentar a atribuição de apreciar as ações contra o CNJ e o CNMP (art. 102, I, *h* e *r*); - ampliou o efeito vinculante à ADIn (art. 102, §2º); - impôs a necessidade de, na interposição de recurso extraordinário, se demonstrar a repercussão geral desse (art. 102, §3º); - equiparou o rol de legitimados para propor ADIn e ADC (art. 103); - atribuiu a competência para homologar sentença estrangeira ao STJ (art. 105, I, *i*); - criou a Escola Nacional de Formação e Aperfeiçoamento dos Magistrados e o Conselho da Justiça Federal, bem como das demais justiças (art. 105, parágrafo único, 111-A, §2º); - previu a figura da justiça itinerante, bem como a descentralização dos Tribunais Regionais Federais (art. 107, §2º e §3º); - deslocou para a Justiça Federal as causas relativas a direitos humanos (art. 109, V-A e §5º); - impôs a necessidade de maioria absoluta do Senado, para aprovação dos nomeados pelo presidente para compor o TST, alterando-se, ademais, a maneira de sua composição (art. 111-A); - alterou a competência da justiça do trabalho (art. 114); - alterou a forma de composição dos Tribunais Regionais do Trabalho, prevendo-se, ainda, a sua atuação itinerante e descentralizada (art. 115); - impôs a presença de juízes de direito na justiça militar de primeiro grau, alterando-se ainda a competência dessa justiça (art. 125, §3º, §4º e §5º); - previu-se a justiça militar itinerante e descentralizada (art. 125, §6º e §7º); - admitiu-se a criação de varas especializadas para dirimir os conflitos agrários (art. 126); - disciplinou o envio de proposta orçamentária pelo Ministério Público (art. 127, §4º e §5º); - alterou o quórum para determinar a remoção de membro do MP (art. 128, §5º, I, *b*); - tornou absoluta a proibição de atividade político-partidária por membro do MP, bem como acrescentou a impossibilidade de o membro da MP receber qualquer auxílio ou contribuição (art. 128, §5º, II, *e* e *f*); - impôs período de quarentena, quanto ao exercício de advocacia, por membro do MP aposentado (art. 128, §6º); - possibilitou que o membro do MP resida em outra comarca, desde que autorizado (art. 129, §2º); - exigiu 3 anos de atividade jurídica para ingresso na carreira do Ministério Público (art. 129, §3º); - assegurou a autonomia administrativa, funcional e orçamentária das Defensorias Públicas Estaduais (art. 134, §2º); - criou o instituto da súmula vinculante (art. 103-A); - disciplinou o Conselho Nacional de Justiça (art. 103-B); - disciplinou o Conselho Nacional do Ministério Público (art. 130-A).	

Emenda Constitucional	Objeto	Alteração do texto constitucional	Normas complementares/ compondo o bloco de constitucionalidade
nº 46, de 05 de maio de 2005	Específico. Estrutura federal.	- excluiu do rol de bens da União as ilhas que contenham a sede de municípios (art. 20, IV).	Nenhuma.
nº 47, de 05 de julho de 2005	Variado. Dispôs sobre normas referentes à administração pública. Direito Previdenciário.	- acrescentou dispositivo não sujeitando as verbas indenizatórias previstas em lei ao limite constante do art. 37, XI (art. 37, §11); - acrescentou preceptivo que faculta aos Estados e Distrito Federal a possibilidade de fixar os seus próprios limites remuneratórios, nos termos especificados (art. 37, §12); - estabeleceu casos que admitem a utilização de critérios diferenciados para a concessão de aposentadoria (art. 40, §4º); - acrescentou restrição à contribuição previdenciária sobre os inativos, no caso de o beneficiário ser portador de doença incapacitante (art. 40, §21); - alterou dispositivo referente à alíquota e base de cálculo diferenciadas da contribuição social para custeio da seguridade social, do art. 195, I, também em razão do porte da empresa ou da condição estrutural do mercado de trabalho (art. 195, §9º); - alterou dispositivo referente ao regime geral de previdência, o qual admitia a adoção de critérios diferenciados para a concessão de aposentadoria, acrescentado outra ressalva, a saber, quando o beneficiado for portador de deficiência (art. 201, §1º); - alterou preceptivo dispondo sobre a inclusão previdenciária para os trabalhadores de baixa renda, admitindo o mesmo benefício aos que se dedicam exclusivamente ao trabalho doméstico no próprio lar, desde que pertencentes a família de baixa renda, bem como pormenorizou mencionado benefício (art. 201, §12 e §13).	- disciplinou algumas das regras de transição constantes da EC n. 41; - disciplinou o art. 37, §11 até o advento da lei a que se refere; - revogou o art. 6º da EC n. 41; - previu que seus efeitos retroagiriam à data da vigência da EC n. 41.
nº 48, de 10 de agosto de 2005	Específico. Instituiu o Plano Nacional de Cultura.	- acrescentou dispositivo referente ao Plano Nacional de Cultura (art. 215, §3º).	Nenhuma.
nº 49, de 8 de fevereiro de 2005	Específico. Alterou o monopólio da União sobre os radioisótopos de meia-vida curta.	- alterou dispositivo constitucional, passando a admitir a comercialização e utilização de radioisótopos, para a pesquisa e usos médicos, agrícolas e industriais, bem como a produção, a utilização e a comercialização de radioisótopos específicos (art. 21, XXIII, *b* e *c*); - alterou dispositivo constitucional referente ao monopólio da União, excetuando desse os radioisótopos mencionados no art. 21, XXIII, *b* e *c* (art. 177, V).	Nenhuma.
nº 50, de 14 de fevereiro de 2006	Específico. Poder Legislativo.	- alterou as datas que compreendem a sessão legislativa do Congresso Nacional (art. 57, *caput*); - acrescentou a necessidade de aprovação, por maioria absoluta de cada uma das Casas, da convocação extraordinária do Congresso Nacional (art. 57, §6º, II); - proibiu-se o pagamento de verba indenizatória pela convocação de sessão extraordinária (art. 57, § 7º).	Nenhuma.
nº 51, de 14 de fevereiro de 2006	Específico. Direito à saúde.	- acrescentou dispositivos referentes aos agentes comunitários de saúde e de combate às endemias (art. 198, §4º, §5º e §6º).	- impôs a contratação dos agentes, por meio de concurso, *posteriormente* à promulgação da EC, observada a Lei de Responsabilidade Fiscal.
nº 52, de 08 de março de 2006	Específico. Direito Eleitoral.	- possibilitou que as coligações partidárias não tenham que se repetir em todos os âmbitos da Federação (art. 17, §1º).	- impôs que esta EC vigeria nas eleições de 2002 (embora estivesse a pretender a sua aplicação nas eleições de 2006).

Emenda Constitucional	Objeto	Alteração do texto constitucional	Normas complementares/ compondo o bloco de constitucionalidade
nº 53, de 19 de dezembro de 2006	Variado. Direito Educacional. Estrutura federal.	- reduziu a idade da criança beneficiada pela assistência gratuita da creche e da pré-escola (arts. 7º, XXV e 208, IV); - admitiu uma pluralidade de leis complementares disciplinando as normas de cooperação entre os entes federativos para o equilíbrio do desenvolvimento e do bem-estar em âmbito nacional (art. 23, parágrafo único); - substituiu o termo educação pré-escolar por infantil (art. 30, IV); - estabeleceu a figura do piso salarial nacional para os profissionais da educação escolar pública (art. 206, V, VIII e parágrafo único); - determinou a finalidade principal da educação básica pública, utilizando-se desse termo para substituir o ensino fundamental (arts. 211, §5º, 212, §5º); - dispôs sobre as cotas estaduais e municipais do salário-educação (art. 212, § 6º); - alterou dispositivo da ADCT, ampliando o prazo do destino obrigatório, por parte dos Estados, Distrito Federal, e Municípios, à manutenção e desenvolvimento da educação básica, disciplinando, ainda, fundo específico sobre a matéria, Fundeb (art. 60).	- manteve os efeitos das alterações perpetradas pela EC 14 ao art. 60, da ADCT, até o advento do fundo a que faz menção.
nº 54, de 20 de setembro de 2007	Específico. Direito da nacionalidade.	- restabeleceu antiga hipótese daquele nascido no estrangeiro, de pai ou mãe brasileiros, de adquirir a nacionalidade brasileira, a saber, o registro em repartição brasileira (art. 12, I, *c*); - acrescentou dispositivo ao ADCT, disciplinando a situação dos nascidos no estrangeiro entre 7 de junho e a data da promulgação desta EC (art. 95).	Nenhuma.
nº 55, de 20 de setembro de 2007	Específico. Alterou dispositivo referente ao Fundo de Participação dos Municípios.	- aumentou o destino do produto de arrecadação do IR e do IPI para o Fundo de Participação dos Municípios (art. 159, I, *d*).	- Estabeleceu termo inicial para a vigência das alterações, 1º de setembro de 2007.
nº 56, de 20 de dezembro de 2007	Específico. ADCT. Alterou dispositivo referente à desvinculação da receita de tributos	- alterou dispositivo do ADCT, ampliando o prazo da desvinculação do produto da arrecadação dos tributos a que faz menção, até 31 de dezembro de 2011 (art. 76).	Nenhuma.

2.2. Emendas constitucionais de revisão

Emenda Constitucional de Revisão	Objeto	Alteração do Texto Constitucional	Normas Complementares/ Compondo o Bloco de Constitucionalidade
nº 1, de 1º de março de 1994	Específico. ADCT. Criou fundo específico.	- acrescentou preceptivos ao ADCT, dispondo sobre o Fundo Social de Emergência, posteriormente renomeado e alterado pela EC 10 (arts. 71, 72 e 73).	- revogou o art. 2º, § 4º, da EC 3, referente ao IPMF, o qual destinava porcentagem de sua arrecadação ao programa de habitação popular.
nº 2, de 7 de junho de 1994	Específico. Poder Legislativo.	- admitiu que o Senado ou Câmara dos Deputados, bem como suas comissões, convocassem e, igualmente, pedissem informação (de) titulares de órgãos diretamente subordinados à Presidência da República (art. 50, *caput*, § 2º).	Nenhuma.
nº 3, de 7 de junho de 1994	Específico. Direito da nacionalidade.	- eliminou restrição etária à opção, pelos nascidos no estrangeiro de pai ou mãe brasileiros, pela nacionalidade brasileira, bem como a possibilidade de serem reputados brasileiros aqueles nascidos no estrangeiro, mas registrados em repartição brasileira (art. 12, I, *c*); - reduziu o prazo exigido de estrangeiro residente no Brasil para a aquisição da nacionalidade brasileira, enquanto naturalizado (art. 12, II, *b*); - equiparou os direitos atribuídos aos portugueses com residência permanente no Brasil aos inerentes aos brasileiros, e não mais aos brasileiros natos (art. 12, § 1º); - estabeleceu exceções à regra de perda de nacionalidade brasileira, pela aquisição de outra nacionalidade (art. 12, § 4º, II, *a* e *b*).	Nenhuma.
nº 4, de 7 de junho de 1994	Específico. Direito Eleitoral.	- acrescentou novos fins para a lei complementar dispondo sobre os casos de inelegibilidade (art. 14, § 9º).	Nenhuma.
nº 5, de 7 de junho de 1994	Específico. Alterou o prazo do mandato do chefe do Executivo.	- diminuiu o mandado presidencial de 5 para 4 anos (art. 82).	Nenhuma.
nº 6, de 7 de junho de 1994	Específico. Direito Político.	- acrescentou preceptivo regulamentando a renúncia parlamentar, prevendo hipótese de suspensão dos seus efeitos (art. 55, § 4º).	Nenhuma.

Créditos

pág. 5: Ulysses Guimarães segura um exemplar da Constituição de 1988 no dia de sua promulgação.
João Ramid | Abril Imagem

págs. 16–17: Discurso de Ulysses Guimarães na promulgação da Constituição de 1988.
Ari Lago | Abril Imagem

págs. 26–27: Jovens participam da campanha pelas eleições diretas em São Paulo.
Luís Carlos Murauskas | Folha Imagem

págs. 8–9: Plenário da Câmara dos Deputados
Reinaldo Stavale | Câmara dos Deputados

pág. 18: Vista do plenáro no dia da promulgação da Constituição.
João Ramid | Abril Imagem

pág. 28: Mario Covas, na época, prefeito, e Ulysses Guimarães, fevereiro de 1984.
Jorge Araújo | Folha Imagem

págs. 12-13: Vista do Congresso Nacional a partir do Palácio da Justiça.
Edson Santos | Câmara dos Deputados

pág. 19: A Constituição de 1988 sendo impressa na gráfica do Senado.
Ari Lago | Abril Imagem

pág. 28: Crianca participa de manifestação pelas Diretas Já.
Cicero O. Neto | Folha Imagem.

pág. 29: Manifestação pelas Diretas Já no Vale do Anhangabaú, São Paulo, em 1984
Abril Imagem

pág. 33: José Serra e Ulysses Guimarães, 1968
Arquivo: Lu Fernandes

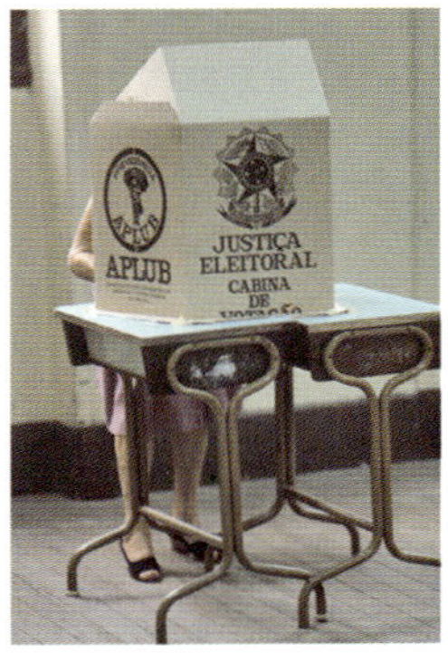

pág. 35: Cabine eleitoral, eleições de 1982
Sílvio Ferreira | Abril Imagem

págs. 30–31: Vista da multidão concentrada na Praça da Sé, em São Paulo, durante comício para a campanha das Diretas Já, São Paulo, 25/1/1984.
Fernando Santos | Folha Imagem.

pág. 34: Painel eletrônico com o voto dos parlamentares.
Nélio Rodrigues | Abril Imagem

pág. 36: Fernando Collor de Mello em cerimônia de posse como presidente da República, 1990.
Jorge Araújo | Folha Imagem

p. 32: Leonel Brizola, Ulysses Guimarães, Mora, sua esposa,Tancredo Neves e Franco Montoro e Fernando Henrique Cardoso na campanha Diretas Já, São Paulo, 16/4/1984.
Matuiti Mayezo | Folha Imagem

pág. 35: Homem depositando cédula de votação, em Curitiba, PR.
Nani Góis | Abril Imagem

págs. 36-37: Eduardo Pane, 15, é pintado pelos amigos em frente ao Masp. 18/9/1992
Eder Chiodetto | Folha Imagem

pág. 38: Fernando Henrique e Marco Maciel
Abril Imagem

pág. 53: Vista noturna do Supremo Tribunal Federal
Nélio Rodrigues | Abril Imagens

pág. 64: "Atiradores políticos". Desenho de Bordallo-Pinheiro.
Reprodução

pág. 39: Luiz Inácio "Lula" da Silva e Marisa Letícia da Silva em cortejo nas ruas de Brasília, na sua posse como presidente.
Antônio Milena | Abril Imagens

pág. 56: Estátua da Justiça, obra do escultor Alfredo Ceschiatti, no Supremo Tribunal Federal
Valdemir Cunha | Abril Imagens

pág. 67: Lívio Abramo (1903–1992)
Sem título, 1954
Xilogravura, 28 x 24 cm
Coleção particular

págs. 44–45: Congresso Nacional.
C. Junior | Câmara dos Deputados

págs. 58-59: Darel Valença (*1924)
Decapitação do rei, 1972
Óleo sobre tela, 210 x 260 cm
Acervo Artístico-Cultural dos Palácios do Governo do Estado de São Paulo

pág. 70: Maria Bonomi (*1935)
São Paulo, [1955]
Xilogravura, 31 x 19,5 cm (22 x 17 cm)
Coleção da artista

págs. 72–73: Maria Bonomi (*1935)
Sem título, 1955
Lavis sobre papel, 35 x 58 cm
Coleção da artista

págs. 84–85: Rio São Francisco
Tereza Branco e Severino Silva

págs. 102–103: Oscar Pereira da Silva (1867–1939)
Fundação de São Paulo, em 1554, 1909
Óleo sobre tela, (faltam as medidas)
Acervo: Museu Paulista

pág. 75: Escultura de Alfredo Ceschiatti, no Supremo Tribunal Federal.
Orlando Brito | Abril Imagens

págs. 92–93: Foto tirada no estúdio de Pedro Hoenen, São Paulo, segunda metade do século XIX
Museu Paulista

pág. 107: Remo espatular, cerimonial, de madeira, Karajá.
Museu de Arqueologia e Etnologia – USP

págs. 78–79: Maria Bonomi (*1935)
Metempsicose, 1996
Latas de alumínio e garrafas de vidro, dimensão variável
Coleção da artista

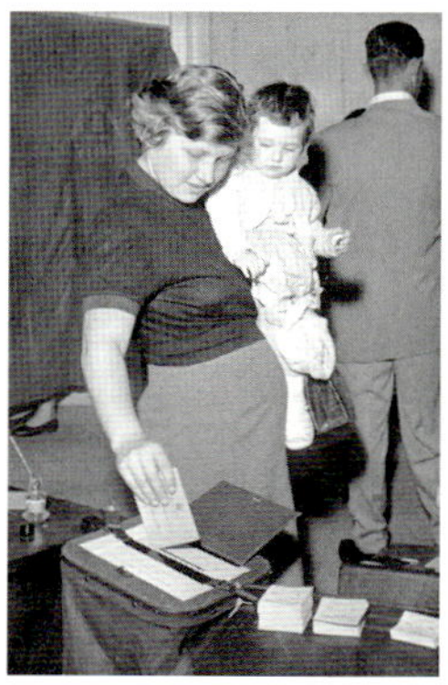

pág. 96: Eleição 1954, São Paulo
Folha Imagem

pág. 109: Índios colocam cocar e flexas na estátua da Justiça, na praça dos Três Poderes, em Brasília, em protesto contra decreto que regulamenta demarcação de terras indígenas. 18/1/1996
Folha Imagem

pág. 111: Gilberto Salvador (*1946)
O penacho brasileiro, 1977.
Vinílica sobre tela, 200 x 150 cm
Coleção do artista

pág. 130: Tomie Ohtake (*1913)
Concretismo, 1959
Óleo sobre madeira, 350 x 130 cm
Acervo Artístico-Cultural dos Palácios do Governo do Estado de São Paulo

pág. 132: Mário Zanini (1907–1971)
Cubismo, 1959
Óleo sobre madeira, 350 x 130 cm
Acervo Artístico-Cultural dos Palácios do Governo do Estado de São Paulo

págs. 115: Livio Abramo (1903–1992)
Festa, 1954.
Xilogravura, 26 x 22 cm
Coleção particular

págs. 118: Lívio Abramo (1903–1992)
Negra, 1951.
Xilogravura, 25 x 30 cm
Coleção particular

págs. 136-137: Takashi Fukushima (*1950)
Noturno, 2000
Acrílica sobre cartão, 60 x 90 cm

págs. 121, 124–125: Clóvis Graciano (1907–1988)
Colheita, déc. 1960
Óleo sobre tela, 290 x 510 cm
Acervo Artístico-Cultural dos Palácios do Governo do Estado de São Paulo

págs. 140–141: José Roberto Aguilar (*1941)
Os construtores da cidade de São Paulo, 1989
Óleo sobre tela, 110 x 366 cm
Acervo dos palácios do governo do Estado de São Paulo

pág. 145: Aldemir Martins
(1922–2006)
Brasil 3 x Uruguay 1, 1970
Óleo sobre tela, 115 x 88,5 cm
Acervo Artístico-Cultural dos Palácios do Governo do Estado de São Paulo

p. 167: Praça dos Três Poderes
Valdemir Cunha | Abril Imagem

pág. 181: Edifício da Procuradoria Geral da República, onde funciona o Ministério Público Federal
Ana Araujo | Abril Imagem

págs. 152–153: Maria Bonomi (*1935)
Yugoslavia III O sangue, 1993
Água-forte, 67,6 x 95,3 cm
Coleção da artista

págs. 172–173: Claudio Tozzi (*1944)
Sem título, 1989
Óleo sobre tela sobre madeira, 85,5 x 262 cm
Acervo Artístico-Cultural dos Palácios do Governo do Estado de São Paulo

pág. 162: Plenário da Câmara dos Deputados
Arquivo: Câmara dos Deputados

págs. 177, 185: Takashi Fukushima (*1950)
Monumento, 2005
Acrílica sobre tela, 180 x 140 cm

pág. 189: Clóvis Graciano (1907–1988)
Três Homens, 1936
Óleo sobre tela, 70 x 59 cm
Acervo Artístico-Cultural dos Palácios do Governo do Estado de São Paulo

pág. 193: Aldemir Martins
(1922–2006)
Expressionismo, 1959
Óleo sobre madeira, 350 x 130 cm
Acervo Artístico-Cultural dos Palácios do Governo
do Estado de São Paulo

págs. 202–203: Takashi Fukushima (*1950)
Celeste. 1999
Acrílica sobre tela, 100 x 120 cm

págs. 208–209: Maria Bonomi (*1935)
Diretas Já. 1984
Xilogravura, 49,5 x 60,5 cm (30,5 x 40 cm)
Coleção da artista

Agradecimentos

Ao Museu do Supremo Tribunal Federal e ao Arquivo Nacional que, por intermédio do Dr. Lamberto Ricarte Serra Júnior – Diretor do Arquivo da Câmara dos Deputados –, cederam as cópias fac-similares da Constituição da República Federativa do Brasil, promulgada em 5 de outubro de 1988.

À Câmara dos Deputados, pela cessão das imagens do Congresso Nacional.

A Takashi Fukushima, Maria Bonomi, Tomie Ohtake, Claudio Tozzi, Darel Valença, Gilberto Salvador, José Roberto Aguilar, e às famílias de Lívio Abramo, Clóvis Graciano, Mário Zanini, Aldemir Martins que autorizaram, graciosamente, a reprodução de obras de seus acervos particulares para viabilizar esse projeto editorial.

À Ana Cristina Carvalho, Curadora do Acervo Artístico-Cultural dos Palácios do Governo do Estado de São Paulo e à sua Diretora Técnica, Juliana Rodrigues Alves, que possibilitaram os contatos com os autores e representantes das obras constantes no livro.

Aos jornais *O Estado de S.Paulo* e *Folha de S. Paulo* pela possibilidade de publicar nessa obra, respectivamente, os textos dos professores Demétrio Magnoli e Paulo Bonavides.

Dados Internacionais de Catalogação na Publicação
Biblioteca da Imprensa Oficial do Estado de São Paulo

1988-2008 : 20 anos da constituição cidadã / André Ramos Tavares/organizador – São Paulo : Imprensa Oficial do Estado de São Paulo, 2008.
312p. : il.

Vários autores.
Inclui texto da Constituição da República Federativa do Brasil de 5 de outubro de 1988 com reprodução facsimilar das assinaturas dos constituintes.

ISBN 978-85-7060-660-0

1. Brasil – Constituição (1988) 2. Direito constitucional – Brasil 3. Histórico constitucional - Brasil I. Tavares, André Ramos

CDD 342.810 26

Índice para catálogo sistemático:

1. Brasil : Direito constitucional 342.81

IMPRENSA OFICIAL DO ESTADO DE SÃO PAULO
Rua da Mooca, 1921 Mooca
03103-902 São Paulo SP Brasil
www.imprensaoficial.com.br
livros@imprensaoficial.com.br
SAC Grande São Paulo 11 5013-5108 / 5013-5109
SAC Demais Localidades 0800 0123 401

Printed in Brazil 2008
Foi feito o depósito legal

Instituto Brasileiro de Estudos Constitucionais

André Ramos Tavares
Dimitri Dimoulis
Gilberto Bercovici
Guilherme Amorim
Ingo Wolfgang Sarlet
José Carlos Francisco
Leonardo Martins
Luis Carlos dos Santos Gonçalves
Roberio Nunes dos Anjos Filho
Walber de Moura Agra
Walter Claudius Rothenburg

imprensaoficial

Coordenação editorial
Cecília Scharlach

Assistência editorial
Francisco Alves da Silva

Projeto gráfico e capa
Guen Yokoyama

Assistente de arte
Ricardo Ferreira

Revisão de texto
Heleusa Angélica Teixeira
Sárvio Nogueira Holanda